五書五經讀本

懸吐完譯
大學·中庸集註

集註 朱熹 譯註 李光虎 田炳秀

전통문화연구회

국역위원

역　　주	이광호 전병수
자　　문	오규근
윤문교정	박승주 남현희 곽성용
출　　판	김주현
관　　리	함명숙
보　　급	서원영

동양고전번역편집위원회

위 원 장	송재소
위　　원	김경호 류준필 이동철 장원태 전호근 하원수

임　원

상임고문	이한동
고　　문	금장태 송재소 안병주 이용태 이택휘 이정섭 정우상 정태현
회　　장	이계황
부 회 장	김천식 성백효 송병대 이무철
이 사 장	조부영
이　　사	권오춘 김동주 김　현 문복희 박석홍 서형래 송기채 오규근 이건일 이광호 이영희 전광진 전호근 조원철 최삼룡 한희철 함명숙 허호구
감　　사	이은택 김병애

目 次

- 刊行辭 / 5
- 解　題 / 8
- 《大學章句》·《中庸章句》引用姓氏略解 / 34
- 凡　例 / 37

大學章句

讀大學法 …………… 41	傳 5章 …………… 76
大學章句序 ………… 50	傳 6章 …………… 78
大學章句 …………… 55	傳 7章 …………… 82
經 1章 …………… 56	傳 8章 …………… 84
傳 1章 …………… 66	傳 9章 …………… 85
傳 2章 …………… 68	傳 10章 ………… 90
傳 3章 …………… 70	附錄
傳 4章 …………… 75	英祖大王御製序 … 109

中庸章句

讀中庸法 ……… 117	第10章 ………… 144	第22章 ………… 202
中庸章句序 …… 121	第11章 ………… 147	第23章 ………… 204
中庸章句 ……… 127	第12章 ………… 149	第24章 ………… 205
第1章 ………… 128	第13章 ………… 153	第25章 ………… 207
第2章 ……… 135	第14章 ………… 157	第26章 ………… 208
第3章 ………… 137	第15章 ………… 160	第27章 ………… 214
第4章 ………… 137	第16章 ………… 162	第28章 ………… 218
第5章 ………… 139	第17章 ………… 166	第29章 ………… 221
第6章 ………… 140	第18章 ………… 169	第30章 ………… 225
第7章 ………… 141	第19章 ………… 171	第31章 ………… 228
第8章 ………… 142	第20章 ………… 178	第32章 ………… 230
第9章 ………… 143	第21章 ………… 201	第33章 ………… 232

附 錄

- 朱熹簡略年譜 / 242
- 《大學·中庸集註》도판 목록 / 247
- 參考文獻 / 248
- 《大學》과 《中庸》을 번역하며 / 257
- 《大學》·《中庸》 강의 동영상 / 274

刊行辭

　經은 본래 책을 가리키는 말이다. 후대에 특별히 經을 높여 聖賢의 말씀을 담고 있는 책이라는 의미로 사용하였다. 儒學이 중국문화는 물론 동아시아 사상의 주류를 이루면서 經은 일반적으로 유학의 기본 典籍을 가리키는 용어가 되었다. 따라서 經을 읽지 않으면 유학을 이해할 수 없고, 유학을 이해하지 못하면 중국문화나 동아시아의 문화를 이해할 수 없다.

　1960년대 民族文化振興과 民族中興이라는 기치를 내건 정부는 學·藝術界 指導者 50여 분을 모시고 가장 시급한 문화 사업으로 漢文古典飜譯事業에 착수하였다. 光復 후 20여 년이 지났지만 韓國學의 기본 자료이자 교과서인 四書五經의 우리말 註釋書 하나 없던 시절이었다. 그러나 한문고전번역사업에서 東洋古典(中國古典篇)은 우리 古典이 아니라 하여 번역대상에서 제외되었고, 2000년대에 들어와서야 정부에서 얼마간의 보조금을 주기 시작하였다.

　본회에서는 1990년대에 이미 四書三經을 비롯한 유학의 기본 古典을 선별하여 번역하였다. 당시 逐字譯의 실력이 없이는 현대어로의 완전한 번역이 불가능하다는 생각을 바탕으로, 동양학 전공 여부를 막론하고 유학을 넘어 동양학의 기본서를 머리맡에 사전처럼 두고 볼 수 있는 번역서를 목표로 東洋古典國譯叢書를 기획·간행하였다. 우리나라 漢文讀法의 전통을 계승하고자 懸吐 방식으로 원문을 정리하고 주석까지 完譯하여, 학계에 기여함은 물론 교육과 일반교양의 필독서로도 널리 인정을 받았다.

당시 오역 없는 번역에 力點을 두었음에도 불구하고 시간이 지남에 따라 쌓인 국내외 연구 성과로 인하여 번역서의 수정도 불가피하게 되었다. 그리하여 2005년 改訂增補版 四書를 발간하기에 이르렀다. 그러나 개정증보판 사서를 발간하면서 과거 先賢들의 註釋書와 국내외의 연구 성과, 시대에 따라 변화하는 언어를 오롯이 담아내지 못한 점을 아쉬워하였다. 이후 사서 이외의 개정증보판 발간을 미루고 고민한 결과, 동양고전국역총서가 20세기 버전으로 그 생명력을 다하였으니 21세기 번역의 표준을 제시할 수 있는 고전번역서를 새롭게 만들어보자는 쪽으로 의견이 모아졌다.

본 '五書五經讀本'은 바로 그 고민을 해결하기 위해 기획하였으며, 傳統과 現代를 아우르면서 역대 국내외 연구 성과를 망라하고 연구자는 물론 동양학 열풍으로 수준이 높아진 일반 독자의 눈높이에 맞춰, 독자의 기호에 따라 연구의 기본자료 또는 교재, 입문서 등으로 다양하게 활용할 수 있는 21세기 標準飜譯書 제공을 목적으로 하였다. 따라서 국내외의 역대 註釋書를 비롯하여 동양고전국역총서 발간 이후 축적된 연구 성과를 종합하였다. 이를 위해 몇 분 안 되는 元老漢學者 또는 전공교수와 일정 수준의 소양을 갖춘 신진학자의 協同研究飜譯을 지향하였다.

본회에서 처음 추진한 협동연구번역은 후속연구자 양성이라는 측면에서도 큰 의미를 갖는다. 번역을 통해 徒弟式 교육을 받은 신진학자는 앞으로 학계를 이끌어나갈 주역으로서 단단히 자리매김하여 우리나라 학계의 큰 자산이 될 것이다.

또 번역뿐만 아니라 古典籍 정리사업에 따라 각종 校勘·潤文·校訂 등에도 번역수준의 전공자로 구성하는 등 기획부터 출간 단계까지 심혈을 기울였다. 이는 誤謬를 최소화한 표준번역서를 목표로 어느 곳에 내놓아도 그 가치를 인정받을 수 있는 名品을 만들기 위한 하나의 노력이었다.

또한 과거에는 상상할 수 없던 모바일 器機의 등장과 대중화는 출판환경과 독서형태를 변화시켰다. 이러한 변화에 발 빠르게 對應하고 시대를 先導하기 위해 '오서오경독본'을 스마트 정보화하였다. 연구자, 교수자, 초학자, 原典을 통해 고전을 읽기 원하는 독자 등 누구나 쉽고 부담 없이 접근하여 동양고전의 참맛을 느낄 수 있을 것이다.

'오서오경독본'은 오류를 최소화하고 스마트화로 접근성을 높인 최상의 표준번역서로서 동양고전 교육의 훌륭한 밑거름이 되어 학계의 수준을 一新하리라 굳게 확신한다. 또한 지식의 국경을 허물고 있는 인터넷 환경은 그 어느 때보다도 동양고전 情報化의 필요성을 切感(例 : 八佾舞)하게 한다. 따라서 시대의 흐름에 맞춰 '오서오경독본'을 정보화하여 그 활용 가치를 극대화할 계획이다. 이는 본회를 넘어 대한민국이 동북아시아뿐만 아니라 전 세계 동양고전 情報와 敎育의 허브로서 중추적 역할을 담당할 것이다.

翻譯은 단순히 다른 言語를 옮기는 행위가 아닌, 한 언어를 사용하는 민족의 사상과 문화 전체를 옮기는 행위인 만큼 고전번역은 과거 聖賢의 사상은 물론 그 당시의 문화와 疏通하는 행위이며, 이는 현재 자신의 문화를 이해하는 尺度라 할 수 있다. '오서오경독본'은 21세기 번역의 표준으로서 우리 한국 고전번역의 수준을 가늠할 수 있는 척도가 되리라 스스로 자부해본다.

'오서오경독본' 시리즈의 첫 출간 시점이 우연히도 전통문화연구회 창립 30주년이 되는 해이다. 30년 동안 동양고전 번역에 무던히 매진하면서 고전의 중요성을 늘 강조하였다. 이제 다시금 내놓는 오서오경독본을 보면서 고전의 맛이 늘 새롭고 無窮함을 새삼 깨달았다. 고전과 씨름하며 지낸 30년 세월을 넘어 '오서오경독본'이 앞으로 30년, 50년을 이어갈 고전번역의 새로운 이정표가 되기를 기대하며, 정부에서도 21세기 東北亞 시대를 인식하여 東洋古典翻譯은 물론 東洋古典情報化에도 特段의 관심을 갖기를 고대한다.

나아가 2000여 년간 한자문화를 기반으로 찬란한 문화를 꽃피운 대한민국이 21세기 東北亞 漢字文化圈에서 다시 눈부신 문화의 융성을 목표로 본회와 관련단체에서 추진하는 先進文化韓國 VISION 2030-2050을 '五書五經讀本'과 '漢文讀解捷徑' 및 '東洋古典情報化'가 앞장서 이끌어 동북아 韓·中·日 三國鼎立과 世界平和에 기여하길 바란다.

2018年 10月　日

社團法人 傳統文化硏究會 會長 李啓晃

解題[1]

田炳秀[2]

《大學》과 《中庸》은 원래 《禮記》에 들어 있었다. 前漢 중엽에 戴德과 戴聖은 周나라와 秦나라, 그리고 前漢 중엽에 이르기까지 여러 儒者가 저술한 禮說과 관련된 문헌을 편집하여 戴德은 《大戴禮記》 85篇을, 戴聖은 《小戴禮記》 49篇을 편찬하였다. 두 편저 가운데 《소대예기》가 十三經[3]에 포함되어 중시되었기 때문에 《대대예기》는 쇠퇴하여 온전히 전하지 않는다. 그러므로 일반적으로 《禮記》라고 하면 《소대예기》를 일컫는다. 《대학》과 《중용》은 각각 《소대예기》의 제42편, 제31편에 해당한다.

漢나라의 학자는 《대학》과 《중용》을 특별히 귀중하게 여기지 않았다. 南朝 宋나라의 戴顒이 처음으로 《中庸傳》 2권을 지었으나 지금 전하지 않고, 梁 武帝가 《中庸講疏》 1권과 《私記制旨中庸義》 5권을 지었다고 하나, 역시 전하지 않는다. 唐나라 때에 李翶가 〈復性書〉를 지어 비로소 《중용》의 중요성을 드러내었다. 宋나라 때에 王應麟이 편찬한 類書 《玉海》에 '宋 仁宗 天聖 5년(1027)에 새로 급제한 進士 王堯臣 등에게 《중용》 1축을 下賜하였다.'[4]는 기록과, '송 인종 천성 8년(1030)에 새로 급제한 진사 王拱辰에게 《대

---

1 이 해제의 '2. 《中庸》'까지는 李光虎 외 역, 《譯註 禮記正義-中庸·大學》〈解題〉(전통문화연구회, 2015)를 바탕으로 작성하였다.
2 田炳秀 : 전통문화연구회 선임연구원.
3 十三經은 儒家의 중요한 經典으로 《周易》·《尙書》·《毛詩》·《周禮》·《儀禮》·《禮記》·《春秋左氏傳》·《春秋公羊傳》·《春秋穀梁傳》·《論語》·《孝經》·《爾雅》·《孟子》다. 唐代의 《五經正義》로부터 점차 확대되어 南宋代에 마지막으로 《맹자》가 經의 지위를 획득하여 추가됨으로써 십삼경이 확정되었다.
4 王應麟(宋), 《玉海》 권34 〈聖文 御書 天聖賜進士中庸〉, "天聖五年 四月辛卯 賜進士王堯臣等聞喜

학》1축을 하사하였다.'⁵는 기록이 있다. 이 기록을 통해 천성 8년 이후부터 새로 급제한 진사에게 반드시 《대학》 또는 《중용》을 하사하는 전례가 만들어지고, 송 인종 이후부터 《대학》과 《중용》이 함께 중시되어 '學庸'의 틀이 만들어져 갔음을 알 수 있다. 송 인종 寶元 元年(1038)에 진사가 된 司馬光이 《中庸大學廣義》 1권을 지은 것에서도 이러한 사실을 확인할 수 있다. 그러므로 일찍감치 《예기》에서 독립한 《중용》과는 달리 《대학》이 《예기》에서 독립한 것은 아마 송 인종 때부터고 《대학》에 주석한 것은 사마광부터일 것이다. 그러나 아쉽게도 사마광이 지은 《중용대학광의》는 그 제목만 확인될 뿐⁶, 현재 전하지 않는다.

사마광 이후 《대학》과 《중용》에 관한 많은 주석서가 나왔다. 특히 宋나라의 程顥·程頤 형제는 《대학》을 '孔子가 남긴 글로서 초학자가 德에 들어가는 門'⁷이라고 하고, 《중용》을 '孔門의 傳授心法'⁸이라고 하여 중시하였다. 그러나 程氏 형제는 모두 《대학》에 錯簡과 衍文이 있다고 보아 자신들의 철학체계에 맞게 저마다 《改定大學》을 만들었다.

朱熹도 기본적으로는 《대학》에 착간과 연문이 있다고 한 정씨 형제의 견해를 받아들여 정씨 형제의 《개정대학》을 바탕으로 개정하여 《大學章句》를 지었다. 또 새로이 《中庸章句》를 지어 《大學》·《論語》·《孟子》와 함께 四書의 체재를 확립하고, 이 사서를 기본으로 자제들을 가르치면서부터 사서가 유행하기 시작하였다. 또 元代에 宋學을 숭봉하여 仁宗이 皇慶年間(1312~1313)에 주희의 《四書章句集注》를 과거시험의 기본 경전으로 확정함에 따라 단행본으로 세상에 널리 유행하였다.

정호와 정이, 그리고 주희가 새로이 개정한 《대학》이 나옴으로써 개정하기 전의 《대학》을 '古本大學'이라고 일컬어 《개정대학》과 구분하며, 또 《개정대학》 이전, 특히 漢·

    宴于瓊林苑 中使賜御詩 又人賜御書中庸篇各一軸 自後遂以爲常"

5   王應麟(宋), 《玉海》 권34 〈聖文 御書 天聖賜進士大學篇〉, "天聖八年 四月丙戌 賜進士王拱辰宴于瓊林苑 遣中使賜御詩及大學篇各一軸 自後登第者 必賜儒行 或中庸大學篇"

6   陳辰孫(宋), 《直齋書錄解題》에 보인다.

7   楊時(宋) 訂定, 張栻(宋) 編次, 《河南程氏粹言》 권1 〈論書篇〉, "子曰 大學 孔子之遺言也 學者由是而學 則不迷於入德之門也"

8   朱熹(宋) 編, 《二程外書》 권11 〈時氏本拾遺〉, "君子曰 伊川先生嘗言 中庸乃孔門傳授心法"

唐代의 주석을 '古注', 宋代 정호·정이와 주희의 주석을 '新注'라고 일컫는다.

우리나라에서 朱子學을 도입한 이후《대학장구》와《중용장구》를 중심으로 읽고 교육하였으며, 지금까지도 그 틀은 변하지 않았다. 따라서 과거 선현의 사상과 문화를 살펴보거나 현재의 교육과 학문, 또는 교양을 위해서는 반드시《대학장구》와《중용장구》를 우선 살펴보아야 한다.

1.《大學》

1)《大學》의 著者와 成書年代

일반적으로《대학》은 曾參[9](曾子)의 저작으로 알려져 있으나, 고증에 의하면 증삼의 저작이 아니다. 中國과 韓國, 특히 朝鮮에서는 朱熹가《대학장구》에서 "經1章은 孔子의 말을 曾子가 기술한 것이고, 傳10章은 증자의 뜻을〈증자의〉문인들이 기록한 것인 듯하다."[10]라고 한 말을 尊信하여《대학》을 증삼이 지은 것으로 단정한 사람이 많았다. 이는《대학》에서 '曾子曰'이라고 한 번 언급된 것에 근거한 듯하다.

淸代에 들어서면서 戴震이나 汪中 같은 학자가 모두 주희의 주장에는 근거가 없다고 지적하였으며, 崔述도 주희의 주장을 정면으로 반박하였다.[11]

원래《대학》의 저자에 대해서 漢나라와 唐나라의 학자는 전혀 언급한 적이 없다.《대학》이 처음 언급된 글은 韓愈(唐)의〈原道〉인데, 한유도《대학》의 저자에 대해서는 말하지 않았다. 주희가《대학》의 저자에 대해 처음 언급한 이후로 韓·中·日의 역대 학자들

---

9   曾參 : 參은 역대로 '삼'과 '참' 두 가지 음이 있다. 많은 논의가 있지만, 대체로 '삼'은 許愼(後漢)의《說文解字》에 "森, 讀若曾參之參【所今切】"이라 한 것을 따른 것이고, '참'은 曾參의 字가 子輿인 점에 착안하여 曾參의 字는 '驂乘'의 뜻을 취한 것으로 본 것이다. 그러나 翟灝(淸)는 陸德明(唐)의《經典釋文》을 인용하여《論語》〈里人〉一貫章 '參乎'에서는 '所金反'이라 하였고,《孝經》開宗明義章 '參不敏'에서는 '所林切'이라고 하여, 당시에 이미 參의 정확한 음을 분별하여 확정하지 못하였음을 지적하였다.《四書考異 論語》〈里人〉一貫章) 여기서는 諺解 등, 우리나라에서 전통적으로 '삼'으로 읽은 것을 존중하여 '증삼'으로 읽었다.
10 朱熹(宋),《大學章句》, "經一章 蓋孔子之言而曾子述之 其傳十章 則曾子之意而門人記之也"
11 崔述(淸),《洙泗考信餘錄》〈曾子〉, "大學之文繁而盡 又多排語 計其時當在戰國 非孔子曾子之言也"

이 여러 가지 주장을 제기하였다. 이를 정리하면 대체로 다음과 같다.¹²

① 孔子와 曾參의 저작이다 : 朱熹
② 子思의 저작이다 : 王柏·豐坊
③ 劉歆의 저작이다 : 宋昰
④ 聖人의 글이 아니니 孔門의 遺書가 아니다 : 楊簡
⑤ 周 文王의 저작이다 : 衛挺生
⑥ 漢 戴聖의 저작이다 : 陳元德
⑦ 董仲舒의 저작이다 : 趙澤厚

그러나 이러한 주장은 확실한 증거 없이 추정한 말일 뿐이다. 《대학》의 저자를 최초로 언급한 주희도 자신이 무엇에 근거하였는지 정확히 드러내지 않았다. 아마도 〈大學章句序〉에 보이는 그의 道統論이 바탕에 깔려 있는 것이 아닌가 한다.¹³ 《대학》의 저자에 대한 논의는 새로운 자료가 나오지 않는 이상 더 이상의 논의는 무의미하다 할 것이다. 그러므로 이 문제는 대체로 사상계통을 통한 成書年代의 문제에 집중한다.¹⁴

이 사상계통을 통한 成書年代의 추정에도 복잡한 여러 설이 있다. 그러므로 저자에 대한 문제처럼 쉽게 결론을 낼 수 없다. 우선 현대 학자들의 몇 가지 설을 정리하건대 대체로 다음과 같다.¹⁵

① 孟子·荀子 이전에 이루어졌다 : 梁啓超·黃建中·胡適
② 秦代 儒者에 의해 이루어졌다 : 徐復觀
③ 戰國時代 末期에 이루어졌다 : 林政華
④ 戰國時代 末期 荀子學統에서 이루어졌다 : 馮友蘭¹⁶
⑤ 秦나라 末期 孟子와 荀子를 체계적으로 종합하여 완성하였다 : 김철운¹⁷

---

12 韓·中·日 역대의 많은 학자들이 언급하였으나, 우선 李紀祥(臺), 《兩宋以來大學改本之研究》(學生書局, 1988) 2쪽에 언급한 내용을 중심으로 정리하였다.
13 김철운, 《유가가 보는 평천하의 세계-大學의 이론 구조와 平天下 사상》(철학과현실사, 2001) 25쪽.
14 김철운, 앞의 책, 25쪽.
15 李紀祥(臺), 上揭書, 2쪽의 내용을 바탕으로 필자가 추가하였다.
16 馮友蘭(中), 〈大學爲荀學說〉《古史辨》第4冊(開明書店, 1941).
17 김철운, 앞의 책, 28-31쪽.

⑥ 漢 武帝 때 사람에 의해 이루어졌다 : 兪正燮·傅武光·武內義雄(日)
　　⑦ 孟子 이후에 이루어졌다 : 成中英·勞貞一·陳槃·胡止歸

　이상으로 《대학》의 저자와 성서연대에 대해 간단히 살펴보았다. 역시 모두 쉽게 결론을 내릴 수 없으나, 종합해보면 대체로 《대학》은 증삼의 저작이 아니며, 또 한 시대 한 사람의 손에서 이루어진 저작이 아니라는 것이다.

　　2) 《大學》의 名稱

　'大學'이라는 명칭을 가장 먼저 풀이한 이는 鄭玄(後漢)이다. 그는 《三禮目錄》에서 "大學이라고 한 것은 이 〈篇이〉 博學에 대해 기록하고 있어 〈이것으로〉 政事를 할 수 있기 때문이다.〔大學者 以其記博學 可以爲政也〕"라고 풀이하였다. 孔穎達(唐)은 이에 대해 '《대학》은 학문의 완성이 나라를 잘 다스려 천하에 자신의 德을 드러내는 것이라는 것을 논하지만 도리어 덕을 밝히는 것에 뿌리를 두어, 그 방법은 먼저 誠意로부터 시작하였다.'라고 하여 '박학'은 바로 학문의 완성과 관련이 되며, 이 학문의 완성은 성의로 덕을 밝혀 天下를 바르게 다스림을 통해 천하에 자신의 덕을 드러내 밝히는 것이라고 하였다.
　정현의 풀이 이후 '大學'은 '大'자의 讀音에 대한 견해 차이로 인하여 두 가지 풀이가 제시된다. 곧 '大'를 글자의 本音인 '대'로 읽느냐, 아니면 '태〔泰〕'로 읽느냐 하는 문제다. 첫째, 주희처럼 글자의 본음대로 '대학'이라고 독음하여 小學과 상대되는 뜻으로 풀이한 경우다. 이 경우 '대학'은 '大人之學'으로서 大人, 바로 成人을 대상으로 한 학문이라는 뜻이다. 둘째, '大'를 '태'로 발음하여 '태학'이라고 한 경우다. 이 뜻을 제시한 사람은 陸德明이다[18]. '태학'이라고 독음하면 '태학'은 '고대의 學宮', 곧 교육기관이라는 의미가 된다.[19]

18　陸德明(唐), 《經典釋文》 〈禮記音義 大學〉, "舊音泰 直帶反"
19　武內義雄(日)은 《대학》을 漢나라 때의 저작이라고 본 兪正燮(淸)의 견해를 받아들여 《대학》을 太學의 교육정신을 기술한 것으로 보고 있다. 그리고 《대학》과 거의 동시대에 지어진 것으로 추정하는 《禮記》 〈學記〉는 태학의 교육제도와 교육방법을 기술한 것이라고 주장하였다.(武內義雄(日, 다케우치 요시오) 著, 이동희 譯, 《中國思想史》 여강출판사(1987), 115~117쪽.) 무내의웅의 이 주장은 발표 이후 많은 논란을 불러 일으켰으며, 현재의 일본 학계에서는 대체로 이 설을 수용하고 있는 것처럼 보인다. 그러나 이것도 문제점을 안고 있어 쉽게 단정해서는 안 된다.

3) 《大學》의 구성 체계

《대학》에는 《古本大學》과 《改定大學》이 있음은 이미 앞에서 말하였다. 한 번 더 말하자면 《고본대학》은 원래 《禮記》 안에 들어 있던 편이며, 《개정대학》은 《예기》에 들어 있는 《대학》에는 錯簡과 衍文 등이 있다고 보아 이를 개정한 것이다. 처음 이를 개정한 사람은 宋代의 程顥·程頤 형제다. 이것을 바탕으로 朱熹가 또 개정하여 《大學章句》를 지었다. 이 이후로 韓·中·日의 학자가 저마다 나름대로 개정한 것이 수도 없이 많다. 그러나 本稿에서 그들의 주장을 하나하나 소개하기는 불가능한 일이다.[20] 따라서 대강 간추려 정리하는 선에서 소개하고, 본 번역서의 저본인 주희의 《대학장구》와 《고본대학》의 체재를 비교하려고 한다.

(1) 《大學》의 系統

김철운은 《대학》의 체계를 크게 세 부분으로 요약·정리하였다. 첫째는 二程과 朱熹 계통의 《대학》 체계(新本系), 둘째는 王守仁 계통의 《대학》 체계(古本系), 셋째는 重編章句의 《대학》 체계다.[21] 이정과 주희 계통은, 《대학》은 經과 傳을 분리해야 하는데, 錯簡이 있기 때문에 章·節의 순서를 바꾸어야 하고, 衍文이 있기 때문에 문자를 개정해야 하며, 闕文이 있기 때문에 補傳해야 한다고 한다. 왕수인 계통은, 《대학》은 그 자체로도 논리적 모순 없이 온전하기 때문에 굳이 經과 傳을 분리하거나 순서를 바꾸거나 글자를 고치거나 보전할 필요가 없다고 한다. 그리고 중편장구는 장구를 다시 엮었다는 말로, 古本 자체로는 일관성이 결여되지만, 주희처럼 연문·궐문·보전 등을 인정하면 체계가

---

20 〈大學〉의 改本에 대해서는 李紀祥(臺), 《兩宋以來大學改本之研究》 참조.

21 〈大學系統圖〉
- 新本系(二程·朱熹)
  1. 經文中心系 : 眞德秀·丘濬·李石亨·李珥
  2. 古本有錯亂 要改本派 : 王柏·季本·崔銑·高攀龍
  3. 傳無缺簡 編錯亂派 : 葉夢鼎·顧炎武·毛奇齡
  4. 經典中心派 : 權近·李彦迪·李滉·熊公哲
- 古本系(王守仁) : 李拱·宋翔鳳
- 重編系(胡渭) : 李光地·丁若鏞·唐君毅

※ 이 표는 김철운, 上揭書, 42쪽 注 37을 재인용하면서 號는 이름으로 고쳤다. 원 출처는 梁大淵의 〈大學體系의 研究(下)〉《成大論文集》 제12집(1967), 23쪽이다.

紛亂하고 지리해져 마침내 聖學의 본지에서 멀어지기 때문에, 장·절을 약간만 바꾸어도 《대학》의 본지를 일관성 있게 정리하고 체계화하는 데 아무런 불편이 없다고 한다.[22]

朝鮮에서도 《대학》의 체계에 대한 이해는 대략 네 가지 유형으로 나타난다. 첫째, 거의 대부분의 학자는 《大學章句》 체재를 그대로 인정하고 따르면서 그 논리적 整合性을 보완하는 데 노력한다. 둘째, 《대학장구》를 저본으로 하면서 次序를 일부 개정하였다. 대표적인 학자에 李彦迪(1491~1553)·高應陟(1531~1605)·崔攸之(1603~1673)·朴世堂(1629~1703) 등이 있다. 셋째, 《고본대학》을 저본으로 하면서 차서를 개정하였다. 대표적인 학자에 崔有海(1587~1641)·沈大允(1806~1872) 등이 있다. 넷째, 《고본대학》의 차서를 바꾸지 않고 그대로 인정하면서 그 논리적 정합성을 밝히려고 노력하였다. 대표적인 학자에 尹鑴(1617~1680)·鄭齊斗(1649~1736)·李秉休(1710~1776)·丁若鏞(1762~1836)·金澤榮(1850~1927) 등이 있다.[23]

이상에서 보듯이 중국의 왕수인 계통과 조선의 윤휴 계통을 제외하고는 나머지 계통 모두 《대학》의 개정이 필요함을 인정하고 있다. 《대학》 개정에 대한 주장은 훈고학적인 전거보다도 철학적 해석의 입장에 따른 경우가 많다. 따라서 《대학》의 개정에 대한 입장의 차이와 비판이 따라올 수밖에 없다. 淸代 李紱의 말을 소개하는 것을 끝으로 계통에 대한 논의를 마무리한다.

明道 程子에 이르러서야 그것(《대학》)을 처음 更張하였고, 伊川 程子가 또 경장하였다. 朱子에 이르러 이천의 次序를 따르고, 또 특별히 經傳에 格物致知의 뜻을 증보하였다. 그래서 옛날 태학에서 사람을 가르치던 방법이 그 옛 모습을 모두 잃게 되고, 몸과 마음이 듣고 보는 것과 나누어져 사용되어, 먼저 大學의 道를 알기를 추구하여 대학의 도를 실천하기를 추구할 겨를이 없게 되었다. 대체로 《대학》이 주자에 이르러 옛 모습이 바뀐 것이지, 《대학》이 주자에 이르러 옛 모습을 회복한 것이 아니다.

만일 《대학》이 小戴(戴聖)의 《禮記》에서 나온 것이라면 孔子의 글이 아니니 尊信(崇信)할

---

[22] 김철운, 上揭書, 41-42쪽.
[23] 김유곤, 〈한국 유학의 《대학》 체재에 대한 이해(1)〉 《儒敎思想硏究》 제43집(2011.3), 166쪽.

것이 못 되고,《대학》이 실제 孔氏의 글이라고 한다면 곧장 믿고 좋아해야지 다시 고쳐서는 안 된다. 만일 缺失이 있다면 어째서 천여 년 동안 따르기만 한고 언급한 사람이 없는가. 만일 程·朱의 식견이 천백여 년 동안의 사람들보다 특출하다고 한다면 명도 정자가 更定한 것이면 되는데, 어째서 이천 정자가 다시 갱정하였는가. 이천 정자가 갱정한 것이면 되는데, 어째서 주자가 또 經과 傳을 나누고 傳說을 증보하였으며, 의거할 만한 것이 없는 것은 衍文이라고 일컫고 斷簡이라고 지적하였는가. 수십 년 동안 여러 사람의 설이 이와 같이 紛紛하다. 천여 년 동안 함께 지킨 定本을 잘못된 것이라 하고 수십 년 동안 분분하게 경장한 설을 옳은 것이라 한다면 어찌 믿을 수 있겠는가.[24]

(2)《古本大學》과《大學章句》의 체재

앞에서 잠깐 언급하였듯이 二程 형제와 朱熹가《대학》을 개정한 이후로 많은 학자가 자신의 철학체계에 맞게 다시《대학》을 개정하였다. 그 많은 改定本의 체재를 本稿에서 모두 다룰 수 없기에, 본 번역서의 저본인 朱熹의《대학장구》와《고본대학》의 章節을 비교·소개한다.

《대학장구》는 經1장과 傳10장으로 나누었고,《고본대학》은 經·傳이나 章·節의 구분 없이 크게 두 단락으로 이루어져 있다. 그 차이를 대조해보면 다음과 같다.

經 文	大學章句	古本大學	비 고
大學之道 在明明德 在親民 在止於至善	경1장 1절	1단락	동 일
知止而后有定 定而后能靜 靜而后能安 安而后能慮 慮而后能得	경1장 2절		

---

24 李紱(淸),《穆堂初稿》〈經考 大學考〉, "至明道程子始更張之 伊川程子又更張之 至朱子 因伊川之次 又別以經傳增補格物致知之義 於是古之大學所以教人之法 盡失其舊 身心與聞見分用 矻求所以知大學之道 而無暇求所以行大學之道者 蓋大學至朱子而變古 非大學至朱子而復古也 如謂大學出於戴記 非孔子之書 不足崇信則已 如謂大學實爲孔氏之書 卽當信而好之 不可更改 如果有缺失 何以千有餘年從無人言及 如謂程朱之識 獨出於千百餘年之人之上 則明道程子更張可矣 何以伊川程子復有更定 伊川程子更定可矣 何以朱子又分經傳而增添傳說 其無可安放者 則目以衍文 指爲斷簡 數十年之間 二三人之說 已紛紛若此 顧謂千餘年共守之定本爲非 而數十年紛紛更改之說爲是 其可信乎"

經　文	大學章句	古本大學	비　고
物有本末 事有終始 知所先後 則近道矣	경1장 3절	1단락	동　일
古之欲明明德於天下者 先治其國 欲治其國者 先齊其家 欲齊其家者 先修其身 欲修其身者 先正其心 欲正其心者 先誠其意 欲誠其意者 先致其知 致知在格物	경1장 4절		
物格而后知至 知至而后意誠 意誠而后心正 心正而后身修 身修而后家齊 家齊而后國治 國治而后天下平	경1장 5절		
自天子以至於庶人 壹是皆以修身爲本	경1장 6절		
其本亂而末治者 否矣 其所厚者薄 而其所薄者厚 未之有也	경1장 7절		
此謂知本	전4장 1절		子曰聽訟吾猶人也……此謂知本의 뒤로 옮겼다. 전4장 1절의 此謂知本을 衍文이라고 하였다. 전5장 1절의 此謂知之至也의 앞에 闕文이 있는 것으로 보아 格物致知補傳을 지었다.
此謂知之至也	전5장 1절		
所謂誠其意者 毋自欺也 如惡惡臭 如好好色 此之謂自謙 故君子 必愼其獨也	전6장 1절		
小人閒居 爲不善 無所不至 見君子而后厭然 揜其不善 而著其善 人之視己 如見其肺肝然 則何益矣 此謂誠於中 形於外 故君子 必愼其獨也	전6장 2절		
曾子曰 十目所視 十手所指 其嚴乎	전6장 3절		
富潤屋 德潤身 心廣體胖 故君子 必誠其意	전6장 4절		
詩云 瞻彼淇澳 菉竹猗猗 有斐君子 如切如磋 如琢如磨 瑟兮僩兮 赫兮喧兮 有斐君子 終不可諠兮 如切如磋者 道學也 如琢如磨者 自修也 瑟兮僩兮者 恂慄也 赫兮喧兮者 威儀也 有斐君子終不可諠兮者 道盛德至善 民之不能忘也	전3장 4절		詩云穆穆文王……止於信의 뒤로 옮겼다.
詩云 於戱 前王不忘 君子 賢其賢而親其親 小人 樂其樂而利其利 此以沒世不忘也	전3장 5절		
康誥曰 克明德	전1장 1절		경1장 7절의 而其所薄者厚未之有也의 뒤로 옮겼다.
大甲曰 顧諟天之明命	전1장 2절		
帝典曰 克明峻德	전1장 3절		
皆自明也	전1장 4절		

經　文	大學章句	古本大學	비　고
湯之盤銘曰 苟日新 日日新 又日新	전2장 1절	1단락	경1장 7절의 而其所薄者厚未之有也의 뒤로 옮겼다.
康誥曰 作新民	전2장 2절		
詩曰 周雖舊邦 其命惟新	전2장 3절		
是故君子無所不用其極	전2장 4절		
詩云 邦畿千里 惟民所止	전3장 1절		
詩云 緡蠻黃鳥 止於丘隅 子曰 於止 知其所止 可以人而不如鳥乎	전3장 2절		
詩云 穆穆文王 於緝熙敬止 爲人君 止於仁 爲人臣 止於敬 爲人子 止於孝 爲人父 止於慈 與國人交 止於信	전3장 3절		
子曰 聽訟吾猶人也 必也使無訟乎 無情者不得盡其辭 大畏民志 此謂知本	전4장 1절	2단락	此謂修身在正其心부터 끝까지는《대학장구》와《고본대학》이 동일하므로, 이하는 생략한다.
所謂修身在正其心者 身有所忿懥 則不得其正 有所恐懼 則不得其正 有所好樂 則不得其正 有所憂患 則不得其正	전7장 1절		
心不在焉 視而不見 聽而不聞 食而不知其味	전7장 2절		
此謂修身在正其心	전7장 3절		

2.《中庸》

1)《中庸》의 著者와 成書年代

《小戴禮記》〈中庸〉은 일찍부터 孔子의 손자 子思 孔伋의 저술로 알려졌다. 《史記》〈孔子世家〉에는 "자사가〈중용〉을 지었다.〔子思作中庸〕"라고 하였고, 《隋書》〈音樂志〉에는 沈約(梁)이 "《소대예기》가운데〈中庸〉·〈表記〉·〈坊記〉·〈緇衣〉는 모두《子思子》에서 뽑아 넣었다.〔中庸表記坊記緇衣 皆取子思子〕"라고 하였다. 또 陸德明과 孔穎達도 모두 "《중용》은 공자의 손자 자사가 지어 聖祖(孔子)의 德을 환히 밝혔다.〔孔子之孫子思作之

以昭明聖祖之德也]"²⁵라고 한 鄭玄의 《三禮目錄》을 인용하여 자사가 《중용》을 지은 것으로 받아들이고 있다.

　子思의 이름은 伋이고, 자사는 字다. 공자의 손자이자 孔鯉(字는 伯魚)의 아들이다. 공급의 생졸연대는 정확하지 않으나, 공리가 공자보다 먼저 죽고, 공급이 魯 穆公의 스승을 지낸 점 등을 근거로 B.C.483년부터 B.C.402년까지 82세²⁶를 살았다는 설이 대체로 통용된다.

　漢나라와 唐나라의 학자들은 공급이 《중용》을 지었다는 것에 대해 의심하지 않았다. 宋代에 와서야 歐陽脩가 〈進士策問〉에서 처음으로 공급이 《중용》을 지었다는 것에 대해 의심을 품었고, 급기야 淸代 崔述은 《洙泗考信餘錄》〈子思〉에서 다음 세 가지 점에서 《중용》이 공급의 저작이 아니라고 주장하였다.

　첫째, 《중용》은 孔子·孟子와 달리 복잡다단한 것을 찾고 사물의 숨은 이치를 찾아내어 미묘한 이치를 파헤치려(探賾索隱) 한다. 둘째, 《중용》의 글은 유독 번잡하고 분명하지 않다. 셋째, 맹자는 공자의 말을 서술할 때 모두 '孔子曰'이라고 하였는데, 《맹자》에도 보이는 '在下位' 이하 16구절에 대해 '孔子曰'이라고 하지 않았다. 이로 미루어볼 때 《중용》은 "대체로 자사 이후 자사를 높이는 자들이 엮었기 때문에 자사에 가탁하였거나 오랫동안 전해지면서 자사가 지은 것이라고 오인되었을 것이다. 그 가운데 훌륭한 말과 뛰어난 논의는 아마 모두 공자와 자사가 서로 전해준 말이며, 지나치게 고원하고 심원한 말과 논란이 될 만한 것은 널리 수집하여 개인적으로 보탠 것이다."라고 하였다.

　현대의 馮友蘭도 《중용》은 공급의 단독저술이라고 볼 수는 없으며, 그 成書年代도 秦·漢 무렵의 맹자 일파 儒者들의 저작인 것 같다²⁷고 추정하였다. 그러나 성서연대에 관한 풍우란의 견해도 하나의 추정일 뿐 정론은 아니다. 《중용》의 성서연대에 대해서는 많은 논란이 있다. 錢穆은 《중용》 사상의 핵심이 《莊子》에 근원했다고 하여 《장자》

25　孔穎達(唐), 《禮記正義》〈中庸〉篇題의 疏에 나온다.
26　《史記》〈孔子世家〉에는 "62세까지 살았다.(年六十二)"라고 하였으나, 梁玉繩(淸)은 《史記志疑》에서 '六十二'는 '八十二'의 잘못일 것이라고 하였다.
27　馮友蘭(中), 〈中庸的年代問題〉《古史辨》 第4冊(開明書店, 1941), 183쪽.

이후에 성립한 것으로 보지만, 徐復觀은 전목의 이런 주장을 비판하면서 《중용》은 《장자》 이전, 《논어》와 《맹자》 사이에 성립하였다고 주장하였다.[28] 日本의 武內義雄은 《중용》은 《子思子》의 首篇으로서 朱熹의 章句를 기준으로 하여 20장 이전은 공급 사상의 옛 모습을 여전히 보존하고 있으니 대략 戰國時代 초년의 저작이고, 21장부터는 사상의 급격한 변화를 일으키니 대략 秦나라 晩年의 저작일 것으로 보고 있다.[29]

많은 학자 가운데 蔣伯潛(中)의 설을 소개하는 것으로 이 장을 마무리한다. 장백잠은 《중용》을 크게 다섯 단락으로 나눠 분석하였는데, 다음과 같다.[30]

- 1단락 : 孔子의 말을 위주로 기록하였다. 그 기록된 말이 간략하면서도 질박하여 《論語》와 꽤 비슷하다. 그러므로 成書의 시기가 당연히 가장 이르다.(《中庸章句》의 2·3·4·5·6·7·8·9·10·11장)
- 2단락 : 이 단락은 道는 사람에게서 멀리 있지 않아 夫婦 사이에서 端緒가 시작되며, 현재 자기가 처한 자리에서 자신을 바르게 함이 忠恕에 달려 있으며, 先祖의 뜻을 잘 이어받고 선조의 일을 잘 이어나가 누구나 인정하는 孝[達孝]를 이룸을 논하였다. 비록 말을 기록하는 文體지만 너무 지나치게 설명하고 있다. 그러므로 《禮記》의 〈緇衣〉·〈坊記〉·〈表記〉 등과 成書의 시기가 서로 비슷하다.(《중용장구》의 12·13·14·15·17·18·19장)
- 3단락 : 이 단락은 政事를 할 때에는 修身을 근본으로 삼아야 함을 논하였다. '哀公問政'이라고 말문을 열어 여전히 말을 기록하는 문체지만, 이미 修飾과 對句를 맞춘 장편의 의론이 많다. 그러므로 《禮記》의 〈哀公問〉·〈儒行〉·〈仲尼燕居〉·〈孔子閒居〉 등과 成書의 시기가 서로 비슷하다.(《중용장구》의 20장 前半 '哀公問政'부터 '不明乎善 不誠乎身矣'까지)
- 4단락 : 이 단락은 '誠'을 위주로 논하였다. 순수한 議論의 문체고 일을 기록하는 문체가 아니다.(《중용장구》의 1·20장 맨 마지막 1節 '誠者天之道也' 이하·21·22·23·24·16·25·26장)

---

28 錢穆이 《中庸》은 《莊子》 이후에 성립하였다고 한 주장에 대해 徐復觀이 비판하였고, 이 문제에 대하여 두 사람이 몇 통의 편지를 주고받았다. 이에 대해서는 徐復觀(臺), 〈中庸的地位問題-謹就正于錢賓四先生-〉《中國思想史論集》(學生書局, 2002) 참조.
29 張心澂(中) 編著, 《僞書通考 上》(明倫出版社, 1984), 516쪽.
30 蔣伯潛(中), 〈子思子考 附中庸〉《諸子通考》(正中書局, 1948), 325~326쪽.

• 5단락 : 이 단락은 온전히 찬양하는 말로서 뜻이 더욱 현묘하고 문장이 더욱 화려하다. 그러므로 성서의 시기가 당연히 가장 늦다.(《중용장구》의 27·28·29·30·31·32·33장)

이 다섯 단락 중 앞의 두 단락은 子思가 지은 《중용》이라고 할 수 있으나, 뒤의 세 단락은 자사의 후학으로서 《중용》을 설명한 자들이 덧붙인 것으로, 한 사람의 撰述이 아니며 한때에 이루어진 것도 아니다. 가장 늦게 이루어진 것은 아마 秦 始皇의 통일 이후일 것이다.

결국 《중용》의 성서연대에 관한 논의는 현재로서는 추정 이외에는 할 수 있는 방법이 없다. 저자에 대해서 《중용》 전체를 공급이 직접 지었다고 할 수는 없으나, 그래도 공급과의 연관성을 완전히 배제하지 않는 측면이 많다.

2) 《中庸》의 名稱

古代에는 일반적으로 본문의 맨 앞 두세 글자를 따서 篇名으로 삼은 경우가 많았다. 그러나 《中庸》은 그렇지 않으니, 아마도 篇 전체의 내용을 함축하는 용어로 편을 명명한 것으로 보아야 한다.

'中庸'이라는 말은 무엇을 의미하는가. 鄭玄은 《三禮目錄》에서 '중용'이라는 명칭에 대해 "〈중용이라고 한 것은〉 이 〈篇이〉 中和가 쓰임이 됨을 기록하였기 때문이다. 庸은 쓰임이다.〔以其記中和之爲用也 庸 用也〕"라고 하여 '中'은 '中和'로, '庸'은 '用'으로 풀이하였다. 정현은 또 經文의 '仲尼曰君子中庸'에서 '庸 常也 用中爲常道也(庸은 常(떳떳하다)이다. 中을 사용함이 떳떳한 道다.)'라고 주석하였으니, 庸은 '用'과 '常'의 뜻을 겸한 것이라고 볼 수 있다. 三國時代의 魏나라 何晏도 《論語集解》에서 "庸 常也 中和 可常行之德(庸은 常이다. 中和는 늘 행해야 하는 德이다.)"[31]이라고 하여, 역시 中을 中和의 개념으로 풀이하였다. 中和는 바로 《중용》首章의 "喜怒哀樂之未發謂之中 發而皆中節謂之和 中也者天下之大本也 和也者天下之達道也 致中和 天地位焉 萬物育焉(기쁨·성남·슬픔·즐거움이 아직 발현하지 않은 것을 中이라고 하고, 발현하여 모두 절도에 맞는 것을 和라고 한다. 중

31　何晏(魏) 集解, 邢昺(宋) 疏, 《論語注疏》〈雍也〉, 29章의 注.

이라는 것은 천하의 큰 뿌리요, 화라는 것은 천하의 보편적인 道다. 中·和를 극진하게 이루면 天地의 〈운행질서가〉 제자리를 잡고 萬物이 자라난다.)"으로서 올바른 인간의 心性과 그 위대한 影響力에 관련된 개념이라고 할 수 있다.

程頤는 "치우치지 않음을 中이라고 하고, 바뀌지 않음을 庸이라고 한다. 中은 천하의 바른 도리고, 庸은 천하의 정해진 이치다."[32]라고 풀이하였다. 朱熹는 이 정자의 말을 바탕으로 "中은 치우치지 않고 기울지 않으며, 지나침과 못 미침이 없는 것이다. 庸은 平常이다."[33]라고 하였다. 그렇다면 주희는 中庸과 中和의 관계를 어떻게 보았을까. 그는 "性情으로 말하면 中和라고 하고, 禮義로 말하면 中庸이라고 한다. 그러나 그 실제는 한 가지다. 中을 和와 대조하여 말하면 中은 體요 和는 用이니, 이는 未發·已發을 가리켜 말한 것이다. 中을 庸과 대조하여 말하면 또 전환되어 庸이 體요 中이 用이니 伊川이 '中은 천하의 바른 도리고, 庸은 천하의 정해진 이치다.'라고 한 것이 이것이다. 여기서 中은 時中·執中의 中이다. 中和를 中庸과 대조하여 말하면 中和가 또 體요 中庸이 또 用이다."[34]라고 하였다.

程頤와 朱熹의 견해 이후로 학자에 따라 조금씩 차이는 있지만 큰 틀에 있어서는 이 두 사람의 견해에서 크게 벗어나지 않는다.

3) 《中庸》의 구성 체계

《中庸》은 《大學》과 달리 改定本이 없다. 《중용》에도 錯簡이 있어 語勢가 고르지 못하다고 생각하여 일부 《중용》의 章을 옮긴 학자가 있기는 하였으나, 이들의 견해가 널리 통용되지는 않았다. 또 章을 옮긴다 하더라도 글 전체가 매끄럽게 이어지는 것도 아니다.

---

32 朱熹(宋) 編, 《二程遺書》卷7, "不偏之謂中 不易之謂庸 中者天下之正道 庸者天下之定理"
33 朱熹(宋), 《中庸章句》, "中者 不偏不倚 無過不及之名 庸 平常也"
34 黎靖德(宋) 編, 《朱子語類》〈中庸 二〉第2章 端蒙의 기록(8번째 기록), "以性情言之 謂之中和 以禮義言之 謂之中庸 其實一也 以中對和而言 則中者體 和者用 此是指已發未發而言 以中對庸而言 則又折轉來 庸是體 中是用 如伊川云 中者天下之正道 庸者天下之定理是也 此中却是時中執中之中 以中和對中庸而言 則中和又是體 中庸又是用"

지금 우리가 말하는 章이라는 것은 朱熹가 33장으로 分章한 체계를 말하는데,《禮記》〈中庸〉에는 원래 분장이 없다.《예기》〈중용〉에 주석한 鄭玄이나 疏를 단 孔穎達은《중용》을 체계적으로 이해하기 위한 것이라기보다는 단순히 주석하기 위해 33절로 나누었을 뿐이다. 그리고 이 글의 성격을 孔伋이 할아버지 孔子의 德을 밝히기 위한 것으로 보아 주로 '子曰'이라는 표현을 중심으로 節을 끊었다. 반면 주희는 "〈중용〉은 공자의 門下에서 전수해온 心法〔中庸乃孔門傳授心法〕"이라는 程頤의 말을 받아들여 '子曰'이라는 표현보다는 글의 논리적 흐름에 따라 章을 나누었다. 이에 대해서는 '(2)《中庸》의 체재'에서 자세히 살펴보도록 하고, 우선《중용》에 관해 논란이 되는 몇 가지를 짚어보려 한다.

(1)《中庸》의 系統

《漢書》〈藝文志〉禮類에 다음과 같이 기록되어 있다.

> 《禮古經》五十六卷《經》十七篇【后氏 戴氏】
> 《記》百三十一篇【七十子後學者所記也】
> 《明堂陰陽》三十三篇【古明堂之遺事】
> 《王史氏》二十一篇【七十子後學者】
> 《曲臺后倉》九篇
> 《中庸說》二篇
> 《明堂陰陽說》五篇

또《漢書》〈藝文志〉儒類에 "《子思》二十三篇【名伋 孔子孫 爲魯繆公師(〈자사는〉 이름이 급이니, 공자의 손자이고, 노 목공의 스승이다.)】"이라고 하였는데, 이《자사》는 후대의《隋書》〈經籍志〉에 "《子思子》七卷【魯穆公師孔伋撰(노 목공의 스승 공급 지음)】"으로 기록되어 있다. 통상적으로《자사》와《자사자》는 篇과 卷의 차이는 있지만 같은 책으로 간주한다.《隋書》〈經籍志〉·《舊唐書》〈經籍志〉·《新唐書》〈藝文志〉에 모두《자사자》는 '孔伋 撰'이라고 하였으나, 明代의 宋濂은 '孔伋의 自著가 아니라 後人이 편집한 책'[35]이

---

35 宋濂(明),《諸子辨》〈子思子〉, "子思子七卷 亦後人綴輯而成 非子思之所自著也"

라고 하였다. 《자사자》의 저자가 공급인지 후인인지 현재로선 정확히 단정할 수 없지만, 《자사자》가 공급의 사상을 담고 있다는 사실은 부정할 수 없을 것이다.

《사기》를 비롯한 여러 문헌에서 《중용》을 공급의 저술로 기술하였음은 이미 말하였다. 그렇다면 《자사자》와 《중용》은 어떠한 관계인가. 이미 언급하였듯이 沈約(梁)은 "《소대예기》 가운데 〈中庸〉·〈表記〉·〈坊記〉·〈緇衣〉는 모두 《자사자》에서 뽑아 넣었다."라고 하였다. 施崇恩(淸)과 蔣伯潛·梁啓超는 심약의 이 말을 대체로 믿을 만한 것으로 여겼다.[36] 그러나 아쉽게도 《자사자》가 逸失되어 정확히 살펴볼 수 없는 것이 안타까울 뿐이다.[37]

또 《禮記》에 들어 있는 〈중용〉과 《漢書》〈藝文志〉에서 언급한 《中庸說》 2편은 어떤 관계인가. 南宋代의 王柏은 《한서》〈예문지〉의 '《중용설》 2편'이라는 말에 착안하여 《예기》〈중용〉을 上·下 두 편으로 만들고자 하였고, 〈중용〉도 戴聖이 《중용설》 2편을 혼합하여 뒤섞은 것으로 생각하였다.[38] 그러나 왕백의 설에 대해 淸代의 王聘珍은 다음과 같이 비판하였다.

> 《한서》〈예문지〉의 "《中庸說》二篇"에 대한 顔師古의 注에 "지금 《예기》에 〈중용〉 1편이 있으나, 또한 본래 《禮經》이 아니니, 대개 이러한 流다."라고 하였다. 여기에 근거하면 안사고의 뜻은 《예기》의 〈중용〉과 《한서》〈예문지〉의 《중용설》이 모두 본래의 《예경》이 아니라고 한 것이지, 《한서》〈예문지〉의 《중용설》이 곧 《예기》의 〈중용〉이라고 이른 것은 아니다. 魯齋(王柏)가 안사고의 注를 끝까지 읽어보지도 않고 곧바로 《《중용설》 2편에》 근거하여 글을 썼다.[39]

---

36 施崇恩(淸), 〈表記坊記緇衣皆子思作說〉과 蔣伯潛(中), 〈子思子考 附中庸〉《諸子通考》·梁啓超, 〈漢書藝文志諸子略考釋〉 참조.

37 현재 輯逸된 《子思子》는 두 가지 판본이 존재한다. 하나는 南宋代의 汪晫이 輯逸한 것으로 四庫全書에 들어가 있으나, 《四庫全書總目提要》에서 이미 전래되어 온 책이 아니라 왕탁이 별도로 지은 것이라고 지적하였다. 다른 하나는 淸代 黃以周가 집일한 판본인데, 왕탁의 집일본도다 더 정밀한 것으로 평가된다.

38 朱彝尊(淸), 《經義考》〈禮記 十六〉'王氏【柏】訂古中庸條'.

39 翁方綱(淸), 《經義考補正》〈禮記〉'王氏【柏】訂古中庸條', "漢志中庸說二篇 師古注今禮記有中庸一篇 亦非本禮經 蓋此之流 据此則師古之意 謂禮記之中庸 亦如漢志之中庸說 皆非本禮經 並非謂漢

翁方綱(淸)도 왕빙진의 설에 동조하여 안사고가 주석한 '蓋此之流'의 '此'는 《중용설》이나 《예기》의 〈중용〉을 전적으로 가리키는 말이 아니라 '七十子後學所記' 이하의 다섯 종류, 곧 《명당음양》·《왕사씨》·《곡대후창》·《중용설》·《명당음양설》을 가리켜 말한 것이며, 《중용설》 2편은 지금 그 책을 볼 수는 없지만, 요컨대 《중용》의 뜻을 해설한 것으로 《중용》이 《예기》의 편명임은 《한서》 〈예문지〉의 이 조목에서 알 수 있으니, 그것이 《小戴禮記》의 안에 있으나 戴聖이 처음 편집하여 끼워 넣은 것이 아니라고 부연하였다.[40]

이상을 종합하면 공급을 높이는 후학이 공급의 사상을 담아 《자사자》를 편집하였고, 대성이 《예기》를 편집하면서 《자사자》에서 《중용》을 뽑아 넣었으며, 《중용설》은 《중용》을 해설한 책이라는 것이다.

(2) 《中庸》의 체재

《隋書》 〈經籍志〉에 南朝 宋나라 戴顒이 《禮記中庸傳》 2권을, 梁 武帝가 《中庸講疏》 1권·《私記制旨中庸義》 5권을 지었다고 하나, 지금 전하지 않는다. 唐代에 이르러 李翶가 《중용》의 解說이라 할 수 있는 〈復性書〉를 지었고, 宋代에 胡瑗이 《中庸義》 1권을 지은 이후로 많은 注解書가 나온다. 이는 아마도 科擧에 새로 급제한 進士들에게 《중용》을 나눠주었기 때문일 것이다. 이후의 많은 주해서 가운데 후세에 가장 영향력이 큰 책은 단연코 朱熹의 《中庸章句》다.

《중용》은 원래 分章이 없었고, 朱熹가 글의 큰 흐름에 따라 크게 6단락 33章으로 나누었다. 이 이외에도 《중용》 전체를 3부분으로 나누어야 한다는 설과 2부분으로 나누어야 한다는 설, 착간이 있으니 장을 옮겨야 한다는 설 등이 존재하나, 저마다 하나의 설일 뿐 정론으로 여겨진 것은 하나도 없으며, 분란만 가중되었을 뿐이다. 따라서 여기서는 본 번역서의 저본인 《중용장구》의 분장과 孔穎達의 《예기》 〈중용〉 分節만 정리한다.

志之中庸說 卽禮記之中庸也 魯齋未嘗讀畢師古之注 便据以著書"

40　翁方綱(淸), 《蘇齋筆記》 〈中庸〉, "故言蓋此之流 此者指七十子後學所記以下五種言之 非專指中庸說 亦非專指禮記內之中庸篇也……所謂中庸說二篇 今雖未見其書 要是說中庸篇之義也 則中庸是禮記之目 卽藝文志此條可見 其在小戴記中 非戴聖始編入者也"

朱　熹		孔穎達	비　고
1단락	1장	1절	
2단락(11장까지)	2-5장	2절	
	6장	3절	
	7장	4절	
	8-9장	5절	
	10장	6절	
3단락	11-12장	7절	
	13-14장	8절	9절의 '子曰射有似乎君子……反求諸其身'이 14장으로 들어간다.
	15장	9절	
	16장	10절	
	17장	11절	
	18장	12절	
	19장	13절	
4단락	20장	14절	
		15절	
		16절	
		17절	
		18절	
		19절	
		20절	
	21장	21절	
	22장	22절	
	23장	23절	
	24장	24절	
	25장	25절	
	26장	26절	25절의 '故至誠無息……悠也久乜'가 26장으로 들어간다.
5단락	27장	27절	
		28절	
		29절	

朱 熹		孔穎達	비 고
5단락	28장	30절	31절의 '子曰吾說夏禮……吾從周'가 28장의 끝으로 들어간다
	29장	31절	
	30-32장	32절	
6단락	33장	33절	32절의 '詩曰衣錦尙絅……詩云予懷明德不大聲以色'이 33장으로 들어간다.

3. 朱熹와《大學章句》·《中庸章句》

朱熹(1130~1200)는 北宋五子로 불리는 周敦頤·邵雍·張載·程顥·程頤의 사상을 집대성하여 理學을 완성한 道學者다. 經籍 및 북송 理學者의 자료를 편집하고 注解하는 데에 힘을 기울였으며, 지금 儒學의 道統이라는 것도 확정하였다. 특히 주희의 四書學은 이전 宋學을 집대성하였을 뿐만 아니라 주희가 일생 동안 가장 많은 공부와 노력을 기울인 것으로 주희 經學에 있어 가장 중요한 부분이다.

朱文公像

주희는 四書라는 명칭을 처음 제창하고 아울러《大學章句》,《中庸章句》,《論語集注》,《孟子集注》를 지어 합각하였으며,《大學》→《論語》→《孟子》→《中庸》의 학문순서를 정하여 聖人의 도를 밝히려고 하였다. 이것은 이전 五經 중심의 訓詁學 체계를 사서 중심의 義理學 체계로 바꿔놓았으며, 풍부하고 고도화한 철학 이론은 당시 中國經學을 혁신하여 이후 중국은 물론 주변 동아시아 사회의 사상과 문화에 지대한 영향을 끼쳤다. 元·明·淸은 물론 朝鮮까지도 官學으로서 확고한 지위를 획득하였고, 교육의 측면에서도 孔子 이후 제일로 꼽힌다.

1) 朱熹

주희는 徽州 婺源(지금의 江西省에 속함) 사람으로, 字는 元晦·仲晦, 號는 晦庵, 別號는 紫陽·晦翁·考亭 등이며, 諡號는 文이다. 세상에서 '朱子'라고 존칭한다. 宋 高宗 建炎 4년(1130) 9월 15일 南劍州 尤溪(지금의 福建省에 속함)에서 아버지 朱松[41]과 어머니 祝氏[42] 사이에서 태어나 寧宗 慶元 6년(1200) 3월 9일 죽었다. 原籍은 휘주 무원이지만 주송이 福建省에서 벼슬하면서부터 복건성에서 살았다. 崇安과 建陽에서 오랫동안 살면서 강학하였기 때문에 주희의 학파를 '閩學'이라고 부른다.

주희는 젊었을 때에는 辭章과 道佛에 심취하였다. 19세에 進士에 급제하였고, 후에 泉州 同安縣 注簿로 임명되었다. 동안현에서 돌아온 뒤에 楊時의 제자 李侗에게 학문을 배웠고, 이때부터 道學의 길을 걸었다. 樞密院 編修官과 祕書省 祕書郎을 역임하였고, 昭熙 5년(1194) 65세 때에는 煥章閣 待制 兼侍講에 제수되기도 하였으나, 政爭에 휘말려 파직되고 주희의 학파는 僞學이라 하여 억압을 당하였다.

(1) 師承

紹興 13년(1143) 3월 4일, 14살의 주희는 아버지의 임종을 지켰다. 주송은 죽기 전에 籍溪 胡憲, 白水 劉勉之, 屛山 劉子翬에게 편지를 보내 주희의 교육을 부탁하였다. 세 사람은 모두 二程學을 숭상하였으나, 학문 사상은 저마다 전수한 연원이 있었기 때문에 주희가 이들에게 받아들인 것은 잡다하여 동일하지 않다. 經學 측면에서 유자휘는 胡瑗·程頤·胡安國으로부터, 호헌은 謝良佐·胡安國·譙定·朱震과 湖湘學派로부터, 유면지는 譙定·劉安世·楊時·張載로부터도 많은 것을 취하였다.

이러한 교육은 주희가 나중에 理學 체계를 집대성하는 데 풍부하고 두터운 사상적 토양을 마련해주었다. 또 세 사람은 程門의 理學家지만 전통적인 경학가는 아니었기 때문에, 二程과 그 문인의 저작을 활용하여 주희에게 이학사상을 주입하면서 五經學에서 四

---

41 朱松 : 字는 喬年, 號는 韋齋다. 龜山 楊時의 제자 羅從彦과 蕭顗에게 배웠다.《韋齋集》이 있다.
42 祝氏 : 徽州 歙縣 祝確의 딸이다.

書學으로 중점을 옮겼다. 그 처음 교육은 또한 《대학》과 《중용》이었다. 주희는 세 사람의 지도를 받으며 《대학》을 읽고 이정의 格物說을 연구하였으며, 또 《중용》은 程頤와 張載의 高足 呂大臨의 《中庸解》를 선택하여 주희에게 전수하였다.[43]

주희의 스승으로 빼놓을 수 없는 사람은 바로 李侗(1093~1163)이다. 이통은 南劍州 사람으로, 字는 願中, 호는 延平, 시호는 文靖이다. 같은 郡 사람 羅從彦이 龜山 楊時에게 이정의 학문을 전수받았다는 말을 듣고는 마침내 나종언에게 가서 배웠다. 科擧를 단념하고 평생 은거하면서 제자를 양성하였으며, 양시·나종언과 함께 劍南三先生으로 불렸다. 束景南(中)에 의하면 주희는 소흥 5년(1135) 6세 때 처음 이통을 만난 듯하고[44], 소흥 23년(1153)에 남검주를 지나다가 이통을 뵌 이후로, 때로는 편지로 때로는 직접 찾아뵙고 가르침을 구하였다.

이통 학문의 출발점은 未發氣象體認, 곧 말없이 앉아 마음을 맑게 하여 喜怒哀樂이 發하기 전의 氣象이 어떠한가를 체험하는 것이다. 이는 未發 상태에서의 存養을 주장한 것인데, 주희는 후일 "내가 선생께 학문을 배울 때 《중용》을 받아 희로애락의 미발이 가리키는 뜻을 구하였으나, 이해하기 전에 선생께서 돌아가셨다."[45]라고 하였다.

師承 관계는 아니지만, 주희의 학문 형성에 큰 영향을 끼친 인물이 있다. 바로 南軒 張栻(1133~1180)이다. 장식은 漢州 綿竹 사람인데 衡陽으로 이주하였다. 字는 敬夫 또는 欽夫·樂齋, 號는 南軒, 諡號는 宣이다. 家學을 계승하는 한편 湖湘學의 개창자 胡宏에게 二程의 학문을 배웠는데, 程顥에 가깝다는 평을 받았다. 장식은 已發察識端倪를 주장하는데, 이는 已發의 察識을 통해 마음을 확충해나가 盡心하게 되면 자연스럽게 成性하게 된다는 것이다. 호상학에서는 心을 用, 곧 發로 보기 때문에 未發을 인정하지 않는다. 그러므로 이들은 '心體性用'을 바탕으로 '先察識 後存養'을 주장한다.

주희는 친한 친구인 장식과 질의하고 논변하면서 心·性·情의 개념을 확립하고 中和

---

43 束景南(中) 저, 김태완 역, 《주자평전 상》(역사비평사, 2015) 106~127쪽 요약
44 束景南(中), 《朱熹年譜長編(增訂本) 上》(華東師範大學出版社, 2014), 37쪽
45 《宋元學案》 권39 〈豫章學案 豫章門人 文靖李延平先生侗 附錄〉, "熹早從先生學 受中庸之書 求喜怒哀樂未發之旨 未達而先生沒"

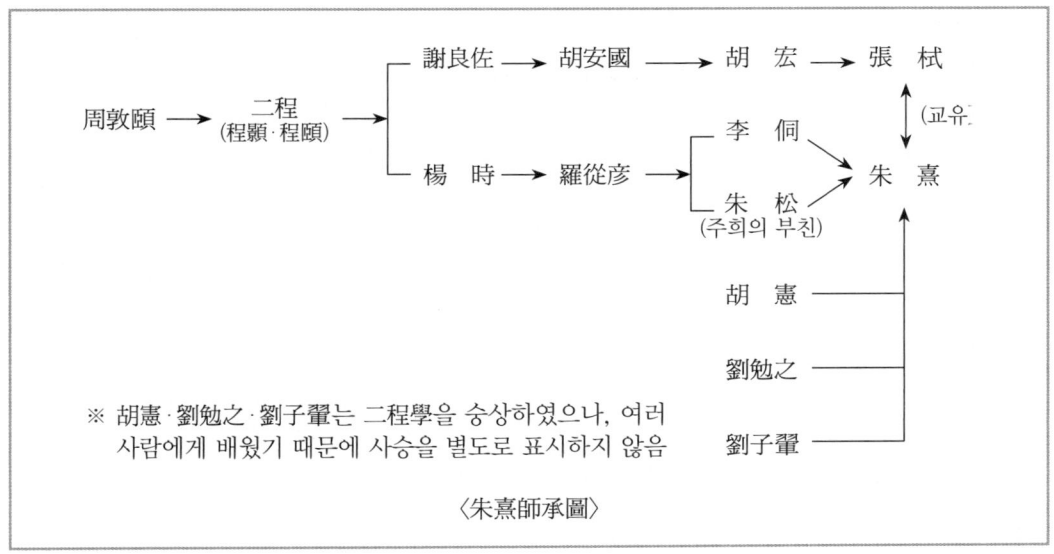

〈朱熹師承圖〉

를 실현하는 방법론까지 세운다. 이를 '中和論辨'이라고 하는데 이 논변을 통해 자신의 학문체계와 기본개념들의 단초를 열게 된다. 따라서 이후 학자들은 중화논변을 기점으로 주희 학문의 前期와 後期를 가름하기도 한다.

(2) 著述

주희는 평생 매우 많은 책을 저술하였다. 束景南(中)이 정리한 것을 보면, 語類와 文集類를 포함하여 144종이나 된다.[46] 그 가운데 상당수가 逸失되었으나, 아직도 많은 수의 저술이 전하고 있다. 그 주요 저술을 정리하면 다음과 같다.[47]

① 經部

　易類:《易學啓蒙》《周易本義》《蓍卦考誤》(文集에 수록)《朱文公易說》
　詩類:《詩集傳》《詩序辨說》《文公詩傳遺說》(주희의 손자 朱鑒 편집)
　禮類:《儀禮經傳通解》《儀禮釋宮》(文集에 수록)《家禮》

46　144종이나 된다 : 束景南(中),《朱熹年譜長編(增訂本) 下》(華東師範大學出版社, 2014), 1441~1465쪽
47　束景南(中) 저, 김태완 역,《주자평전 하》〈부록 주희의 저술 목록〉(역사비평사, 2015)을 바탕으로 현존하는 저술을 정리하였다.

孝經類：《孝經刊誤》(文集에 수록)

四書類：《四書章句集注》《四書或問》《論孟精義》《中庸輯略》

② 史部

編年類：《資治通鑑綱目》(미완성)

傳記類：《伊洛淵源錄》(미완성)《八朝名臣言行錄》《婺源茶院朱氏世譜》《新安月潭朱氏族譜》에 수록)

政書類：《紹熙州縣釋奠儀圖》

③ 子部

儒家類：《延平答問》《西銘解》《太極圖說解》《通書解》《雜學辨》(文集에 수록)《近思錄》《小學》《經濟文衡》(馬系機 편집)

語錄類：《朱子語類》(黎靖德 편집)《朱子語略》(楊與立 편집)《朱子語錄類要》(葉士龍 편집)

道書類：《陰符經考異》《周易參同契考異》

④ 集部

楚辭類：《楚辭集注》

別集類：《晦庵先生文集》(紹熙年間 간행)《晦庵文集》(王埜 편집)《朱文公文集》(明 嘉靖 壬辰刊本)《牧齋淨稿》(文集에 수록)《朱子大同集》(元 至正刊本. 明 林希元 증보)《東歸亂稿》(文集에 수록)《韓文考異》

總集類：《南嶽倡酬集》

詩文評類：《晦庵詩話》(陳文蔚 편집)《遊藝至論》(余佑 편집)

編校類：《二程遺書》《二程外書》《校正程氏易傳》《上蔡語錄》《張南軒文集》《韋齋集》《玉瀾集》

輯佚類：《文公大全集補遺》(朱培 편집)《朱子大全集補遺》(朱啓昆 편집)《朱子文集大全類編補遺》(朱玉 편집)《朱子文集補遺》(陳敬章 편집)

2) 《大學章句》와 《中庸章句》

주희는 5세 때 처음으로 四書를 읽었다. 그후 胡憲·劉勉之·劉子翬가 주희를 가르칠 때 《대학》과 《중용》을 처음 가르쳤음은 이미 앞에서도 언급하였다. 선배 理學者의 注解를 바탕으로 《대학》과 《중용》을 배웠지만, 주희는 거기에만 머물지 않고 끊임없이 연구하였다. 특히 《대학》은 죽기 3일 전까지도 章句를 수정하였으니, 주희가 "溫公(司馬光)이 《資治通鑑》을 짓고 '평생의 정력을 이 책에 다 쏟았다.'라고 하였는데, 나도 《대학》에 대해서 그렇다."[48]라고 말한 것이 빈말이 아님을 알 수 있다. 여기서는 《대학장구》와 《중용장구》를 확정하고, 반복해서 수정하는 과정을 간단히 정리하려 한다.[49]

주희의 《대학》과 《중용》에 대한 관심과 연구는 《大學集解[50]》와 《中庸集解[51]》를 저술하는 데에 미쳤다. 이 두 책을 지은 사실이 주희의 여러 편지에 보이지만 아쉽게도 모두 逸失되었다. '集解'라는 제목을 미루어볼 때, 아마도 선배 理學者의 주해를 종합하여 정리한 책으로 보인다.

《대학장구》와 《중용장구》의 초고는 주희의 나이 43세 때인 乾道 8년(1172) 12월에 완성하였다. 이듬해에는 石𡼖을 도와 《中庸集解》를 편집·교정하고 그 서문을 지었다. 석돈의 《중용집해》를 편집·정리하면서 《中庸集解記辨》이라는 劄記를 지었으나, 역시 일실되었다.

淳熙 원년(1174) 4월에는 《대학》과 《중용》의 새 판본을 편집·교정하여 經과 傳을 나누고, 다시 장의 차례를 정한 뒤에 建陽에서 간행하였다. 이것이 《新定大學》, 《新定中庸》인데, 모두 일실되었다. 순희 4년(1177) 6월에 《大學章句》, 《大學或問》, 《中庸章句》, 《中庸或問》, 《中庸輯略》, 《論語集注》, 《論語或問》, 《孟子集注》, 《孟子或問》을 완성하고 서문을 확정하였다. 《중용집략》은 周敦頤·二程子·張載부터 呂大臨·謝良佐·游酢·楊時·侯仲良·尹焞의 설을 모아 편집한 석돈의 《중용집해》를 주희가 刪定한 책이다.

순희 9년(1182) 6월에 《대학장구》, 《중용장구》, 《논어집주》, 《맹자집주》를 모아 한 질로 만들고 婺州에서 판각하였다. 이것이 《四書集注》로 經學史上 '四書'라는 명칭이 여기에서 시작되었다. 여기에 그치지 않고 순희 13년(1186) 5월에 《사서집주》를 修訂하여 桂林과 成都에서 간행하였으며, 순희 16년(1189) 2월과 3월에는 각각 〈大學章句序〉와 〈中

---

48 "溫公作通鑑 言平生精力盡在此書 某於大學亦然"《大學》〈讀大學法〉
49 이하는 束景南(中) 저, 김태완 역, 《주자평전 하》〈부록 연보〉(역사비평사, 2015)를 바탕으로 정리하였다.
50 大學集解 : '大學集傳' 또는 '大學詳說'이라고도 한다.
51 中庸集解 : '中庸詳說'이라고도 한다.

庸章句序〉를 정식으로 확정하였다.

　紹熙 3년(1192) 5월에 다시《사서집주》를 수정하고 南康에서 간행하였다.

　慶元 6년(1200) 윤2월에 다시《대학장구》를 수정하여 완성하였는데, 蔡沈의〈朱文公夢奠記〉를 살펴보면 "3월 6일에《대학》誠意章을 고치고 詹淳譽에게 베껴 쓰게 한 뒤 또 몇 글자를 고치셨다."라고 기록되어 있다. 주희가 이해 3월 9일에 세상을 떠났으니, 죽기 3일 전까지도《대학》의 장구를 고친 것이다. 그가《대학》에 쏟은 열정이 어떠했는지 짐작할 수 있다.

4. 맺음말

　戴聖이《禮記》를 편집한 이후 오랫동안《대학》과《중용》은 주목을 받지 못하였다. 南宋代 朱熹가 이전의 주해서를 集大成하여《大學章句》·《中庸章句》를 완성하고, 또《論語集注》·《孟子集注》와 함께《四書集注》를 간행함으로부터 經學史上 '四書'라는 명칭이 일반화되고, 이전 五經 중심의 訓詁學에서 사서 중심의 義理學으로 전환되었다.

　특히《대학》은 1,751자로 이루어진 짧은 글이지만, 그 가운데에는 儒學 사상의 틀이 갖춰져 있다. 개인의 인격 완성을 위한 修身과 수신에 바탕하여 가정과 국가와 천하를 다스리는 일까지 설명하고 있다. 주희는 전반부는 孔子의 뜻을 曾子가 서술한 經이라 하고, 후반부는 증자의 뜻을 그의 제자들이 해설한 傳으로 보아, 과감하게 글의 순서를 바꾸고 보충까지 하여 經1장과 傳10장의 체계로 만들었다.

　《중용》은 天과 인간의 性, 道德과 敎學을 縱的으로 설명한 책이다. 본래 分章이 없으나, 주희는 글의 흐름에 따라 6단락 33장으로 나누었다. 주희에 의하면 1장은 中和를 말하고, 2장~11장은 中庸을 말하고, 12장~19장은 費隱을 말하고, 20장~26장은 誠을 말하고, 27장~32장은 大德·小德을 말하고, 33장은 다시 제1장의 뜻을 거듭 밝혔다고 하였다.

　元 仁宗이《사서집주》를 과거시험의 기준이 되는 기본 경전으로 확정함에 따라 세상에 널리 유통되어, 중국뿐 아니라 한국을 포함한 동아시아의 사회·문화 등 전반적인 영

역에 지대한 영향을 끼쳤다. 주희의 經學은 官學으로서 교육의 최첨단에 자리하였으며, 특히 《대학장구》와 《중용장구》는 修身書로서 학자의 필독서가 되었을 뿐만 아니라 또한 政治學書로서도 많은 영향을 끼쳤다.

《대학》을 帝王學으로 확대하여 해설한 眞德秀(宋)의 《大學衍義》는 帝王의 寶典으로 尊崇되어 宋·元·明·淸과 朝鮮에서 經筵의 주요 교재가 되었으며, 丘濬(明)은 《大學衍義補》를 지어 《대학연의》의 誠意와 正心을 보충하고 《대학연의》에서 밝히지 않은 治國과 平天下 두 조목에 대해 설명하였다. 조선에서도 李石亨이 《大學衍義輯略》을 지어 《대학연의》와 《高麗史》를 요약하였으며, 正祖도 《대학연의》와 《대학연의보》에서 채집하여 《大學類義》를 편찬케 하였다. 또 주목할 만한 것으로 正·純祖代의 文臣 權常慎이 지은 《國朝大學衍義》가 있다. 이 책은 《대학》의 三綱領·八條目에 조선의 태조부터 정조까지 역대 왕들의 언어와 행적을 부합시켜 수록하여 조선 조정의 정사 내용 등을 잘 살펴볼 수 있다.

올바른 義理의 탐구는 경전을 오류 없이 정확하게 읽어야만 가능하다. 漢文을 모르는 독자가 동양학을 접하고 그 맛을 음미하기 위해서는 무엇보다 오류가 적은 번역서가 반드시 필요하다. 물론 해석이라는 것은 번역자의 관점과 사상에 의해 충분히 다양하게 풀이될 수 있지만, 번역은 원문을 충실히 우리말로 옮겨야 한다. 그래야만 독자는 번역자가 아닌 저자의 생각을 오롯이 전해 받을 수 있기 때문이다.

본 번역서는 주희의 《대학장구》와 《중용장구》를 완역하여 합본한 것이다. 오류를 최소화하기 위하여 底本을 철저하게 校勘하고 인용문의 정확한 典據를 확인하였다. 또 宋·元·明·淸을 비롯하여 朝鮮과 日本의 주요 注釋과 연구 성과를 망라하고 중요한 학술 견해에 대해서는 함께 譯注에 제시함으로써 전문연구자의 이해와 연구에도 도움이 되도록 하였다. 본 번역서의 출판을 계기로 동양학에 대한 관심이 다시 모아지길 바라며, 또한 현실과 동떨어져 있다는 宋代 性理學에 대한 오해를 풀고 儒學에 대한 이해의 폭을 보다 깊고 넓게 갖기를 기대한다. 또한 《대학》과 《중용》을 통해 자신을 잃어버린 현대인들이 자신의 선한 마음을 인식하고, 실천을 통해 선한 삶, 도덕적 삶을 축적하여 자신의 인격은 물론 자신의 삶을 완성하는 데 도움이 되길 바란다.

《大學章句》·《中庸章句》引用姓氏略解

1) 呂氏(1046~1092)

北宋 京兆 藍田 사람. 이름은 大臨, 字는 與叔이다. 처음에는 張載에게 배웠고, 나중에는 二程子에게 배웠다. 游酢·楊時·謝良佐와 함께 程門四先生으로 불린다. 六經에 정통하였고, 특히《禮記》에 밝았다.《易章句》,《孟子講義》,《大學中庸解》,《老子注》,《西銘集解》 등을 지었으나 대부분 逸失되었고, 현재《考古圖》,《續考古圖》,《釋文》,《玉溪集》 등이 남아 있다.

2) 王肅(195~256)

三國時代 魏 東海 郯縣 사람. 字는 子雍, 諡號는 景侯다. 賈逵, 馬融과 사귀면서 古文經學을 존숭하였고, 鄭玄에 대해서는 古文經學을 세운 점은 인정했지만 今文經說을 채용했다 하여《聖證論》등을 지어 논박하였다. 왕숙의 經學 특징은 ① 聖人에 의거한 점, ② 封建道德을 유지한 점, ③ 古文學派의 家法을 유지한 점, ④ 字句와 義理의 참됨을 구한 점이다.《尙書》,《詩經》,《三禮》,《論語》,《春秋左氏傳》등에 모두 注解하였으나 대부분 逸失되고, 馬國翰(淸)의《玉函山房輯佚書》에 15종 20권이 輯佚되어 있다. 그 밖에《孔子家語》등이 전한다.

3) 石𡼖(1128~1182)

南宋 臺州 臨海 사람. '石墩'으로 쓰기도 한다. 字는 子重, 號는 克齋다. 朱熹와 친하

였는데, 주희가 '仁의 요점을 논한 것이 지극히 타당하다.'고 말하였다. 저서에 《周易集解》, 《大學集解》, 《中庸集解》 등이 있다.

4) 鄭氏(127~200)

後漢 北海 高密 사람. 이름은 玄, 字는 康成이다. 經學의 집대성자로, 일반인들까지도 訓詁學과 經學의 시조로 깊이 존경하였다. 馬融을 師事하고 떠날 때, 마융이 "나의 학문이 정현과 함께 동쪽으로 떠나는구나." 하고 탄식했을 만큼 학문에 힘을 쏟았다. 建安年間(196~220)에 大司農에 올랐으나 얼마 뒤 죽었다. 古文經學을 위주로 하면서 今文經說도 채용하여 一家를 이루었다. 저서로는 《毛詩箋》, 《周禮注》, 《儀禮注》, 《禮記注》가 현존하며, 《周易注》, 《古文尙書注》, 《孝經注》, 《論語注》, 《三禮目錄》 등의 輯佚本이 있다.

5) 程子

北宋 洛陽 사람. 程顥·程頤 형제다. 학설이 같기 때문에 구별하지 않고 程子라고 한다.

(1) 정호(1032~1085) : 字는 伯淳, 諡號는 純, 明道先生이라고도 부른다. 아우 정이와 함께 周敦頤에게 배웠고, 理學의 기초를 닦았다. 章太炎은 〈定性書〉[1]와 〈識仁篇〉[2]에 明道哲學의 정수가 들어있다고 하였다. 생애는 《伊洛淵源錄》에서 볼 수 있고, 저서에 《二程全書》가 있다.

(2) 정이(1033~1107) : 字는 正叔, 諡號는 正公이다. 伊川伯에 봉해졌기 때문에 伊川先生이라고도 부른다. 형 程顥와 함께 周敦頤에게 배웠고, 程朱學의 창시자로 알려졌다. 젊은 나이에 胡瑗의 인정을 받았다. 敬을 중시하여 居敬窮理에 힘썼으며, 오랫동안 洛陽에서 講學했기 때문에 그의 학문을 洛學이라 부른다. 《易傳》, 《春秋傳》 등을 지었으며, 모두 《二程全書》에 수록되어 있다. 생애는 《伊洛淵源錄》에서 볼 수 있다.

---

1 〈定性書〉: 原題는 〈答橫渠張子厚先生書〉로 《河南程氏文集》 권2 〈明道先生文 二〉에 실려 있다.
2 〈識仁篇〉: 《二程遺書》 권2 上 〈元豐己未呂與叔東見二先生語〉 가운데 '學者須先識仁'으로 시작하는 짧은 글이다.

6) 侯氏(?~?)

　　北宋 山西 孟縣 사람. 이름은 仲良, 字는 師聖 또는 希聖, 號는 荊門이다. 二程의 사촌 동생으로, 周敦頤·二程·胡安國에게 배웠다. 《宋史》에 따르면, 후중량은 이정을 매우 追崇하여 말끝마다 반드시 二程先生을 일컫고, 아울러 "천하에 뜻을 두고서 의롭지 못한 富貴를 뜬구름처럼 보는 자는 이정선생뿐이라고 나는 생각한다."라고 하였다고 한다. 저서에 《論語說》, 《侯子雅言》 등이 있다.

凡 例

1. 본서는 五書五經讀本의 한 책이다.
2. 본서의 底本은 庚辰新刊內閣藏板《大學章句大全》·《中庸章句大全》(純祖 20년(1820), 大田 : 學民文化社 影印本)으로 하고, 《宋本大學章句·宋本中庸章句》(宋嘉定十年當塗郡齋刻嘉熙四年淳祐八年十二年遞修本, 北京 : 國家圖書館出版社 影印本, 2017), 徐德明 校點《四書章句集注》(朱子全書 6책, 上海古籍出版社/安徽敎育出版社, 2001), 《四書章句集注》(元至正二十二年武林沈氏尙德堂刻本, 北京 : 北京圖書館出版社, 2006), 《四書章句集注》(叢書集成三編 13책, 吳志忠(淸) 校刊本, 臺北 : 新文豊出版公司, 1997) 등을 참고하였다.
3. 본서는 《大學章句》와 《中庸章句》의 합본이며, 제목은 '章句' 대신 일반인에게 익숙한 '集註'를 사용하여 '大學·中庸集註'라고 하였다.
4. 原文에는 우리나라 전통 방식으로 懸吐하였다. 經文은 朝鮮 校正廳 諺解를 위주로 현토하고 栗谷 李珥의 諺解를 참고하였으며, 필요에 따라 조정하였다. 集註는 譯註者가 새로이 현토하였다.
5. 原文의 分節은 저본의 체재를 따랐다. 經文과 集註는 活字의 크기로 구분하고, 번역문도 이를 따랐다. 章節은 '章數-節數' 형식으로 아라비아 숫자를 사용하여 표기하였다.
6. 異音, 僻字의 경우는 원문의 해당 글자 뒤에 한글로 音을 달아주되, 諺解와 集註의 音註가 다른 경우에는 集註를 우선으로 하였다. 難解字는 해당 페이지의 하단에 字義를 실었다.

7. 飜譯은 原義에 충실하게 하되, 이해가 어려운 부분은 意譯 또는 補充譯을 하였다.
8. 飜譯文은 한글과 漢字를 混用하였으며, 맞춤법과 띄어쓰기는 한글 맞춤법과 표준어 규정을 따르는 것을 원칙으로 하였다.
9. 飜譯文은 尊稱을 사용하지 않는 것을 원칙으로 하였다.
10. 譯註는 校勘, 인용문 出典, 故事, 역사사건, 전문용어, 難解語 등에 관한 사항을 밝혔다.
11. 韓中日을 대표하는 학자들의 견해 가운데 참고할 만한 異見이 있는 경우, 譯註에 간략하게 제시함으로써 독자의 이해를 도왔다.
12. 校勘은 원문의 誤字, 脫字, 衍字, 倒文 등을 대상으로 하였다.
13. 器物, 事件 등 내용의 이해를 돕기 위한 圖版을 수록하였다.
14. 본서에 사용한 주요 符號는 다음과 같다.

 " " : 對話, 각종 引用
 ' ' : " " 안에서 再引用, 强調
 「 」: ' ' 안에서 再引用, 强調
 (　) : 원문에서는 讀音이 다른 글자나 僻字의 音
    저본의 誤字 또는 衍字
    번역문에서는 간단한 譯註
 〔　〕: 번역문과 뜻은 같으나 音이 다른 漢字나 句節
    譯註에서 인용한 原文
    저본의 교감한 正字 또는 脫字 補充
 《　》: 書名
 〈　〉: 篇章名, 作品名, 補充譯
 【　】: 原註의 間註 표시
  ○ : 저본에 사용된 단락 구분 표시 遵用
  ❋ : 字義 표시

大學章句

《大學》은 본래 《禮記(小戴禮記)》의 제42편이다. 漢·唐代의 학자는 이를 중요하게 여기지 않았으나, 宋 仁宗 때 과거에 급제한 사람에게 《대학》 1軸을 하사했다는 기록과 司馬光이 《大學廣義》 1권을 지었다는 기록이 있으니, 《대학》을 《예기》에서 독립시키고 주석을 붙인 것은 아마 이 즈음일 것이다. 程子는 《대학》이 초학자가 德에 들어가는 문이라고 하여 《논어》·《맹자》·《중용》과 함께 子弟에게 가르쳤고, 주희가 《大學章句》를 지으면서 단행본으로 천하에 널리 유포되었다.

주희는 《대학》의 첫 단락을 '經'이라 하여 孔子의 말을 曾子가 기술한 것으로 보고, 이후 10단락을 '傳'이라 하여 증자의 말을 증자의 門人이 기술한 것으로 보았다.

經 한 단락은 《대학》의 總論으로 먼저 大學의 道에 '明明德(자신의 명덕을 밝힘)', '新民(백성을 새롭게 함)', '止於至善(지선에 머무름)'의 세 綱領이 있음을 서술하고, 다음으로 '格物(사물에 대한 도리를 궁구함)', '致知(앎을 지극하게 함)', '誠意(뜻을 진실하게 함)', '正心(마음을 바르게 함)', '修身(몸을 닦음)', '齊家(집안을 가지런하게 함)', '治國(나라를 다스림)', '平天下(천하를 공평하게 다스림)'의 여덟 條目을 차례대로 서술하였다.

讀大學法
《대학》을 읽는 방법

朱子曰 語孟은 隨事問答하여 難見要領이어니와 惟大學은 是曾子述孔子說古人爲學之大方이요 而門人又傳述以明其旨라 前後相因하고 體統都具하니 翫味此書하여 知得古人爲學所向하고 却讀語孟이면 便易(이)入이니 後面工夫雖多나 而大體已立矣[1]리라

　주자가 말하였다. "《논어》·《맹자》는 일에 따라 문답하여 요령을 알기 어렵다. 그러나 《대학》만은 曾子가, 공자가 말한 옛사람이 학문하는 큰 방법을 서술하고, 〈증자의〉 門人이 또 〈증자가〉 서술한 것을 전하여 그 뜻을 밝혔기 때문에, 앞뒤가 서로 연관되고 전체의 체계(體統)가 모두 갖춰졌다. 《대학》을 翫味하여 옛사람들이 학문한 방향을 알고 나서 《논어》·《맹자》를 읽으면 이해하기 쉬울 것이니, 앞으로 해야 할 공부가 많더라도 〈학문의〉 大體가 서게 될 것이다."

○ 看這一書는 又自與看語孟不同하니 語孟中엔 只一項事是一箇道理라 如孟子說仁義處엔 只就仁義上說道理요 孔子答顏淵以克己復禮[2]엔 只就克己復禮上說道理어니와 若大學은 却只統說이라 論其功用之極인댄 至於平天下라 然이나 天下所以平은 却先須治國이요 國之所以治는 却先須齊家요 家之所以齊는 却先須修身이요 身之所以修는 却先須正心이요 心之所以正은 却先須誠意요 意之所以誠은 却先須致知요 知之所以至는 却先須格物[3]이니라

1　朱子曰……而大體已立矣:《朱子語類》권13〈學7 力行〉余大雅의 기록(142번째 조목)
2　孔子答顏淵以克己復禮:《論語》〈顏淵〉 1장에 나온다.
3　看這一書……却先須格物:《朱子語類》권14〈大學1 綱領〉葉賀孫의 기록(37번째 조목)

※　隨:따를 수　　領:중요한 부분 령　　方:방법 방　　翫:익힐 완　　看:볼 간　　這(≒此):이 저
　　項:항목 항　　却:도리어 각

"이 한 책(《대학》)을 보는 것은 또 본래 《논어》·《맹자》를 보는 것과 다르다. 《논어》·《맹자》에는 하나의 일에 하나의 도리가 있을 뿐이다. 예를 들어 맹자가 仁義를 말한 곳에서는 인의에 대한 도리만 말하고, 공자가 顔淵에게 '克己復禮'로 대답한 곳에서는 '극기복례'에 대한 도리만 말하였다. 그러나 《대학》의 경우에는 총괄하여 말하기 때문에 그 功用의 극치를 논한다면 '천하를 공평하게 다스림〔平天下〕'에 이른다. 그러나 천하가 공평하게 다스려지기 위해서는 먼저 나라를 다스려야 하고, 나라가 다스려지기 위해서는 먼저 집안을 가지런하게 해야 하고, 집안이 가지런해지기 위해서는 먼저 몸을 닦아야 하고, 몸이 닦이기 위해서는 먼저 마음을 바르게 해야 하고, 마음이 바르게 되기 위해서는 먼저 뜻을 진실하게 해야 하고, 뜻이 진실해지기 위해서는 먼저 앎을 지극하게 해야 하고, 앎이 지극해지기 위해서는 먼저 사물에 대한 도리를 궁구해야 한다."

○大學은 是爲學綱目이니 先讀大學하여 立定綱領이면 他書는 皆雜說在裏許하니 通得大學了하고 去看他經이라야 方見得此是格物致知事며 此是誠意正心事며 此是修身事며 此是齊家治國平天下事⁴니라

"《대학》은 학문하는 綱領과 條目이다. 먼저 《대학》을 읽어 강령을 확실하게 정하면 다른 책에서 잡다하게 말한 것들은 모두 강령 안에 있다. 《대학》을 두루 깨닫고 나서 다른 경전을 보아야 이것은 格物·致知의 일이며, 이것은 誠意·正心의 일이며, 이것은 修身의 일이며, 이것은 齊家·治國·平天下의 일임을 비로소 알게 될 것이다."

○今且熟讀大學하여 作間架하고 却以他書塡補去⁵라

"지금 우선 《대학》을 면밀하게 읽어 얼개〔間架〕를 만들고 다른 책으로 채워나가야 한다."

○大學은 是通言學之初終이요 中庸은 是指本原極致處⁶니라

4 　大學……此是齊家治國平天下事:《朱子語類》권14〈大學1 綱領〉22번째 조목
5 　今且熟讀大學……却以他書塡補去:《朱子語類》권14〈大學1 綱領〉余大雅의 기록(9번째 조목)
6 　大學……是指本原極致處:《朱熹集》권46〈書 答黃商伯〉4번째 편지

※ 　綱:벼리 강　雜:섞일 잡　裏:속 리　許:어조사 허　了:마칠 료　架:시렁 가　塡:메울 전
　　補:채울 보　指:가리킬 지

"《대학》은 학문의 처음과 끝을 통괄하여 말한 것이고, 《중용》은 本原의 지극한 곳을 가리킨 것이다."

○問 欲專看一書인댄 以何爲先이니잇가 曰 先讀大學이면 可見古人爲學首末次第[7]니라 不比他書라 他書는 非一時所言이며 非一人所記[8]니라

물었다. "오로지 한 책을 보고자 한다면 무엇을 먼저 읽어야 합니까?"
대답하였다. "먼저 《대학》을 읽으면 옛사람이 학문한 시작과 끝의 차례를 알 수 있다."
"다른 책에 비교할 것이 아니다. 다른 책은 한때에 말한 것이 아니며 한 사람이 기록한 것이 아니다."

又曰 看大學엔 固是着逐句看去라 也須先統讀傳文敎熟이라야 方好니 從頭仔細看이라 若(專)〔全〕[9]不識傳文大意면 便看前頭亦難[10]하리라

또 말하였다. "《대학》을 볼 때에는 진실로 한 구절씩 보아야 한다. 그러나 먼저 傳文을 通讀하여 익숙하게 하여야 좋으니, 〈그 다음〉 처음부터 자세하게 보아야 한다. 만일 전문의 大意를 전혀 모른다면 앞부분을 보는 것도 어려울 것이다."

又曰 嘗欲作一說[11]敎人호라 只將大學으로 一日去讀一遍하여 看他如何是大人之學이며 如何是小學이며 如何是明明德이며 如何是新民이며 如何是止於至善이라 日日如是讀하여 月來日去하니 自見所謂溫故而知新이니라 須是知新하고 日日看得新이라야 方得이니 却不是道理解新이요 但自家這箇意思 長長地新[12]이니라

---

7 問……可見古人爲學首末次第:《朱子語類》권14 〈大學1 綱領〉陳淳의 기록(7번째 조목)
8 不比他書……非一人所記:《朱子語類》권14 〈大學1 綱領〉王力行의 기록(8번째 조목)
9 (專)〔全〕: 저본에는 '專'으로 되어 있으나, 四庫全書本·《朱子語類》에 의거하여 '全'으로 바로잡았다.
10 又曰……便看前頭亦難:《朱子語類》권14 〈大學1 綱領〉葉賀孫의 기록(30번째 조목)
11 一說: '說'은 經書의 풀이, 곧 註解를 말하는 것으로 '하나의 풀이(一說)'는 《大學章句》를 말한다.
12 又曰……長長地新:《朱子語類》권14 〈大學1 綱領〉黃義剛의 기록(20번째 조목)

※ 專 : 오로지 전   也 : 또한 야   敎 : 하여금 교   仔 : 자세할 자   遍 : 횟수 편

또 말하였다. "일찍이 하나의 풀이[一說]를 지어 사람들에게 가르치고자 하였다. 《대학》만 하루에 한 번씩 읽으며 거기에서 어떻게 하는 것이 大人의 학문이며, 어떻게 하는 것이 小學이며, 무엇이 明明德이며, 무엇이 新民이며, 무엇이 止於至善인가를 보았다. 날마다 이처럼 읽어 세월이 가니 이른바 '옛 것을 반복해 연구하여 새로운 것을 안다.'는 말뜻을 저절로 이해하게 되었다. 반드시 새로운 것을 알고 날마다 새로운 것을 이해하여야 비로소 된다. 도리에 대해 새로운 것을 이해하는 것이 아니라, 다만 자신의 생각이 점점 새로워지는 것이다."

○讀大學에 初間에 也只如此讀이요 後來에 也只如此讀이니 只是初間讀得엔 似不與自家相關이로되 後來看熟이면 見許多說話須着如此做[13]요 不如此做면 自不得[14]이니라

"《대학》을 읽을 때에는 처음에도 이와 같이 읽고 나중에도 이와 같이 읽어야 한다. 처음 읽을 때에는 자기와 서로 관련이 없는 듯하지만 나중에 보는 것이 익숙해지면, 많은 말을 이와 같이 해야지 이와 같이 하지 않으면 저절로 안 된다는 것을 알게 될 것이다."

○讀書엔 不可貪多요 當且以大學爲先하여 逐段熟讀精思하여 須令了了分明이라야 方可改讀後段[15]이라 看第二段에 却思量前段하여 令文意連屬이라야 却不妨[16]이니라

"책을 읽을 때에는 많은 양을 탐내서는 안 된다. 우선《대학》을 첫째로 삼아 단락마다 면밀하게 읽고 정밀하게 생각하여 확실하고 분명하게 〈이해하여야〉 비로소 다음 단락을 읽을 수 있다."
"두 번째 단락을 볼 때에는 앞의 단락을 생각하여 文意가 이어지게 해야 지장이 없을 것이다."

○問 大學稍通하여 方要讀論語하니이다 曰 且未可하니 大學稍通이면 正好着心精讀이니라 前日讀時에 見得前하고 未見得後面하며 見得後하고 未見得前面이라 今識得大綱體統이니 正好熟看이라 讀此書功深이면 則用博이니라 昔尹和靖이 見伊川半年에 方得大學西銘[17]

---

13 許多說話須着如此做 : '이와 같이 한다'는 것은 '이와 같이 표현해야 한다'는 말로, 많은 말을 이와 같이 표현해야 실감나게 이해할 수 있다는 말이다.
14 讀大學……自不得 :《朱子語類》권14〈大學1 綱領〉葉賀孫의 기록(32번째 조목)
15 讀書……方可改讀後段 :《朱熹集》권54〈書 答王季和鈆〉첫 번째 편지
16 看第二段……却不妨 :《朱子語類》권14〈大學1 綱領〉黃榦의 기록(29번째 조목)

※ 關:관계할 관   做:지을 주   貪:탐할 탐   逐:쫓을 축   了:밝을 료   量:헤아릴 량
   屬:붙을 속   妨:헤살놓을 방   稍:점점 초   着:붙을 착   靖:편안할 정   銘:문체이름 명

看이어늘 今人은 半年에 要讀多少書로다 某且要人讀此는 是如何오 緣此書却不多而規模周備일새니라 凡讀書에 初一項에 須着十分工夫了면 第二項엔 只費得八九分工夫ᄒᆞ고 第三項엔 便只費得六七分工夫라 少間讀漸多하여 自通貫하면 他書는 自著(착)不得多工夫[18]라

물었다. "《대학》을 조금 깨달아 《논어》를 읽고자 합니다."

대답하였다. "아직 안 된다. 《대학》을 조금 깨달았으면 바로 마음을 붙여 정밀하게 읽는 것이 좋다. 지난날 읽을 때에는 앞부분은 보고 뒷부분은 못 보았으며, 뒷부분은 보고 앞부분은 보지 못하였다. 그런데 지금 大綱과 전체 체계(體統)를 알았으니 바로 〈반복해서〉 면밀하게 보는 것이 좋다. 《대학》을 읽어 공부가 깊어지면 응용이 넓어질 것이다.

옛날에 尹和靖(尹焞)이 伊川(程頤)을 만나본 지 반년 만에야 《대학》과 〈西銘〉을 보게 되었는데, 지금 사람들은 반년 동안 많은 책을 읽으려고 한다. 내가 우선 사람들에게 《대학》을 읽으라고 권하는 것은 어째서인가.

《대학》은 〈양이〉 많지 않으면서도 규모가 두루 갖춰졌기 때문이다. 일반적으로 책을 읽을 때, 처음 첫 번째 항목에 반드시 100%의 공부를 하면, 두 번째 항목에는 〈처음의〉 80~90% 정도의 공부만 하면 되고, 세 번째 항목에는 〈처음의〉 60~70% 정도의 공부만 하면 된다. 얼마 동안 점차 많이 읽어 저절로 꿰뚫어 알게 되면 다른 책은 자연히 많은 공부를 하지 않아도 될 것이다."

○ 看大學에 俟見大指하여 乃及他書니라 但看時에 須是更將大段으로 分作小段하여 字字句句를 不可容易放過니라 常時에 暗誦默思하고 反覆硏究하여 未上口時엔 須敎上口하고 未通透時엔 須敎通透하고 已通透後엔 便要純熟하여 直待不思索時에도 此意常在心胸之間하여 驅遣不去라야 方是此一段了라 又換一段看하여 令如此라 數段之後에 心安理熟하여 覺工夫省(생)力時에 便漸得力也[19]라

"《대학》을 볼 때는 大指를 이해한 뒤에 다른 책을 읽어야 한다. 다만 볼 때는 다시 큰 단락을 작은 단락으로 나눠 각 글자와 각 구절을 가볍게 넘겨서는 안 된다. 평상시에 암송하고 속으로

17　西銘 : 張載(宋)가 학당의 서쪽 창에 걸어놓은 글이다. 원래 동쪽 창에 걸어놓은 것을 〈砭愚〉, 서쪽 창에 걸어놓은 것을 〈訂頑〉이라 하였는데, 程頤(宋)가 〈東銘〉·〈西銘〉으로 고쳤다.
18　問……自著(착)不得多工夫 : 《朱子語類》 권14 〈大學1 綱領〉 葉賀孫의 기록(35번째 조목)
19　看大學……便漸得力也 : 《朱熹集》 권51 〈書 答黃子耕〉 3번째 편지

※　緣 : 까닭 연　規 : 법 규　模 : 법 모　費 : 쓸 비　漸 : 차츰 점　著(≒着) : 붙을 착　俟 : 기다릴 사
　　指(≒旨) : 뜻 지　暗 : 외울 암　誦 : 외울 송　覆 : 다시 복　驅 : 몰 구　遣 : 보낼 견　省 : 덜 생

생각하며 반복해서 연구하여 입에 오르지 않았을 때에는 입에 오르게 하고, 투철하게 꿰뚫어 알지 못했을 때에는 투철하게 꿰뚫어 알게 하고, 투철하게 꿰뚫어 안 뒤에는 순수하고 익숙하게 하여, 다만 사색하지 않을 때에도 이 뜻이 항상 가슴속에 있어서 몰아내도 떠나지 않게 되어야 이 한 단락이 끝난 것이 된다. 또 한 단락을 바꿔 이와 같은 방법으로 보아야 한다. 몇 단락을 〈이렇게 공부한〉 뒤에 마음이 안정되고 理가 익숙해져서 공부에 힘이 덜 드는 것을 깨닫게 될 때, 점차 힘을 얻게 될 것〔得力〕이다."

又曰 大學은 是一箇腔子니 而今却要塡教他實〔著〕[20]이라 如他說格物엔 自家須是去格物後에 塡教他實著라 誠意亦然[21]이라 若只讀得空殼子면 亦無益也[22]니라

 또 말하였다. "《대학》은 속이 빈 것〔腔子〕이니, 지금 그것을 채워 꽉 차게 해야 한다. 예를 들어 저 《대학》의 '格物'을 말한 곳에서는 자기가 '격물'을 실천해나가 그것을 채워 꽉 차게 해야 한다. '誠意'도 그렇게 해야 한다."
 "만일 텅 빈 빈껍데기만 읽는다면 또한 무익할 것이다."

○讀大學이 豈在看他言語리오 正欲驗之於心如何니 如好好色惡(오)惡臭를 試驗之吾心하여 果能好善惡惡如此乎아하며 閒居爲不善이 是果有此乎아하여 一有不至어든 則勇猛奮躍不已라야 必有長進이니라 今不知如此면 則書自書我自我니 何益之有[23]리오

 "《대학》을 읽는 목적이 어찌 그 말을 보는 데에 있겠는가. 바로 마음에 어떤지 징험하고자 해야 한다. 예를 들어 '아름다운 여색을 좋아하듯이 〈善을 좋아하고〉 악취를 싫어하듯이 〈惡을 싫어함〉'을 한번 내 마음에 징험하여 '정말로 이와 같이 선을 좋아하고 악을 싫어할 수 있는가?'라고 하며, '한가하게 지낼 때 不善을 행한다고 하는데, 과연 〈나에게도〉 이러한 〈불선을 행함이〉 있는가?'라고 하여, 조금이라도 지극하지 않음이 있으면 용맹하게 분발하여 쉼이 없어야 반드시

---

20 〔著〕: 저본에는 없으나, 《朱子語類》에 의거하여 '著'을 보충하였다. 《주자어류》에는 '着'으로 되어 있으나, 저본의 例에 따라 '著'으로 표기하였다.
21 又曰……誠意亦然: 《朱子語類》 권14 〈大學1 綱領〉 甘節의 기록(14번째 조목)
22 若只讀得空殼子 亦無益也: 《朱子語類》 권14 〈大學1 綱領〉 潘履孫의 기록(12번째 조목)
23 讀大學……何益之有: 《朱子語類》 권16 〈大學3 傳六章釋誠意〉 余大雅의 기록(103번째 조목)

※ 腔: 속빌 강 塡: 메울 전 殼: 껍질 각 驗: 증험할 험 惡: 싫어할 오, 나쁠 악 臭: 냄새 취
  試: 시험할 시 果: 정말로 과 閒(≒閑): 한가할 한 躍: 뛰어오를 약 已: 그칠 이

멀리 나아감[長進]이 있을 것이다. 그러나 지금 이와 같이 할 줄 모른다면 글은 글대로 나는 나대로가 될 것이니 무슨 보탬이 있겠는가?"

又曰 某一生에 只看得這文字透하여 見得前賢所未到處²⁴로다 溫公이 作通鑑하고 言平生精力盡在此書²⁵라하니 某於大學亦然²⁶이라 先須通此라야 方可讀他書²⁷니라

　또 말하였다. "나는 일생 동안 이 글[文字]을 보는 데에 투철하여 예전의 현인들이 이르지 못한 곳을 보게 되었다."
　"溫公(司馬光)이 《資治通鑑》을 짓고 '평생의 정력을 이 책에 다 쏟았다.'라고 하였는데, 나도 《대학》에 대해서 그렇다."
　"먼저 《대학》을 막힘없이 이해하여야 다른 책을 읽을 수 있다."

又曰 伊川이 舊日敎人先看大學하니 那時엔 未解說이라 而今有註解하여 覺大段分曉了하니 只在仔細看²⁸이니라

　또 말하였다. "伊川(程頤)이 지난날 사람들에게 먼저 《대학》을 보게 하였는데, 그때에는 아직 解說이 없었다. 그러나 지금은 註解가 있어 매우 분명하게 되었으니, 자세하게 보는 데에 달려 있을 뿐이다."

又曰 看大學엔 且逐章理會니 先將本文念得하고 次將章句來하여 解本文하고 又將或問來하여 參章句라 須逐一令記得하여 反覆尋究하여 待他浹洽하고 旣逐段曉得하얀 却統看溫尋過²⁹니라

　또 말하였다. "《대학》을 볼 때에는 우선 장마다 이해해야 한다. 먼저 본문을 가져다 외우고, 다

---

24 又曰……見得前賢所未到處:《朱子語類》권14〈大學1 綱領〉葉賀孫의 기록(54번째 조목)
25 平生精力盡在此書:《資治通鑑》〈進資治通鑑表〉에 나온다.
26 溫公……某於大學亦然:《朱子語類》권14〈大學1 綱領〉郭友仁의 기록(51번째 조목)
27 先須通此……方可讀他書:《朱子語類》권14〈大學1 綱領〉葉賀孫의 기록(50번째 조목)
28 又曰……只在仔細看:《朱子語類》권14〈大學1 綱領〉葉賀孫의 기록(42번째 조목)
29 又曰……却統看溫尋過:《朱子語類》권14〈大學1 綱領〉楊道夫의 기록(43번째 조목)

※　到 : 이를 도　溫 : 따뜻할 온　鑑 : 거울 감　那(≒彼) : 저 나　曉 : 밝을 효　尋 : 찾을 심
　　浹 : 무젖을 협　洽 : 무젖을 흡　逐 : 쫓을 축

음에 《章句》를 가져다 본문을 풀이하고, 또 《或問》을 가져다 《장구》에 참고해야 한다. 하나하나 기억해 반복해서 찾아 밝혀 그 내용이 무젖기를 기다려야 하고, 단락마다 환히 안 뒤에는 통합해서 보고 반복해 음미하면서 읽어야 한다."

又曰 大學一書는 有正經하고 有章句하고 有或問하니 看來看去면 不用或問하고 只看章句便了요 久之면 又只看正經便了요 又久之면 自有一部大學이 在我胸中하여 而正經亦不用矣리라 然이나 不用某許多工夫면 亦看某底不出이요 不用聖賢許多工夫면 亦看聖賢底不出[30]이니라

 또 말하였다. "《대학》 한 책에는 正經, 《章句》, 《或問》이 있다. 오래도록 읽으면 《혹문》이 필요 없어 《장구》만 보면 되고, 오래하면 정경만 봐도 되고, 더욱 오래하면 저절로 전체의 《대학》이 나의 가슴속에 있게 되어 정경도 필요가 없을 것이다. 그러나 나처럼 많은 공부를 하지 않으면 또한 나를 이해하지 못할 것이고, 聖賢처럼 많은 공부를 하지 않으면 또한 성현을 이해하지 못할 것이다."

又曰 大學解[31] 本文未詳者는 於或問中에 詳之[32]라 且從頭逐句理會라가 到不通處어든 却看하라 或問은 乃註脚之註脚[33]이니라

 또 말하였다. "《大學章句〔大學解〕》의 본문에 자세하지 않은 것은 《或問》에 자세하다."
 "우선 〈正經을〉 처음부터 한 구절씩 이해하다가 막히는 곳에 이르면 〈章句〉를 보라. 《혹문》은 바로 註釋의 주석이다."

---

30 又曰……亦看聖賢底不出:《朱子語類》 권14 〈大學1 綱領〉 余大雅의 기록(44번째 조목)
31 大學解:《朱子語類》에는 '解'자가 없이 '大學本文未詳者'로 되어 있다. 이 글의 앞에 "어떤 이가 물었다. '《大學解》는 확정하였는가?'〔或問 大學解已定否〕"라고 하였기 때문에, 〈讀大學法〉을 편집한 사람이 '解'자를 끼워 넣은 듯하다. 여기서 《대학해》는 '대학'의 풀이', 곧 《大學章句》를 가리킨다.
32 又曰……詳之:《朱子語類》 권14 〈大學1 綱領〉 陳淳의 기록(45번째 조목)
33 且從頭逐句理會……乃註脚之註脚:《朱子語類》 권14 〈大學1 綱領〉 葉賀孫의 기록(47번째 조목)

※ 底(≒的) : 어조사 저 脚 : 다리 각

○某解書에 不合太多라 又先准備學者하여 爲他設疑說了하니 所以致得學者看得容易(이)了³⁴니라

"내가 글을 풀이함에 너무 자세하게 하는 것은 적합하지 않다. 그러나 또 먼저 배우는 자들을 대비하여 그들을 위해 疑問을 가설하여 설명하였으니, 배우는 자들이 보기 쉽도록 하기 위해서다."

○人只說某說大學等은 不略說하여 使人自致思라하나 此事大不然이라 人之爲學이 只爭箇肯與不肯耳니 他若不肯向這裏³⁵면 略이라도 亦不解³⁶致思요 他若肯向此一邊이면 自然有味하여 愈詳愈有味³⁷하리라

"사람들은 '내가 해설한 《대학》 등은 간략하게 설명하여 사람들에게 스스로 생각을 다하게 하지 않았다.'라고 말하나, 이 일은 매우 옳지 않다. 사람이 학문하는 것은 기꺼이 하느냐 기꺼이 하지 않느냐를 따질 뿐이다. 저들이 기꺼이 이쪽으로 향하려 하지 않으면 〈해설이〉 간략하더라도 생각을 다할 수 없을 것이요, 저들이 이쪽으로 향하려고 한다면 자연스럽게 맛을 느껴 자세히 해설할수록 더욱 맛을 느낄 것이다."

---

34 某解書……所以致得學者看得容易(이)了 : 《朱子語類》 권14 〈大學1 綱領〉 葉賀孫의 기록(43번째 조목)
35 裏 : 《朱子語類》에는 '邊'으로 되어 있다. 뜻은 서로 통한다.
36 不解 : 解는 能够의 뜻이니, 不解는 不可와 같다.
37 人只說某說大學等……愈詳愈有味 : 《朱子語類》 권116 〈朱子13 訓門人4〉 21번째 조목

※ 太 : 매우 태   准 : 미루어 가늠할 준   易 : 쉬울 이   致 : 다할 치   爭 : 따질 쟁   肯 : 기꺼이 할 긍
    邊 : 곁 변   詳 : 자세할 상   愈 : 더욱 유

大學章句序
《대학장구》의 서문

大學之書는 古之大(태)學에 所以敎人之法也라 蓋自天降生民으로 則旣莫不與之以仁義禮智之性矣언마는 然其氣質之稟이 或不能齊라 是以不能皆有以知其性之所有而全之也라 一有聰明叡智能盡其性者 出於其間이면 則天必命之[1]하사 以爲億兆之君師하여 使之治而敎之하여 以復其性케하시니 此는 伏羲神農黃帝堯舜이 所以繼天立極이요 而司徒之職과 典樂之官[2]을 所由設也[3]라

《대학》은 옛날 太學에서 사람을 가르치는 방법에 관한 책이다.

대체로 하늘이 사람을 낼 때부터 그들에게 仁義禮智의 성을 부여하지 않음이 없다. 그러나 그

---

[1] 天必命之 : 朱熹는 "人心이 쏠리는 것이 바로 '命'이다.〔只人心歸之 便是命〕"라고 하였다.(《朱子語類》권14 〈大學1 序〉鄭可學의 기록(3번째 조목))

[2] 司徒之職 典樂之官 : 《尙書》〈舜典〉에 나온다. 司徒는 교육을 통해 백성의 교화를 맡은 관직이며, 典樂은 음악을 관장하고 天子의 맏아들을 교육하는 관직이다.

[3] 大學之書……所由設也 : 주희는 이 짧은 구절에서 《대학》의 강령인 修己와 治人의 핵심을 설명하고 있다.

  첫째, 《대학》은 옛날 道가 행해진 시대에 太學에서 시행한 교육의 방법이다.
  둘째, 인간은 모두 하늘로부터 仁義禮智의 本性을 부여받았다.
  셋째, 氣質의 제약으로 그 본성을 알아서 온전하게 할 수 없다. 여기서 본성을 아는 것은 格物致知에 해당하며, 본성을 온전하게 하는 것은 誠意와 正心과 修身에 해당한다.
  넷째, 본성을 다 발휘한 사람은 임금과 스승이 되어 모든 사람의 본성을 회복시킬 사명을 하늘로부터 부여받게 된다.
  다섯째, 伏羲·神農·黃帝, 그리고 堯·舜이 天命을 계승하여 삶의 표준을 세우고 교육과 음악을 담당할 관리를 둔 이유는 바로 인간 본성의 회복이다.

※ 大(≒太): 클 태   降: 내릴 강   稟: 받을 품   齊: 가지런할 제   聰: 총명할 총   叡: 슬기로울 예
   復: 회복할 복   羲: 복희 희   繼: 이을 계   徒: 무리 도   職: 벼슬 직   典: 맡을 전

稟賦받은 氣質이 간혹 고르지 못하다. 이 때문에 모두 자신의 性이 갖추고 있는 것(인의예지)을 알아 온전히 하지 못하는 것이다. 그들 사이에서 똑똑하고 슬기로워 자신의 性을 다 발휘할 수 있는 어느 한 사람이 나오면 하늘이 반드시 그에게 명하여 億兆 백성의 임금과 스승이 되게 하여 그들을 다스리고 가르쳐 그들의 性을 회복하게 한다. 이는 伏羲·神農·黃帝·堯·舜이 하늘의 뜻을 이어 준칙을 세우고 司徒와 典樂의 관직을 설치한 이유다.

三代之隆에 其法이 寖備하니 然後에 王宮國都로 以及閭巷히 莫不有學하여 人生八歲어든 則自王公以下로 至於庶人之子弟히 皆入小學하여 而敎之以灑掃應對[4]進退之節과 禮樂射御書[5]數之文하고 及其十有五年이어든 則自天子之元子衆子로 以至公卿大夫元士之適子와 與凡民之俊秀히 皆入大(태)學하여 而敎之以窮理正心修己治人之道하니 此又學校之敎의 大小之節이 所以分也라

〈夏·殷·周〉세 왕조가 융성해짐에 따라 그 교육의 법이 점차 갖추어졌다. 그런 뒤에 천자의 수도(王宮)와 제후의 도읍(國都)으로부터 민간(閭巷)에 이르기까지 학교를 두지 않은 곳이 없었다.

사람이 태어나 8세가 되면 王公으로부터 이하로 庶人의 子弟까지 모두 小學에 보내 물 뿌리고 비질하며 호응(應)하고 대답(對)하며 나아가고 물러나는 예절과, 禮法·음악·활쏘기·수레몰기·六書法·셈하기 등의 人文을 가르친다. 15세가 되면 천자의 맏아들과 〈나머지〉여러 아들부터

---

4 應對 : 《論語》〈子張〉 12장 "자유가 말하였다. '자하의 문인 소자들은 灑掃·應對·進退에 있어서는 〈그런대로〉괜찮게 하지만, 〈이런 것은〉 末節(작은 예절)이라 근본은 없으니 어찌할까.'〔子游曰 子夏之門人小子 當灑掃應對進退 則可也 抑末也 本之則無 如之何〕"에서 包咸(後漢)은 '應對'를 "當對賓客"이라고 하여 '빈객을 맞이하여 접대하는 것'으로 풀이하였다.
《禮記》〈曲禮〉에는 "선생을 모시고 앉아 있을 때, 선생이 묻거든 선생의 물음이 끝나면 대답한다. 수업을 청할 때에는 자리에서 일어나고, 수업 이외의 다른 것을 더 가르쳐달라고 청할 때에도 자리에서 일어난다. 아비가 부르면 천천히 대답하지 않으며, 선생이 부르면 천천히 대답하지 않고 빨리 대답하면서 자리에서 일어나 달려간다.〔侍坐於先生 先生問焉 終則對 請業則起 請益則起 父召無諾 先生召無諾 唯而起〕"라고 하였다.
여기서는 어린아이가 소학에 들어가 배운다는 측면에서 볼 때, '빈객을 접대하는 것'보다는 '호응하고 대답하는 것'으로 풀이하는 것이 더 옳다고 생각한다. 따라서 '應對'를 호응과 대답으로 풀이하였다. '호응(應)'은 어른의 부름에, 남자는 크고 씩씩한 목소리로, 여자는 낮으면서 부드러운 음성으로 "네" 하고 응답하는 것이고, '대답(對)'은 어른의 질문에 답하는 것이다.
5 書 : 漢字의 구성과 운용에 관한 여섯 가지 원리인 六書法으로 象形·指事·會意·形聲·轉注·假借를 말한다.

※ 隆 : 클 융 寖 : 점점 침 都 : 도읍 도 閭 : 마을 려 巷 : 동네 항 灑 : 물 뿌릴 쇄 掃 : 비질할 소
  御 : 말 몰 어 適(≒嫡) : 맏아들 적 俊 : 뛰어날 준 秀 : 빼어날 수 窮 : 궁구할 궁

公·卿·大夫·元士의 適子와 모든 백성 가운데 〈선발된〉 俊秀한 자까지 모두 太學에 보내 도리를 궁구하고 마음을 바루고 자신을 수양하고 사람을 다스리는 방법(道)을 가르친다. 이는 또 학교의 가르침에 크고 작은 법도가 나누어진 이유다.

夫以學校之設이 其廣이 如此하고 敎之之術이 其次第節目之詳이 又如此로되 而其所以爲敎는 則又皆本之人君躬行心得之餘요 不待求之民生日用彛倫之外라 是以當世之人이 無不學하고 其學焉者 無不有以知其性分之所固有와 職分之所當爲하여 而各俛焉하여 以盡其力하니 此古昔盛時에 所以治隆於上하고 俗美於下하여 而非後世之所能及也라

학교의 설치가 이와 같이 넓고, 가르치는 방법이 이와 같이 그 차례와 節目이 상세하지만, 그 가르치는 내용은 또 모두 人君이 몸소 실천하고 마음에 얻은 나머지에 뿌리를 두며, 백성이 일상생활하는 윤리(彛倫)의 밖에서 찾으려고 하지 않았다.

이 때문에 당시 사람은 배우지 않는 이가 없었고, 그곳에서 배운 사람은 자기가 부여받은 본성에 본래 가지고 있는 것과 주어진 자리에서 해야 마땅한 일을 알아 저마다 노력하여 자신의 힘을 다하지 않음이 없었다. 이는 아득한 옛날 〈하·은·주 세 왕조가〉 성대했을 때, 다스림이 위에서 융성하고 풍속이 아래에서 아름다워 후세 사람이 미칠 수 없는 이유다.

及周之衰하여는 賢聖之君이 不作하고 學校之政이 不修하여 敎化陵夷하고 風俗頹敗하니 時則有若孔子之聖이사도 而不得君師之位하여 以行其政敎하시니 於是에 獨取先王之法하여 誦而傳之하여 而詔後世하시니 若曲禮少儀內則(칙)弟子職諸篇[6]은 固小學之支流餘裔요 而此篇者는 則因小學之成功하여 以著大(태)學之明法하니 外有以極其規模之大하고 而內有以盡其節目之詳者也라 三千之徒 蓋莫不聞其說이언마는 而曾氏之傳이 獨得其宗이라 於是에 作爲傳義[7]하여 以發其意러시니 及孟子 沒而其傳이 泯焉하여 卽其書雖存이나 而知者鮮矣라

---

6 曲禮少儀內則(칙)弟子職諸篇 : 〈曲禮〉·〈少儀〉·〈內則〉은 《禮記》의 篇名이며, 〈弟子職〉은 《管子》의 편명이다.

7 傳義 : 傳義는 《대학》의 傳 1장부터 10장까지를 말하는 것으로, 주희는 《대학》을 曾子의 記述로 규정하였다.

※ 彛 : 떳떳할 이 俛 : 힘쓸 면 陵 : 차차 쇠할 릉 夷 : 상할 이 頹 : 무너질 퇴 敗 : 무너질 패
  詔 : 가르칠 조 裔 : 끝 예 著 : 드러날 저 沒(≒歿) : 죽을 몰 泯 : 없어질 민 鮮 : 드물 선

周나라가 쇠퇴함에 이르러서는 어질고 성스러운 군주가 나오지 않고, 학교의 교육정책이 닦이지 않아 敎化가 점차 무너지고 풍속이 문란해졌다. 당시 孔子 같은 聖人이 있었지만 임금과 스승의 지위를 얻어 그 政事와 교화를 행하지 못하였다. 그래서 다만 先王의 법을 받아들여 말로 전하여 후세에 일러주었다. 〈曲禮〉·〈少儀〉·〈內則〉·〈弟子職〉 같은 편은 진실로 소학 교육의 支流이자 末流요, 《대학》은 소학 교육의 성공을 통하여 태학 교육의 밝은 법을 드러내었으니, 밖으로는 그 規模가 매우 크고 안으로는 그 節目이 매우 자세하다.
　공자의 3천 명의 제자들이 아마 그 말을 못 들은 이가 없을 텐데, 曾氏(曾參)가 전해받은 것만이 그 宗旨를 얻었다. 이에 傳義를 지어 그 뜻을 드러내었다. 그런데 孟子가 죽자 전해줄 사람이 없어져 그 책은 비록 남아 있으나 〈그 내용을 제대로〉 아는 사람이 드물었다.

　自是以來로 俗儒記誦詞章之習[8]은 其功이 倍於小學而無用하고 異端虛無寂滅之敎[9]는 其高 過於大學[10]而無實이라 其他權謀術數一切以就功名之說과 與夫百家衆技[11]之流 所以惑世誣民하여 充塞仁義者 又紛然雜出乎其間하여 使其君子로 不幸而不得聞大道之要하고 其小人으로 不幸而不得蒙至治之澤이라 晦盲否塞(비색)하여 反覆沈痼하여 以及五季之衰[12]而壞亂이 極矣라

　이때부터 세상의 변변치 못한 학자의 記誦하고 詞章하는 습관은 그 노력이 소학보다 배가 되나 쓸 데가 없고, 異端의 虛無·寂滅의 가르침은 그 수준이 대학보다 지나치나 실제가 없다.
　기타 權謀術數로서 일체의 공적과 명예를 이루려는 학설과 저 百家·衆技의 무리로서 세상을 어지럽히고 백성을 속여 仁義로 나아갈 길을 꽉 틀어막는 자들이 어지러이 그 사이에서 뒤섞여 나와, 군자에게는 불행히도 大道의 요체를 못 듣게 하고 소인에게는 지극한 다스림의 은택을 못 입게 하였다.

8　記誦詞章之習 : 記誦은 문장을 기억하고 암송하는 것이며, 詞章은 애써 교묘하게 修辭하여 詩文을 짓는 것이다.
9　虛無寂滅之敎 : 虛無는 道家, 寂滅은 佛家를 말한다.
10　大學 : 여기의 大學은 書名이나 篇名이 아니라 앞의 小學 공부의 對로서 大學 공부를 말한다.
11　衆技 : 여러 가지 技藝로, 醫藥·占卜 등을 하는 무리다.
12　五季之衰 : 다섯 왕조는 後梁·後唐·後晉·後漢·後周로서 唐나라가 멸망한 907년부터 宋나라가 중국을 통일하는 979년까지 약 70년에 걸쳐 華北의 중심지대에서 興亡한 나라들이다.

※　儒 : 학자 유　記 : 기억할 기　過 : 지나칠 과　流(≒類) : 무리 류　惑 : 미혹할 혹　誣 : 속일 무
　　塞 : 막을 색　紛 : 어지러울 분　蒙 : 입을 몽　晦 : 어두울 회　否 : 막힐 비　痼 : 고질병 고

보지 못하여 답답하고〔晦盲否塞〕 반복돼 고질화되어〔沈痼〕 〈後梁·後唐·後晉·後漢·後周〉 다섯 왕조 말엽의 쇠퇴함에 미쳐서는 〈도덕이〉 허물어지고 〈사회질서가〉 어지러워짐이〔壞亂〕 극도에 달하였다.

天運이 循環[13]하여 無往不復일새 宋德이 隆盛하여 治敎休明하니 於是에 河南程氏兩夫子[14] 出하여 而有以接乎孟氏之傳하여 實始尊信此篇而表章之하고 旣又爲之次其簡編하여 發其歸趣라 然後에 古者大(태)學敎人之法과 聖經賢傳之指 粲然復(부)明於世라 雖以熹之不敏으로도 亦幸私淑而與有聞焉호라 顧其爲書 猶頗放失일새 是以忘其固陋하고 采而輯之하며 間亦竊附己意하여 補其闕略하여 以俟後之君子하노니 極知僭踰無所逃罪어니와 然於國家化民成俗之意와 學者修己治人之方엔 則未必無小補云이리라

하늘의 運數가 순환하여 가서 돌아오지 않는 경우가 없다. 宋나라의 德이 융성해져 다스림과 교화가 아름답고 밝아졌다. 이에 河南 程氏 두 夫子가 나와 孟氏(맹자) 이래로 전해 내려오는 가르침을 접하고는, 진실로 처음《대학》을 높이고 믿어 세상에 드러내고, 또 이를 위하여 책 안의 문장순서를 바로잡아 그 취지를 드러내었다. 그런 뒤에야 옛날 태학에서 사람을 가르친 방법과 聖人(공자)이 지은 經과 賢人(증자)이 해설한 傳의 뜻이 다시 세상에 환하게 밝아져서 비록 靈敏하지 못한 나〔熹〕로서도 다행히 私淑하여 가르침을 받는〔聞〕 데에 참여하였다.

다만 그 책이 아직도 꽤 흐트러지고 없어졌다. 그래서 나의 固陋함을 잊고 〈先儒의 주석과 해설을〉 뽑아 모으고 사이사이에 나름대로 나의 생각도 붙여 그 빠지고 생략된 부분을 채워넣고서 후세의 군자를 기다린다. 분수를 뛰어넘어 죄를 피할 곳이 없음을 매우 잘 알지만, 국가가 백성을 교화하고 좋은 풍속을 만드는 뜻과 배우는 자들이 자신을 수양하고 사람을 다스리는 방법에 있어서는 반드시 조금의 도움이 없진 않을 것이다.

淳熙己酉[15]二月甲子에 新安朱熹는 序하노라

淳熙 己酉年(1189) 2월 甲子日에 新安 朱熹는 서문을 쓴다.

---

13 天運循環 : 한 번 다스려지고 한 번 어지러워짐〔一治一亂〕이 순환함을 말한다.
14 河南程氏兩夫子 : 程顥(明道)와 程頤(伊川) 형제를 가리킨다.
15 淳熙己酉 : 淳熙는 宋 孝宗의 세 번째 연호(1174~1189)다. 己酉年은 순희 16년(1189)이다.

※ 循 : 따를 순 復 : 돌아올 복, 다시 부 熹 : 빛날 희 淑 : 사모할 숙 與 : 참여할 예 顧 : 다만 고
　 頗 : 자못 파 陋 : 볼품없을 루 采(≒採) : 가려낼 채 輯 : 모을 집 俟 : 기다릴 사 僭 : 참람할 참

大學章句

子程子[1]曰 大學은 孔氏之遺書而初學入德之門也라 於今에 可見古人爲學次第者는 獨賴此篇之存이요 而論孟次之하니 學者 必由是而學焉이면 則庶乎其不差矣[2]라

　　子程子가 말하였다. "《대학》은 孔氏(孔子)가 남겨놓은 글로서 초학자가 德에 들어가는 문이다. 오늘날 옛사람이 학문한 순서를 볼 수 있는 것은 이 책(篇) 한 권이 남아 있는 덕택이고,

---

1　子程子 : 程顥·程頤를 구별하지 않고 程子라고 하였다. '정자'라고만 해도 높이는 뜻이지만, 앞에 '子'를 더 붙여 특별히 높이는 뜻을 나타내었다.

2　子程子曰……則庶乎其不差矣 : 《程氏粹言》권1 〈論書〉에 "선생이 말하였다. 《대학》은 공자가 남겨놓은 말이다. 배우는 사람이 이를 따라 배우면 德에 들어가는 문에서 헤매지 않을 것이다.〔子曰 大學 孔子之遺言也 學者由是而學 則不迷於入德之門也〕",《程氏遺書》권2 上에 "《대학》은 공씨(공자)가 남겨놓은 글이니, 이를 따라 배우면 어긋나지 않을 것이다.〔大學 乃孔氏遺書 須從此學 則不差〕"라고 하였다.

　　정자가 "《대학》은 초학자가 덕에 들어가는 문"이라고 하였는데, 주희는 《대학》을 너무 어렵게 대하였다. 道德을 인식한다는 것이 어렵기 때문이기도 하지만 여기에는 주희의 애매한 표현으로 인한 오해도 크다. 무엇보다도 주희의 지나치게 보편주의적인 관심 때문이라고 본다. 小學에서 五倫을 실천하며 몸으로 익혔다면 大學에서는 오륜을 실천하며 몸과 마음으로 함께 익혀야 한다. 그렇게 하기 위해서는 확실하게 알지 않으면 안 되기 때문에 格物致知가 필요하게 되는 것이다. 격물치지란 일을 처리하고 대인관계를 맺으며 至善이 무엇인지, 道義가 무엇인지 확실하게 체험하며 도덕적 삶의 기초를 확실하게 하는 것이다.

　　李滉(鮮)은《聖學十圖》〈白鹿洞規圖〉에서 五倫을 바탕으로 博學·審問·愼思·明辨을 窮理의 요체로, '言忠信 行篤敬'과 '懲忿窒慾 遷善改過'를 修身의 요체로, '正其義不謀其利 明其道不計其功'을 處事의 요체로, '己所不欲 勿施於人'과 '行有不得 反求諸己'를 接物의 요체로 구분하였다. 그리고 修身·處事·接物의 요체를 篤行으로 총괄하였다.《대학》의 格物·致知·誠意·正心과 修身을 여기에 대응하여 이해하면 유학은 觀念論의 철학체계를 넘어 日常性과 道德性을 회복할 수 있다고 생각한다. 주희도 〈대학장구서〉에서는 "그 가르치는 내용은 또 모두 인군이 몸소 실천하고 마음에 얻은 나머지에 뿌리를 두며, 백성이 일상생활하는 윤리의 밖에서 찾으려고 하지 않았다."고 말하고 있다. 그렇다면 격물치지도 오륜을 실천하며 이루어져야 한다.

※　遺 : 남길 유　賴 : 힘입을 뢰　庶 : 거의 서　差 : 어긋날 차

《논어》·《맹자》는 그 다음이다. 배우는 사람이 반드시 이《대학》을 따라 배우면 거의 어긋나지 않을 것이다."

經1-1 大學之道는 在明明德³하며 在親民하며 在止於至善⁴·⁵이니라

大學의 道는 〈자신의〉 明德을 밝힘에 있으며, 백성을 새롭게 함에 있으며, 至善에 머무름에 있다.

---

3 明明德 : 丁若鏞(鮮)은《周禮》·《尙書》 등을 인용하여 '明德'을 '孝·弟(悌)·慈'라는 유학의 일상도덕(人倫)으로 해석하였다. 정약용은, '太學은 國學으로서 冑子(임금의 맏아들)를 거주시키며 가르치는 곳〔大學者 國學也 居冑子以敎之〕'으로 '태학은 본래 일반 백성을 가르치는 곳이 아니다.〔太學 本非學萬民之地〕'라는 관점을 견지한다. 그러므로 "治國章의 '孝는 임금을 섬기는 방법이요, 弟는 어른을 섬기는 방법이요, 慈는 대중을 부리는 방법이라는 것'과 平天下章의 '윗사람이 노인을 공경하면 백성이 〈부모에게〉 효도하는 마음을 일으키며, 윗사람이 어른을 존경하면 백성이 〈죽은 옛 친구에게〉 공경하는 마음을 일으키며, 윗사람이 고아를 불쌍히 여겨 도와주면 백성이 〈윗사람에게〉 등 돌리지 않는다는 것이다.'라는 두 구절의 宗旨가 모두 효·제·자 세 글자에서 벗어나지 않으며, 이것이 바로 明明德의 바른 해석이다.〔孝者所以事君也 弟者所以事長也 慈者所以使衆也 上老老而民興孝 上長長而民興弟 上恤孤而民不倍 兩節宗旨 具不出孝弟慈三字 是則明明德正義也〕"라고 하였다.《大學公議》 따라서 '태학의 道'는 통치자가 갖추어야 하는 실천덕목이며, 그 내용이 바로 효·제·자라는 것이다. 정약용의 이러한 관점은 타자와의 관계 속에서 실천을 강조한 것이지만, 德과 行을 구분하지 않은 것으로 읽힌다.

段玉裁(淸)는《爾雅》〈釋訓〉의 "明明 察也"를 인용하여 '明明'을 '明'자의 중복으로 보아 '다 드러내다〔宣著〕'라는 뜻으로 해석하며, "明자를 거듭 말한 것은 그 德이 작음으로부터 큼에 이르며, 안으로부터 밖에 이르며, 은미함으로부터 드러남에 이르며, 가까운 데부터 먼 데 이르며, 너의 집 방구석으로부터 집안·국가·천하에 이른다는 말이다.〔重言明者 其德自小至於大 自內至於外 自微至於著 自近至於遠 自爾室屋漏至於家國天下〕"라고 풀이한다.《經韻樓集》〈在明明德在親民說〉) 劉沅(淸)도 '明明'을 붙여 "밝히고 또 밝혀 그 일을 쉬지 않음이다.〔明而又明 不息其功也〕"라고 하였다.《大學恒解》)

4 至善 : 至善은 明德이나 新民 외에 따로 '善'이 있는 것이 아니라 바로 '極處'·'洽好處'를 말한다. 명덕 가운데 至善處가 있고 신민 가운데 지선처가 있으니, '지선'은 곳에 따라 모두 있다.《朱子語類》 권14 〈大學1 經上〉 陳淳의 기록(52번째 조목) 참조)

5 大學之道……在止於至善 :《대학》은 인간의 밝은 덕〔明德〕을 학문의 대전제로 삼고 있고, 그 밝은 덕을 밝히는 것을 학문의 첫째 과제로 설정하고 있다는 것을 알 수 있다. 新民은 나만 그렇게 사는 것이 아니라 모든 사람이 그렇게 살 수 있도록 하는 것을 의미한다. 止於至善은 明明德과 新民의 목표라고 할 수 있다. 명명덕과 지어지선은 서로 분리된 것이 아닌 것 같다. 명덕이 밝아지면 지선을 더욱 잘 실천하게 되고 지선을 실천하면 명덕이 더욱 밝아지게 되니, 명덕과 지선이 서로 體와 用을 이루며 상호 진전되기 때문이다.

※ 明 : 밝힐 명, 밝을 명 親 : 친할 친 止 : 머물 지

程子曰 親은 當作新이라

程子(程頤)가 말하였다. "親은 新이 되어야 한다."

○大學者는 大人之學[6]也라 明은 明之[7]也라 明德者는 人之所得乎天而虛靈不昧하여 以具衆理而應萬事者也[8]라 但爲氣稟所拘하고 人欲所蔽면 則有時而昏[9]이나 然其本體之明은 則有未嘗息者라 故學者 當因其所發而遂明之[10]하여 以復其初也라 新者는 革

---

6   大人之學:《孟子》〈離婁 下〉에 나오는 "대인은 어린아이의 마음을 잃지 않는 자다.〔大人者 不失其赤子之心者也〕"의 대인과 구별해야 한다. 여기서 대인은 成人을 의미한다.

7   明之: '밝힌다'는 것은 致知·格物·誠意·正心·修身이 여기에 해당한다.

8   虛靈不昧 以具衆理而應萬事者也: 明德은 모든 道理를 갖춘 온전한 本體와 모든 일에 응할 수 있는 위대한 作用의 능력을 갖춘 완전한 德性이다. 이 완전한 덕성은 어디에서 주어졌는가? 하늘에서 주어진 것이다. 모든 인간에게 완전한 덕성을 부여하는 하늘이란 무엇인가? 하늘의 완전성은 당연히 전제되어 있는 것이다. 하늘의 완전성에 대한 인식이나 믿음은 어떻게 얻게 될 것일까? 儒學의 강령을 제시하는《대학》은 하늘의 완전성에 대한 믿음이나 인식에서 출발하고 있다는 것은 분명하다. 완전한 하늘은 그 완전성을 인간에게도 주었다. 이것이 명덕이고 인간의 本性이다. 〈대학장구서〉에 의거하면 하늘에게 부여받은 인간의 명덕이자 인간의 본성은 '仁義禮智'다.

　　이러한 대전제 위에서 경전이 서술되고 이러한 대전제 위에서 학문이 전개되고 있다는 것을 먼저 확실하게 이해하지 않으면 안 된다. 이러한 인식과 믿음이 유학을 가능하게 하고 유학이 수천 년 동안 지속할 수 있는 힘을 제공하였다. 명덕을 깊고 심각하게 받아들이지 못하면 유학사상 전체의 체계는 무너지고 만다. 유학사상의 반 이상의 노력은 이 명덕을 밝히고 회복하는 데에 있다. 이것이 명덕을 밝혀 명덕의 본래 모습을 회복하는 '復其性初'며, 이것이 바로 '修己身'이다.

9   但爲氣稟所拘……則有時而昏: 밝고 완전한 明德이 왜 완전성을 발휘하지 못하는가? "다만 품부 받은 氣에 얽매이고 人欲에 가려지게 되면 때때로 어두워지기 때문"이다. 인간은 태어나면서 天命만 받는 것이 아니라 氣도 함께 받아서 마음과 몸을 갖춘 오묘한 존재다. 그런데 창조자인 하늘은 완전하지만 氣는 창조된 것으로 淸濁粹駁의 質이 있다. 그래서 태어날 때 받은 氣運은 순수하지 못하여 천명이 그 氣質의 구속을 받게 된다는 것이다. 그리고 몸과 마음을 가지고 태어난 인간은 몸을 기르기 위한 의식주의 욕망을 가지게 된다. 이것이 욕망으로 작용하여 天理를 가리게 된다는 것이다. 全體大用을 갖춘 명덕과 불완전한 현상적인 마음의 사이에 인간의 삶은 존재하며, 유학이라는 학문은 불완전성을 걷어 없애고 완전성을 회복하여 이 완전성을 가정· 사회와 세계에 실현하는 것을 목표로 하는 학문체계다.

10 當因其所發而遂明之: 明德을 밝힘에 가장 주의해야 할 부분은 "그 發하는 것을 말미암아"다. 명덕이 인간에게 부여되어 있다고 하더라도 인간의 마음에서 현상으로 드러나지 않는다면 명덕을 밝힐 수 없다. 잠시도 쉬지 않는 명덕은 삶에서 항상 발현된다. 이것이 四端이고 良心이다. 양심으로 사단으로 드러나는 것을 계기로 삼아 명덕을 밝혀나가면 명덕의 본래 모습을 회복할 수 있다. 格物致知는 바로 인간이 일을 처리하고 대인관계를 맺으며 드러나는 명덕을 확실하게 인식함으로써 道義와 至善을 밝히는 것이다.

※　新: 새로울 신　靈: 신령 령　昧: 어두울 매　具: 갖출 구　拘: 얽맬 구　蔽: 가려질 폐
　　昏: 어두울 혼　息: 쉴 식　遂: 마침내 수　復: 회복할 복　革: 고칠 혁

其舊之謂也니 言旣自明其明德이면 又當推以及人하여 使之亦有以去其舊染之汚也라 止者는 必至於是而不遷之意요 至善은 則事理當然之極也[11]라 言明明德新民을 皆當止[12]於至善之地而不遷이니 蓋必其有以盡夫天理[13]之極하여 而無一毫人欲之私也라

○ 大學은 大人의 〈양성을 위한〉 학문이다.

明은 밝힘이다. 明德은 사람이 하늘에게 얻은 것으로 텅 비고 靈妙하며 어둡지 않아〔虛靈不昧〕 온갖 도리를 갖추고서 모든 일에 응하는 것이다. 다만 품부받은 氣에 얽매이고 人欲에 가

---

[11] 至善 則事理當然之極也 : 明德은 "온갖 도리를 갖추고서 모든 일에 응하는 것"이라고 하였다. 온갖 도리를 갖춘 명덕이 모든 일에 응하게 되면 그것이 바로 至善이며 道義다. 氣稟의 구속과 욕망의 가리움 때문에 명덕이 실현되지 않으므로, 정밀하게 살피고 한결같이 지키며 수양을 하고 학문을 해야 한다. 명덕은 가까운 인간관계에서 잘 드러난다. 그래서 "堯・舜의 道는 孝・悌일 뿐이다."라고 말한다. 명덕이 곧 '孝・悌・慈'라는 丁若鏞(鮮)의 주장은 德과 行을 구별하지 않은 잘못된 것이지만 효・제・자의 강조라는 점에서는 매우 중요하다. 格物致知는 효・제・자를 실천하는 가운데 마음의 구체적인 작용에서 至善과 道德을 이해하고 체험하는 것이다.

[12] 當止 : 저본에는 '當止'라고 되어 있으나, 當塗郡齋刻本과 武英殿本에는 '當至'로 되어 있다. 바로 앞에서 '止者 必至於是而不遷之意'라고 하였으니, '至'로 써야 옳다. 李瀷(鮮)은 "지금 판본에는 '皆當止於至善之地而不遷'이라고 하였으나, 여기서의 '止'자는 바로 '至'의 誤字다.……왜냐하면 '至善'에 이른다는 것과 '不遷'이라는 두 가지를 겸해야만 '止'자의 뜻이 되기 때문이다.〔今本云皆當止於至善之地而不遷 此止字 乃至之誤也……兼至善與不遷兩句 方爲止字之義〕"라고 하였다.《大學疾書》

[13] 天理 : 天理는 天性으로서 '타고난 그대로의 純善한 性'을 이른다. '천리'라는 말은 다음의《禮記》〈樂記〉에 처음 보인다.

"사람이 막 태어나 〈아직 情欲이 없어 마음이〉 고요함은 타고난 그대로의 性〔天性〕이요, 外物에 감응하여 〈마음이 마침내〉 움직임은 性의 욕망이다. 외물이 이르면 知覺이 인식하니, 그런 뒤에야 좋아하고 싫어하는 情이 드러난다. 좋아하고 싫어하는 情을 마음 안에서 절제함이 없으면 지각이 외물의 꼬임에 넘어가 자신을 돌아보지 못하여 天理가 없어질 것이다. 대체로 외물이 사람을 감응하게 하는 것은 끝이 없는데 사람이 좋아하고 싫어하는 情을 절제함이 없으면 외물이 이를 경우 사람이 외물에 동화될 것이다. 사람이 외물에 동화된다는 것은 〈자신의 마음에 있는〉 천리를 덮어 가리고 〈자기의〉 인욕을 마음껏 풀어내는 것이다. 여기에서 도리에 어긋나고 순리를 거스르며 양심을 속이고 거짓을 꾸미는 마음이 생기고, 음란하고 방탕하여 난리를 일으키는 일이 생긴다. 이 때문에 강한 사람은 약한 사람을 위협하고 사람이 많은 집단은 사람이 적은 집단을 못살게 굴며, 지혜로운 사람은 멍청한 사람을 속이고 용맹한 사람은 겁이 많은 사람을 괴롭히니, 질병에 걸린 사람이 치료를 받지 못하고 노인이나 어린이, 고아나 자식이 없는 노인이 살 곳을 얻지 못한다. 이것이 매우 어지러워지는 길이다.〔人生而靜 天之性也 感於物而動 性之欲也 物至知知 然後好惡形焉 好惡無節於內 知誘於外 不能反躬 天理滅矣 夫物之感人無窮 而人之好惡無節 則是物至而人化物也 人化物者 滅天理而窮人欲者也 於是有悖逆詐僞之心 有淫泆作亂之事 是故强者脅弱 衆者暴寡 知者詐愚 勇者苦怯 疾病不養 老幼孤獨不得其所 此大亂之道也〕"

※ 舊 : 옛 구   推 : 미루어 헤아릴 추   染 : 물들 염   汚 : 더러울 오   遷 : 옮길 천   毫 : 가는 털 호

려지게 되면 때때로 어두워진다. 그러나 그 本體의 밝음은 일찍이 쉰 적이 없다. 그러므로 배우는 자는 發하는 것을 말미로 삼아 마침내 그것을 밝혀 처음 상태를 회복해야 한다.

新은 옛 것을 고침을 이른다. 스스로 자신의 明德을 밝힌 뒤, 또 미루어 남에게 디쳐서 그 역시 좋지 못한 옛날의 습관(舊染)을 없애게 해야 함을 말한 것이다.

止는 반드시 여기에 이르러 옮기지 않는다는 뜻이다. 至善은 事理의 당연함이 지극한 곳이다. '〈자신의〉 명덕을 밝힘'·'백성을 새롭게 함'을 모두 지선의 경지에 이르러 옮기지 않아야 함을 말한 것이다. 이는 〈자신의 명덕을 밝히고 백성을 새롭게 함에〉 반드시 저 天理(天性)의 지극함을 다하여 한 터럭만큼의 사사로운 人欲도 없어야만 하는 것이다.

此三者는 大學之綱領[14]也라

이 세 가지는 《대학》의 綱領이다.

經1-2 知止[15]而后[16]에 有定이요[17] 定而后에 能靜하며 靜而后에 能安하며 安而后에 能慮하며 慮而后에 能得[18·19·20]이니라

머물 곳을 안 뒤에 〈방향이〉 정해지고, 〈방향이〉 정해진 뒤에야 〈마음이〉 차분할 수 있으며, 차분해진 뒤에야 〈처한 곳에〉 편안할 수 있으며, 편안해진 뒤에야 〈일의 처리를〉 생각할 수 있으며, 생각한 뒤에야 〈머물 곳을〉 얻을 수 있다.

---

14 綱領 : 綱은 그물의 위쪽 코를 꿰어놓은 줄로, 이 줄을 잡아당겨 그물을 오므렸다 폈다 한다. 領은 옷깃으로, 이곳을 옷걸이에 걸면 옷이 흘러내리지 않는다. 따라서 '강령'은 근본이 되는 큰 줄거리라는 뜻이다.

15 知止 : 주희에게 머물 곳은 '바로 진리(即理)'인 자신의 '本性'에 대한 앎을 의미하며, 格物致知는 '지선이 있는 곳'에 대한 앎을 의미한다. 머물 곳을 알게 되면 뜻에 일정한 방향이 있게 되고, 마음이 함부로 움직이지 않아 차분하게 되고, 마음과 몸이 어디서나 편안하게 되고, 일을 처리할 때 정밀하게 생각할 수 있게 되고, 그렇게 되면 지선을 실천할 수 있게 된다고 해석하고 있다.(이광호 외 역, 《역주 예기정의-중용·대학》 238쪽 역주 4) 참조)

16 后 : '後'자와 통용하는 글자다. 아래도 같다.

17 이요 : 朝鮮 校正廳 《中庸諺解》와 李珥(鮮)의 《中庸諺解》에는 모두 '이니'로 懸吐하여 '知止而后有定'을 한 단락으로 구분 지었으나, 譯者는 앞뒤가 병렬로 이어지는 것으로 보아 '이요'로 현토하였다.

※ 后(≒後) : 뒤 후   靜 : 고요할 정   慮 : 생각할 려

止者는 所當止之地니 卽至善之所在也라 知之면 則志有定向이라 靜은 謂心不妄動이요 安은 謂所處而安이요 慮는 謂處事精詳이요 得은 謂得其所止라

止는 머물러야 할 곳이니, 바로 至善이 있는 곳이다. 그곳을 안다면 뜻이 정해진 방향이 있을 것이다. 靜은 마음이 함부로 움직이지 않음을 이른다. 安은 처한 곳에 편안함을 이른다. 慮는 일을 처리함이 정밀하고 자세함을 이른다. 得은 그 머물 곳을 얻음을 이른다.

經1-3 物有本末하고 事有終始하니 知所先後면 則近道矣[21]리라

사물에는 근본과 말단이 있고 일에는 시작과 끝이 있으니, 먼저 하고 나중에 할 것을 알면 道에 가까울 것이다.

明德爲本이요 新民爲末이며 知止爲始요 能得爲終이라 本始는 所先이요 末終은 所後라

明德은 근본이고 新民은 말단이며, 知止는 시작이고 能得은 끝이다.

---

18 能得 : 尹鑴(鮮)는 《讀書記》〈大學〉에서 "得이라고 말한 것은 道에 나아가고 德을 이룬다는 말인데, 바로 아래 글의 物格 이하의 일이다.〔其曰得者 造道成德之謂 卽下文物格以下之事也〕"라고 하였고, 丁若鏞(鮮)은 "得은 길을 얻는다는 것이니, 시작할 말미를 알게 된다.〔得者得路也 得其所由始也〕"는 의미로 받아들였다.(《大學公議》)

19 安而后能慮 慮而后能得 : 李珥(鮮)는 주희가 말한 "定·靜·安은 비록 절차가 나뉘어 있으나 모두 쉽게 나아갈 수 있다. '편안한 뒤에 생각할 수 있는 것'과 '생각한 뒤에 얻을 수 있는 것'은 가장 나아가기 어려운 곳이다. '편안한 뒤에 생각할 수 있는 것'은 顔子가 아니면 할 수 없다."에 대하여 李滉(鮮)에게 질문하였고, 이황은 이렇게 대답하였다.
"주자가 '편안한 뒤에 생각할 수 있는 것은 안자가 아니면 할 수 없다.'고 한 말은 진실로 그대가 의심한 것과 같은 점이 있습니다. 그러나 聖人의 말은 위와 아래로 통하여 정미하고 거친 것이 모두 갖추어져 있어, 사람들이 학문의 깊이에 따라 모두 사용할 수 있습니다. '편안한 뒤에 생각할 수 있는 것'은 거친 측면에서 말한다면 中人 이하도 오히려 힘써 나아갈 수 있지만, '정세함의 극치'라는 측면에서 말한다면 大賢 이상이 아니면 진실로 할 수 없는 점이 있습니다. 주자의 이 말은 곧 그 극치로써 말했을 뿐입니다."(이광호 편역, 《퇴계와 율곡, 생각을 다투다》 51~54쪽)

20 知止而后有定……慮而后能得 : 주희는 '知止'에서 '能得'까지를 '格物致知'에서 '修身'에 이르는 과정, 곧 本性(至善의 자리)의 인식에서 본성의 실현에 이르는 知行의 과정을 축약한 것으로 해석한다.(이광호 외 역, 《역주 예기정의-중용·대학》 238~239쪽 역주 5) 참조)

21 知止而后有定……則近道矣 : 李彦迪(鮮)은 "知止……能得"과 "物有……道矣" 두 절의 순서를 바꾸고, 이를 格物致知에 대한 傳으로 보아 경문에서 전으로 옮겼다.(《大學章句補遺》)

※ 妄 : 함부로 망　動 : 움직일 동　處 : 머물 처　終 : 끝 종　始 : 처음 시　近 : 가까울 근
　末 : 끝 말

근본(明德)과 시작(知止)은 먼저 해야 하는 것이고, 말단(新民)과 끝(能得)은 나중에 해야 하는 것이다.

此는 結上文兩節之意라[22]

이것은 앞 글 〈'大學之道……在止於至善'과 '知止而后……慮而后能得'〉 두 마디의 뜻을 매듭지은 것이다.

經1-4 古之欲明明德於天下者[23]는 先治其國하고 欲治其國者는 先齊其家하고 欲齊其家者는 先修其身하고 欲修其身者는 先正其心하고 欲正其心者는 先誠其意하고 欲誠其意者는 先致其知[24]하니 致知는 在格物[25]하니라

---

22 此結上文兩節之意 : 하늘과 땅이 만물을 낳으니 하늘과 땅 사이에는 많고 많은 생명이 살고 있다. 하늘과 땅 사이에서 만물과 함께 살고 있으니 사람의 삶에는 수많은 일이 있다. 사람이 함께 사는 만물과 어떻게 관계를 맺고, 수많은 일들을 어떻게 처리해야 하는가를 생각하며 답을 얻기 위하여 노력하고 답을 얻어 실천하고자 노력하는 사상과 학문이 儒學이다. 서구의 자연철학이 인간의 인식에 들어오는 對象的 자연에 대한 인식을 학문의 출발점으로 삼았다면, 유학은 接物處事하는 주체적 인간의 삶을 학문의 출발점으로 삼고 있다는 것을 알 수 있다. 고대의 유자들은 《대학》을 배우기 이전에 이미 10여 년 가까이 先賢과 先聖이 찾아서 실천한 처사접물의 道를 몸으로 익히는 小學의 과정을 거쳤다는 점을 먼저 이해한 다음 《대학》을 공부하기 시작하였다는 사실을 염두에 두어야 한다. 처사접물하는 마땅한 삶의 도를 몸으로 실천만 하다가 왜 그렇게 하는 것이 당연한지 묻는 생각이 깊어지기 시작하며 《대학》의 과정이 시작된다.

23 古之欲明明德於天下者 : 《大學或問 上》 "所謂明明德於天下者 自明其明德而推以新民 使天下之人 皆有以明其明德也"에 의거하여 '自明其明德而推以新民'을 보충하여 번역하였다. 여기서 欲明明德은 위정자가 자신의 명덕을 밝히려는 것이 아니라 위정자가 천하 사람에게 그들 자신의 명덕을 스스로 밝힐 수 있도록 여건을 마련해주고자 하는 것이다.

24 知 : 여기서 知는 인식의 결과로 얻은 지식이 아니라 認識能力을 가리킨다. 知·識·知識이 모두 같다.

25 致知 在格物 : 사물에 대한 도리는 온갖 도리를 갖춘 明德이 모든 일에 응하면서 있게 된다. 그러므로 명덕을 밝히는 시작이 되는 格物致知의 공부도 바로 이 순간에 필요하게 된다. 致知는 孝·悌·慈라는 실천적 삶을 통하여 드러나는 명덕의 발현을 계기로 삼아 명덕의 온전한 體를 있는 그대로 인식하는 것이다. 명덕의 드러남이라는 명덕의 作用을 통하여 명덕의 體를 온전하게 밝히는 공부, 곧 用을 통하여 體를 밝히는 공부가 격물치지라고 할 수 있다. 이 모든 것은 명덕을 밝히는 공부에 속한다. 李滉(鮮)의 〈戊辰六條疏〉 제3조 '聖學을 밝혀 정치의 근본을 세울 것'의 내용 가운데 격물치지에 대한 설명이 자세하다.

※ 結 : 맺을 결   齊 : 가지런할 제   致 : 다할 치   格 : 궁구할 격

옛날에 〈人君이 스스로 자신의 明德을 밝히고, 이를 넓혀 백성을 새롭게 하여〉 천하 사람에게 〈그들 자신의〉 명덕을 밝힐 여건을 갖추고자 한 사람은 먼저 자기의 나라부터 잘 다스리고, 자기의 나라를 다스리고자 한 사람은 먼저 자기의 집안부터 가지런하게 하고, 자기의 집안을 가지런하게 하고자 한 사람은 먼저 자기의 몸부터 잘 닦고, 자기의 몸을 닦고자 한 사람은 먼저 자기의 마음부터 바르게 하고, 자기의 마음을 바르게 하고자 한 사람은 먼저 자기의 뜻부터 진실하게 하고, 자기의 뜻을 진실하게 하고자 한 사람은 먼저 자기의 앎(認識能力)부터 지극하게 하였으니, 앎을 지극하게 함은 사물에 대한 도리를 궁구함에 있다.

陸九淵(南宋)도 "만물의 理를 연구하는 것이 格物이다."라고 하였으나, "만물이 모두 자신에게 갖추어져 있으니, 理를 밝히기만 하면 된다.〔萬物皆備於我 只要明理〕"라고 하여 구체적인 格의 대상을 '나', 곧 '나의 마음'으로 설정하였다.(《象山語錄 下》)

王守仁(明)은 육구연의 '心卽理'를 받아들여 "致知라고 말한 것은 후세의 학자가 말한 자기의 지식을 채워 넓힌다는 것이 아니라 내 마음의 良知를 실현하는 것이다. 양지는 孟子의 이른바 '是非之心은 사람이 모두 가지고 있다.'는 것이다. 시비지심은 생각할 필요도 없이 알고 배울 필요도 없이 능하기 때문에 양지라고 한다.……그러므로 치지는 반드시 격물에 달려 있는 것이다. 物은 일〔事〕이다. 대체로 意가 드러난 곳에는 반드시 그 일이 있다. 意가 있는 곳의 일을 物이라고 한다. 格은 바로잡음〔正〕이니, 그 不正한 것을 바로잡아 바른 데로 돌아가게 하는 것을 이른다. 부정한 것을 바로잡는다는 것은 惡을 제거함을 이르고, 바른 데로 돌아가게 한다는 것은 善을 실천하는 것을 이른다. 이것을 格이라 한다.〔致知云者 非若後儒所謂充廣其知識之謂也 致吾心之良知焉耳 良知者 孟子所謂是非之心人皆有之者也 是非之心 不待慮而知 不待學而能 是故謂之良知……故致知必在於格物 物者事也 凡意之所發 必有其事 意所在之事謂之物 格者正也 正其不正以歸於正之謂也 正其不正者 去惡之謂也 歸於正者 爲善之謂也 夫是之謂格〕"라고 하였다.(《王陽明全集續編》〈大學問〉) 왕수인은 격물을 '마음에서 발생하는 일을 바로잡는 것'으로, 치지는 '양지를 실현하는 것'으로 이해한다는 것을 알 수 있다.

陳澧(淸)는 "格物은 至事라고 해석해야 한다. 지사는 '어떤 일을 직접 경험한다.'는 말과 같다. 그러나 천하가 넓고 고금이 멀어 〈모든 것을〉 직접 경험할 수 없으니, 독서야말로 직접 경험하는 것과 다름이 없을 것이다. 그러므로 격물이라는 것은 독서를 통해 경험하는 것을 아울러 말하는 것이며, 치지라는 것은 '식견을 늘린다.'는 말과 같다. 일반적으로 사람이 식견을 늘리려고 할 때, 독서를 통해 경험하지 않고는 다른 방법이 없다. 그러므로 '치지는 격물에 있다.'고 한 것이다.〔格物但當訓爲至事者 猶言親歷其事也 天下之大 古今之遠 不能親歷 讀書卽無異親歷也 故格物者 兼讀書閱歷言之也 致知者 猶言增長見識也 凡人欲增長見識 舍讀書閱歷 更無他法 故曰致知在格物〕"라고 하였다.(《東塾讀書記》〈禮記〉)

丁若鏞(鮮)은 "致는 이르게 함이요, 格은 헤아림이다. 먼저 하고 나중에 할 것을 철저하게 아는 것이 치지고, 사물에 근본과 말단이 있음을 헤아리는 것이 격물이다.〔致至之也 格量度也 極知其所先後則致知也 度物之有本末則格物也〕"라고 하였다.(《大學公議》)

明明德於天下者는 使天下之人으로 皆有以明其明德也라 心者는 身之所主也라 誠은 實也요 意者는 心之所發也니 實其心之所發하여 欲其必自慊[26]而無自欺也라 致는 推極也요 知는 猶識也니 推極吾之知識하여 欲其所知無不盡也라 格은 至也요 物은 猶事也니 窮至事物之理하여 欲其極處無不到也라

明明德於天下는 천하 사람에게 모두 자신의 명덕을 밝히게 하는 것이다.

心은 몸을 主宰하는 것이다.

誠은 진실함이요, 意는 마음이 發하는 것이니, 〈誠意는〉 그 마음이 발하는 것을 진실하게 하여 반드시 스스로 만족하여 스스로 속임이 없고자 하는 것이다.

致는 극처에 이르기까지 미루어나감이요, 知는 識과 같으니, 〈致知는〉 나의 지식(知慧로서 認識能力을 말함)을 극처에 이르기까지 미루어나가 아는 것이 다 발휘하지 않음이 없고자 하는 것이다.

格은 이름〔至〕이요, 物은 事와 같으니, 〈格物은〉 사물에 대한 도리를 끝까지 궁구하여 그 지극한 곳에 이르지 않음이 없고자 하는 것이다.

此八者는 大學之條目也라

이 여덟 가지는 《대학》의 條目이다.

經1-5 物格而后에 知至[27]하고 知至而后에 意誠하고 意誠而后에 心正하고 心正而后에 身修하고 身修而后에 家齊하고 家齊而后에 國治하고 國治而后에 天下平이니라

사물에 대한 도리가 궁구된 뒤에 앎이 〈사물의 도리에〉 지극하게 되고, 앎이 〈사물의 도리에〉 지극하게 된 뒤에 뜻이 진실해지고, 뜻이 진실해진 뒤에 마음이 바르게 되고, 마음에 바

---

26 欲其必自慊 : 저본에는 '欲其必自慊'으로 되어 있으나, 當塗郡齋刻本·武英殿本에는 '欲其一於善'으로 되어 있다.

27 物格而后知至 : 주희는 '사물의 도리가 다 궁구되어 나의 지식이 사물의 도리에 대하여 다 안다.'라는 뜻으로 풀이하였다. 주희에게서 사물의 도리는 외부에 있는 것이 아니라 자신의 明德에 갖추어진 것이다. 그러므로 '物格而后 知至'는 사물의 도리가 다 궁구되어 本性이 다 밝아진 상태, 곧 '明明德'을 뜻한다.(이광호 외 역, 《역주 예기정의-중용·대학》 242쪽 역주 1) 참조)

※ 使 : 하여금 사 慊 : 만족할 겸 欺 : 속일 기 推 : 헤아릴 추 識 : 알 식 盡 : 다할 진
  格 : 이를 격 窮 : 궁구할 궁 到 : 이를 도 條 : 가지 조 平 : 태평할 평

르게 된 뒤에 몸이 닦이고, 몸이 닦인 뒤에 집안이 가지런해지고, 집안이 가지런해진 뒤에 나라가 다스려지고, 나라가 다스려진 뒤에 천하가 공평하게 다스려진다.

物格者는 物理之極處[28] 無不到也라 知至者는 吾心之所知 無不盡也라 知旣盡이면 則意可得而實矣요 意旣實이면 則心可得而正矣라

物格은 物理의 지극한 곳이 이르지 않음이 없는 것이다. 知至는 내 마음이 아는 것이 다 발휘되지 않음이 없는 것이다.

앎이 다 발휘되면 뜻이 진실하게 될 수 있고, 뜻이 진실하게 되면 마음이 바르게 될 수 있다.

修身以上은 明明德之事也요 齊家以下는 新民之事也요 物格知至는 則知所止矣요 意誠以下는 則皆得所止之序也라

修身 이상은 〈자기의〉 명덕을 밝히는 일이다. 齊家 이하는 백성을 새롭게 하는 일이다. 物格·知至는 머물 곳을 알아가는 일이다. 意誠 이하는 모두 머물 곳을 얻는 순서다.

經1-6 自天子以至於庶人히 壹是[29]皆以修身爲本이니라

천자부터 일반 백성까지 모두 다 修身을 근본으로 삼아야 한다.

壹是는 一切也라

壹是는 모두[一切]다.

正心以上은 皆所以修身也요 齊家以下는 則擧此而措之耳라

正心 이상은 모두 자신을 닦는 것이다. 齊家 이하는 이것을 들어 시행[措]하는 것일 뿐이다.

---

28 物理之極處 : 物理의 지극한 곳이란 만사에 응할 때의 至善, 곧 明德의 用이다.
29 壹是 : 王夫之(淸)는 '壹'이 본래 '一'과 통용하지 않음을 근거로, 鄭玄(後漢)처럼 '專此(여기에 전일하다)'로 풀이하였다.《四書稗疏》〈大學 壹是〉)

※ 壹(≒一) : 한 일 切 : 모두 체 擧 : 들 거 措 : 베풀 조

經1-7 其本이 亂而末治者 否矣며 其所厚者에 薄이요 而其所薄者에 厚하리 未之有也[30]니라

그 근본이 어지러운데 말단이 다스려지는 경우는 없다. 그 厚하게 할 데에 薄하게 하고 박하게 할 데에 후하게 한 경우는 없었다.

本은 謂身也라 所厚는 謂家也[31]라

本은 몸을 이른다. 所厚는 집안(同姓 친척)을 이른다.

此兩節은 結上文兩節之意[32]라

이 두 마디는 앞 글 두 마디의 뜻을 매듭지은 것이다.

右는 經一章이니 蓋孔子之言을 而曾子述之라【凡二百五字라】其傳十章은 則曾子之意를 而門人記之也라 舊本[33]에 頗有錯簡일새 今因程子所定[34]하고 而更(갱)考經文하여 別爲序次如左하노라【凡一[35]千五百四十六字라】

이상은 經 1장이니, 대체로 孔子의 말을 曾子가 기술한 것이다.【모두 205자다.】傳 10장은 증자의 뜻을 〈증자의〉 문인들이 기록한 것이다.

---

30 其所厚者薄……未之有也 : 孔穎達(唐)은 厚와 薄의 대상을 자기와 타인으로 본다.(《禮記正義》〈大學〉 참조)

31 所厚 謂家也 : 주희는 江德功(江默)에게 답한 편지에서 "所厚는 父子·兄弟 같은 同姓의 친척으로서 이치상 당연하여 사람의 마음에 그만둘 수 없는 것을 이른다.〔所厚者 謂父子兄弟骨肉之恩 理之所當然而人心之不能已者〕"라고 하였으니, 여기서 '家'는 부자·형제 같은 同姓의 친척을 말한다.(《朱熹集》 권44 〈書 答江德功〉 2번째 편지 참조)

32 此兩節 結上文兩節之意 : 兩節은 "自天子……修身爲本"과 "其本……未之有也"이고, 上文은 8조목의 逆推(平天下 → 治國 → 齊家 → 修身 → 正心 → 誠意 → 致知 → 格物)와 順推(格物 → 致知 → 誠意 → 正心 → 修身 → 齊家 → 治國 → 平天下)를 가리킨다.

33 舊本 : 《禮記》의 한 篇으로 들어 있는 〈大學〉을 가리킨다.

34 程子所定 : 程顥(宋)의 《明道先生改正大學》과 程頤(宋)의 《伊川先生改正大學》을 말한다. 모두 《河南程氏經說》 권5에 실려 있다.

35 一 : 저본에는 '一'이 있으나, 當塗郡齋刻本에는 없다.

※ 亂 : 어지러울 란 否 : 없을 부 厚 : 두터울 후 薄 : 엷을 박 述 : 서술할 술 頗 : 자못 파
  錯 : 섞일 착 簡 : 댓조각 간 因 : 따를 인 更 : 다시 갱 考 : 살필 고 別 : 다를 별

舊本에는 錯簡이 꽤 있기 때문에, 지금 程子가 바로잡은 것(定)을 따르고 다시 經文을 고찰하여 별도로 아래와 같이 차례를 만들었다.【모두 1,546자다.】

凡傳文은 雜引經傳하여 若無統紀라 然이나 文理接續하고 血脈貫通하여 深淺始終이 至爲精密하니 熟讀詳味하면 久當見之하리니 今不盡釋也하노라

대체로 傳文은 經傳을 뒤섞어 인용하여 系統과 紀綱이 없는 듯하다. 그러나 문장의 조리가 죽 이어지고 계통(血脈)이 관통하여 깊고 얕음, 시작과 끝이 지극히 정밀하다. 〈반복해서〉 면밀하게 읽고 자세하게 음미하다 보면 오래 지나 〈그 뜻을〉 알 수 있을 것이니, 지금 다 풀이하지 않는다.

傳1-1 康誥에 曰 克明德이라하며

〈康誥〉에 "〈文王은 자신의〉 덕을 잘 밝혔다."라고 하였으며,

康誥는 周書라 克은 能也라

〈康誥〉는 《尙書》 周書〈의 篇名〉이다. 克은 '잘(能)'이다.

傳1-2 大(태)甲에 曰 顧諟天之明命이라하며

〈太甲〉에 "〈湯王은〉 이 하늘의 밝은 命을 늘 돌아보았다."라고 하였으며,

太甲은 商書라 顧는 謂常目在之[36]也라 諟는 猶此也니 或曰審也라 天之明命은 卽天之

---

[36] 常目在之 : 焦袁熹(淸)는 《此木軒四書說》에서 '在'를 '察(살펴보다)'이라는 古義를 차용하여 '두 눈으로 오로지 이 물건을 注視하여 잠시도 눈길이 떠나지 않는 것과 같다.〔如兩目專注此物 不暫去也〕'라고 풀이하였다. 곧 《尙書》〈堯典〉의 '平在朔易(낡은 것을 버리고 새것으로 바꾸는 일을 고르게 살펴보다)', 〈舜典〉의 '在璿璣玉衡(선기옥형을 살펴보다)', 〈益稷〉의 '在治忽(다스려졌는지 다스려지지 않았는지를 살펴보다)'의 '在'와 같다.
또 주희는 《朱子語類》에서 '常目在之'를 "늘 눈앞에서 볼 수 있는 어떤 물건을 이르는 것이 아니라 오래도록 이 마음을 보존하여 이 도리가 환히 밝아 어둡지 않음을 아는 것이다.〔非謂有一物常

❈ 引 : 인용할 인   脈 : 줄기 맥   熟 : 면밀하게 숙   釋 : 풀 석   誥 : 고할 고   克 : 능히 극
   明 : 밝힐 명   諟(≒是) : 이것 시   目 : 주목할 목   在(≒察) : 살필 재   審 : 살필 심

所以與我而我之所以爲德者也라 常目在之면 則無時不明矣리라

〈太甲〉은 《尙書》 商書〈의 篇名〉이다. 顧는 늘 눈길을 주어 살펴보아 〈마음에〉 보존함〔在〕을 이른다. 諟는 此와 같은데, '살핌〔審〕'이라고도 한다. 天之明命은 바로 하늘이 나에게 부여한 것으로서 내가 德으로 삼은 것이다.

늘 눈길을 주어 그것(하늘의 밝은 命)을 살펴본다면 밝지 않은 때가 없을 것이다.

傳1-3 帝典에 曰 克明峻德이라하니

〈帝典〉에 "〈堯임금은 자신의〉 큰 德을 잘 밝혔다."라고 하였으니,

帝典은 堯典이니 虞書라 峻은 大也라

〈帝典〉은 〈堯典〉이니, 《尙書》 虞書〈의 篇名〉이다. 峻은 큼이다.

傳1-4 皆自明也라

모두 스스로 〈자신의 德을〉 밝혔다.

結所引書하니 皆言自明己德之意니라

인용한 〈康誥〉, 〈太甲〉, 〈帝典〉의〉 글이 모두 스스로 자신의 德을 밝힌 뜻을 말하였다고 매듭지었다.

在目前可見 也只是長存此心 知得有這道理光明不昧〕"(권16 〈大學3 傳一章釋明明德〉 沈僩의 기록(8번째 조목)), "目在는 눈길을 주고 보존하는 것과 같으니, 늘 이 理를 갖추고 있음을 아는 것이지 직접 눈으로 보는 것이 아니다.〔目在 是如目存之 常知得有此理 不是親眼看〕"(앞의 책, 徐寓의 기록(9번째 조목))라고 하였다.
《四庫全書總目提要》에서는 초원희의 주장을 견강부회한 것으로 단정하였으나, 역자는 '在'에는 '살펴봄'과 '보존함'이라는 두 가지 뜻이 모두 있어 어느 하나를 버려서는 안 된다고 생각한다. 다시 말하면 在는 살펴봄을 통해 이 理가 있음을 분명하게 인식하고, 여기서 끝나는 것이 아니라 인식한 理를 마음에 보존하는 것까지 포함하는 말로 보아야 한다는 것이다. 따라서 '상목재지'는 늘 눈길을 주어 살펴보아 마음에 길이 보존하여 잊지 않는다는 말이다.

※ 與 : 줄 여 帝 : 임금 제 峻 : 클 준 虞 : 나라이름 우

right는 傳之首章이라 釋明明德하니라

이상은 傳의 첫 장이다. '明明德'을 해석하였다.

此는 通下三章至止於信하여 舊本엔 誤在沒世不忘之下하니라

이〈傳 1장은〉다음 3장의 '止於信'까지와 함께 舊本에는 잘못되어 '沒世不忘'(5장)의 다음에 있었다.

傳2-1 湯之盤銘에 曰 苟日新이어든 日日新하고 又日新이라하며

湯王의〈盤銘〉에 "진실로 하루라도 새로워졌거든 날마다 새롭게 하고, 또 날로 새롭게 하라."라고 하였으며,

盤은 沐浴之盤也라 銘은 名[37]其器以自警之辭也라 苟는 誠也라

盤은 목욕통이다. 銘은 그 기물에〈걸맞은 문구를〉새겨 스스로 경계하는 말이다. 苟는 '진실로〔誠〕'다.

湯이 以人之洗濯其心以去惡이 如沐浴其身以去垢라 故銘其盤이라 言誠能一日에 有以滌其舊染之污而自新이면 則當因其已新者하여 而日日新之하고 又日新之하여 不可略有間斷也라

湯王은 사람이 자신의 마음을 씻어 惡을 걷어내는 것이 자기 몸을 씻어 때를 벗겨내는 것과 같다고 여겼다. 그러므로 자기의 목욕통에〈이 말을〉새긴 것이다.

진실로 하루라도 좋지 못한 오랜 습관(舊染之污)을 씻어내어 스스로 새로워짐이 있으면 이미 새롭게 한 것을 계기로 날마다 그것을 새롭게 하고, 더욱 날로 그것을 새롭게 하여 조금이라도 단절이 있게 해서는 안 됨을 말한 것이다.

---

37 名 : 名을 銘의 誤字로 보는 견해도 있으나, 名과 銘은 본래 今文과 古文의 관계로(段玉裁(淸),《說文解字注》참조) 서로 通用하는 글자다. 그 기물에 걸맞은 문구를 지어 붙인다는 측면을 강조하기 위해 銘 대신 名자를 쓴 듯하다.

※ 誤 : 그릇될 오   沒(≒歿) : 죽을 몰   盤 : 대야 반   銘 : 金石에 새긴 글자 명   名 : 이름 붙일 명
  濯 : 씻을 탁   去 : 제거할 거   垢 : 때 구   滌 : 씻을 척   染 : 물들 염   污 : 더러울 오

傳2-2 康誥에 曰 作新民이라하며

〈康誥〉에 "새로워지려는 백성을 진작시켜라."라고 하였으며,

鼓之舞之之謂作이라

고무시킴을 '作'이라고 한다.

言振起其自新之民也라

자기 스스로 새로워지려는 백성을 떨쳐 일어나게 함을 말한 것이다.

傳2-3 詩曰 周雖舊邦[38]이나 其命[39]維新이라하니

《詩經》에 "周나라는 오래된 나라지만 그 天命이 새롭다."라고 하였으니,

詩는 大雅文王之篇이라

詩는 〈大雅 文王〉이다.

言周國雖舊나 至於文王하여 能新其德하고 以及於民하여 而始受天命也라

周나라는 오래되었으나, 文王에 이르러 그 〈帝王의〉 德을 새롭게 하였고, 백성에게 미쳐 〈백성들도 크게 변화하여〉 비로소 天命을 받았음을 말한 것이다.

傳2-4 是故로 君子는 無所不用其極[40]이니라

38　舊邦 : 周나라의 始祖 后稷으로부터 文王까지 천여 년이기 때문에 '오래된 나라'라고 한 것이다.
39　其命 : 孔穎達(唐)은 文王이 시행한 敎命이라고 하였다.(《禮記正義》〈大學〉 참조)
40　是故君子無所不用其極 : 《大學或問 上》에서 다음과 같이 말하였다. "이것은 앞의《詩》·《書》의 뜻을 매듭지은 말이다. 대체로〈盤銘〉은 自新을 말하고,〈康誥〉는 新民을 말하고,〈大雅 文王〉은 自新과 新民의 極(至善)을 말한 것이다.〔此結上文詩書之意也 蓋盤銘言自新也 康誥言新民也 文王

※　鼓 : 북칠 고　舞 : 춤출 무　振 : 떨칠 진　起 : 일어날 기　邦 : 나라 방　雅 : 바를 아　及 : 미칠 급
　　受 : 받을 수

이 때문에 군자는 그 極(至善)을 사용하지 않음이 없다.

自新新民을 皆欲止於至善也라

'스스로 새롭게 함'·'백성을 새롭게 함'에 있어서 모두 至善에 머물고자 하는 것이다.

右는 傳之二章이라 釋新民하니라

이상은 傳의 2장이다. '新民'을 해석하였다.

傳3-1 詩云 邦畿千里여 惟民所止라하니라

《詩經》에서 말하였다. "나라의 京畿 천 리 땅이여. 백성이 머물러 사는 곳이다."

詩는 商頌玄鳥之篇이라 邦畿는 王者之都也라 止는 居也니 言物各有所當止之處也라

詩는 〈商頌 玄鳥〉다. 邦畿는 天子(王者)의 수도다. 止는 머물러 삶이니, 사물은 저마다 머물러야 할 곳이 있음을 말한 것이다.

傳3-2 詩云 緡蠻黃鳥여 止于丘隅라하여늘 子曰 於止에 知其所止로소니 可以人而不如鳥乎아

《詩經》에 "꾀꼴꾀꼴 꾀꼬리여. 산이 깊고 숲이 울창한 곳에 머물러 살도다."라고 하였는데, 孔子가 말하였다. "〈새도〉 머물러 살 때에 제 머물 곳을 아는데, 사람으로서 새만 못해서야 되겠는가."

詩는 小雅緡蠻之篇이라 緡蠻은 鳥聲이라 丘隅는 岑蔚之處라 子曰以下는 孔子說詩之辭라

詩는 〈小雅 緡蠻〉이다. 緡蠻은 새소리다. 丘隅는 산이 깊고 숲이 울창한 곳이다. '子曰' 이

之詩 自新新民之極也)"

※ 畿 : 경기 기   頌 : 칭송할 송   玄 : 검을 현   都 : 서울 도   緡(≒綿) : 새 지저귀는 소리 면
　 蠻 : 새 지저귀는 소리 만   隅 : 모퉁이 우   岑 : 봉우리 잠   蔚 : 무성할 울

하는 孔子가 《詩經》을 해설한 말이다.

言人當知所當止之處也라

사람이 머물러야 할 곳을 알아야 함을 말한 것이다.

傳3-3 詩云 穆穆文王이여 **於**(오) **緝熙敬止**[41]라하니 **爲人君**엔 **止於仁**하시고 **爲人臣**엔 **止於敬**하시고 **爲人子**엔 **止於孝**하시고 **爲人父**엔 **止於慈**하시고 **與國人交**엔 **止於信**이러시다

《詩經》에 "깊고 그윽한 文王이여. 아! 계속해서 밝혀 공경히 머물렀도다."라고 하였으니, 〈문왕은〉 임금이 되어서는 仁에 머물고, 신하가 되어서는 敬에 머물고, 자식이 되어서는 孝에 머물고, 아비가 되어서는 慈에 머물고, 나라 사람들과 교제할 때에는 信에 머물렀다.

詩는 **文王之篇**이라 **穆穆**은 **深遠之意**라 **於**는 **歎美辭**라 **緝**은 **繼續也**요 **熙**는 **光明也**라 **敬止**는 **言其無不敬而安所止也**라

詩는 〈大雅 文王〉이다. 穆穆은 깊고 원대하다는 뜻이다. 於는 감탄하여 찬미하는 말이다. 緝은 계속이다. 熙는 환하게 밝힘이다. 敬止는 공경하지 않음이 없어 머물 곳에 편안함을 말한다.

引此而言聖人之止 無非至善이라 **五者**는 **乃其目之大者也**라 **學者 於此**에 **究其精微之蘊**하고 **而又推類以盡其餘**[42]면 **則於天下之事**에 **皆有以知其所止而無疑矣**리라

---

41 止 : 주희는 《詩集傳》에서 '止'를 어조사로 보았으나, 여기에서는 實辭로 보았다. 이에 대해 주희는 다음과 같이 말하였다. "옛사람이 《詩》를 인용하거나 필요한 글을 따서 쓸 때에는 우선 그 말을 빌려 자기의 뜻을 밝히기도 하니, 모두 본문의 뜻을 취할 필요는 없다.〔古人引詩斷章 或姑借其辭以明己意 未必皆取本文之義也〕"

42 於此究其精微之蘊 而又推類以盡其餘 : 經文에 君臣·父子·國人을 언급하였으니, '其餘'는 夫婦·兄弟 등의 윤리를 포함하는 일체의 삶을 뜻한다. 修身으로 道가 확립되면 일체의 삶이 선한 삶이

※ 穆 : 온화할 목   於 : 감탄사 오   緝 : 계속할 집   熙 : 밝힐 희   慈 : 사랑할 자   交 : 사귈 교
    究 : 궁구할 구   微 : 작을 미   蘊 : 심오한 뜻 온   類 : 비슷할 류   餘 : 남을 여

이 詩를 인용하여 聖人이 머무는 곳은 至善 아님이 없음을 말하였다.
〈止於仁·止於敬·止於孝·止於慈·止於信〉 다섯 가지는 바로 그 조목 가운데 큰 것이다. 배우는 자들이 여기에서 그 깊고 오묘한(精微)한 뜻을 究明하고, 또 유추하여 그 나머지를 다 밝힌다면 천하의 일에 대해서 모두 제 머물 곳을 알아 의심이 없게 될 것이다.

傳3-4 詩云 瞻彼淇澳(욱)혼대 菉竹猗猗로다 有斐君子여 如切如磋하며 如琢如磨라 瑟兮僩兮며 赫兮喧兮니 有斐君子여 終不可諠兮라하니 如切如磋者는 道學也요 如琢如磨者는 自修也요 瑟兮僩兮者는 恂(준)慄也요 赫兮喧兮者는 威儀也요 有斐君子終不可諠兮者는 道盛德至善을 民之不能忘也[43]니라

《詩經》에 "저 淇水 물굽이를 바라보니 푸른 대나무가 아름답고 무성하도다. 文彩가 나는 君子여. 쪼갠 듯하고 다듬은 듯하며, 쫀 듯하고 간 듯하구나. 엄숙하고 굳셈이여. 빛나고 드러남이여. 문채가 나는 군자여. 끝내 잊을 수 없도다."라고 하였으니, '쪼갠 듯하고 다듬은 듯함'은 학문을 말하며, '쫀 듯하고 간 듯함'은 스스로 닦음이며, '엄숙하고 굳셈이여'는 〈실수가 있을까〉 두려워 떪이며, '빛나고 드러남이여'는 〈나의 몸가짐을 보고〉 경외하여 본받으려 함이며, '문채가 나는 군자여 끝내 잊을 수 없도다'는 성대한 덕과 지극히 선한 삶을 백성들이 잊을 수 없다는 것을 말한다.

詩는 衛風淇澳之篇이라 淇는 水名이요 澳은 隈也라 猗猗는 美盛貌니 興[44]也라 斐는 文貌라 切以刀鉅하고 琢以椎鑿은 皆裁物使成形質也라 磋以鑢錫(려탕)하고 磨以沙石은 皆治物使其滑澤也라 治骨角者는 旣切而復磋之하고 治玉石者는 旣琢而復磨之하니 皆言其治之

될 수 있기 때문에 유학은 수신을 모든 인간 삶의 근본이라고 한다.

43 詩云……民之不能忘也 : 학문과 수양을 통하여 군자가 인격을 닦는 모습을 잘 표현하고 있다. 이는 至善의 인식과 실천을 통한 마음과 몸의 변화로 드러난다.

44 興 : 《詩經》의 여섯 가지 표현기법(六義 : 賦·比·興·風·雅·頌) 가운데 하나다. 주희는 《詩集傳》에서 "賦는 그 일을 상세하게 서술하되 직접적으로 말하는 것(賦者 敷陳其事而直言之者也)", "比는 저 사물로 이 사물을 비유하는 것(比者 以彼物比此物也)", "興은 먼저 다른 사물을 말하여 읊을 말을 일으키는 것(興者 先言他物 以引起所詠之詞也)"이라고 하였다.

※ 淇 : 물이름 기 澳 : 물굽이 욱 菉(≒綠) : 푸를 록 猗 : 아름다울 의 斐 : 문채날 비 瑟 : 엄숙할 슬
  僩 : 굳셀 한 隈 : 물굽이 외 鉅 : 톱 거 椎 : 망치 추 鑿 : 끌 착 鑢 : 줄 려 錫 : 대패 탕

有緖而益致其精也라 瑟은 嚴密之貌요 僩은 武毅之
貌라 赫喧은 宣著盛大之貌라 諠은 忘也라 道는 言也라
學은 謂講習討論之事라 自修者는 省察克治之功이라
恂慄은 戰懼也라 威는 可畏也요 儀는 可象也라

　詩는 〈衛風 淇澳〉이다. 淇는 물 이름이다. 澳은 물굽이
다. 猗猗는 아름답고 성대한 모습이니, 興이다. 斐는 문
채가 나는 모습이다.

　칼과 톱으로 자르고 망치와 끌로 쫌은 모두 물건을 마
름질하여 모양을 이루게 하는 것이다. 줄과 대패로 다듬
고 모래와 돌로 갊은 모두 물건을 다듬어 윤기 나게 하는
것이다. 뼈와 뿔을 다듬는 자는 자른 뒤에 다시 다듬고,
옥과 돌을 다듬는 자는 쫀 뒤에 다시 가니, 모두 그 다듬
는 데에 단서가 있고 더욱 정밀하게 이룸을 말한 것이다.

　瑟은 엄밀한 모습이다. 僩은 굳센 모습이다. 赫·喧은
성대하게 드러나는 모습이다. 諠은 잊음이다. 道는 말함
이다. 學은 강습하고 토론하는 일이다. 自修는 반성하여
살피며 극복하고 다스리는 공부다. 恂慄은 두려워 떪이
다. 威는 경외할 만함이다. 儀는 본받을 만함이다.

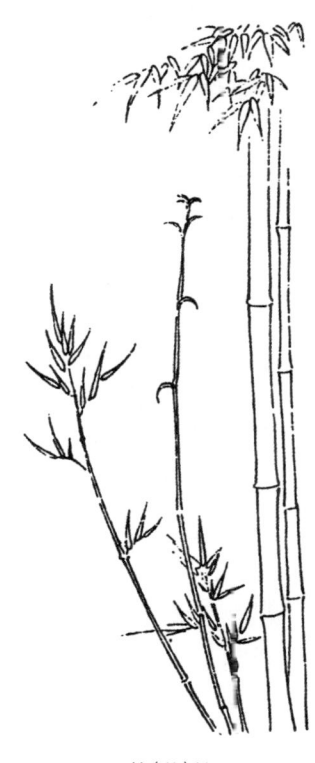

緣(菉)竹

引詩而釋之하여 以明明明德者之止於至善이라 道學自修는 言其所以得之之由코 恂慄
威儀는 言其德容表裏之盛이라 卒乃指其實而歎美之也라

　《詩經》을 인용하고 풀이하여 明德을 밝히는 사람이 至善에 머무름을 밝혔다. 道學·自修는
지선을 얻게 되는 과정(由)을 말한 것이다. 恂慄·威儀는 그 덕스러운 모습의 表裏가 성대함
을 말한 것이다. 끝에서는 바로 그 실제 모습을 가리켜서 감탄하여 찬미하였다.

傳3-5 詩云 於戱(오호)라 前王不忘이라하니 君子는 賢其賢而親其親하고 小人은 樂

※　緖 : 실마리 서　　致 : 이룰 치　　武 : 굳셀 무　　毅 : 굳셀 의　　宣 : 드러날 선　　著 : 드러날 저
　　省 : 반성할 성　　戰 : 두려워할 전　　懼 : 두려워할 구　　象 : 본받을 상　　戱 : 감탄사 호

其樂而利其利[45]하나니 此以沒世不忘也니라

《詩經》에 "아아! 前代의 왕을 잊지 못한다."라고 하였으니, 君子는 그(前王)가 어질게 여긴 사람을 어질게 대하고 그가 친하게 여긴 사람을 친하게 대하며, 小人은 그가 즐겁게 해준 것을 즐겁게 여기고 그가 이롭게 해준 것을 이롭게 여기는 법이다. 이 때문에 〈전대의 왕이〉 세상을 떠난 뒤에도 〈백성들이 그의 성대한 덕과 지극히 선한 삶을〉 잊지 못하는 것이다.

詩는 周頌烈文篇[46]이라 於戲는 歎辭라 前王은 謂文武也라 君子는 謂其後賢後王이라 小人은 謂後民也라

    詩는 〈周頌 烈文〉이다. 於戲는 감탄사다. 前王은 文王·武王을 말한다. 君子는 후대의 현자와 후대의 왕을 이른다. 小人은 후대의 백성을 이른다.

此는 言前王所以新民者 止於至善하여 能使天下後世로 無一物不得其所하니 所以旣沒世而人思慕之하여 愈久而不忘也라

    이는 전대의 왕이 백성을 새롭게 한 것이 至善에 머물러 천하와 후세에 한 사람도〔一物〕 제자리를 얻지 못한 경우가 없게 하였으므로, 〈전대의 왕이〉 세상을 떠난 뒤에도 사람들이 그를 사모하여 오래될수록 잊지 못하였음을 말한 것이다.

此兩節은 咏歎淫泆하여 其味深長하니 當熟玩之라

    이 두 마디(〈淇澳〉과 〈烈文〉)는 읊조리고 감탄함이 끊어지지 않고 이어져 그 맛이 깊고 함축성이 있으니, 익숙하게 玩味해야 한다.

---

45 君子……樂其樂而利其利 : 주희는 君子와 小人이 후대의 군자와 소인을 가리킨 것으로 보아 其賢·其親·其樂·其利의 其를 모두 '前代의 왕'으로 본다. 그러나 鄭玄(後漢)은 '君子 賢其賢而親其親'을 전대의 왕이 당시의 군자를 대우하는 것으로 보기 때문에 기현·기친의 其는 '당시의 군자'로 보며, '小人 樂其樂而利其利'도 전대의 왕이 당시의 소인을 대우하는 것으로 보기 때문에 기락·기리의 其는 '당시의 소인'으로 본다.(이광호 외 역,《역주 예기정의-중용·대학》246쪽 역주 2), 3) 참조) 丁若鏞(鮮)은 정현의 설을 따르고 있다.(이광호 외 역,《大學公議》137쪽 참조)

46 周頌烈文篇 : 當塗郡齋刻本·武英殿本에는 '烈文'과 '篇' 사이에 '之'자가 있다.

※ 沒(≒歿) : 죽을 몰 慕 : 그리워할 모 愈 : 더욱 유 咏 : 읊을 영 歎 : 감탄할 탄 淫 : 오랠 음
   泆 : 넘칠 일 玩 : 감상할 완

右는 傳之三章이라 釋止於至善하니라

이상은 傳의 3장이다. '止於至善'을 해석하였다.

此章內에 自引淇澳詩以下는 舊本엔 誤在誠意章下하니라

이 장 안에 〈淇澳〉의 詩句를 인용한 곳부터 이하는, 舊本에는 잘못되어 '誠意章' 다음에 있었다.

傳4-1 子曰 聽訟이 吾猶人也나 必也使無訟乎[47]인저하시니 無情者 不得盡其辭는 大畏民志니 此謂知本[48]이니라

孔子가 "訟事를 판결함[聽]은 나도 남과 같다. 그러나 반드시 송사를 없게 할 것이다."라고 하였으니, 진실하지 않은 자가 그 〈터무니없는〉 말을 다하지 못하는 것은 〈聖人이〉 백성의 마음을 크게 두렵게 하기 때문이다. 이것을 '근본을 안다.'라고 하는 것이다.

猶人은 不異於人也라 情은 實也라

猶人은 남과 다르지 않다는 것이다. 情은 진실[實]이다.

引夫子之言하여 而言聖人이 能使無實之人으로 不敢盡其虛誕之辭라 蓋我之明德旣明하면 自然有以畏服民之心志라 故訟不待聽而自無也라 觀於此言하면 可以知本末之先後矣라

夫子(孔子)의 말을 인용하여 聖人이 진실하지 않은 사람에게 감히 터무니없는[虛誕] 말을 다하지 못하게 하였음을 말하였다.

47　子曰……必也使無訟乎 : 《論語》〈顔淵〉에 나온다.
48　子曰……此謂知本 : 李彦迪(鮮)은 '聽訟'節을 經文의 結語로 보아 傳 4장에서 경문의 끝으로 옮겼다. 曾子가 孔子의 뜻에 따라 경문을 지은 다음 공자의 말로 경문을 끝맺은 것으로 본 것이다.《大學章句補遺》

※　聽 : 판결할 청　訟 : 송사 송　猶 : 같을 유　情 : 실상 정　辭 : 말 사　志 : 마음 지　異 : 다를 이
　　誕 : 거짓 탄　服 : 따를 복　待 : 기다릴 대　觀 : 볼 관

대체로 나의 明德이 밝아지면 자연스럽게 백성의 마음(心志)을 두렵게 하여 感服시키므로, 송사는 판결할 필요도 없이 저절로 없어진다. 이 말을 보면 本末의 先後를 알 수 있을 것이다.

　　右는 傳之四章이라 釋本末하니라
　　　이상은 傳의 4장이다. '本末'을 해석하였다.

　　　此章은 舊本엔 誤在止於信下하니라
　　　　이 장은, 舊本에는 잘못되어 '止於信' 다음에 있었다.

傳4-2 此謂知本이니라
　이것을 '근본을 안다.'라고 하는 것이다.

　　程子曰 衍文也라
　　　程子(程頤)가 말하였다. "쓸데없는 글이다."

傳5-1 此謂知之至也니라
　이것을 '앎의 지극함'이라고 하는 것이다.

　　此句之上에 別有闕文이요 此特其結語耳라
　　　이 구절 앞에 별도로 빠진 글(闕文)이 있고, 이것은 다만 그 맺음말일 뿐이다.

　　右는 傳之五章이라 蓋釋格物致知之義而今亡矣라
　　　이상은 傳의 5장이다. 아마도 '格物致知'의 뜻을 해석하였을 것인데, 지금은 없어졌다.

※　衍 : 군더더기 字句 연　　別 : 따로 별　　闕 : 빠질 궐　　特 : 다만 특　　亡 : 없어질 망

此章은 舊本엔 通下章으로 誤在經文之下[49]하니라

이 장은 舊本에는 다음 장과 함께 잘못되어 '經文'의 다음에 있었다.

間嘗竊取程子之意하여 以補之하니 曰 所謂致知 在格物者는 言欲致吾之知인댄 在卽物而窮其理[50]也라 蓋人心之靈이 莫不有知요 而天下之物이 莫不有理언마는 惟於理에 有未窮이라 故로 其知 有不盡也니 是以로 大(태)學始敎에 必使學者로 卽凡天下之物하여 莫不因其已知之理하여 而益窮之하여 以求至乎其極하나니 至於用力之久而一旦에 豁然貫通焉이면 則衆物之表裏精粗 無不到하고 而吾心之全體大用[51]이 無不明矣리니 此謂物格이며 此謂知之至也니라

요사이에 程子의 뜻을 나름대로 받아들여 보충해보았다. 그 내용은 다음과 같다.

"이른바 앎을 지극하게 함이 사물에 대한 도리를 궁구함에 있다는 것은 나의 앎을 지극하게 하고자 한다면 사물에 나아가 그 도리를 궁구하는 데에 달려 있음을 말한 것이다.

대체로 사람 마음의 靈妙함은 앎을 가지고 있지 않음이 없고, 천하의 사물은 도리를 가지고 있지 않음이 없다. 그러나 오직 도리에 대해서 궁구하지 않기 때문에 그 앎이 다 밝아지지 않음이 있는 것이다. 이 때문에 太學에서 처음 가르칠 때, 반드시 배우는 사람에

---

49 在經文之下 : 經文은 經 1장을 말한다. 경 1장의 마지막 '其所厚者薄 而其所薄者厚 未之有也'의 다음에 '此謂知本'과 '此謂知之至也'가 있음을 말한다.

50 卽物而窮其理 : 格物에 대한 풀이다.

51 吾心之全體大用 : 마음의 性과 情을 말한 것이다. 蔡淸(明)은 다음과 같이 말하였다. "마음의 全體와 大用은 바로 心統性情 한 구절을 가지고 단박에 이해할 수 있다. 대체로 전체는 性을 가리켜 말한 것이니, 바로《중용》의 이른바 '喜怒哀樂이 아직 발현하지 않은 것을 中이라고 한다. 〈중이라는 것은〉 천하의 큰 뿌리다.'라는 것이다. 대용은 情을 가리켜 말한 것이니, 바로《중용》의 이른바 '발현하여 모두 절도에 맞는 것을 和라고 한다. 〈화라는 것은〉 천하의 보편적인 道다.'라는 것이다. 體를 全體라고 한 것은 온갖 이치를 오묘하게 운용하여 하나라도 갖추지 않음이 없기 때문이요, 用을 大用이라고 한 것은 온갖 일을 주재하여 하나라도 두루 미치지 않음이 없기 때문이다.〔心之全體大用 此當以心統性情一句來斷破 蓋全體指性言 卽所謂喜怒哀樂之未發謂之中 天下之大本也 大用指情言 卽所謂發而皆中節謂之和 天下之達道也 體曰全體 以其妙衆理而無一之不具也 用曰大用 以其宰萬事而無一之不周也〕"《四書蒙引》권2) '心統性情'에서 統은 統會·統攝·統括 등 여러 의미를 가지고 있다. 마음과 성정의 관계에서 보면 마음이 성정을 다 포함한다는 측면에서는 통회가 되며, 마음이 성정을 주재하고 조절한다는 측면에서 보면 통섭·통괄이 된다. 존재론적으로 말하면 통회가 되며, 실천적 삶으로 말하면 통섭하고 통괄한다는 의미가 된다.(이광호 역,《성학십도》75쪽 역주 158) 참조〕

※ 竊 : 나름대로 절 補 : 보충할 보 卽 : 나아갈 즉 靈 : 신령할 령 旦 : 아침 단 豁 : 열릴 활
粗 : 거칠 조 全 : 온전할 전

게 천하의 모든 사물에 나아가 자기가 알고 있는 도리를 따라 그것을 더욱 궁구하여 그 極處에 이르기를 구하게 하지 않음이 없었다.

힘을 쓴 지 오래되어 하루아침에 확 트여 관통함에 이르면 모든 사물의 겉과 속·정밀하고 거친 것이 이르지 않음이 없고, 내 마음의 온전한 體와 커다란 用이 밝아지지 않음이 없게 될 것이다. 이것을 '사물에 대한 도리가 궁구되었다.'라고 하며, 이것을 '앎의 지극함'이라고 하는 것이다."

傳6-1 所謂誠其意者는 毋自欺也니 如惡惡(오악)臭하며 如好好色이 此之謂自謙(겹)[52]이라 故로 君子는 必愼其獨也니라

이른바 자기의 뜻을 진실하게 한다는 것은 스스로 속이지 말라는 것이다. 나쁜 냄새를 싫어하듯이 하며 아름다운 여인을 좋아하듯이 하는 것, 이것을 '스스로 흡족해한다.'라고 이른다. 그러므로 군자는 반드시 자기 혼자만 〈아는 마음의 자리를〉 삼간다.

誠其意者는 自修之首也라 毋者는 禁止之辭라 自欺云者는 知爲善以去惡이로되 而心之所發이 有未實也라 謙은 快也며 足也라 獨者는 人所不知而己所獨知之地也라

'자기의 뜻을 진실하게 함'은 자기 수양의 시작이다. 毋는 금지하는 말이다. '스스로 속이다'라는 것은 善을 실천하고 惡을 버려야 하는 것을 알지만 마음이 발한 것이 아직 진실하지 못함이 있는 것이다. 謙은 유쾌함이며 만족함이다. 獨은 남은 모르고 자기 혼자만 아는 〈마음의〉 자리다.

言欲自修者 知爲善以去其惡이어든 則當實用其力하여 而禁止其自欺라 使其惡惡則如惡惡臭하고 好善則如好好色하여 皆務決去而求必得之하여 以自快足於己요 不可徒苟且以徇外而爲人也라 然이나 其實與不實은 蓋有他人所不及知而己獨知之者라 故必

---

52 謙(겹): 朝鮮 校正廳《大學諺解》에는 '겸'으로 되어 있으나, 주희의 音注에 "謙은 慊으로 읽으니, 苦와 劫의 反切音(겹)이다.〔謙 讀爲慊 苦劫切〕"라고 한 것에 의거하여 '겹'으로 발음하였다.

※ 欺: 속일 기 惡: 싫어할 오, 나쁠 악 臭: 냄새 취 謙: 흡족할 겹 愼: 삼갈 신 禁: 금할 금
　去: 제거할 거 快: 유쾌할 쾌 決: 도려낼 결 徒: 한갓 도 苟: 구차할 구 徇: 따를 순

謹[53]之於此하여 以審其幾焉이니라

스스로 수양하고자 하는 사람이 善을 실천하고 惡을 버려야 하는 것을 안다면 실제로 그런 노력을 하여 스스로 속이는 것을 금지해야 함을 말한 것이다. 가령 그가 악을 싫어함에는 나쁜 냄새를 싫어하듯이 하고 선을 좋아함에는 아름다운 여인을 좋아하듯이 하여 모두〈악은〉꼭(務) 도려내고〈선은〉반드시 얻고자 하여 스스로 자기에게 유쾌하고 만족스럽게 해야지, 한갓 구차하게〈자기 마음〉밖의〈욕망을〉좇아(徇外) 남을 의식해서는 안 된다. 그러나 그 진실함과 진실하지 않음은 대체로 다른 사람으로서는 미처 알지 못하고 자기 혼자만 아는 것이다. 그러므로 반드시 여기에서 삼가서 그 幾微를 살펴야 한다.

傳6-2 小人이 閒居에 爲不善호되 無所不至하다가 見君子而后에 厭(암)然揜其不善하고 而著其善하나니 人之視己 如見其肺肝然이니 則何益矣리오 此謂誠於中이면 形於外니 故로 君子는 必愼其獨[54]也니라

小人은 홀로 거처할 때에 不善한 짓을 행하여 못하는 짓이 없다가, 君子를 본 뒤에는 시치미를 뚝 떼고(厭然) 자신의 불선함을 가리고 선한 척한다. 사람들이 자신의 속마음(肺肝)을 들여다보듯이 자기를 볼 것이니, 무슨 보탬이 되겠는가. 이것을 '마음에 꽉 차면 겉으로 드러난다.'라고 하는 것이다. 그러므로 군자는 반드시 자기 혼자만〈아는 마음의 자리를〉삼간다.

---

53 謹 : 南宋 孝宗(재위 1162~1189)의 이름이 '眘(신)'인데, 異體字 '愼'을 避諱하여 '謹'으로 바꾼 것이다. 集註에서 '愼' 대신 '謹'을 쓴 것은 모두 이와 같다.

54 愼其獨 : 陳櫟(元)은 앞의 '愼其獨'의 獨자에 대한 주희의 주석 아래에 "마음이 홀로 아는 것을 가리켜 말한 것이지 몸이 홀로 거처하는 것을 가리켜 말한 것이 아니다.〔指心所獨知而言 非指身所獨居而言〕"라 하고, 여기의 '愼其獨'의 獨자에 대한 주희의 주석 아래에 "몸이 홀로 거처하는 것이니, 앞 글 己所獨知의 獨자와는 다르다.〔是身所獨居 與上文己所獨知之獨不同〕"라고 하였다.《大學章句大全》小注 참조) 그러므로 일부 학자가 앞의 獨은 '心所獨知'를 가리키고 여기의 獨은 '身所獨居'를 가리킨다고 하였다. 그러나 張謹(鮮)은 "진력은 애초에 앞뒤 獨자의 뜻을 변별하지 않았다."라고 하였고, 李滉(鮮)도 장근의 견해에 동의하였다.(李德弘(鮮),《艮齋集》〈問目 上退溪先生 丙寅〉, 이광호 외 역,《역주 예기정의-중용·대학》243쪽 역주 2) 참조)

※ 謹 : 삼갈 근　審 : 살필 심　幾 : 낌새 기　閒 : 한가할 한　厭(≒黶) : 숨길 암　揜 : 가릴 엄
　著 : 드러낼 저　形 : 드러날 형

閒居는 獨處也라 厭然은 消沮閉藏之貌라

  閒居는 홀로 거처함이다. 厭然은 없애고 막고 덮어 감추는 모습이다.

此言小人陰爲不善하고 而陽欲揜之하니 則是非不知善之當爲와 與惡之當去也로되 但不能實用其力以至此耳라 然이나 欲揜其惡而卒不可揜하고 欲詐爲善而卒不可詐하니 則亦何益之有哉리오 此君子所以重以爲戒而必謹其獨也라

  이것은 소인이 몰래 不善한 짓을 행하고 겉으로는 그것을 가리고자 함이니, 善을 실천해야 한다는 것과 惡을 버려야 한다는 것을 모르는 것은 아니지만, 실제로 그 노력을 하지 못하여 여기에 이른 것일 뿐임을 말한 것이다. 그러나 그 악을 가리고자 하나 끝내 가릴 수 없고 선을 실천하는 척하고자 하나 끝내 속일 수 없으니, 또한 무슨 보탬이 있겠는가. 이것은 군자가 거듭 경계로 삼아 반드시 자기 혼자만 〈아는 마음의 자리를〉 삼가는 이유다.

傳6-3 曾子曰 十目所視며 十手所指니 其嚴乎인저

  曾子가 말하였다. "열 사람의 눈이 보며 열 사람의 손이 가리키는 듯하니, 두렵구나!"

引此以明上文之意라 言雖幽獨之中이라도 而其善惡之不可揜이 如此하니 可畏之甚也라

  이 말을 인용하여 앞 글의 뜻을 밝혔다.
  비록 조용하게 홀로 지내는 중이라도 그 善惡을 가릴 수 없음이 이와 같으니, 매우 두려워할 만함을 말한 것이다.

傳6-4 富潤屋이요 德潤身[55]이라 心廣體胖하나니 故로 君子는 必誠其意니라

  부유함은 집을 윤택하게 하고 德은 몸을 윤택하게 하기 때문에, 〈마음에 부끄러움이

---

55 德潤身 : 蔣伯潛(中)은 《孟子》〈盡心 上〉의 "깨끗하고 윤기나는 모습이 얼굴에 나타나고 등에 가득하며, 동작과 몸가짐의 사이에 드러난다.〔睟然見於面 盎於背 施於四體〕"는 말과 같다고 하였다.《語譯廣解 四書讀本》《大學新解》)

※ 消 : 없앨 소 沮 : 막을 저 藏 : 감출 장 陰 : 몰래 음 陽 : 겉으로 양 詐 : 속일 사 重 : 거듭 중
  幽 : 조용할 유 甚 : 매우 심 潤 : 윤택할 윤 廣 : 너그러울 광 胖 : 편안할 반

없으면〉 마음이 너그러워져 몸이 편안해진다. 그러므로 군자는 반드시 자신의 뜻을 진실하게 한다.

胖은 安舒也라

胖은 편안하고 유쾌함이다.

言富則能潤屋矣요 德則能潤身矣라 故心無愧怍이면 則廣大寬平하여 而體常舒泰하니 德之潤身者然也라 蓋善之實於中而形於外者 如此라 故又言此以結之하니라

부유하면 집을 윤택하게 할 수 있고, 덕이 있으면 몸을 윤택하게 할 수 있다. 그러므로 마음에 부끄러움이 없으면 〈마음이〉 넓고 크고 너그럽고 화평해져서 몸이 늘 유쾌하고 편안하게 되니, 덕이 몸을 윤택하게 하는 것이 그러함을 말한 것이다.

대체로 善이 마음에 꽉 차면 겉으로 드러나는 것이 이와 같다. 그러므로 다시 이것을 말하여 매듭지은 것이다.

右는 傳之六章이라 釋誠意하니라

이상은 傳의 6장이다. '誠意'를 해석하였다.

經曰 欲誠其意인댄 先致其知라하고 又曰 知至而后에 意誠이라하니 蓋心體之明[56]이 有所未盡이면 則其所發이 必有不能實用其力하여 而苟焉以自欺者라 然이나 或已明而不謹乎此면 則其所明이 又非己有하여 而無以爲進德之基라 故此章之指를 必承上章[57]而通考之然後에 有以見其用力之始終이니 其序不可亂而功不可闕이 如此云이라

經文에 "자신의 뜻을 진실하게 하고자 한다면 먼저 자신의 앎을 지극하게 해야 한다."라 하고, 또 "앎이 지극하게 된 뒤에 뜻이 진실하게 된다."라고 하였으니, 대체로 心體(마음의 본체)의 밝음이 미진한 곳이 있으면 그 〈마음이〉 발하는 것이 반드시 실제

56　心體之明 : 知識, 곧 認識能力을 말한다.
57　上章 : 格物致知章을 말한다.

※　舒 : 유쾌할 서　愧 : 부끄러워할 괴　怍 : 부끄러워할 작　寬 : 너그러울 관　平 : 화평할 평
　　泰 : 편안할 태　實 : 찰 실　基 : 기초 기　通 : 모두 통

로 노력을 하지 못하여 구차하게 스스로 속이는 것이 있게 된다.

　　그러나 가령 〈마음의 본체가〉 밝아졌더라도 여기(마음이 발하는 것)에서 삼가지 않으면 그 밝아진 것이 또 자기의 소유가 아니게 되어 德을 진전시키는 기초로 삼을 수 없다. 그러므로 이 장의 뜻을 반드시 앞 장과 이어 함께 고찰한 뒤에야 그 노력함의 시작과 끝을 알 수 있게 되니, 그 순서를 어지럽힐 수 없고 공부를 빠뜨릴 수 없음이 이와 같다.

傳7-1 所謂修身이 在正其心者는 身有所忿懥(치)則不得其正하고 有所恐懼則不得其正하고 有所好樂(요)則不得其正하고 有所憂患則不得其正이니라

　이른바 몸을 닦음이 자신의 마음을 바르게 하는 데에 달려 있다는 것은 마음에 분노하는 것이 있으면 〈몸이〉 그 바름을 얻지 못하며, 〈마음에〉 두려워하는 것이 있으면 〈몸이〉 그 바름을 얻지 못하며, 〈마음에〉 좋아하고 즐거워하는 것이 있으면 〈몸이〉 그 바름을 얻지 못하며, 〈마음에〉 근심하고 걱정하는 것이 있으면 〈몸이〉 그 바름을 얻지 못한다는 것이다.

　　程子曰 身有之身은 當作心[58]이라

　　程子(程頤)가 말하였다. "身有의 身은 心이 되어야 한다."

　　○忿懥는 怒也라

　　○忿懥는 성냄이다.

　蓋是四者는 皆心之用而人所不能無者라 然이나 一有之而不能察이면 則欲動情勝하여 而其用之所行이 或不能不失其正矣리라

58　程子曰……當作心 : 역자는 身을 그대로 두는 것이 좋다고 생각한다. 身은 '不得其正'의 주어이며 '忿懥', '恐懼', '好樂', '憂患'은 不正한 마음이다. 네 절은 모두 '마음이 不正하면 몸이 바름을 얻지 못한다.'는 뜻이다.

※　忿 : 성낼 분　懥 : 성낼 치　恐 : 두려울 공　樂 : 좋아할 요　憂 : 근심 우　患 : 근심 환
　　怒 : 성낼 로　勝 : 우세할 승

대체로 〈忿懥·恐懼·好樂·憂患〉이 네 가지는 모두 마음의 작용이어서 사람에게 없을 수 없는 것이다. 그러나 조금이라도 〈분치·공구·호요·우환하는 마음을〉 가져 〈도리를〉 살피지 못하면 욕망이 일어나고 감정(情)이 우세하여 그 작용이 행하는 것이 간혹 그 바름을 잃지 않을 수 없을 것이다.

傳7-2 心不在焉이면 視而不見하며 聽而不聞하며 食而不知其味니라

　마음이 거기에 있지 않으면 보고 있어도 보이지 않으며, 듣고 있어도 들리지 않으며, 먹고 있어도 제 맛을 모른다.

　　心有不存이면 則無以檢其身이라 是以君子는 必察乎此[59]하여 而敬以直之하니 然後此心常存하여 而身無不修也라

　마음이 보존되지 않음이 있으면 자기의 몸을 단속할 수 없다. 이 때문에 군자는 반드시 이곳을 살펴서 敬하여 그것(마음)을 곧게 하였으니, 그런 뒤에야 이 마음이 항상 보존되어 몸이 닦이지 않음이 없게 된다.

傳7-3 此謂修身이 在正其心이니라

　이것을 '몸을 닦는 것이 자신의 마음을 바르게 함에 달려 있다.'라고 하는 것이다.

　　　右는 傳之七章이다 釋正心修身하니라

　　　이상은 傳의 7장이다. '正心'·'修身'을 해석하였다.

　　　此亦承上章하여 以起下章이라 蓋意誠이면 則眞無惡而實有善矣니 所以能存是心以檢其身이라 然이나 或但知誠意하고 而不能密察此心之存否면 則又無以直內而修身也라 自此以下는 竝以舊文爲正하노라

59　此 : 李滉(鮮)은 "마음이 있지 않은 病處를 가리킨다.〔指心不在之病處〕"라고 하였다.《大學釋義》

※　檢 : 단속할 검　直 : 곧을 직　眞 : 참으로 진　密 : 빈틈없을 밀　否 : 아닐 부

이 또한 앞 장을 이어받아 다음 장을 일으킨 것이다.

대체로 뜻이 진실해지면 참으로 惡은 없고 진실로 善만 있게 될 것이다. 그러므로 이 마음을 보존하여 자기의 몸을 단속할 수 있다. 그러나 만일 뜻을 진실하게 할 줄만 알고 이 마음이 보존되는지 보존되지 않는지를 정밀하게 살피지 못한다면 또 내면을 곧게 하여 몸을 닦을 수 없다.

이로부터 이하는 모두 舊本의 글을 바른 것으로 여긴다.

傳8-1 所謂齊其[60]家 在修其身者는 人이 之[61]其所親愛而辟[62]焉하며 之其所賤惡(오)而辟焉하며 之其所畏敬而辟焉하며 之其所哀矜而辟焉하며 之其所敖惰而辟焉하나니 故로 好而知其惡(악)하며 惡(오)而知其美者 天下에 鮮矣니라

이른바 자기의 집안을 가지런하게 함이 자기의 몸을 닦는 데에 달려 있다는 것은 사람이 자기가 친하게 여기고 아끼는 대상에 대해서는 편벽되며, 자기가 천하게 여기고 미워하는 대상에 대해서는 편벽되며, 자기가 두려워하고 공경하는 대상에 대해서는 편벽되며, 자기가 가엾고 불쌍하게 여기는 대상에 대해서는 편벽되며, 자기가 거만하게 굴고 업신여기는 대상에 대해서는 편벽된다. 그러므로 좋아하면서도 그의 나쁜 점을 알며 미워하면서도 그의 좋은 점을 아는 자는 천하에 드물다.

人은 謂衆人이라 之는 猶於也요 辟은 猶偏也라

人은 여러 사람을 이른다. 之는 於(~에 대하여)와 같다. 辟은 偏(치우치다)과 같다.

五者在人에 本有當然之則이라 然이나 常人之情은 惟其所向而不加察焉하니 則必陷於一偏하여 而身不修矣라

---

60 其 : 程頤(宋)는 '其'를 衍文이라고 하였다.《伊川先生改正大學》
61 之 : 주희는 '於'와 '往'의 뜻으로 보았다.《朱子語類》권16〈大學3 傳八章釋修身齊家〉胡泳과 董銖의 기록) '往'은 '向'의 뜻으로 '마주 대하다'는 뜻이다.
62 辟 : 주희는 '偏'의 뜻으로 보았다. 그러나 鄭玄(後漢)·孔穎達(唐)·陸德明(唐) 등은 모두 '譬喩'로 풀이하였고, 阮元(淸)은 '譬'는 正字, '辟'는 假借字라고 하였다.《禮記校勘記》〈大學〉참조)

※ 辟 : 편벽될 벽 賤 : 천할 천 惡 : 미워할 오 哀 : 가엾게 여길 애 矜 : 불쌍하게 여길 긍
　 敖 : 거만할 오 惰 : 업신여길 타 偏 : 치우칠 편 則 : 법 칙 陷 : 빠질 함

〈親愛·賤惡·畏敬·哀矜·敖惰〉 다섯 가지는 사람에게 있어서 본래 당연한 법칙이 있다. 그러나 보통 사람의 마음(情)은 그렇게 향하기만 하고 더욱 살피지는 못하니, 반드시 한쪽으로 치우침에 빠져 몸이 닦이지 않게 된다.

傳8-2 故로 諺에 有之하니 曰 人이 莫知其子之惡하며 莫知其苗之碩이라하니라

그러므로 속담에 이런 말이 있다. "사람은 아무도 자기 자식의 나쁜 점을 아는 이가 없으며, 아무도 자기 집 모종이 크다는 것을 아는 이가 없다."

諺은 俗語也라

諺은 속담이다.

溺愛者는 不明하고 貪得者는 無厭하니 是則偏之爲害而家之所以不齊也라

사랑에 빠진 자는 밝지 않고 얻기를 탐하는 자는 만족함이 없다. 이는 편벽됨의 害며 집안이 가지런해지지 않는 까닭이다.

傳8-3 此謂身不修면 不可以齊其家니라

이것을 '몸이 닦이지 않으면 자기의 집안을 가지런하게 할 수 없다.'라고 하는 것이다.

右는 傳之八章이라 釋修身齊家하니라

이상은 傳의 8장이다. '修身'·'齊家'를 해석하였다.

傳9-1 所謂治國이 必先齊其家者는 其家를 不可敎요 而能敎人者 無之하니 故로

※ 諺 : 속담 언　苗 : 싹 묘　碩 : 클 석　溺 : 빠질 닉　貪 : 탐할 탐　厭 : 만족할 염

君子는 **不出家而成敎於國**하나니 **孝者**는 **所以事君也**요 **弟者**는 **所以事長也**요 **慈者**는 **所以使衆也**니라

　이른바 나라를 다스리려면 반드시 먼저 자기의 집안을 가지런하게 해야 한다는 것은 자기 집안을 敎化하지 못하면서 〈나라〉 사람을 교화할 수 있는 자는 없다는 것이다. 그러므로 군자는 집안을 〈다스리는 道를〉 벗어나지 않고서도 나라에 교화를 〈베풀 德性을〉 이룰 수 있다. 孝는 임금을 섬기는 〈덕이〉 되고, 弟는 어른을 섬기는 〈덕이〉 되고, 慈는 대중을 부리는 〈덕이〉 된다.

　　身修則家可敎矣라 **孝弟慈**는 **所以修身而敎於家者也**라 **然而國之所以事君事長使衆之道 不外乎此**하니 **此所以家齊於上而敎成於下也**라

　　몸이 닦이면 집안을 교화할 수 있다. 孝·弟·慈는 몸을 닦아 집안에서 교화하는 〈덕성이다.〉 그러나 나라에서 임금을 섬기고 어른을 섬기고 대중을 부리는 道가 여기에서 벗어나지 않는다. 이 때문에 집안이 위(위정자)에서 지런하게 되면 교화가 아래에서 이루어진다.

傳9-2 **康誥**에 **曰 如保赤子**라하니 **心誠求之**면 **雖不中**이나 **不遠矣**니 **未有學養子而后**에 **嫁者也**니라

　〈康誥〉에서 "갓난아이를 보호하듯이 하라."고 하였으니, 마음이 정성으로 그것을 구하면 딱 맞진 않더라도 멀리 벗어나진 않을 것이다. 자식 기르는 방법을 배운 뒤에 시집가는 사람은 없었다.

　　此는 **引書而釋之**하여 **又明立敎之本**이 **不假强爲**요 **在識其端而推廣之耳**라

　　이것은 《尙書》를 인용하고 풀이하여, 또 교화를 세우는 근본이 강제로 할 필요 없이 그 단서를 알아 미루어 넓히는 것에 달려 있을 뿐임을 밝힌 것이다.

※　事: 섬길 사　弟(≒悌): 공손할 제　長: 어른 장　慈: 사랑할 자　外: 벗어날 외　赤: 어린아이 적
　　嫁: 시집갈 가　强: 강제할 강　識: 알 식　端: 실마리 단　廣: 넓힐 광

傳9-3 一家仁이면 一國이 興仁하고 一家讓이면 一國이 興讓하고 一人이 貪戾[63]하면 一國이 作亂하나니 其機[64]如此하니 此謂一言이 僨事며 一人이 定國이니라

　한 집안이 仁을 실천하면 온 나라가 仁을 일으키고, 한 집안이 사양을 실천하면 온 나라가 사양을 일으키고, 한 사람이 탐욕을 부려 〈正道에서〉 벗어나면 온 나라가 어지러워지는 법이니, 그 기틀이 이와 같다. 이것을 '한마디 말이 일을 그르치며 한 사람이 나라를 안정시킨다.'고 하는 것이다

　　一人은 謂君也라 機는 發動所由也라 僨은 覆敗也라
　　　一人은 임금을 이른다. 機는 움직임이 유래하는 것이다. 僨은 뒤집히고 무너짐이다

　　此는 言敎成於國之效라
　　　이것은 교화가 나라에서 이루어진 효과를 말하였다.

傳9-4 堯舜이 帥(솔)天下以仁하신대 而民이 從之하고 桀紂 帥天下以暴한대 而民이 從之하니 其所令이 反其所好면 而民이 不從하나니 是故로 君子는 有諸(저)己而後에 求諸人하며 無諸己而後에 非諸人하나니 所藏乎身不恕요 而能喩諸人者 未之有也니라

　堯임금·舜임금이 천하를 仁으로 이끌어가자 백성들이 〈그 仁을〉 따라갔고, 桀王·紂

63　貪戾 : 鄭玄(後漢)은 戾를 利로 보아 貪戾를 '이익을 탐하는 것'으로 보았다.(《禮記正義》〈大學〉참조) 朝鮮 校正廳《大學諺解》는 "흔사룸이 貪ᄒᆞ며 戾ᄒᆞ면", 李珥(鮮)의《大學諺解》는 "一人이 貪코 戾ᄒᆞ면"이라고 하여 貪과 戾를 두 가지로 보아 앞의 讓과 仁의 對로 보았다. 그러나 譯者는 두 가지가 아닌 비정상적으로 지나치게 탐욕을 부려 正道에서 벗어난다는 뜻으로 보았다.

64　機 : 鄭玄(後漢)은 "움직임이 유래하는 것이다.〔發動所由也〕"라고 하였고, 孔穎達(唐)은 "關機(기계장치)"라고 하였다. 王夫之(淸)는 "여기에서 움직여 저기에 이름에 자연스럽게 감응하여 어그러지지 않는 것을 機라고 한다.〔動於此而至於彼 自然感應不爽者 機也〕"라고 하였다.(《四書訓義》〈大學〉) 이것은 어떤 일이 기계장치처럼 저절로 일어나는 것으로 작용원리나 구조를 의미한다. 영어의 '메커니즘mechanism'이라는 말과 유사하다.(이광호 외 역,《역주 예기정의-중용·대학》 270쪽 역주 1) 재인용)

※　讓 : 사양할 양　戾 : 어그러질 려　機 : 기틀 기　僨 : 그르칠 분　覆 : 뒤집힐 복　敗 : 무너질 패
　　帥 : 거느릴 솔　諸 : 어조사 저(之於의 合音詞)　恕 : 미칠 서　喩 : 깨우칠 유

王이 천하를 포악함으로 이끌어가자 백성들이 〈그 포악함을〉 따라갔다. 그 명령한 것이 〈위정자〉 자신이 좋아하는 것과 반대가 되면 백성들은 따라가지 않는다. 이 때문에 군자는 자기에게 있게 된 뒤에 남에게 요구하며, 자기에게 없게 된 뒤에 남에게 옳지 않다고 하는 법이다. 자신에게 간직된 것을 미루어 남에게 미치지〔恕〕 못하고서 남을 깨우쳐줄 수 있는 자는 없었다.

> 此는 又承上文一人定國而言이라 有善於己然後에 可以責人之善이요 無惡於己然後에 可以正人之惡이니 皆推己而及人이니 所謂恕也라 不如是면 則所令이 反其所好하여 而民不從矣라 喩는 曉也라

> 이것은 또 앞 글의 '한 사람이 나라를 안정시킨다.'를 이어받아 말한 것이다.
> 자기에게 善이 있게 된 뒤에 남의 선함을 요구할 수 있고, 자기에게 惡이 없게 된 뒤에 남의 악함을 바로잡을 수 있다. 모두 자기를 미루어 남에게 미치는 것이니, 이른바 恕라는 것이다. 이와 같이 하지 않으면 명령하는 것이 〈위정자〉 자신이 좋아하는 것과 반대가 되어 백성들이 따라가지 않을 것이다.
> 喩는 깨우쳐줌〔曉〕이다.

傳9-5 故로 治國이 在齊其家니라

그러므로 나라를 다스림이 자기의 집안을 가지런하게 함에 달려 있는 것이다.

> 通結上文이라

> 앞 글을 통괄하여 매듭지었다.

傳9-6 詩云 桃之夭夭여 其葉蓁蓁이로다 之子于歸여 宜其家人[65]이라하니 宜其家

---

65 宜其家人 : 毛氏는 "한 집안의 사람이 모두 시집온 아가씨를 마땅하다고 여김이다.〔一家之人 盡以爲宜〕"라고 하였고, 鄭玄(後漢)은 '家人'을 '室家'로 보아 "남녀의 나이와 혼인한 때가 모두 알맞

※ 責 : 요구할 책   曉 : 깨우칠 효   桃 : 복숭아나무 도   夭 : 어릴 요   葉 : 잎 엽   蓁 : 우거질 진
  之 : 이것 지   歸 : 시집갈 귀   宜 : 잘할 의

人而后에 可以敎國人이니라

《詩經》에 "복숭아꽃의 앳되고 아리따움이여. 그 잎이 무성하구나. 이 아가씨의 시집 감이여. 그 집안사람에게 잘하겠구나."라고 하였으니, 그 집안사람에게 잘한 뒤에야 나라 사람을 교화할 수 있다.

> 詩는 周南桃夭之篇이라 夭夭는 少好貌요 蓁蓁은 美盛貌니 興也라 之子는 猶言是子니 此는 指女子之嫁者而言也라 婦人[66]이 謂嫁曰歸라 宜는 猶善也라
>
> 詩는 〈周南 桃夭〉다. 夭夭는 어리고 예쁜 모습이요, 蓁蓁은 우거져 무성한 모양이니, 興이다. 之子는 是子라는 말과 같으니, 여기서는 시집가는 여자를 가리켜 말하였다. 婦人이 시집 감을 歸라고 한다. 宜는 善(잘하다)과 같다.

傳9-7 詩云 宜兄宜弟라하니 宜兄宜弟而后에 可以敎國人이니라

《詩經》에 "형에게 잘하고 아우에게 잘한다."라고 하였으니, 형에게 잘하고 아우에게 잘한 뒤에야 나라 사람을 교화할 수 있다.

> 詩는 小雅蓼蕭篇이라
>
> 詩는 〈小雅 蓼蕭〉다.

傳9-8 詩云 其儀不忒이라 正是四國이라하니 其爲父子兄弟 足法而后에 民이 法之也니라

《詩經》에 "그 거동이 잘못되지 않아 이 사방의 나라를 바로잡도다."라고 하였으니,

음이다.〔謂男女年時俱當〕"라고 풀이하였다.(《毛詩正義》 참조)

66 婦人 : 일반적으로 시집간 여자를 '婦人'이라고 하나, 여기서는 成年인 여자의 通稱으로서 시집가는 여자를 지칭하였다.

※ 蓼 : 여뀌 료　蕭 : 맑은 대쑥 소　儀 : 거동 의　忒 : 어긋날 특　法 : 본받을 법

그 父子와 兄弟에게 본보기가 될 수 있은 뒤에야 백성이 그를 본받는다.

詩는 曹風鳲鳩篇이라 忒은 差也라

　詩는 〈曹風 鳲鳩〉다. 忒은 잘못됨이다.

傳9-9 此謂治國이 在齊其家니라

이것을 '나라를 다스림이 자기의 집안을 가지런하게 함에 달려 있다.'라고 하는 것이다.

此三引詩는 皆以詠歎上文之事요 而又結之如此하여 其味深長하니 最宜潛玩이라

　여기에서 인용한 세 詩는 모두 앞 글에 나온 일을 읊조리고 찬미한 것이다. 또 이와 같이 매듭지어 그 맛이 깊고 함축성이 있으니, 마음을 가라앉혀 玩味하는 것이 가장 마땅하다.

　　右는 傳之九章이라 釋齊家治國하니라

　　　이상은 傳의 9장이다. '齊家'·'治國'을 해석하였다.

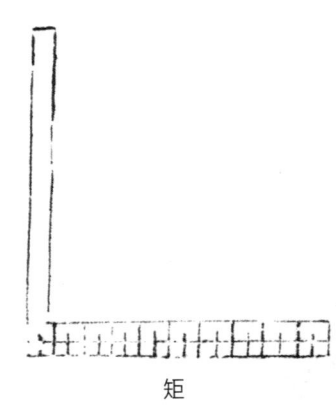

矩

傳10-1 所謂平天下 在治其國者는 上이 老老而民이 興孝하며 上이 長長而民이 興弟하며 上恤孤而民不倍(패)⁶⁷하나니 是以로 君子 有

---

67 民不倍(패): 鄭玄(後漢)은 "백성이 서로 등 돌리고 버리지 않는다.〔不相倍棄也〕"로, 孔穎達(唐)은 "외롭고 약한 사람은 사람들이 버리는 대상이니, 君長이 외롭고 약한 사람을 근심하여 버려두지 않으면 백성이 본받아 이런 사람을 서로 버리거나 등 돌리지 않는다.〔孤弱之人 人所遺棄 是上君長若能憂恤孤弱不遺 則下民學之 不相棄倍此人〕"는 뜻으로 풀이하였다.《禮記正義》〈大學〉
　王引之(淸)는 "倍는 죽은 이에게 등 돌리는 것을 이르니, 죽은 이에게 등 돌린다는 것은 그의 혼자 된 아이를 구휼하지 않는 것이다.〔倍 謂偝死者也 偝死者 則不恤其孤矣〕"라고 하고《經義述聞》

※　鳲: 뻐꾸기 시　鳩: 뻐꾸기 구　忒: 어긋날 특　潛: 잠길 잠　老: 공경할 로, 늙은이 로
　　長: 존경할 장, 어른 장　弟(≒悌): 공경할 제　恤: 구휼할 휼　孤: 고아 고　倍: 등돌릴 패

絜矩(혈구)之道[68]也니라

이른바 천하를 공평하게 다스림이 자기의 나라를 다스리는 데에 달려 있다는 것은, 윗사람이 부형(老)을 공경하면 백성이 〈부모에게〉 효도하는 마음을 일으키며, 윗사람이 어른을 존경하면 백성이 〈어른에게〉 공경하는 마음을 일으키며, 윗사람이 고아를 불쌍히 여겨 도와주면 백성이 〈어려운 사람에게〉 등 돌리지 않는다는 것이다. 이 때문에 군자에게는 絜矩之道가 있다.

老老는 所謂老吾老[69]也라 興은 謂有所感發而興起也라 孤者는 幼而無父之稱이라 絜은 度(탁)也라 矩는 所以爲方也라

〈禮記 下〉上恤孤而民不倍條), 周悅讓(淸)은 "倍는 죽은 이를 기억하지 않고 그의 혼자 된 아이를 버리는 것을 이르니, 不倍는 바로 혼자 된 아이를 구휼하는 것이다.〔倍 謂不念死者而棄其孤也 不倍卽恤孤也〕"라고 하여(《倦游庵槧記》〈禮記 倍〉), 모두 '倍는 죽은 사람에게 등 돌려 그의 자식을 구휼하지 않는 것'이라고 하였다.
李瀷(鮮)과 丁若鏞(鮮)은 '윗사람을 배반하지 않는다.'라고 풀이한 것을 극구 반대하면서 '고아를 남기고 죽은 사람을 배반하지 않는다.'라고 해야 옳다고 하였다.(《大學疾書》,《大學公議》)

68 絜矩(혈구)之道 : 주희는 "군자는 다른 사람의 마음과 자기의 마음을 같다고 본다. 그러므로 반드시 자기의 마음으로 다른 사람의 마음을 헤아려 모두 공평하게 한다.〔君子見人之心與己之心同 故必以己心度人之心 使皆得其平〕"라고 하였다.(《朱子語類》권16〈大學3 傳十章釋治國平天下〉葉賀孫의 기록(7번째 조목))
雲峯 胡氏(胡炳文)는 "矩란 무엇인가. 人心과 天理의 당연한 법칙이다. 내 마음에는 본래 이 天則이 갖춰져 있으니, 聖人(孔子)이 내 마음이 하고자 하는 것을 따라도 저절로 이 법칙을 넘지 않았기 때문에 '不踰矩'라고 한 것이다. 사람의 마음에는 이 天則이 동일하게 갖춰져 있으니, 배우는 자는 내 마음이 하고자 하는 것으로 남에게 베푸는 법칙을 삼아야 한다. 그러므로 '絜矩'라고 한 것이다. 矩 한 글자지만 不踰矩의 矩는 聖人의 마음〔方寸〕 속에 완전하게 갖춰져 있으니 矩의 體요, 絜矩의 矩는 남과 자기가 交接할 때에 드러나니 矩의 用이다.……不踰矩는 明德의 止至善이고 絜矩는 新民의 止至善이다.〔矩者何 人心天理當然之則也 吾心自有此天則 聖人隨吾心之所欲 自不踰乎此則 故曰不踰矩 人心同有此天則 學者卽吾心之所欲以爲施於人之則 故曰絜矩 只是一箇矩字 但不踰矩之矩 渾然在聖人方寸中 是矩之體 絜矩之矩 於人己交接之際見之 是矩之用……不踰矩 卽是明德之止至善 絜矩卽是新民之止至善〕"라고 하였다.(《大學章句大全》 小注 참조)
絜矩之道는 자신을 미루어 남을 헤아리는 道니, 자신의 마음을 미루어 남을 헤아리는 것이 직각자〔矩〕를 가지고 세상의 모든 직각을 재는〔絜〕 것과 같기 때문에 '絜矩'라고 한 것이다. 矩는 모든 사람이 가진 '하늘이 준 법칙〔天則〕'이니, 곧 明德을 가리킨다. 따라서 혈구는 '天則으로 헤아리는 것'이라고 할 수 있다.

69 老吾老 :《孟子》〈梁惠王 上〉에 나온다. 朱熹는 "老는 공경하는 마음으로 섬김이다. 吾老는 나의 父兄을 이른다.〔老 以老事之也 吾老 謂我之父兄〕"라고 하였다.

※ 絜 : 잴 혈   矩 : 직각자 구   幼 : 어릴 유   度 : 잴 탁   方 : 모 방

老老는 이른바 나의 父兄(老)을 공경한다는 것이다. 興은 감동하여 흥기함을 이른다. 孤는 어리면서 아비가 없는 이의 호칭이다. 絜은 재는 것이다. 矩는 직각을 만드는 것(직각자)이다.

言此三者는 上行下效 捷於影響하니 所謂家齊而國治也라 亦可以見人心之所同하여 而不可使有一夫之不獲矣라 是以君子必當因其所同하여 推以度物하여 使彼我之間으로 各得分願하면 則上下四旁이 均齊方正하여 而天下平矣라

〈老老·長長·恤孤〉이 세 가지는 윗사람이 행하면 아랫사람이 본받는 것이 그림자나 메아리보다 빠르니, 이른바 집안이 가지런하게 되면 나라가 다스려진다는 것이다. 여기서도 사람의 마음은 같아서 한 사람이라도 〈제자리를〉 얻지 못하게 해서는 안 됨을 알 수 있다. 이 때문에 군자는 반드시 그 같은 것(마음)을 바탕으로 하여 미루어 他人(物)을 헤아려 저 사람과 나 사이에 저마다 분수에 맞게 원하는 것(分願)을 얻게 하면 上下四方이 고르고 가지런하며 네모지고 반듯하게 되어 천하가 공평하게 다스려질 것이다.

傳10-2 所惡(오)於上으로 毋以使下하며 所惡於下로 毋以事上하며 所惡於前으로 毋以先後하며 所惡於後로 毋以從前하며 所惡於右로 毋以交於左하며 所惡於左로 毋以交於右 此之謂絜矩之道也니라

윗사람에게 싫던 것으로 아랫사람을 부리지 말며, 아랫사람에게 싫던 것으로 윗사람을 섬기지 말며, 앞사람에게 싫던 것으로 뒷사람에게 먼저 베풀지 말며, 뒷사람에게 싫던 것으로 앞사람을 따르지 말며, 오른쪽 사람에게 싫던 것으로 왼쪽 사람과 교제하지 말며, 왼쪽 사람에게 싫던 것으로 오른쪽 사람과 교제하지 말라. 이것을 '絜矩之道'라고 한다.

此는 覆解上文絜矩二字之意라 如不欲上之無禮於我어든 則必以此度(탁)下之心하여 而亦不敢以此無禮使之하며 不欲下之不忠於我어든 則必以此度上之心하여 而亦不敢以此不忠事之라 至於前後左右에 無不皆然이면 則身之所處上下四旁에 長短廣狹이 彼此如一하여 而無不方矣리니 彼同有是心而興起焉者 又豈有一夫之不獲哉리오 所操者

※ 效 : 본받을 효 捷 : 빠를 첩 響 : 메아리 향 獲 : 얻을 획 分 : 분수 분 願 : 바랄 원 旁 : 곁 방
  均 : 고를 균 覆 : 반복할 복 狹 : 좁을 협 方 : 방정할 방 操 : 잡을 조

約이나 而所及者廣하니 此는 平天下之要道也라 故章內之意 皆自此而推之라

이것은 앞 글의 '絜矩' 두 자의 뜻을 반복하여 해석한 것이다.

만일 윗사람이 나에게 無禮하기를 바라지 않는다면 반드시 이 마음으로 아랫사람의 마음을 헤아려서 〈자신〉 또한 감히 이러한 무례로 〈아랫사람을〉 부리지 않으며, 아랫사람이 나에게 不忠하기를 바라지 않는다면 반드시 이 마음으로 윗사람의 마음을 헤아려서 〈자신〉 또한 감히 이러한 불충으로 〈윗사람을〉 섬기지 않는다. 前後左右의 사람에 이르기까지 모두 그렇게 하지 않음이 없으면 자신이 처한 상하사방에 대하여 길고 짧고 넓고 좁게 처리하는 것이 여기(나)와 저기(남)가 같아져서 方正하지 않음이 없을 것이다. 저 동일하게 이 마음을 가지고 있어서 흥기하는 자들이 또 어찌 한 사람이라도 〈제자리를〉 얻지 못함이 있겠는가. 잡은 것은 간략하지만 미치는 것은 넓으니, 이것(혈구지도)은 천하를 공평하게 다스리는 요긴한 방법(要道)이다. 그러므로 平天下章 안의 뜻이 모두 이로부터 미루어 나간다.

傳10-3 詩云 樂只君子여 民之父母라하니 民之所好를 好之하며 民之所惡(오)를 惡之 此之謂民之父母니라

《詩經》에 "즐거운 군자여. 백성의 부모로다."라고 하였으니, 백성이 좋아하는 것을 좋아하며 백성이 싫어하는 것을 싫어하는 것, 이것을 '백성의 부모'라고 한다.

詩는 小雅南山有臺之篇이라 只는 語助辭라

詩는 〈小雅 南山有臺〉다. 只는 어조사다.

言能絜矩而以民心爲己心이면 則是愛民如子하여 而民愛之如父母矣라

矩則으로 남을 헤아려〔絜矩〕 백성의 마음을 자기의 마음으로 삼을 수 있다면 자식처럼 백성을 사랑하여 백성도 부모처럼 그를 사랑할 것임을 말한 것이다.

傳10-4 詩云 節彼南山이여 維石巖巖이로다 赫赫師尹이여 民具爾瞻이라하니 有國

※ 約: 간략할 약 道: 방법 도 臺: 누대 대 節: 깎아지를 절 巖: 우뚝할 암 赫: 빛날 혁
具(≒俱): 모두 구 爾: 너 이 瞻: 볼 첨

者 不可以不愼이니 辟則爲天下僇(륙)矣니라

《詩經》에 "깎아지른 듯한 저 南山이여. 바위가 우뚝도 하다. 빛나고 빛나는 太師 尹氏여. 백성이 모두 그대를 바라본다."라고 하였으니, 나라를 가진 자는 삼가지 않으면 안 된다. 편벽되면 천하 사람에게 죽임을 당할 것이다.

詩는 小雅節南山之篇이라 節은 截然高大貌라 師尹은 周太師尹氏也라 具는 俱也라 辟은 偏也라

詩는 〈小雅 節南山〉이다. 節은 깎아지른 듯이 높고 큰 모습이다. 師尹은 周나라의 太師 尹氏다. 具는 모두다. 辟은 치우침이다.

言在上者는 人所瞻仰이니 不可不謹이라 若不能絜矩하고 而好惡(오)를 徇於一己之偏이면 則身弒國亡하여 爲天下之大戮矣라

'윗자리에 있는 사람은 사람이 우러러 바라보는 대상이니, 삼가지 않으면 안 된다. 絜矩으로 남을 헤아리지〔絜矩〕 못하고, 좋아하고 싫어하기를 자기 한 몸의 편벽됨에 따르면 자신은 죽임을 당하고 나라는 망하여 천하 사람에게 큰 죽임을 당할 것이다.'라는 말이다.

傳 10-5 詩云 殷之未喪師에 克配上帝러니 儀監[70]于殷이어다 峻命不易(이)라하니 道得衆則得國하고 失衆則失國이니라

《詩經》에 "殷나라가 民心을 잃지 않았을 때에는 上帝를 마주할 수 있었으니, 은나라를 거울삼을지어다. 큰 命은 〈보장하기〉 쉽지 않다."라고 하였으니, 민심을 얻으면 나라를 얻고 민심을 잃으면 나라를 잃음을 말한 것이다.

詩는 文王篇이라 師는 衆也라 配는 對也라 配上帝는 言其爲天下君而對乎上帝也라 監은

---

70 儀監:《詩經》〈大雅 文王〉에는 '宜鑒'으로 되어 있다. 孔穎達(唐)은 "儀 宜也"라고 하였다.(《禮記正義》〈大學〉)

※ 僇:죽일 륙 截:깎아지를 절 辟:치우칠 벽 仰:우러를 앙 殷:나라이름 은 喪:잃을 상
　　 師:뭇사람 사 配:마주할 배 儀:마땅할 의 監:거울삼을 감 峻:클 준 易:쉬울 이

視也라 峻은 大也라 不易는 言難保也라 道는 言也라

詩는 〈大雅 文王〉이다. 師는 民衆의 〈마음이다.〉 配는 마주함(對)이다. 配上帝는 그가 천하의 임금이 되어 上帝와 마주함을 말한다. 監은 봄이다. 峻은 큼이다. 不易는 보장하기 어려움을 말한다. 道는 말함이다.

引詩而言此하여 以結上文兩節之意라 有天下者 能存此心而不失이면 則所以絜矩而與民同欲者 自不能已矣리라

《시경》를 인용하고 이것을 말하여 앞 글 '所謂平天下在治其國者……是以君子有絜矩之道也'와 '所惡於上……此之謂絜矩之道也' 두 마디의 뜻을 매듭지었다.
　천하를 가진 자가 이 마음을 보존하여 잃지 않을 수 있다면 天則으로 남을 헤아려(絜矩) 백성과 원하는 것을 함께하는 것을 저절로 그칠 수 없을 것이다.

傳10-6 是故로 君子는 先愼乎德이니 有德이면 此有人이요 有人이면 此有土요 有土면 此有財요 有財면 此有用이니라

이 때문에 군자는 먼저 德을 삼간다. 덕이 있으면 사람이 있게 되고, 사람이 있으면 땅이 있게 되고, 땅이 있으면 재물이 있게 되고, 재물이 있으면 씀이 있게 된다.

先謹乎德은 承上文不可不謹[71]而言이라 德은 卽所謂明德이라 有人은 謂得衆이라 有土는 謂得國이라 有國이면 則不患無財用矣라

先謹(愼)乎德은 앞 글의 '不可不謹'을 이어받아 말한 것이다. 德은 곧 이른바 明德이라는 것이다. 有人은 민심을 얻음을 이른다. 有土는 나라를 얻음을 이른다. 나라를 소유하면 쓸 재물이 없음을 근심하지 않을 것이다.

71　上文不可不謹 : 傳文 10-4의 '不可以不愼'을 말한다.

※　視 : 볼 시　難 : 어려울 난　保 : 보장할 보　已 : 그칠 이　財 : 재물 재　患 : 근심 환

傳10-7 德者는 本也요 財者는 末也니

德은 근본이요 財物은 말단이니,

本上文而言이라

앞 글에 의거하여 말하였다.

傳10-8 外本內末이면 爭民施奪[72]이니라

근본을 밖으로 여기고 말단을 안으로 여기면 백성을 다투게 하여 〈폭력으로〉 빼앗는 〈가르침을〉 베푸는 것이다.

人君이 以德爲外하고 以財爲內면 則是爭鬪其民하여 而施之以劫奪之敎也라 蓋財者는 人之所同欲이어늘 不能絜矩而欲專之면 則民亦起而爭奪矣리라

人君이 德을 밖으로 여기고 재물을 안으로 여기면 그 백성을 다투게 하여 폭력으로 빼앗는 가르침을 베푸는 것이다. 대체로 재물이라는 것은 사람이 동일하게 원하는 것인데, 天則으로 남을 헤아리지〔絜矩〕 못하고 그것을 독차지하려고 하면 백성도 일어나 다투며 빼앗을 것이다.

傳10-9 是故로 財聚則民散하고 財散則民聚니라

이 때문에 〈위정자에게〉 재물이 모이면 民心이 흩어지고 〈위정자의〉 재물이 흩어져

---

[72] 爭民施奪 : 孔穎達(唐)은 施奪을 '폭력으로 빼앗는 마음을 쓰는 것〔施其劫奪之情〕'이라고 하여 '爭民施奪'을 "이익을 다투는 백성이 모두 폭력으로 빼앗는 마음을 쓴다.〔爭利之人 皆施劫奪之情也〕"라고 풀이하였다.(《禮記正義》〈大學〉) 丁若鏞(鮮)은 "백성과 서로 다투며 억지로 주기도 하고 억지로 빼앗기도 하는 것〔謂與民相爭 强施而强奪之〕"으로(《大學公議》), 海保漁村(日, 가이호 교손)은 "백성의 재물을 폭력으로 빼앗고, 下民과 재물을 다투는 것〔劫奪民之財也 與下民爭財者也〕"으로 풀이하였다.(《大學鄭氏義》)

※ 爭 : 다툴 쟁   施 : 베풀 시   奪 : 빼앗을 탈   鬪 : 싸움 투   劫 : 위협할 겁   專 : 독차지할 전
   聚 : 모일 취   散 : 흩어질 산

〈백성에게 가면〉 민심이 모인다.

外本內末이라 **故財聚**하고 **爭民施奪**이라 **故民散**이라 **反是**면 **則有德而有人矣**라

　근본을 밖으로 여기고 말단을 안으로 여기기 때문에 〈위정자에게〉 재물이 모이고, 백성을 다투게 하여 〈폭력으로〉 빼앗는 〈가르침을〉 베풀기 때문에 민심이 흩어진다. 이와 반대로 하면 德이 있어 민심을 얻을 것이다.

傳10-10 是故로 **言悖而出者**는 **亦悖而入**하고 **貨悖而入者**는 **亦悖而出**[73]이니라

　이 때문에 말이 〈도리에〉 어긋나게 나간 것은 역시 〈도리에〉 어긋나게 돌아오고, 재화가 〈도리에〉 어긋나게 들어온 것은 역시 〈도리에〉 어긋나게 나간다.

　悖는 **逆也**라

　　悖는 어긋남이다.

　此는 **以言之出入**으로 **明貨之出入也**라 **自先謹乎德以下**로 **至此**는 **又因財貨**하여 **以明能絜矩與不能者之得失也**라

　　이것은 말이 나가고 들어오는 것으로 재화가 들어오고 나가는 것을 밝힌 것이다.
　　'先謹(愼)乎德' 이하부터 여기까지는 또 재화를 통해 天則으로 남을 헤아릴〔絜矩〕 수 있는 자와 할 수 없는 자의 잘잘못을 밝혔다.

---

73 言悖而出者……亦悖而出 : 《大學或問 下》에 "'言悖而出者 亦悖而入 貨悖而入者 亦悖而出'은 鄭氏(鄭玄)가 '임금에게 〈백성의 마음을〉 거스르는 명령이 있으면 백성에게 〈임금의 명령을〉 거스르는 말이 있고, 윗사람이 이익을 탐하면 아랫사람이 어기고 배반한다.'라고 하였으니, 그 뜻을 알았다.〔言悖而出者 亦悖而入 貨悖而入者 亦悖而出 鄭氏以爲君有逆命 則民有逆辭 上貪於利 則下人侵畔 得其旨矣〕"라고 하였다. 이 말에 의거하여 經文을 번역하면 다음과 같다.
　"〈임금의〉 명령〔言〕이 〈백성의 마음에〉 어긋나는데도 〈명령을〉 낸 것은 〈백성〉 역시 〈임금의 명령에〉 어긋나게 해서 돌려보내고, 〈임금이 세금으로 부과한〉 재화가 〈백성의 마음에〉 어긋나는데도 〈재물을〉 거둬들인 것은 역시 〈임금의 마음에〉 어긋나게 나간다."

※　悖 : 어긋날 패　貨 : 재화 화　逆 : 어긋날 역

傳10-11 康誥에 曰 惟命은 不于常이라하니 道善則得之하고 不善則失之矣니라

〈康誥〉에 "天命은 고정되어 있지 않다."라고 하였으니, 善하면 〈천명을〉 얻고 不善하면 〈천명을〉 잃음을 말한 것이다.

   道는 言也라

     道는 말함이다.

   因上文引文王詩之意而申言之하니 其丁寧反覆之意 益深切矣로다

     앞 글에서 인용한 〈文王〉 시의 뜻을 이어받아 거듭 말하였으니, 그 간곡하게 되풀이하는 뜻이 더욱 깊고 간절하다.

傳10-12 楚書[74]에 曰 楚國은 無以爲寶요 惟善[75]을 以爲寶라하니라

〈楚書〉에서 말하였다. "楚나라는 보배로 삼을 것이 없고, 오직 선한 사람을 보배로 삼는다."

   楚書는 楚語라 言不寶金玉而寶善人也라

     〈楚書〉는《國語》〈楚語〉다.
     金玉을 보배로 삼지 않고 선한 사람을 보배로 삼음을 말한 것이다.

---

[74] 楚書 : 주희는 '楚書'를 곧바로《國語》의 〈楚語〉로 보았다. 그러나 鄭玄(後漢)은 '楚昭王時書'라고 하였고, 孔穎達(唐)은 疏에서《국어》뿐만 아니라《新序》등 다른 책도 함께 인용하여 설명하고 있다. 大田錦城(日, 오타 긴조)은《大學原解》에서《春秋左氏傳》文公 2년에 나온 '周志'와 昭公 28년에 나온 '鄭書'처럼 각각 그 나라에 전해진 오래된 기록이다.(楚書者 如周志鄭書之類 各國古書也)"라고 하였다.(이광호 외 역,《역주 예기정의-중용·대학》277쪽 역주 1) 참조)

[75] 善 : 鄭玄(後漢)은 觀射父와 昭奚恤이라고 하였다. 관석보는 楚 昭王의 大夫고, 소해휼은 楚 宣王의 將帥다. 孔穎達(唐)의 疏에 故事가 있다. 자세한 내용은 이광호 외 역,《역주 예기정의-중용·대학》303~305쪽을 참고하기 바란다.

※ 常 : 변하지 않을 상　道 : 말할 도　失 : 잃을 실　申 : 거듭 신　丁 : 친절할 정　寧 : 편안할 녕
　益 : 더욱 익　切 : 간절할 절　楚 : 나라이름 초　寶 : 보배 보

傳10-13 舅犯이 曰 亡人은 無以爲寶요 仁親을 以爲寶라하니라

　舅犯이 말하였다. "도망 다니는 사람인 〈당신은 아무것도〉 보배로 삼을 것이 없고, 어버이를 사랑하는 것을 보배로 삼으십시오."

　　舅犯은 晉文公舅狐偃이니 字는 子犯이라 亡人은 文公이 時爲公子하여 出亡在外也[76]라 仁은 愛也라 事見檀弓하니라

　　　舅犯은 晉 文公의 외삼촌 狐偃이니, 字는 子犯이다. 亡人이라고 한 것은 문공이 당시 公子로서 〈본국에서〉 나가 망명하여 〈본국의〉 밖에 있었기 때문이다. 仁은 사랑함이다.
　　　이 일은 《禮記》〈檀弓〉에 나온다.

　　此兩節은 又明不外本而內末之意라

　　　이 〈'楚書……惟善以爲寶'와 '舅犯曰……仁親以爲寶'〉 두 마디는 또 근본을 밖으로 여기고 말단을 안으로 여기지 않는 뜻을 밝혔다.

傳10-14 秦誓에 曰 若有一个臣이 斷斷兮요 無他技나 其心이 休休焉한대 其如有容焉이라 人之有技를 若己有之하며 人之彦聖[77]을 其心好之 不啻(시)若自其口出이면 寔(식)能容之라 以能保我子孫黎民이니 尙亦有利哉[78]인저 人之有技를

---

[76] 文公……出亡在外也 : 晉 文公의 아버지 獻公은 賈國에서 아내를 맞이하였으나 아내에게서 아들을 낳지 못하였고, 아버지 武公의 첩 齊姜과 姦淫(烝)하여 딸(후에 秦 穆公의 부인이 됨)과 태자 申生을 낳았다. 또 戎에서 두 여자를 맞이하여 大戎 狐姬는 重耳, 小戎子는 夷吾를 낳았다. 晉나라가 驪戎을 정벌할 때 여융의 왕이 驪姬와 그 여동생을 헌공에게 바치자, 헌공은 이들을 데리고 돌아와 부인으로 삼았다. 여희는 奚齊를 낳았고, 그 동생은 卓子를 낳았다. 헌공이 여희를 총애하니, 여희가 자신의 아들 해제를 태자로 세우려고 태자 신생을 참소하였다. 태자는 新城에서 자결하고 公子 重耳(후의 文公)와 公子 夷吾는 도망가 망명생활을 하였다. 이 일은 《春秋左氏傳》 僖公과 莊公, 《國語》〈晉語〉 등에 보인다.(이광호 외 역, 《역주 예기정의-중용·대학》 278쪽 역주 1) 재인용)

[77] 彦聖 : 丁若鏞(鮮)은, 彦은 言, 聖은 聲으로 보아 '훌륭한 말(嘉言)'이라고 풀이하였다.《大學公義》

[78] 尙亦有利哉 :《尙書》〈秦書〉에는 '亦職有利哉'라고 되어 있다. 王引之(淸)는 부친 王念孫의 말을 인용하여 '亦尙有利哉'가 되어야 하니, 職과 尙은 모두 主(주장하다)의 뜻이라고 하였다.《經義述聞》〈禮記 下〉尙亦有利哉條)

※　舅 : 외삼촌 구　亡 : 달아날 망　仁 : 사랑할 인　偃 : 누울 언　檀 : 박달나무 단　誓 : 맹세할 서
　　斷 : 한결같을 단　彦 : 훌륭할 언　啻 : 뿐 시　寔 : 이것 식　黎 : 검을 려

媢疾以惡(오)之^{79}하며 人之彦聖을 而違之하여 俾不通이면 寔不能容이라 以不能保我子孫黎民이니 亦曰殆哉인저

〈秦誓〉에서 말하였다. "만일 어느 한 신하가 성실하고 한결같은 모습을 하고 다른 재능은 없으나 그 마음이 편안한데, 그 사람은 포용력이 있는 듯하여 남이 가진 재능을 자기가 가진 것처럼 여기며, 남의 훌륭함과 뛰어남을 마음으로 좋아함이 자기 입에서 나온 것처럼 여길 뿐만이 아니라면, 이 사람은 잘 포용할 수 있어서 나의 자손과 백성을 보전할 수 있으니, 거의 또한 이로울 것이다. 남이 가진 재능을 시기하고 깎아내리면서 미워하며, 남의 훌륭함과 뛰어남을 어긋나게 하여 〈임금에게〉 이르지(通) 못하게 하면, 이 사람은 포용할 수 없어 나의 자손과 백성을 보전할 수 없을 것이니, 또한 위태롭다고 말할 수 있을 것이다."

秦誓는 周書라 斷斷은 誠一之貌라 彦은 美士也요 聖은 通明也라 尙은 庶幾也라 媢는 忌也라 違는 拂戾也라 殆는 危也라

〈秦誓〉는 《尙書》周書〈의 篇名〉이다. 斷斷은 성실하고 한결같은 모습이다. 彦은 〈재주와 덕행이〉 아름다운 사람이다. 聖은 통하여 밝음이다. 尙은 庶幾(거의)다. 媢는 시기함이다. 違는 어긋나게 함이다. 殆는 위태로움이다.

傳 10-15 唯仁人이아 放流之하여 迸諸四夷하여 不與同中國하나니 此謂唯仁人이아 爲能愛人하며 能惡(오)人이니라

어진 사람만이 〈현명한 자를 방해하고 나라를 해롭게 하는 사람을〉 추방하고 유배 보내 사방의 오랑캐 땅으로 쫓아내어 中國과 함께하지 못하게 할 수 있다. 이것을 '어진 사람만이 사람을 사랑하고 사람을 미워할 수 있다.'라고 하는 것이다.

---

79 媢嫉以惡(오)之 : 《尙書正義》의 注와 疏, 《禮記正義》〈大學〉의 疏에는 모두 '惡之'를 好惡의 惡, 곧 '憎惡(미워하다)'의 뜻으로 풀이하였다. 그러나 王引之(淸)는 "惡를 憎惡의 뜻으로 풀이하면 冒疾의 뜻과 중복되니, 惡는 거짓으로 꾸며 남을 헐뜯어 말함[諤]이라고 풀이해야 한다.〔惡字若讀爲好惡之惡 則與冒疾意相複 惡當讀爲諤〕"라고 하였다.《經義述聞》〈尙書 下〉冒疾以惡之條)

※ 媢 : 시기할 모 疾 : 질투할 질 惡 : 미워할 오 俾 : 하여금 비 通 : 이를 통 殆 : 위태로울 태 忌 : 시샘할 기 拂 : 어길 불 戾 : 거스를 려 放 : 내칠 방 流 : 유배 보낼 류 迸 : 물리칠 병

迸은 猶逐也라

　迸은 逐(쫓아내다)과 같다.

言有此媢疾之人이 妨賢而疾國이면 則仁人이 必深惡而痛絶之하나니 以其至公無私라 故能得好惡之正이 如此也라

　'이렇게 시기하고 질투하는 사람이 현명한 자를 방해하고 나라를 해롭게 하면 어진 사람이 반드시 그 사람을 몹시 미워하여 통렬하게 끊어버린다. 〈어진 사람은〉 지극히 공평하고 사사로움이 없기 때문에 이와 같이 좋아하고 싫어함의 정당함을 얻을 수 있다.'는 말이다.

傳10-16 見賢而不能擧하며 擧而不能先[80]이 命(만)[81]也요 見不善而不能退하며 退而不能遠이 過也니라

　현명한 사람을 보고서도 천거하지 못하며, 천거하면서도 빨리〔先〕 〈등용하지〉 못하는 것은 태만함〔命〕이요, 不善한 사람을 보고서도 물리치지 못하며, 물리치면서도 멀리하지 못하는 것은 잘못이다.

80　先 : 주희는 "先은 빨리하다는 뜻이니, 〈擧而不能先은〉 빨리 등용하지 못한다는 뜻이다.〔先是早底意思 不能速用之意〕"라고 하였다.(《朱子語類》 권16 〈大學3 傳十章釋治國平天下〉 胡泳의 기록) 孔穎達(唐)은 '자기의 윗자리에 놓다.'라고 보았으며(《禮記正義》), 海保漁村(日, 가이호 교손)은 《大學鄭氏義》에서 '여러 경·대부의 윗자리에 놓아 政務를 맡아보게 하다.〔置諸諸卿大夫之上 使執政也〕'라고 풀이하였다. 俞樾(淸)은 "先은 아마도 近자의 오류인 듯하다. 善한 이를 보고도 천거하지 못하고 천거하더라도 가까이 두지 못하는 것과 不善한 이를 보고도 물리치지 못하고 물리치더라도 멀리 두지 못하는 것이 서로 대구가 되어 글을 이루고 있다.〔先 蓋近字之誤 見善而不能擧 擧而不能近 與見不善而不能退 退而不能遠 正相對成文〕"라고 하였다.(《群經平議》 권22 〈擧而不能先〉)

81　命(만) : 鄭齊斗(鮮)는 "罪자가 되어야 할 듯하다.〔疑當作罪也〕"라고 하였다.(《霞谷集》 〈大學說〉) 丁若鏞(鮮)은 글자 그대로 풀이하여 "사람이 큰 임무를 받는 것은 天命이 있는 것과 같으니, 현명한 사람을 보고서도 먼저 천거하지 못하는 것은 오히려 천명이라고 핑계할 수 있지만, 不善한 사람을 보고서도 멀리 물리치지 못한다면 또한 무슨 말로 꾸며댈 수 있겠는가. 그 허물을 스스로 책임지지 않을 수 없다.〔人之承受大任 若有天命 見賢而不能先擧 尙可諉之於命 見不善而不能遠退 將亦何辭而文之乎 不得不自任其過也〕"라고 하였다.(《大學公議》) 舊韓末의 田愚는 陸隴其(淸)의 "命은 慢이니, 懈怠·忽略·懦弱 세 가지 뜻을 아우른다.〔命作慢 兼懈怠忽略懦弱三意〕"는 설을 따랐다.(《大學記疑》)

※　逐 : 내쫓을 축　妨 : 헤살놓을 방　疾 : 해로울 질　痛 : 몹시 통　絶 : 끊을 절　擧 : 천거할 거
　　退 : 물리칠 퇴　過 : 허물 과

命은 鄭氏云 當作慢이라하고 程子云 當作怠라하니 未詳孰是라

命은 鄭氏(鄭玄)는 "慢이 되어야 한다."라고 하였고, 程子(程頤)는 "怠가 되어야 한다."라고 하였으니, 누가 옳은지 자세하지 않다.

若此者는 知所愛惡(오)矣로되 而未能盡愛惡之道하니 蓋君子而未仁者也라

이와 같이 하는 자는 사랑하고 미워할 줄은 알지만 사랑하고 미워하는 도리를 다하지 못한 것이니, 대체로 군자이긴 하지만 仁하지는 못한 자다.

傳 10-17 好人之所惡(오)하며 惡人之所好 是謂拂人之性이라 菑必逮夫身이니라

사람이 싫어하는 것을 좋아하며 사람이 좋아하는 것을 싫어하는 것, 이것을 '사람의 性을 어긴다.'라고 한다. 〈이런 사람은〉 재앙이 반드시 그 몸에 미칠 것이다.

拂은 逆也라

拂은 어김이다.

好善而惡惡(오악)은 人之性也라 至於拂人之性이면 則不仁之甚者也라

善을 좋아하고 惡을 싫어함은 사람의 性이다. 사람의 性을 어김에 이른다면 매우 어질지 못한 사람이다.

自秦誓至此는 又皆以申言好惡公私之極하여 以明上文所引南山有臺節南山之意라

《尙書》〈秦誓〉부터 여기까지는 또 모두 좋아하고 싫어함과 공평하고 사사로움의 극단을 거듭 말하여 앞 글에서 인용한《詩經》〈南山有臺〉·〈節南山〉의 뜻을 밝혔다.

傳 10-18 是故로 君子 有大道하니 必忠信以得之하고 驕泰以失之니라

※ 慢 : 게으를 만   怠 : 게으를 태   是 : 옳을 시   菑(≒災) : 재앙 재   逮 : 미칠 체   甚 : 매우 심
　 申 : 거듭 신   極 : 끝 극   驕 : 교만할 교   泰 : 사치 태

이 때문에 군자에게는 큰 道(원칙)가 있으니, 반드시 忠과 信으로써 그것을 얻고, 교만과 사치로써 그것을 잃는다.

君子는 以位言之라 道는 謂居其位而修己治人之術이라 發己自盡을 爲忠이요 循物無違를 謂信이라 驕者는 矜高요 泰者는 侈肆라

君子는 지위로 말하였다. 道는 그 지위에 있으면서 자기를 닦고 남을 다스리는 방법(원칙)을 이른다. 자기 마음속에서 우러나와 스스로 다함을 忠이라고 한다. 사물의 〈이치를〉 따라 어김이 없음을 信이라고 한다. 驕는 잘난 체 뻐김이다. 泰는 사치하고 방자함이다.

此因上所引文王康誥之意而言이라 章內에 三言得失[82]而語益加切하니 蓋至此而天理存亡之幾 決矣로다

이것은 앞에서 인용한 《詩經》〈大雅 文王〉·《尙書》〈康誥〉의 뜻을 이어받아 말한 것이다.

이 장 안에서 得失을 세 번 말했는데 말이 더욱더 절실하니, 대체로 여기에 이르러 天理가 보존되고 없어지는 기미가 결정된다.

傳10-19 生財 有大道하니 生之者 衆하고 食之者 寡하며 爲之者 疾하고 用之者 舒하면 則財恒足矣리라

재물을 생산함에 큰 道(원칙)가 있다. 생산하는 자는 많고 먹는 자는 적으며, 만드는 자는 빨리 〈만들고〉 사용하는 자는 천천히 〈사용한다면〉 재물이 항상 풍족할 것이다.

呂氏曰 國無游民이면 則生者衆矣요 朝無幸位면 則食者寡矣요 不奪農時면 則爲之疾矣요 量入爲出이면 則用之舒矣[83]라

82　三言得失 : 《詩經》〈大雅 文王〉을 이어 "得衆則得國 失衆則失國"을 말하고, 《尙書》〈康誥〉를 이어 "善則得之 不善則失之"라고 말하였다. 그리고 끝에서는 군자의 大道를 "必忠信以得之 驕泰以失之"라고 말하고 있다. 천리가 보존되고 없어지는 기미가 '忠信'과 '驕泰'로 결정된다는 말이다.

83　呂氏曰……則用之舒矣 : 衛湜(宋)의 《禮記集說》에는 "國無游民 則生之者衆矣 朝無幸位 則食之者寡矣 不違農時 則爲之者疾矣 量入爲出 則用之者舒矣"로 되어 있다.

※　盡 : 다할 진　循 : 따를 순　違 : 어길 위　矜 : 자랑할 긍　侈 : 사치할 치　肆 : 늘어놓을 사
　　決 : 결정될 결　寡 : 적을 과　疾 : 빠를 질　呂 : 성려　奪 : 빼앗을 탈　量 : 헤아릴 량

呂氏(呂大臨)가 말하였다. "나라에 〈일정한 생업이 없이〉 떠도는 백성이 없으면 생산하는 자가 많고, 조정에 요행으로 자리만 지키는 사람이 없으면 〈祿을〉 먹는 자가 적으며, 농사철을 빼앗지 않으면 생산하는 자가 빠르게 〈생산할〉 것이며, 수입을 헤아려 지출하면 사용하는 자가 천천히 〈사용할〉 것이다."

愚按 此因有土有財而言하여 **以明足國之道 在乎務本而節用**이요 **非必外本內末而後財可聚也**라 **自此以至終篇**히 **皆一意也**라

내가 생각하건대, 이는 '有土'·'有財'를 이어받아 말하여 나라를 풍족하게 하는 道가 근본에 힘쓰고 財用을 절약함에 달려 있지, 반드시 근본을 밖으로 여기고 말단을 안으로 여긴 뒤에 재물을 모을 수 있는 것은 아님을 밝힌 것이다.

여기부터 마지막 편까지 모두 하나의 뜻이다.

傳 10-20 仁者는 **以財發身**하고 **不仁者**는 **以身發財**니라

어진 사람은 재물을 이용하여 몸을 일으키고, 어질지 않은 사람은 몸을 망쳐가며 재물을 일으킨다.

發은 **猶起也**라

發은 起(일으키다)와 같다.

仁者는 **散財以得民**하고 **不仁者**는 **亡身以殖貨**라

어진 사람은 재물을 흩어 民心을 얻고, 어질지 않은 사람은 몸을 망쳐가면서 재물을 늘린다.

傳 10-21 未有上好仁而下不好義者也니 **未有好義**요 **其事不終者也**며 **未有府**

※ 愚 : 나 우 按 : 살펴볼 안 務 : 힘쓸 무 節 : 절약할 절 聚 : 모을 취 發 : 일으킬 발
殖 : 늘릴 식 府 : 곳집 부

庫⁸⁴財 非其財者也니라

윗사람이 仁을 좋아하는데도 아랫사람이 義를 좋아하지 않은 경우는 없었다 〈아랫사람이〉 義를 좋아하는데 그 〈윗사람의〉 일을 끝마치지 않은 경우는 없으며, 곳간의 재물이 그 〈윗사람의〉 재물이 아닌 경우는 없었다.

上好仁以愛其下면 則下好義以忠其上이니 所以事必有終이요 而府庫之財 無悖出之患也라

윗사람이 仁을 좋아하여 자기의 아랫사람을 사랑하면 아랫사람이 義를 좋아하여 자기의 윗사람에게 충성한다. 그러므로 일이 반드시 끝맺음이 있고 곳간의 재물이 〈도리에〉 어긋나게 나가는 근심이 없다.

傳10-22 孟獻子曰 畜(휵)馬乘은 不察於鷄豚하고 伐氷之家는 不畜牛羊하고 百乘之家는 不畜聚斂之臣⁸⁵하나니 與其有聚斂之臣으론 寧有盜臣이라하니 此謂國은 不以利爲利요 以義爲利也니라

孟獻子가 말하였다. "〈처음 大夫가 되어〉 말 4필을 기르는 자는 닭과 돼지 〈기르는 일을〉 살피지 않고, 얼음을 사용하는 집안은 소와 양을 기르지 않고, 수레 100대가 있는 집안은 聚斂하는 신하를 기르지 않는 법이다. 취렴하는 신하를 두기보다는 차라리 〈자기의 집에서 재물을〉 도둑질하는 신하를 두는 것이 낫다." 이것을 '국가는 利를 이익으로 여기지 않고 義를 이익으로 여겨야 한다.'라고 하는 것이다.

孟獻子는 魯之賢大夫로 仲孫蔑이라 畜馬乘은 士初試爲大夫者也라 伐冰之家는 卿大

---

84 府庫 : 孔穎達(唐)은 '임금의 곳간'이라고 하였고(《禮記正義》), 丁若鏞(鮮)은 《春秋穀梁傳》 僖公 2년 여름 5월 虞師晉師滅夏陽條의 "中府에서 취하여 外府에 보관한다.(取之中府 藏之外府)"라고 한 荀息의 말을 인용하여 '백성들의 곳간'이라고 하였다.《大學公議》《與猶堂全書》新朝鮮社本에는 '公羊傳'의 말이라고 하였으나, '穀梁傳'으로 바로잡았다.
85 聚斂之臣 : 수단과 방법을 가리지 않고 많은 세금을 징수하여 백성을 괴롭게 하는 신하다.

※ 庫 : 곳집 고　悖 : 어그러질 패　獻 : 드릴 헌　畜 : 기를 휵　乘 : 4필 승, 수레 세는 단위 승
　　豚 : 돼지 돈　伐 : 뜰 벌　斂 : 거둘 렴　寧 : 차라리 녕　蔑 : 업신여길 멸　試 : 시험할 시

夫以上으로 喪祭用冰者也라 百乘之家는 有采地者也라

孟獻子는 魯나라의 현명한 大夫 仲孫 蔑이다. 말 4필을 기르는 자는 士로서 처음 試用되어 大夫가 된 사람이다. 얼음을 사용하는 집안은 卿·大夫 이상으로 喪禮나 祭禮에 얼음을 사용하는 사람이다. 수레 100대가 있는 집안은 〈경·대부로서〉 采地(食邑)를 가진 사람이다.

君子寧亡己之財언정 而不忍傷民之力이라 故寧有盜臣이언정 而不畜聚斂之臣이라 此謂以下는 釋獻子之言也라

군자는 자기의 재물을 잃을지언정 차마 백성의 힘을 해치지 못한다. 그러므로 〈자기의 집에서 재물을〉 도둑질하는 신하를 둘지언정 취렴하는 신하를 기르지 않는 것이다.

'此謂' 이하는 맹헌자의 말을 풀이한 것이다.

傳 10-23 長國家而務財用者는 必自小人矣[86]라 彼爲善之하여 小人之使爲國家[87]면 菑害 並至라 雖有善者나 亦無如之何矣니 此謂國은 不以利爲利요 以義

---

[86] 必自小人矣 : 鄭玄(後漢)은 "소인이나 하는 짓이다.〔是小人所爲也〕", 孔穎達(唐)은 "반드시 저절로 소인의 행실이 된다.〔必自爲小人之行也〕"라고 하였다.(《禮記正義》) 蔣伯潛(中)은 兪樾(淸)의 견해를 따라 '自'를 '用(등용하다)'의 뜻이라고 하였고(《語譯廣解 四書讀本》〈大學新解〉), 赤塚 忠(日, 아카쯔카 키요시)도 '自'를 '用'의 뜻으로 보았다.(《新釋漢文大系 大學》) 이 견해를 따르면 '長國家而務財用者 必自小人矣'는 '국가의 우두머리가 되어 財用에 힘쓰는 자는 반드시 소인을 등용한다.'라고 번역할 수 있다.

[87] 彼爲善之 小人之使爲國家 : 程頤(宋)는 "어떤 본에는 '彼爲不善之小人 使之爲國家(저 불선한 짓을 하는 소인에게 국가를 다스리게 한다.)'라고 하였다." 하였다.(《伊川先生改正大學》)
鄭玄(後漢)과 孔穎達(唐)은 모두 '彼'를 '임금'으로, '之'를 '仁義·政敎'로 보아 "임금이 仁義의 도를 실천하여 政事와 敎化를 잘하고자 한다.〔君將欲以仁義善其政〕"로 풀이하였다. 그러나 兪樾(淸)은 '彼'는 '小人', '善'은 '能', '之'는 '務財用'으로 보아 '저 소인이 財用에 힘쓰는 일을 잘한다.'라고 풀이한다.(《群經平議》〈小戴禮記 四〉彼爲善之條)
丁若鏞(鮮)은 '彼'를 임금으로 보는 설에 반대하면서 "彼爲善之는 저 소인이 스스로 잘한다고 여기는 것이다.〔彼爲善之者 彼小人自以爲善之也〕"라고 풀이하였다.(《大學公議》) 舊韓末의 田愚는 劉葆采(淸)의 "저 人君이 살펴 〈죄주지〉 않고 도리어 그를 잘한다고 여긴다.〔彼人君不察 而反爲善之〕"라고 한 말이 합당한 것 같다고 하였다.(《大學記疑》) 鄧林(淸) 역시 "彼는 국가의 우두머리가 된 자를 가리키고, 善之는 도리어 소인을 훌륭한 신하라고 여기는 것이다.〔彼指長國家者言 善之是反以小人爲良臣〕"라고 하여 유보채의 견해와 맥을 같이한다.(《大學補註備旨》)

❀ 采: 식읍 채 亡: 잃을 망 忍: 차마할 인 傷: 해칠 상 並: 아우를 병 至: 이를 지

爲利也니라

국가의 우두머리가 되어 財用에 힘쓰는 것은 반드시 小人이 〈인도하기〉 때문이다. 저 사람(소인)이 〈재용에 힘쓰는〉 것을 잘한다고 하여 소인에게 국가를 다스리게 하면 災와 害가 함께 이르기 때문에, 아무리 잘한 점이 있더라도 〈災와 害가 이르는 것을〉 어찌할 수 없을 것이다. 이것을 '국가는 利를 이익으로 여기지 않고 義를 이익으로 여겨야 한다.'라고 하는 것이다.

彼爲善之 此句上下에 **疑有闕文誤字**라

'彼爲善之' 이 구의 앞뒤에 빠진 글이나 잘못된 글자가 있는 듯하다.

○**自**는 **由也**니 **言由小人導之也**라

○自는 由(때문이다)니, 〈自小人은〉 소인이 〈財用에 힘쓰도록〉 인도하기 때문이라는 말이다.

此一節은 **深明以利爲利之害**하여 **而重言以結之**하니 **其丁寧之意 切矣**로다

이 한 마디는 利를 이익으로 여기는 害를 속속들이 밝히고 거듭 말하여 매듭지었으니, 그 간곡한 뜻이 절실하다.

右는 **傳之十章**이라 **釋治國平天下**하니라

이상은 傳의 10장이다. '治國'·'平天下'를 해석하였다.

此章之義는 **務在與民同好惡**(오)**而不專其利**하니 **皆推廣絜矩之意也**라 **能如是**면 **則親賢樂利**[88] **各得其所**하여 **而天下平矣**라

이 장의 뜻은 〈위정자가〉 힘쓸 것이 백성과 좋아하고 싫어함을 함께하여 그 이익을 독점하지 않는 데에 있으니, 모두 天則으로 남을 헤아리는(絜矩) 뜻을 미루어 넓힌 것

---

88 親賢樂利 : 傳 3장의 "君子賢其賢而親其親 小人樂其樂而利其利"를 줄여 말한 것이다.

※ 闕 : 빠질 궐 誤 : 그릇될 오 導 : 인도할 도 重 : 거듭 중 專 : 독점할 전 推 : 밀 추
  廣 : 넓힐 광 絜 : 잴 혈 矩 : 직각자 구

이다. 이와 같이 할 수 있으면 '군자는 그가 어질게 여긴 사람을 어질게 대하고 그가 친하게 여긴 사람을 친하게 대하며, 소인은 그가 즐겁게 해준 것을 즐겁게 여기고 그가 이롭게 해준 것을 이롭게 여김〔親賢樂利〕'이 저마다 제자리를 얻어 천하가 공평하게 다스려질 것이다.

凡傳十章에 前四章은 統論綱領旨趣요 後六章은 細論條目工夫라 其第五章은 乃明善之要요 第六章은 乃誠身之本이니 在初學에 尤爲當務之急이니 讀者不可以其近而忽之也라

傳이 모두 열 장인데, 앞의 네 장은 綱領의 뜻을 총괄하여 논하고, 뒤의 여섯 장은 8조목의 공부를 세밀하게 논하였다. 제5장은 바로 善을 밝히는 요체요, 제6장은 바로 자신을 성실하게 하는 근본이니, 초학자에게 있어서 더욱 급하게 힘써야 하는 것이다. 읽는 자들은 그것이 비근하다고 하여 소홀히 해서는 안 된다.

※ 統 : 통괄할 통 綱 : 벼리 강 領 : 중요한 부분 령 旨 : 뜻 지 趣 : 뜻 취 細 : 자세할 세
　　忽 : 소홀할 홀

【附錄】

英祖大王御製序
영조대왕의 어제 서문

夫三代盛時에 設庠序學校[1]而敎人하니 此正禮記 所云家有塾하며 黨[2]有庠하며 州[3]有序하며 國有學 者也라 故人生八歲어든 皆入小學하고 於大(태)學則 天子之元子衆子로 以至公卿大夫元士之適子와 與凡民之俊秀者히 及其成童이어든 皆入焉하니 可 不重歟아

저 〈夏·殷·周〉 세 왕조가 융성했을 때에는 庠·序· 學·校를 설립하여 사람을 가르쳤다. 이것은 바로《禮 記》〈學記〉에서 이른바 '집안에는 塾(글방)을 두며, 黨

學

---

1 庠序學校:《孟子》〈滕文公 上〉에 "庠·序·學·校를 설립하여 〈사람을〉 가르쳤다. 庠은 기른다, 校 는 가르친다, 序는 활쏘기를 익힌다는 뜻이다. 夏나라에서는 校라고 하고 殷나라에서는 序라고 하고 周나라에서는 庠이라고 하였다. 學은〈夏·殷·周〉세 왕조가 같은 명칭을 사용하였으니, 모 두 人倫을 밝히기 위한 것이다.〔設爲庠序學校以敎之 庠者養也 校者敎也 序者射也 夏曰校 殷曰序 周曰庠 學則三代共之 皆所以明人倫也〕"라고 하였다. 庠·序·校는 鄕學이고, 學은 國學으로 太學 이다. 주희는 注에서 "父子有親, 君臣有義, 夫婦有別, 長幼有序, 朋友有信이 바로 사람으로서 지 켜야 할 가장 기본적인 윤리〔人之大倫〕다."라고 하였다.
2 黨:《周禮》〈地官 大司徒〉에 따르면 古代 지방의 戶籍 편제 단위로 500家를 이른다.
3 州:《禮記》〈學記〉에는 '州'가 '術'로 되어 있다. 鄭玄(後漢)의 注에 "術은 遂가 되어야 한다.…… 12,500家를 遂라고 한다." 하였다.《周禮》〈地官 大司徒〉에 따르면 州는 古代 지방의 戶籍 편제 단위로 2,500家를 이른다.

※ 盛:융성할 성 庠:학교 상 序:학교 서 塾:글방 숙 黨:마을 당 州:고을 주
   適(≒嫡):맏아들 적 俊:뛰어날 준 秀:빼어날 수 童:아이 동 歟:의문어조사 여

에는 庠을 두며, 州에는 序를 두며, 國都에는 學을 둔다.'는 것이다. 그러므로 사람이 태어나 8세가 되면 모두 小學에 보내고, 太學에는 천자의 元子와 〈나머지〉 여러 아들부터 公·卿·大夫·元士의 適子와 모든 백성 가운데 재주와 지혜가 걸출한 자에 이르기까지 15세〔成童〕가 되면 모두 보냈으니, 〈학교의 교육을〉 중요하게 여기지 않을 수 있겠는가.

大學之書에 有三綱焉하니 曰明明德 曰新民 曰止於至善也요 有八條焉하니 曰格物 曰致知 曰誠意 曰正心 曰修身 曰齊家 曰治國 曰平天下也니 次序井井하고 條理方方이라 其學問之道는 紫陽[4]朱夫子序文에 詳備하니 以予蔑學으로 何敢加一辭리오마는 然是書 與中庸相爲表裏하여 次序條理 若是瞭然이어늘 而學者 其猶書自書我自我니 可勝歎哉아

《大學》에 세 綱領이 있으니 '明明德'·'新民'·'止於至善'이요, 여덟 條目이 있으니 '格物'·'致知'·'誠意'·'正心'·'修身'·'齊家'·'治國'·'平天下'다. 순서가 정연하고 조리가 딱딱 들어맞는다. 그 학문의 方道는 紫陽 朱夫子의 〈大學章句序〉에 자세하게 갖춰져 있으니, 나의 보잘것없는 학문〔蔑學〕으로 어찌 감히 한마디 말을 보탤 수 있겠는가. 그러나 《大學》은 《中庸》과 서로 表裏가 되어 순서와 조리가 이처럼 분명한데, 배우는 자는 오히려 '글은 글대로 나는 나대로'니, 탄식하지 않을 수 있겠는가.

噫라 明德在何오 卽在我一心이며 明明德之工在何오 亦在我一心이니 若能實下工夫면 正若顔子所云舜何人余何人[5]者也어늘 而三代以後로 師道在下하고 學校不興하여 莫能行灑掃之教라 故筋骸已强하고 利欲交中하여 在我之明德이 不能自明이라 旣不能格致하니 又何以誠意며 旣不能正心하니 又何以修身하며 不能格致하고 不能誠正하니 家齊國治를 其何望哉리오 其何望哉리오

---

4 紫陽 : 紫陽은 朱熹의 先世가 살던 徽州 婺源에 있는 산 이름이다. 주희가 福建省 崇安縣 五夫里에 紫陽樓를 짓고는 스스로 別號로 삼았다.
5 舜何人余何人 : 《孟子》〈滕文公 上〉 1장에 나온다. 滕文公이 世子일 때 楚나라로 가는 길에 宋나라에 들러 맹자를 만났다. 이때 맹자는 '性은 善하다.'라고 말하고, 논의할 때에는 반드시 堯·舜을 일컬었다. 세자가 돌아오는 길에 맹자를 다시 만나보았는데, 맹자가 "세자는 나의 말을 의심하는가. 道는 하나일 뿐이다.〔世子疑吾言乎 夫道一而已矣〕"라고 말한 다음, "순은 어떤 사람이며 나는 어떤 사람인가. 이와 같이 행하면 이러한 사람이 된다.〔舜何人也 予何人也 有爲者亦若是〕"는 顔淵의 말로 세자를 격려하였다.

※ 井 : 정연할 정   裏 : 안 리   瞭 : 밝을 료   噫 : 감탄사 희   下 : 착수할 하   余 : 나 여
    灑 : 물 뿌릴 쇄   掃 : 비질할 소   筋 : 힘줄 근   骸 : 뼈 해   强 : 굳을 강   望 : 바랄 망

아아. 明德은 어디에 있는가? 바로 우리의 한 마음에 있다. 명덕을 밝히는 공부는 어디에 있는가? 역시 우리의 한 마음에 있다. 만일 실제로 공부한다면 바로 顔子(顔回)가 '舜은 어떤 분이며 나는 어떤 사람인가.'라고 말한 것처럼 해야 한다. 그러나 〈夏·殷·周〉세 왕조 이후로 스승의 道가 땅에 떨어지고 학교의 제도가 일어나지 못하여 물 뿌리고 비질하는 〈소학의〉 가르침을 실천할 수 있는 이가 없다. 그러므로 신체(筋骸)가 굳어지고 利欲이 마음속에 교차하여 우리에게 있는 명덕이 스스로 밝아질 수 없다. 이미 格物·致知할 수 없으니 또 어떻게 誠意할 것이며, 이미 正心할 수 없으니 또 어떻게 修身할 것이며, 격물·치지할 수 없고 성의·정심할 수 없으니, 家齊·國治를 어찌 바라겠는가. 어찌 바라겠는가.

予於十九歲에 始讀大學하고 二十九歲入學[6]也에 又講此書로되 而自顧其行컨대 其亦書自我自라 心常恧(뉵)焉이러니 六十三에 視學明倫堂[7]也할새 先讀序文하고 仍令侍講官及儒生으로 次第以講이라 其日이 卽甲子也니 與朱夫子作序文之日[8]로 偶然相符라 日雖相符나 功效愈邈하니 又切靦然이로다

나는 19세에 처음《대학》을 읽었다. 29세에 〈侍講院〉에 들어가 배울 때, 또 이 책을 講하였지만 스스로 행실을 돌아보았을 때 역시 '글은 글대로 나는 나대로'였기 때문에 마음이 항상 부끄러웠다. 63세에 明倫堂에서 講學을 주재(視學)할 때, 먼저 〈大學章句序〉를 읽고 이어서 侍講官 및 儒生에게 차례로 강하게 하였다. 그날은 곧 甲子日이니, 朱夫子가 〈대학장구서〉를 지은 날과 우연히 서로 부합하였다. 날짜가 서로 부합한다지만 공부의 효과는 아득히 머니, 몹시 부끄럽구나.

望七之年에 因追慕하여 行三講[9]한대 而欲取反約하여 以中庸循環以講하고 因經筵官之

---

6 入學 : 英祖(1694~1776, 재위 : 1724~1776)는 肅宗의 세 아들(景宗·英祖·延齡君) 중 둘째로 경종 1년(1721), 그의 나이 28세에 王世弟로 책봉된다. 따라서 29세 때에는 侍講院에서 교육을 받았다.

7 視學明倫堂 : 《英祖實錄》 32년(1756) 2월 26일(甲子)에 '文廟에 나가 酌獻禮를 행하고 明倫堂에서 내린 綸音'條에 해당기사가 보인다.

8 朱夫子作序文之日 : 宋 孝宗 淳熙(1174~1189) 己酉年(1189) 2월 甲子日이다.

9 行三講 : 三講은 朝講·晝講·夕講을 아울러 가리키는 말이다. 明倫堂에서 講學을 주재할 때 〈대학장구서〉를 읽고 講한 것이 주희가 〈대학장구서〉를 지은 날과 우연히 부합하였기 때문에, 아울러 주희를 추모하여《대학》을 三講한 것이다.

※ 顧 : 돌아볼 고 恧 : 부끄러울 뉵 偶 : 마침 우 符 : 부합할 부 邈 : 멀 막 切 : 몹시 절
靦 : 부끄러워할 전 追 : 거슬러 올라갈 추 循 : 따를 순 環 : 돌 환 筵 : 자리 연

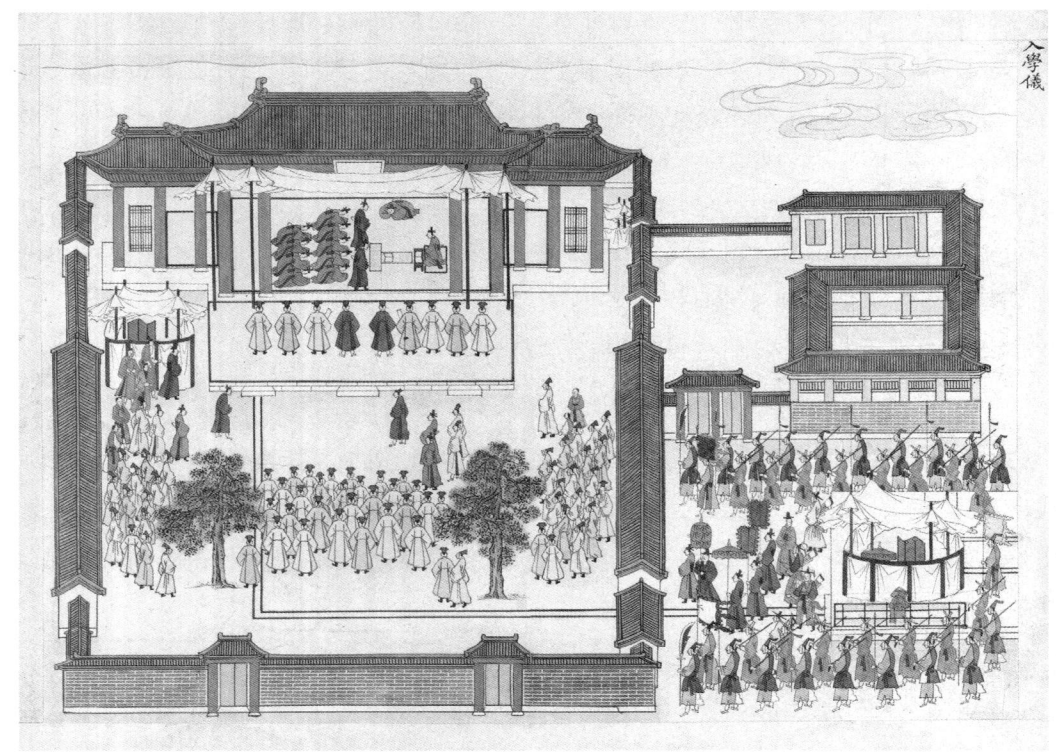

王世子入學圖

請하여 繼講此書하니 自此以後로 庸學將輪回以講이라 少時講此에 未見其效러니 暮年重講에 其何望效리오 尤爲慨然者로다

　70을 바라보는 나이에 〈孔子의〉 追慕祭를 계기로 《대학》을 三講하였는데 〈배운 것을 자신에게〉 돌이켜 요약하고자 하여 《중용》을 돌아가며 강하고, 經筵官의 요청에 따라 《대학》을 이어서 강하였다. 앞으로는 《중용》·《대학》을 돌려가며 강하려고 한다. 젊어서 이 책을 강할 때 그 〈공부의〉 효과를 보지 못했는데, 늘그막에 〈이 책을〉 거듭 강한들 무슨 〈공부의〉 효과를 바라겠는가. 더욱 서글픈 생각이 드는구나.

紫陽序文에 豈不云乎아 一有能盡其性者면 天必命之하사 以爲億兆之君師라하니 以予晚

※　繼 : 이을 계　　輪 : 돌 윤　　回 : 돌 회　　暮 : 늦을 모　　重 : 거듭 중　　尤 : 더욱 우　　慨 : 슬퍼할 개
　　億 : 억만 억　　晩 : 늦을 만

學涼德으로 旣無誠正之工하고 亦無修齊之效하여 而白首衰耗에 三講此書하니 豈不自恧乎아 然이나 孔聖云 溫故而知新[10]이라하시니 若能因此而知新이면 於予에 豈不大有益也哉리오 仍作序文하여 自勉靈臺하노라

紫陽의 〈대학장구서〉에서 일찍이(豈) 말하지 않았던가. '그 〈仁義禮智의〉 性을 다 발휘할 수 있는 사람이 있으면 하늘이 반드시 그에게 명하여 億兆 백성의 임금과 스승으로 삼는다'라고. 後學(晚學)이자 薄德(涼德)한 나로서 誠意·正心 공부가 없고, 修身·齊家의 공효도 없으면서 머리가 희고 기력이 쇠한 때에 《대학》을 三講하니, 어찌 스스로 부끄럽지 않겠는가. 그러나 聖人인 공자가 "옛 것을 반복해 연구하여 새로운 것을 안다."라고 하였으니, 이를 계기로 새로운 것을 알 수 있다면 나에게 매우 보탬이 있지 않겠는가. 이에 〈서문〉을 지어 스스로 마음(靈臺)에 힘쓰게 한다.

歲戊寅十月甲寅에 序하노라

戊寅年(1758, 英祖 34) 10월 甲寅日(1일)에 서문을 쓴다.

---

10 溫故而知新:《論語》〈爲政〉 11장에 나온다. 주희의 해석을 따르면 溫은 반복해 음미하며 연구하는 것(尋繹)이고, 故는 예전에 배운 것(舊所聞)을 말한다.

※ 涼 : 엷을 량 衰 : 약해질 쇠 耗 : 줄어들 모 溫 : 익힐 온 勉 : 힘쓸 면

中庸章句

《중용》은 본래 《禮記(小戴禮記)》의 제31편으로, 일찍부터 孔子의 손자 子思 孔伋의 저술로 알려졌다. 《漢書》〈藝文志 六藝略〉에는 《中庸說》 2편이, 《隋書》 〈經籍志 經部〉에는 梁 武帝가 지은 《中庸講疏》 1권과 《私記制旨中庸義》 5권이 기록되어 있으며, 南朝 宋나라 戴顒이 《中庸傳》을 지었다고 하니, 《중용》은 《대학》보다 먼저 단행본으로 유통되었음을 알 수 있다. 그러나 아쉽게도 상기한 책은 지금 모두 전하지 않는다. 漢代 학자는 《중용》을 특별히 귀하게 여기지 않았으나, 唐나라 李翶가 《중용》의 해설이라 할 수 있는 〈復性書〉를 지어 비로소 《중용》의 중요성을 드러내었다.

宋代 程頤는 "치우치지 않음을 中이라 하고, 바뀌지 않음을 庸이라고 한다. 중은 천하의 바른 도리고, 용은 천하의 정해진 이치다."라고 하였다. 朱熹는 이를 바탕으로 "중은 치우치지 않고 기울지 않으며, 지나침과 못 미침이 없는 것이다. 용은 平常이다."라고 하였다.

《중용》은 본래 章의 구분이 없으나, 주희는 "《중용》은 공자의 문하에서 전수해온 心法"이라고 한 정이의 말을 받아들여 글의 논리적 흐름에 따라 6단락 33장으로 分章하였다. 정리하면 다음과 같다.

⑴제1장 : 中和를 말함. ⑵제2장~제11장 : 中庸을 말함. ⑶제12장~제19장 : 費隱을 말함. ⑷제20장~제26장 : 誠을 말함. ⑸제27장~제32장 : 大德과 小德을 말함. ⑹제33장 : 제1장의 뜻을 다시 말함.

讀中庸法
《중용》을 읽는 방법

朱子曰 中庸一篇은 某妄以己意로 分其章句로되 是書豈可以章句求哉리오 然이나 學者之於經에 未有不得於辭而能通其意者[1]니라

주자가 말하였다. "《중용》한 편은 내가 함부로 내 생각대로 章句를 나눴지만, 이 책의 〈내용을〉 어찌 장구로 찾을 수 있겠는가. 그러나 배우는 자가 經에 대하여, 말을 이해하지 못하면서 그 뜻을 이해할 수 있는 자는 없다."

又曰 中庸은 初學者 未當理會[2]니라

또 말하였다. "《중용》은 초학자가 이해하지 못한다."

○中庸之書는 難看이니 中間에 說鬼說神은 都無理會라 學者須是見得箇道理了라야 方可看此書하여 將來印證[3]이니라

"《중용》은 보기 어려우니, 중간에 鬼·神을 말한 곳은 모두 이해할 수 없다. 배우는 자가 반드시 하나하나의 道理를 알게 되어야 비로소 이 책을 읽고서 인증할 수 있다."

---

1 朱子曰……未有不得於辭而能通其意者:《朱熹集》권81〈跋 書中庸後〉
2 又曰……未當理會:《朱子語類》권62〈中庸 一 綱領〉升卿의 기록(2번째 조목)
3 中庸之書……將來印證:《朱子語類》권62〈中庸 一 綱領〉林賜의 기록(3번째 조목)

※ 讀:읽을 독　某:아무개 모　妄:함부로 망　通:정통할 통　難:어려울 난　看:볼 간
　鬼:귀신 귀　都:모두 도　方:비로소 방　印:증명할 인　證:증명할 증

○讀書之序는 須是且著(착)力去看大學하고 又著力去看論語하고 又著力去看孟子라 看得三書了면 這中庸半截都了라 不用問人하고 只略略恁看過요 不可掉了易(이)底하고 却先去攻那難底니라 中庸多說無形影하여 說下學處少하고 說上達處多하니 若且理會文義면 則可矣[4]리라

"책을 읽는 순서는 우선 힘써 《대학》을 보고, 또 힘써 《논어》를 보고, 또 힘써 《맹자》를 보아야 한다. 세 책을 다 보면 이 《중용》의 절반은 끝난 셈이 된다. 남에게 물을 필요 없이 조금씩 보아 나가야 한다. 쉬운 것을 버리고 도리어 저 어려운 것을 먼저 파고들어서는 안 된다. 《중용》은 형체와 그림자가 없는 것을 말한 것이 많아 下學處(人事)를 말한 것은 적고 上達處(天理)를 말한 것은 많다. 우선 글의 뜻을 이해하면 될 것이다."

○讀書엔 先須看大綱하고 又看幾多間架니 如天命之謂性率性之謂道修道之謂教는 此是大綱이요 夫婦所知所能과 與聖人不知不能處는 此類是間架라 譬人看屋에 先看他大綱하고 次看幾多間하고 間內又有小間然後에 方得貫通[5]이니라

"책을 읽을 때에는 먼저 大綱을 보고, 또 얼개(間架)가 얼마나 되는지를 보아야 한다. 예를 들어 '하늘이 명령한 것을 性이라 하고, 성을 따르는 것을 道라 하고, 도를 등급에 맞게 조절한 것을 敎라 한다.'는 것은 바로 대강이고, '부부도 아는 것·할 수 있는 것'과 '聖人도 모르는 것·할 수 없는 것'은 바로 얼개다. 비유하자면 사람이 집을 볼 때, 먼저 그 〈집의〉 대강을 보고, 다음으로 칸이 얼마인지, 칸 안에 또 작은 칸이 있는지 본 뒤에야 철저하게 전부를 이해(貫通)하는 것과 같다."

又曰 中庸은 自首章以下로 多對說將來라……直是整齊라……某舊讀中庸에……以爲子思做러니 又時復有箇子曰字하여……讀得熟後에야 方見得是子思參夫子之說하여 著爲此書로다 自是로 沈潛反覆하여 遂漸得其旨趣하여 定得今章句하니 擺布得來 直恁麽

---

4 讀書之序……則可矣:《朱子語類》권62〈中庸 一 綱領〉陳淳의 기록(4번째 조목)
5 讀書……方得貫通:《朱子語類》권62〈中庸 一 綱領〉董銖의 기록(6번째 조목)
※ 著:붙을 착(≒着), 지을 저　這:이것 저　截:끊을 절　恁:이러할 임　掉:내버릴 도
　底(≒的):어조사 저　那:저것 나　架:시렁 가　擺:배열할 파　麽:어조사 마

細密[6]이니라

또 말하였다. "《중용》은 첫 장부터 對句로 설명해가는 것이 많다.……참으로 정돈되어 가지런하다.……내가 예전에 《중용》을 읽을 때,……子思가 지은 것으로 생각하였는데, 또 때때로 거듭 '子曰'이라는 글자가 있어 〈그 이유를 이해하지 못하였다.〉……익숙하게 읽은 뒤에야 자사가 夫子(孔子)의 말을 참작하여 이 책을 지었음을 알게 되었다. 이로부터 마음을 가라앉혀 깊이 생각하기(沈潛)를 반복하여 마침내 점차 그 뜻을 얻어 지금의 章句를 정하게 되니, 按排한 것이 이처럼 자세하고 꼼꼼하게 되었다."

○近看中庸하여 於章句文義間에 窺見聖賢述作傳授之意 極有條理하여 如繩貫棋局之不可亂[7]이니라

"근래에 《중용》을 보며 章句의 글 뜻 사이에서 聖人(孔子)이 祖述해서 내려주고 賢人(子思)이 서술해서 후세에 전한 뜻이 지극히 조리가 있어 먹줄을 쳐 만든 바둑판처럼 어지럽힐 수 없음을 엿보았다."

○中庸은 當作六大節看이라 首章이 是一節이니 說中和하고 自君子中庸以下十章이 是一節이니 說中庸하고 君子之道費而隱以下八章이 是一節이니 說費隱하고 哀公問政以下七章이 是一節이니 說誠하고 大哉聖人之道以下六章이 是一節이니 說大德小德하고 末章이 是一節이니 復申首章之義[8][9]라

"《중용》은 여섯 개의 큰 마디로 만들어서 보아야 한다. 첫 장이 하나의 마디니 中和를 말하였다. '君子中庸'부터 이하 열 장이 하나의 마디니 中庸을 말하였다. '君子之道費而隱' 이하 여덟 장이 하나의 마디니 費隱을 말하였다. '哀公問政' 이하 일곱 장이 하나의 마디니 誠을 말하였다.

---

6   又曰……直恁麽細密:《朱子語類》권64 〈中庸 三 第二十七章〉 輔廣의 기록(160번째 조목)
7   近看中庸……如繩貫棋局之不可亂:《朱熹別集》권6 〈書 林擇之〉(13번째 편지)
8   首章……復申首章之義 : 여섯 마디를 정리하면 다음과 같다. (1)제1장 : 中和를 말함. (2)제2장~제11장 : 中庸을 말함. (3)제12장~제19장 : 費隱을 말함. (4)제20장~제26장 : 誠을 말함. (5)제27장~제32장 : 大德과 小德을 말함. (6)제33장 : 제1장의 뜻을 다시 말함.
9   中庸……復申首章之義 : 典據 未詳

※   密:빽빽할 밀　窺:엿볼 규　極:지극할 극　條:가지 조　繩:먹줄 승　棋:바둑 기　局:판 국　亂:어지러울 란　費:널리 쓰일 비　隱:숨을 은　申:거듭 신

'大哉聖人之道' 이하 여섯 장이 하나의 마디니 大德·小德을 말하였다. 마지막 장이 하나의 마디니 다시 첫 장의 뜻을 거듭하였다."

問中庸大學之別한대 曰 如讀中庸求義理는 只是致知功夫요 如謹獨修省은 亦只是誠意라 問 只是中庸은 直說到聖而不可知[10]處로이다 曰 如大學裡也에 有如前王不忘[11]은 便是篤恭而天下平[12]底事[13]라

　〈어떤 사람이〉《중용》·《대학》의 구별에 대해 물었다.
　말하였다. "《중용》을 읽고서 義理를 찾는 것 같은 것은 다만 《대학》의〉 致知(認識能力을 극진하게 함) 공부요, 謹獨(愼獨 : 자기 혼자만 아는 마음의 자리를 삼감)과 修省(수양하고 반성함) 같은 것도 다만 《대학》의 誠意(뜻을 진실하게 함) 공부다."
　물었다. "《중용》만은 聖스러워 알 수 없는 경지를 바로 말하였습니다."
　말하였다. "《대학》 안에서 '前代의 왕을 잊지 못한다.'와 같은 것은 〈《중용》의〉 '독실하게 공경하면 천하가 공평하게 다스려진다.'는 일이다."

10　聖而不可知 :《孟子》〈盡心 下〉 25장에 "聖而不可知之之謂神(성스러워 알 수 없는 것을 神人이라고 한다.)"이라고 하였다.
11　前王不忘 :《大學》 傳 3장에 나온다.
12　篤恭而天下平 :《中庸》 33장에 나온다.
13　問中庸大學之別……便是篤恭而天下平底事 :《朱子語類》 권62 〈中庸 一 綱領〉 胡泳의 기록(5번째 조목)

※　謹 : 삼갈 근　省 : 살필 성　直 : 다만 직　裡 : 속 리　忘 : 잊을 망　篤 : 독실할 독　平 : 태평할 평

中庸章句序
《중용장구》의 서문

中庸은 何爲而作也오 子思子 憂道學[1]之失其傳而作也시니라 蓋自上古聖神[2]이 繼天立極으로 而道統之傳이 有自來矣라 其見(현)於經則允執厥中[3]者는 堯之所以授舜也요 人心惟危道心惟微惟精惟一允執厥中[4]者는 舜之所以授禹也라 堯之一言이 至矣盡矣어늘 而舜이 復益之以三言者는 則所以明夫堯之一言이 必如是而後에 可庶幾也라

《중용》은 무엇 때문에 지었는가. 子思 선생이 '道學이 전하지 않을까' 걱정하여 지었다. 대체로 上古時代의 聖神이 하늘의 뜻을 이어 표준을 세움으로부터 道統의 전승이 비로소 내려오게

---

1 道學: 北宋 濂溪 周敦頤·橫渠 張載로부터 시작하여 明道 程顥와 伊川 程頤를 거쳐 南宋 朱熹가 집대성한 학문을 말한다. 性理學·程朱學·朱子學 등으로도 부른다. 性命義理를 주로 탐구한다.
　　儒學은 道를 眞理로 여긴다. 知와 行을 통하여 도를 알고 실천하는 것을 학문의 목표로 삼는다는 측면에서 六經과 四書는 도학을 위한 텍스트라고 할 수 있다.

2 聖神:《孟子》〈盡心 下〉25장에 "大人이면서 化함을 聖人이라 하고, 성스러워 알 수 없는 것을 神人이라 한다.〔大而化之之謂聖 聖而不可知之之謂神〕"라고 하였다. 주희는 《孟子集註》에서 "성스러워 알 수 없다는 것은 聖人이 지극히 妙하여 사람들이 헤아릴 수 없음을 이르니, 성인의 위에 또 한 등급의 神人이 있는 것이 아니다.〔聖不可知 謂聖之至妙 人所不能測 非聖人之上 又有一等神人也〕"라는 程子의 설을 인용하였다.

3 其見(현)於經則允執厥中:《論語》〈堯曰〉1장에 나오는데, 〈요왈〉에는 '厥'이 '其'로 되어 있다.

4 人心惟危……允執厥中:《尙書》〈大禹謨〉에 나온다. 〈대우모〉는 후대의 僞書지만 이 16글자는 道學의 淵源으로 존숭되었다. 이 16글자를 '十六字訣'이라고도 부른다. 人心과 道心이라는 용어는 《荀子》〈解蔽篇〉에 처음 나온다. 《순자》에는 "《道經》에서 '인심은 위태롭고 도심은 은미하니, 위태롭고 은미한 기미는 밝은 군자라야 알 수 있다.' 하였다.〔道經曰 人心之危 道心之微 危微之幾 惟明君子而後能知之〕"라고 되어 있다.

※ 爲:때문 위　憂:근심할 우　繼:이을 계　統:큰 줄기 통　見:나타날 현　允:진실로 윤
　執:잡을 집　厥:그 궐　危:위태할 위　微:작을 미　精:정밀할 정　盡:다할 진

되었다. 그것이 經書에 나타난 것으로, '允執厥中(진실하게 그 中의 道를 지켜라.)'은 堯임금이 舜에게 전수한 것이요, '人心惟危 道心惟微 惟精惟一 允執厥中(人心은 위태롭고 道心은 은미하니 정밀하게 살피고 한결같이 지켜야 진실하게 그 중의 도를 지킬 수 있을 것이다.)'은 舜임금이 禹에게 전수한 것이다. 요임금의 〈允執厥中〉 한마디 말이 지극하고 〈할 말을〉 다하였지만, 순임금이 다시 〈人心惟危 道心惟微 惟精惟一〉 세 마디 말을 보탠 것은 저 요임금의 한 마디 말이 반드시 이와 같이 한 뒤에야 거의 행할 수 있음을 밝힌 것이다.

蓋嘗[5]論之컨대 心之虛靈知覺[6]은 一而已矣로되 而以爲有人心道心之異者는 則以其或生於形氣之私하고 或原於性命之正[7]하여 而所以爲知覺者不同이라 是以或危殆而不安하고 或微妙而難見耳라 然이나 人莫不有是形이라 故雖上智나 不能無人心하고 亦莫不有是性이라 故雖下愚나 不能無道心하니 二者雜於方寸之間而不知所以治之면 則危者愈危하고 微者愈微하여 而天理之公이 卒無以勝夫人欲之私矣라 精則察夫二者之間而不雜也요 一則守其本心之正而不離也니 從事於斯하여 無少間斷하여 必使道心常爲一身之主하고 而人心每聽命焉이면 則危者安하고 微者著하여 而動靜云爲 自無過不及之差矣리라

　그것을 한번 논해보자. 마음의 虛靈知覺은 하나일 뿐이다. 그런데 人心·道心의 차이가 있다고 생각한 것은, 어떤 것은 形氣의 私心에서 생기고 어떤 것은 性命의 正心(公心)에 근원하여 〈인심과 도심은〉 知覺하게 되는 까닭이 같지 않기 때문이다. 이 때문에 어떤 마음(인심)은 위태로워 편안하지 않고 어떤 마음(도심)은 미묘하여 보기 어렵다.
　그러나 사람은 이 형기를 가지지 않은 이가 없으므로 가장 지혜로운 사람이라도 인심이 없을

5　嘗 : 嘗은 試의 뜻으로, '한번 ~를 해보자'는 말이다. 앞에 나온 내용을 다시 본격적으로 자세하게 다뤄보겠다는 뜻을 담고 있다.

6　虛靈知覺 : 虛靈은 인간의 精神·思惟 능력과 마음의 활동 특성에 대해 묘사한 말이다. 虛는 형상과 실체가 없음을 가리키고, 靈은 정신의 기능과 작용이 신령스럽고 신묘하여 헤아릴 수 없음을 가리킨다. 知覺은 일종의 認知形式으로 마음이 갖추고 있는 기능이다. 知는 사물을 식별하고 사물의 표면현상에 대해 認識하며, 覺은 知를 기반으로 마음속에 깨닫고 사물 전체에 대해 인식한다. 그러나 마음이 허령하기 때문에 지각이 일어난다.(張立文(中),《朱熹大辭典》虛靈·知覺 條 참조)

7　形氣之私·性命之正 : 形氣之私는 形氣, 곧 물리적 형체가 이루어졌기 때문에 발생하는 것으로 人欲에서 나온 私心이라는 말이고, 性命之正은 性命, 곧 天理에서 나온 公心이라는 말이다.

※　靈 : 신령할 령　殆 : 위태할 태　妙 : 오묘할 묘　愚 : 어리석을 우　雜 : 섞일 잡　愈 : 더욱 유
　　察 : 살필 찰　斯 : 이것 사　間 : 틈 간　斷 : 끊을 단　著 : 드러날 저　差 : 잘못 차

수 없고, 또한 이 性을 가지지 않은 이가 없으므로 가장 어리석은 사람이라도 도심이 없을 수 없다. 두 가지가 마음에 뒤섞여 있는데도 그것을 다스릴 줄 모른다면, 위태로운 것은 더욱 위태로워지고 은미한 것은 더욱 은미해져서 天理의 公心이 마침내 저 人欲의 私心을 이길 수 없을 것이다.

'精'은 저 〈천리와 인욕〉 두 가지의 사이를 살펴 뒤섞이지 않게 하는 것이요, '一'은 그 本心의 바름을 지켜 떠나지 않게 하는 것이다. 여기(惟精惟一)에 마음과 힘을 다하여〔從事〕잠깐의 중단함이 없어, 반드시 도심은 항상 한 몸의 주인이 되게 하고 인심은 언제나 〈도심의〉 명령을 따르게 한다면 위태로운 것은 편안해지고 은미한 것은 드러나게 되어 動靜과 言行이 저절로 지나치거나 못 미치는 잘못이 없게 될 것이다.

夫堯舜禹는 天下之大聖也요 以天下相傳은 天下之大事也라 以天下之大聖으로 行天下之大事하되 而其授受之際에 丁寧告戒 不過如此하니 則天下之理 豈有以加於此哉리오 自是以來로 聖聖相承하시니 若成湯文武之爲君과 皐陶(요)伊傅周召之爲臣이 既皆以此而接夫道統之傳하시고 若吾夫子는 則雖不得其位하시나 而所以繼往聖開來學하니 其功이 反有賢於堯舜者라 然이나 當是時하여 見而知之者는 惟顔氏曾氏之傳이 得其宗이라 及其曾氏之再傳하여 而復得夫子之孫子思니 則去聖遠而異端[8]起矣라

저 堯임금·舜임금·禹임금은 천하의 위대한 聖人이다. 천하를 서로 물려줌〔傳〕은 천하의 중대한 일이다. 천하의 위대한 성인으로서 천하의 중대한 일을 행하는데, 그 〈천자의 지위를〉 주고받을 때에 간곡하게 타일러 훈계함이 이와 같음에 불과하였으니, 천하의 이치가 어찌 여기에 더할 것이 있겠는가.

이때부터 성인과 성인이 서로 〈이 16자의 가르침을〉 계승하였다. 成湯·文王·武王 같은 임금

---

8 異端 : 子思 당시의 이단이 정확히 무엇을 지칭하는지는 알 수 없다. 아마도 聖人의 正道와 상반되는 주장을 펴는 邪說을 가리키는 듯하다. 《孟子》〈盡心 下〉에 "墨翟에게서 벗어나면 반드시 楊朱에게 歸附하고 양주에게서 벗어나면 반드시 儒家에 귀부할 것이니, 귀부하면 받아줄 뿐이다. 지금 양주·묵적을 따르는 학자와 논변하는 것은 달아난 돼지를 쫓는 것과 같으니, 돼지가 축사로 들어온 뒤에도 계속해서 발을 묶어놓는 격이다.〔逃墨必歸於楊 逃楊必歸於儒 歸斯受之而已矣 今之與楊墨辯者 如追放豚 既入其苙 又從而招之〕"라고 한 것에 대해, 주희는 注에서 "이 장에서 성현이 이단에 대해 매우 엄격하게 막지만 그들이 와서 귀부할 때에는 매우 인자하게 상대함을 알 수 있다.〔此章見聖賢之於異端 拒之甚嚴 而於其來歸 待之甚恕〕"라고 하였다.

※ 丁 : 친절할 정　寧 : 편안할 녕　接 : 접할 접　反 : 도리어 반　端 : 실마리 단

과 皐陶·伊尹·傅說·周公 旦·召公 奭 같은 신하가 모두 이것(16자의 가르침)으로 저 道統의 전승을 이어받았고, 우리 夫子(孔子) 같은 경우는 비록 그 지위를 얻진 못하였으나 지나간 성인을 계승하고 앞으로 올 학자에게 길을 열어주었으니 그 功勞가 도리어 요임금·순임금보다 뛰어난(賢) 점이 있다.

그러나 이 〈공자가 산〉 시대에 〈직접 공자를〉 만나보고 〈친히 가르침을 받아 공자의 도를〉 안 사람은 〈顔氏(顔回)와 曾氏(曾參)뿐이니,〉 안씨와 증씨가 전수받은 것만이 그 宗旨(正統)를 얻었다. 증씨가 거듭 전수하여, 又(復) 부자의 손자 子思를 만났으나, 〈이때는〉 성인과의 거리가 멀어 異端이 일어났다.

子思懼夫愈久而愈失其眞也라 於是에 推本堯舜以來相傳之意하여 質以平日所聞父師之言하여 更互演繹하여 作爲此書하여 以詔後之學者하시니 蓋其憂之也深이라 故其言之也切하고 其慮之也遠이라 故其說之也詳하니 其曰天命率性은 則道心之謂也요 其曰擇善固執은 則精一之謂也요 其曰君子時中은 則執中之謂也라 世之相後 千有餘年이로되 而其言之不異 如合符節이라 歷選前聖之書컨대 所以提挈網維하며 開示蘊奧 未有若是之明且盡者也라 自是而又再傳하여 以得孟氏하여 爲能推明是書하여 以承先聖之統이러니 及其沒而遂失其傳焉하니 則吾道之所寄는 不越乎言語文字之間이요 而異端之說이 日新月盛하여 以至於老佛之徒出하여는 則彌近理而大亂眞矣라

子思가 저것(異端이 일어난 상황)이 오래될수록 그 〈聖人이 서로 전승한 16자의 가르침이〉 참모습을 더욱 잃어버릴까 염려하였다. 이에 堯임금·舜임금 이래로 서로 전해 내려온 뜻의 근본을 따져 연구하고서(推本) 평소 아버지(孔鯉)와 스승(曾參)에게 들은 말에 바탕하여, 번갈아가며 서로 풀어 설명하여 이 책을 지어 후세의 배우는 자들에게 소개하였다.

대체로 그가 걱정한 것이 깊었기 때문에 말한 것이 절실하고, 염려한 것이 深遠하였기 때문에 설명한 것이 자세하다. '天命(하늘이 명령하였다)'·'率性(性을 따른다)'은 '道心'을 이르고, '擇善固執(善을 선택하여 굳게 잡아 지킨다)'은 '精一(정밀하게 살피고 한결같이 지킨다)'을 이르고, '君子時中(군자이면서 때에 맞게 하다)'은 '執中(중의 道를 잡아 지키다)'을 이른다. 〈요임금·순임금과 자사가 산〉 시대가 서로 떨어진 것이 천여 년이지만, 符節을 맞춘 것과 같이 그 말이 서로 다르지 않았다. 예전 성인의 책을 하나하나 선별하여 보건대, 대체(綱維)를 들어 보이고 깊은 뜻을 열어 보

※　懼 : 두려워할 구　推 : 헤아릴 추　演 : 자세히 설명할 연　詔 : 소개할 조　符 : 부신 부
　　歷 : 모조리 력　挈 : 손에 들 설　蘊 : 쌓을 온　奧 : 깊을 오　沒(≒歿) : 죽을 몰　彌 : 더욱 미

인 것이 이《중용》처럼 분명하고도 다한 것이 없었다.

　이로부터 또 거듭 전해져 孟氏(孟子)를 만나,〈맹씨가〉이《중용》을 잘 미루어 밝혀 지나간 성인의 道統을 계승하였는데, 그가 죽자 마침내 그〈도통을〉전해줄 사람을 잃었다. 그러므로 우리의 道가 의지한 것은 言語·文字의 사이를 넘어서지 못하고, 異端의 학설은 날로 새로워지고 달로 성대해져 老·佛의 무리가 나옴에 이르러서는 더욱 道理에 가까워〈우리 道의〉참모습을 매우 어지럽혔다.

然而尙幸此書之不泯이라 故程夫子兄弟[9]者出하사 得有所考하여 以續夫千載不傳之緖하시고 得有所據하여 以斥夫二家似是之非하시니 蓋子思之功이 於是爲大요 而微程夫子면 則亦莫能因其語而得其心也라 惜乎라 其所以爲說者不傳하고 而凡石氏之所輯錄[10]은 僅出於其門人之所記라 是以大義雖明이나 而微言未析이라 至其門人所自爲說하여는 則雖頗詳盡而多所發明이나 然倍其師說而淫於老佛者도 亦有之矣라

　그러나 오히려 다행히도 이《중용》이 없어지지 않았기 때문에, 程氏 夫子 형제가 태어나 고찰할 것(《중용》)이 있어서 천 년 동안 전하지 않은 道統(緖)을 이을 수 있었고, 의거할 것(《중용》)이 있어서 저〈老·佛〉두 학파의 옳은 듯하면서 그른 것을 배척할 수 있었다. 대체로 子思의 功勞는 이《중용》을 지었다는〉점에서 훌륭하다고 할 수 있지만, 정씨 夫子가 없었다면 또한 아무도 그 《중용》의〉말에 의지하여 그〈聖賢의〉心法을 얻을 수 없었을 것이다.

　애석하구나! 그들(정씨 형제)이《중용》을〉해설한 것은 전하지 않고, 대체로 石氏(石𡼖)가 모아 기록한 것도 겨우 그들의 門人이 기록한 것에서 抽出한 것이다. 이 때문에 大義는 밝혀졌으나 은미한 말은 아직 해석되지 않았다. 그들의 문인이 스스로 해설한 것에 이르러서는 제법 자세함을 다하여 드러내 밝힌 것이 많기는 하나, 자기 스승의 학설을 저버리고 노·불의〈학설에〉 젖어든 것도 있다.

熹自蚤歲로 卽嘗受讀而竊疑之하여 沈潛反復이 蓋亦有年이러니 一旦恍然하여 似有以得

9　程夫子兄弟 : 형 程顥(1032~1085, 字는 伯淳, 號는 明道)와 아우 程頤(1033~1107, 자는 正叔, 호는 伊川)다.

10　石氏之所輯錄 : 石𡼖(1128~1182)이 지은《中庸集解》를 말한다.《宋元學案》에는《中庸解》로 되어 있다.

※　泯 : 없어질 민　續 : 이을 속　載 : 해 재　輯 : 모을 집　析 : 나누어 밝힐 석　頗 : 자못 파
　　倍 : 등질 배　淫 : 깊이 빠질 음　熹 : 아름다울 희　蚤 : 일찍 조　竊 : 몰래 절　恍 : 황홀할 황

其要領者라 然後乃敢會衆說而折其衷하여 旣爲定著章句一篇하여 以俟後之君子하고 而一二同志로 復(부)取石氏書하여 刪其繁亂하여 名以輯略하고 且記所嘗論辨取舍之意하여 別爲或問하여 以附其後하니 然後此書之旨 支分節解하여 脈絡貫通하여 詳略相因하며 巨細畢擧하여 而凡諸說之同異得失이 亦得以曲暢旁通而各極其趣라 雖於道統之傳엔 不敢妄議나 然初學之士 或有取焉이면 則亦庶乎行遠升高[11]之一助云爾니라

　나(熹)는 이른 나이부터 《중용》을 배우면서(受讀) 내심(竊) 그것을 의심하여 마음을 가라앉혀 깊이 생각하기(沈潛)를 반복한 것이 대체로 또한 몇 년이었는데, 어느 날 아침에 번쩍 깨달아 그 要領을 얻음이 있는 듯하였다. 그런 뒤에야 감히 여러 학설을 모아 가장 적절한 것을 취하여, 《中庸章句》한 편을 면밀하게 검토하고 결정하여 지은 뒤에 후세 군자의 〈비판을〉 기다렸다. 그리고 뜻을 함께하는 한두 사람과 다시 石氏(石墪)의 책을 가져다가 거기서 번거롭고 어수선한 것을 지워버리고서 '中庸輯略'이라고 이름을 붙이고, 또 〈여러 학자의 학설에 대해〉 論辨하고 取捨한 뜻을 기록하여 별도로 《中庸或問》을 지어 그 뒤에 붙였다.

　이렇게 《중용장구》·《중용집략》·《중용혹문》이 갖춰진〉 뒤에야 이 《중용》의 뜻이 팔다리(支)가 구분되고 뼈마디(節)가 풀려 血脈과 經絡이 이어지듯 〈글의 구조가 드러나고 條理가 정연해져〉 자세하고 간략한 것이 서로 의지하며 크고 자세한 내용이 다 규명(擧)되어, 대체로 모든 학설의 차이(同異)와 잘잘못(得失)도 환히 드러나고 폭넓게 통하여 저마다 그 趣旨가 다 드러나게 되었다. 비록 道統의 전수에 대해서는 감히 함부로 의론할 수 없으나, 초학자가 만일 여기에서 취함이 있다면 또한 거의 먼 곳에 가고 높은 곳에 오르는 데에 한 가지 도움은 될 것이다.

淳熙己酉[12]春三月戊申에 新安朱熹는 序하노라

　淳熙 己酉年(1189) 봄 3월 戊申日에 新安 朱熹는 서문을 쓴다.

11　行遠升高 : 《중용》 15장 "君子之道 辟如行遠必自邇 辟如登高必自卑"를 말한다.
12　淳熙己酉 : 淳熙는 宋 孝宗의 세 번째 연호(1174~1189)다. 己酉年은 순희 16년(1189)으로, 주희가 60세 때다.

※　領 : 중요한 부분 령　折 : 취해 판단할 절　衷 : 알맞을 충　俟 : 기다릴 사　刪 : 깎을 산
　　繁 : 번거로울 번　舍(≒捨) : 버릴 사　附 : 붙일 부　支 : 팔다리 지　絡 : 이을 락　擧 : 들춰낼 거

中庸章句

中者¹는 不偏不倚²하며 無過不及³之名이요 庸은 平常也라

中은 〈마음이〉 치우치지 않고 기울지 않으며 〈일을 처리하고 사람과 교제할 때〉 지나치거나 못 미침이 없는 것의 이름이다. 庸은 일상적인 것(平常)이다.

子程子曰 不偏之謂中이요 不易之謂庸이니 中者는 天下之正道요 庸者는 天下之定理⁴라 此篇은 乃孔門傳授心法⁵이니 子思 恐其久而差也라 故筆之於書하여 以授孟子하시니 其書 始言一理⁶하고 中散爲萬事⁷하고 末復合爲一理⁸하니 放之則彌六合이요 卷之則退藏於密⁹이라 其味無窮하니 皆實學也¹⁰라 善讀者 玩索而有得焉이면 則終身用之라도 有不能盡者矣리라

子程子가 말하였다. "〈한쪽으로〉 치우치지 않음을 中이라 하고, 바뀌지 않음을 庸이라 한다. 중은 천하의 올바른 道요, 용은 천하의 정해진 理다. 이 책(篇)은 바로 孔子의 門下에서

---

1 中者: 책 제목의 '中'은 원래 已發 상태의 中, 곧 時中의 의미다.
2 不偏不倚: 未發 상태의 中을 가리킨다.
3 無過不及: 已發 상태의 中을 가리킨다.
4 定理: 程頤(宋)는 "정리는 천하의 바뀌지 않는 理니, 바로 經이다.〔定理者 天下不易之理也 是經也〕"라고 하였다.《中庸輯略》
5 心法: 文字에 의존하지 않고 마음에서 마음으로 전해 내려온 것이라는 뜻으로, 마음을 省察하고 수양하는 방법을 말한다.
6 始言一理: '天命之謂性'을 가리킨다.
7 中散爲萬事: '智仁勇', '九經' 등《중용》의 중간에 나오는 전체 내용을 가리킨다.
8 末復合爲一理: 제33장의 '上天之載 無聲無臭'를 가리킨다.

※ 偏: 치우칠 편 倚: 기울 의 筆: 기록할 필 散: 흩어질 산 復: 다시 부 彌: 가득 찰 미
   藏: 감출 장 窮: 다할 궁 玩: 익힐 완 索: 찾을 색

전수한 心法이다. 子思가 그것이 오래되면 잘못될까 염려하였으므로 그것을 책에 기록하여 孟子에게 전수하였다.

그 책이 처음에는 하나의 이치를 말하고, 중간에는 흩어져 온갖 일이 되고, 마지막에는 다시 합하여 하나의 이치가 된다. 《중용》의 말은〉 풀어놓으면 天地四方(六合)에 꽉 차고, 거둬들이면 은밀한 데로 물러나 흔적을 드러내지 않기 때문에 그 맛이 끝이 없으니, 모두 참다운 학문(實學)이다.

잘 읽는 사람이 〈마음속에 두고서〉 반복하여 깊이 생각하고 찾아서 얻는 것이 있으면 종신토록 그것을 사용하더라도 다 사용하지 못하는 것이 있을 것이다."

1-1 天命之謂性[11]이요 率性[12]之謂道요 修道之謂敎니라

하늘이 명령(稟賦)한 것을 性이라 하고, 성을 따르는 것을 道라 하고, 도를 등급에 맞게 조절한 것을 敎라고 한다.

---

9 退藏於密 : 《周易》〈繫辭傳 上〉 제11장 "聖人以此洗心 退藏於密 吉凶與民同患 神以知來 知以藏往(성인이 이것(蓍·卦·六爻로, 곧 易이다.)으로 마음을 씻어, 물러나 있을 때는 은밀한 데에서 흔적을 드러내지 않으며 길할 때나 흉할 때는 백성과 근심을 함께하여, 神으로써 올 것을 알고 지혜로써 지나간 것을 간직한다.)"에서 따온 말이다.

10 始言一理……皆實學也 : 雲峯 胡氏(胡炳文)는 다음과 같이 말하였다. "《중용》은 全體大用의 책이다. 처음에 하나의 이치를 말하고 중간에 흩어져 온갖 일이 된 것은 하나인 體에서 〈만 가지로〉 다른 用에 도달한 것이다. 마지막에 다시 합하여 하나의 이치가 된 것은 〈만 가지로〉 다른 용에서 하나인 체로 돌아간 것이다. 풀어놓으면 天地四方에 꽉 찬다는 것은 천하의 일에 '感而遂通'하는 것이니 마음의 용이다. 거둬들이면 은밀한 데로 물러나 흔적을 드러내지 않는다는 것은 '寂然不動'하는 것이니 마음의 체다. 이는 바로 孔子 문하에서 전수한 心法이므로, 《중용》은 마음의 체와 용을 갖추고 있다.〔中庸 全體大用之書 首言一理 中散爲萬事 是由體之一而達於用之殊 末復合爲一理 是由用之殊而歸於體之一 放之則彌六合 感而遂通天下之故 心之用也 卷之則退藏於密 寂然不動 心之體也 此乃孔門傳授心法 故於心之體用備焉〕"《中庸章句大全》小注) 주희는 道學을 마음의 전체대용의 학이라고 설명한다. 《중용》은 마음의 전체대용을 갖춘 책이라는 운봉 호씨의 해석은 주희의 뜻에 부합하여 인용하였다.

11 天命之謂性 : 하늘이 인간에게 부여한다는 측면에서 말하면 命이라 하고, 인간이 하늘에게서 품부받는다는 측면에서 말하면 性이라고 한다.

12 率性 : 朝鮮 校正廳 《中庸諺解》에는 '性을 率홀쏠(성을 따르다.)'로 풀이하였다. 李滉(滉)은 《中庸釋義》에서 '性率홈을(성을 따르다.)'과 '性다이 率홀쏠(성대로 따르다.)' 두 가지 풀이를 제시하고, 두 가지 설이 모두 옳다고 하면서도 '性다이 率홀쏠'이라고 한 것이 조금 더 나은 듯하다고 하였다.

※ 率 : 다를 솔   修 : 닦아놓을 수

命은 猶令也라 性은 卽理也라 天이 以陰陽五行으로 化生萬物호되 氣以成形하고 而理亦賦焉하니 猶命令也라 於是人物之生에 因各得其所賦之理하여 以爲健順五常[13]之德하니 所謂性也라 率은 循也라 道는 猶路也라 人物各循其性之自然이면 則其日用事物[14]之間에 莫不各有當行之路하니 是則所謂道也라 修는 品節之也라 性道雖同이나 而氣稟或異라 故不能無過不及之差일새 聖人이 因人物之所當行者而品節之하여 以爲法於天下하시니 則謂之敎니 若禮樂刑政之屬이 是也[15]라

命은 令(명령하다)과 같다. 性은 理다. 하늘이 陰陽·五行으로 만물을 변화시켜 생성하되, 氣로 형체를 이루고 여기(형체)에 理도 賦與하였으니, 명령한 것과 같다. 그리하여 사람과 만물이 태어날 때 저마다 〈하늘이〉 부여한 理를 얻음을 통해 〈음양·오행이 각각〉 健順·五常의 德이 되니, 이른바 性이라는 것이다.

率은 따름이다. 道는 路(길)와 같다. 사람과 사물이 저마다 자기 性의 자연스러움을 따르면 일상생활하며 일을 처리하고 사람과 교제하는 사이에 저마다 행해야 할 길이 있지 않음이 없을 것이니, 이것이 이른바 道라는 것이다.

修는 등급을 살펴 알맞게 조절하는 것[品節]이다. 性과 道는 비록 같으나 타고난 氣質[氣稟]이 혹 다르다. 그러므로 지나침과 못 미침의 차이가 없을 수 없다. 그러므로 聖人이 사람과 사물이 행해야 할 것을 따라 등급에 맞게 조절하여 천하에 法으로 만들어놓았으니, 그것을 敎라고 한다. 이를테면 禮樂·刑政 같은 것이 이것이다.

蓋人이 知己之有性而不知其出於天하고 知事之有道而不知其由於性하고 知聖人之有敎而不知其因吾之所固有者裁之也라 故子思於此에 首發明之하시니 而董子所謂道之

---

13 健順五常 : 健은 陽, 順은 陰의 한 덕목이며, 五常은 仁·義·禮·智·信으로 각각 木·火·金·水·土 五行의 덕목이다.

14 事物 : '處事接物'의 줄임말로, 일을 처리하고 사람과 교제한다는 말이다.

15 修品節之也……是也 : 주희는 敎를 성인이 베푼 禮樂刑政으로 보아, 21장 "自明誠 謂之敎"의 敎와 구별한다. 그러나 역자는 동일하게 보고 싶다. 유학의 敎와 學은 상대적인 것이다. 가르치는 측면에서 보면 교지만 배우는 측면에서 보면 학이다. 《중용》은 道를 알고 실천하는 것을 가르치고 배우기 위한 책이다. 그리고 가르치는 사람과 배우는 사람은 도를 알고 실천하는 방법을 가르치고 배우니, '率性'의 삶을 가르치는 것이 된다. 이것이 곧 善을 밝혀 本性을 알게 하는 '自明誠'이 되는 것이다.

※ 賦 : 줄 부 健 : 굳셀 건 循 : 따를 순 路 : 길 로 品 : 등급 품 節 : 조절할 절 稟 : 바탕 품
   裁 : 마름질할 재 董 : 성 동

大原出於天[16]이 亦此意也[17]라

　대체로 사람은 자기에게 性이 있음을 알면서도 그것이 하늘에서 나온 것임을 모르고, 일에 道가 있음을 알면서도 그것이 性에서 유래한 것임을 모르고, 聖人에게 敎가 있음을 알면서도 그것이 내가 본래부터 가지고 있는 것에 근거하여 〈등급에 맞게〉 조절한(裁) 것임을 모른다. 그러므로 子思가 여기에서 제일 먼저 그것을 드러내 밝혔으니, 董子(董仲舒)의 이른바 '道의 큰 근원이 하늘에서 나왔다.'는 것도 이 뜻이다.

1-2 道也者는 不可須臾[18]離也니 可離면 非道也라 是故로 君子는 戒愼乎其所不睹하며 恐懼乎其所不聞[19]이니라

　道라는 것은 잠시도 벗어날 수 없으니, 벗어날 수 있으면 도가 아니다. 이 때문에 君子는 자기가 보지 못하는 것에 대해 경계하여 삼가며, 자기가 듣지 못하는 것에 대해 염려하고 두려워한다.

　道者는 日用事物에 當行之理니 皆性之德而具於心[20]하여 無物不有하고 無時不然[21]하니

16　道之大原出於天 : 董仲舒(前漢),《董子文集》〈對賢良策 三〉에 나온다.

17　蓋人……亦此意也 : 저본에는 '蓋人知己之有性而不知其出於天 知事之有道而不知其由於性 知聖人之有敎而不知其因吾之所固有者裁之也 故子思於此 首發明之 而董子所謂道之大原出於天亦此意也'로 되어 있으나, 當塗郡齋刻本·武英殿本에는 '蓋人之所以爲人 道之所以爲道 聖人之所以爲敎 原其所自 無一不本於天而備於我 學者知之 則其於學 知所用力而自不能已矣 故子思於此 首發明之 讀者所宜深體而默識也'로 되어 있다. 이를 번역하면 다음과 같다.

　"대체로 사람이 사람인 이유, 道가 도인 이유, 聖人이 敎(禮樂·刑政 따위)를 만들어놓은 이유에 대해 그 유래를 본바탕까지 캐들어가면 하늘에 뿌리를 두지 않은 것이 하나도 없고 나에게 갖추어지지 않은 것이 하나도 없으니, 배우는 자가 이 사실을 안다면 아마도 배움에 힘써야 할 곳을 알아 스스로 그만둘 수 없을 것이다. 그러므로 子思가 여기에서 제일 먼저 그것을 드러내 밝혔으니, 읽는 자는 깊이 體察하여 묵묵히 기억해야 한다."

18　須臾 : 한 번 숨쉬는 정도로 매우 짧은 시간을 말한다.

19　戒愼乎其所不睹 恐懼乎其所不聞 : 주희는 戒愼과 恐懼를 未發(靜時)일 때의 공부로 보았다.

20　性之德而具於心 : 性之德은 道의 用을 말한 것이고 具於心은 도의 體를 말한 것이다.(《中庸章句大全》小注 참조)

21　無物不有 無時不然 :《中庸章句大全》小注에 "無物不有는 道의 큼을 말하니 橫으로 말한 것이고

※　原 : 근원 원　須 : 잠깐 수　臾 : 잠깐 유　離 : 벗어날 리　戒 : 경계할 계　愼 : 삼갈 신
　　睹 : 볼 도　恐 : 두려울 공　懼 : 두려울 구　具 : 갖출 구

所以不可須臾離也라 若其可離면 則豈率性之謂哉[22]리오 是以君子之心이 常存敬畏하여 雖不見聞이라도 亦不敢忽하니 所以存天理之本然하여 而不使離於須臾之頃也라

　道는 일상생활하며 일을 처리하고 사람과 교제할 때 행해야 하는 理니, 모두 性의 德(작용)으로서 마음에 갖춰져 있어 어떠한 일에도 있지 않음이 없고 어떠한 때에도 그러하지 않음이 없다. 그러므로 잠시도 벗어날 수 없는 것이다. 만일 벗어날 수 있다면 어찌 性을 따르는 것이라고 하였겠는가.

　이 때문에 군자는 마음에 항상 敬畏함을 보존하여 아무리 〈자기가〉 보고 듣지 못하는 것이라 하더라도 감히 소홀히 하지 않으니, 〈이는〉 天理의 本然(본래 모습)을 보존하여 잠간이라도 〈도에서〉 벗어나지 않게 하기 위해서다.

1-3 莫見(현)乎隱이며 莫顯乎微니 故로 君子는 愼其獨[23]也니라

　은밀한 곳보다 더 잘 드러나는 곳은 없으며, 미세한 일보다 더 잘 나타나는 것은 없다. 그러므로 君子는 자기 혼자만 아는 〈마음의〉 자리를 삼간다.

隱은 暗處也라 微는 細事也라 獨者는 人所不知而己所獨知之地也라

　隱은 어두운 곳이다. 微는 미세한 일이다. 獨은 남은 모르는 곳으로서 자기 혼자만 아는

〔言道之大 橫說〕, 無時不然은 도의 長久함을 말하니 直으로 말한 것이다.〔言道之久 直說〕"라고 하였다. 橫은 공간을 말하고, 直은 竪·縱으로 시간을 말하니, '무물불유 무시불연'은 어떤 공간이든 어떤 시간이든 다 도가 있다는 말이다. 物은 處事接物의 物이므로 事(일)로 번역하였다.

22　則豈率性之謂哉 : 저본에는 '則豈率性之謂哉'로 되어 있으나, 當塗郡齋刻本·武英殿本에는 '則爲外物而非道矣(〈나의 마음〉 밖에 있는 것이 되어 도가 아닐 것이다.)'로 되어 있다.

23　愼其獨 : 鄭玄(後漢)은 '愼其閒居之所爲'라고 하였다. 陸德明(唐)이 "물러나 한가롭게 사람을 피하여 지내는 것을 閒居라고 한다.〔退燕避人曰閒居〕"라고 하였으니《經典釋文》〈禮記音義 孔子閒居〉), '獨'은 '사람을 피해 홀로 지낼 때의 행위'다. 따라서 정현은 '愼其獨'을 홀로 지낼 때 자신의 情欲을 제멋대로 다 풀어내는 것을 경계한 말로 본 것이다. 그러나 주희는 "이처럼 혼자 있을 때뿐만 아니라 여러 사람과 마주하여 앉아 있더라도 마음속에서 나오는 한 생각이 바르기도 하고 바르지 않기도 하니, 이것도 獨處다.〔又不是恁地獨時 如與衆人對坐 自心中發一念 或正或不正 此亦是獨處〕"라고 하였고《朱子語類》권62 〈중용-1 제1장〉 魏椿의 기록(56번째 조목)), 章句에서 '독'을 '남은 모르는 곳으로서 자기 혼자만 아는 곳'이라고 하였다. 따라서 '신기독'을 '자기 혼자만 아는 마음의 자리를 삼가다.'라고 번역하였다. 주희는 愼其獨을 已發(動時)일 때의 공부로 보았다.

※　豈 : 어찌 기　敬 : 공경할 경　畏 : 두려워할 외　忽 : 소홀히 홀　使 : 하여금 사　頃 : 즈간 경
　　莫 : 없을 막　見 : 드러날 현　隱 : 숨을 은　顯 : 나타날 현　微 : 작을 미　暗 : 어두울 암

〈마음의〉 자리다.

言 幽暗之中에 細微之事는 跡雖未形이나 而幾則已動하고 人雖不知나 而己獨知之하니 則是天下之事 無有著見(현)明顯而過於此者라 是以君子 旣常戒懼하고 而於此에 尤加謹焉하니 所以遏人欲於將萌하여 而不使其潛滋暗長24於隱微之中하여 以至離道之遠也라

　이 구절의 내용은 다음과 같다. 어두운 가운데 미세한 일은, 자취는 비록 드러나지 않았으나 幾微는 動하였고, 남은 비록 모르지만 자기 혼자만은 그것을 안다. 그렇다면 천하의 일이 훤하게 드러나고 환하게 나타나는 것이 이보다 더한 것이 없다. 이 때문에 군자가 늘 〈자기가 보지 못하는 것에 대해〉 경계하며 〈자기가 듣지 못하는 것에 대해〉 두려워하면서도 여기에 더욱더 삼가니, 〈이는〉 싹이 트려 할 때에 人欲을 막아 은밀하고 미세한 가운데 〈인욕이〉 몰래 불어나고 자라서 멀리 道를 벗어남에 이르지 않게 하기 위해서다.

1-4 喜怒哀樂之未發을 謂之中이요 發而皆中節을 謂之和니 中也者는 天下之大本也요 和也者는 天下之達道也니라

　기쁨·성남·슬픔·즐거움이 아직 발현하지 않은 것을 中이라고 하고, 발현하여 모두 절도에 맞는 것을 和라고 한다. 중이라는 것은 천하의 큰 뿌리요, 화라는 것은 천하의 보편적인 道다.

　喜怒哀樂은 情也라 其未發은 則性也니 無所偏倚라 故謂之中이라 發皆中節은 情之正也니 無所乖戾라 故謂之和라 大本者는 天命之性이니 天下之理 皆由此出하니 道之體也라 達道者는 循性之謂니 天下古今25之所共由니 道之用也라 此言性情之德하여 以明道不可離之意라

24　潛滋暗長 : 저본에는 '潛滋暗長'으로 되어 있으나, 當塗郡齋刻本·武英殿本에는 '滋長'으로 되어 있다.
25　天下古今 : 앞의 '無物不有 無時不然'과 같이 공간과 시간을 뜻한다. 1-2의 역주 '無物不有 無時不然' 참조.

※　幽 : 그윽할 유　跡 : 자취 적　幾 : 기미 기　已 : 이미 이　尤 : 더욱 우　遏 : 막을 알
　　萌 : 싹 맹　潛 : 몰래 잠　滋 : 불어날 자　中 : 맞을 중　乖 : 어그러질 괴　戾 : 어그러질 려

기쁨·성남·슬픔·즐거움은 情이다. 이것이 아직 발현하지 않은 상태는 性이니, 〈한쪽으로〉 치우치고 기운 것이 없으므로 中이라고 하였다. 발현하여 모두 절도에 맞는 것은 정의 올바름이니, 어긋나는 것이 없으므로 和라고 하였다. 大本은 하늘이 명령(품부)한 성이다. 천하의 도리가 모두 이로부터 나왔으니 道의 體다. 達道는 성을 따르는 것을 말한다. 天下와 古今이 함께 따르는 것이니, 도의 用이다. 이는 성·정의 덕을 말하여 '도는 벗어날 수 없다.'는 뜻을 밝혔다.

1-5 致中和면 天地 位焉하고 萬物이 育焉이니라

中·和를 극진하게 이루면 天地의 〈운행질서가〉 제자리를 잡고 萬物이 자라난다.

致는 推而極之也라 位者는 安其所也라 育者는 遂其生也라

致는 미루어 끝까지 다하는 것이다. 位는 제자리에 安着하는 것이다. 育은 제 生理를 이루는 것이다.

自戒懼而約之하여 以至於至靜之中에 無所偏倚하여 而其守不失이면 則極其中而天地位矣라 自謹獨而精之하여 以至於應[26]物之處에 無少差謬하여 而無適不然이면 則極其和而萬物育矣라 蓋天地萬物이 本吾一體라 吾之心正이면 則天地之心도 亦正矣요 吾之氣順이면 則天地之氣도 亦順矣라 故其效驗이 至於如此라 此學問之極功이요 聖人之能事니 初非有待於外요 而修道之敎 亦在其中矣라 是其一體一用이 雖有動靜之殊나 然必其體立而後에 用有以行하니 則其實은 亦非有兩事也라 故於此에 合而言之하여 以結上文之意하니라

'戒愼恐懼'로부터 요약해서, 지극히 고요한 가운데 〈한쪽으로〉 치우치고 기운 것이 없어 그 지킴을 잃지 않음에 이르면 그 中을 극진하게 하여 天地의 〈운행질서가〉 제자리를 잡을 것이다. '謹獨(愼獨)'으로부터 정밀하게 살펴 사물을 맞받는 곳에서 조금의 오차나 잘못이 없어 어디를 가든 그렇게 하지 않음이 없음에 이르면 그 和를 극진하게 하여 萬物이 자라날 것이다.

---

[26] 應 : '맞받다'는 말로, 곧바로 대응하여 반응한다는 뜻이다.

※ 致 : 다 이룰 치　位 : 자리할 위　育 : 자라날 육　遂 : 이룰 수　約 : 요약할 약　應 : 화답할 응
　差 : 어긋날 차　謬 : 그릇될 류　適 : 갈 적　效 : 보람 효　驗 : 보람 험　殊 : 다를 수

대체로 천지와 만물은 본래 나와 한 몸이기 때문에, 나의 마음이 바르게 되면 천지의 마음도 바르게 될 것이요, 나의 기운이 고르게 되면 천지의 기운도 고르게 될 것이다. 그러므로 그 效驗이 이와 같은 데에 이르는 것이다.

이것은 학문의 지극한 功效요 聖人이 잘할 수 있는 일이니, 애초에 〈자기 性〉 밖의 것에 의지할 수 있는 것이 아니고, 道를 등급에 맞게 조절한 敎도 〈자기의 마음〉 안에 있을 것이다. 이는 한 번은 體가 되고 한 번은 용이 되는 것이 비록 動靜의 구분은 있으나 반드시 그 체가 선 뒤에 용이 행해질 수 있으니, 그 실제는 또한 두 가지 일이 있는 것이 아니다. 그러므로 여기에서 〈중과 화를〉 합해 말하여 앞 글의 뜻을 매듭지은 것이다.

右는 第一章이라 子思 述所傳之意하여 以立言하여 首明道之本原이 出於天而不可易[27]과 其實體備於己而不可離[28]하시고 次言存養省察之要[29]하시고 終言聖神功化之極[30]하시니 蓋欲學者於此에 反求諸身而自得之하여 以去夫外誘之私而充其本然之善이니 楊氏所謂一篇之體要 是也라 其下十章은 蓋子思引夫子之言하사 以終此章之義하시니라

이상은 제1장이다.

子思가 〈孔子가〉 전수한 뜻을 祖述하여 《중용》을 지어〔立言〕, 처음에는 道의 本原이 하늘에서 나와 바뀔 수 없음과 그 〈도의〉 실체가 자기에게 갖춰져 있어 벗어날 수 없음을 밝히고, 다음에는 存養·省察의 요체를 말하고, 마지막에는 聖神의 功勞와 敎化의 극치를 말하였다.

대체로 배우는 자가 여기에서 자신에게 돌이켜 그것을 찾아 스스로 터득하여 저 밖으로부터 오는 유혹의 사사로움을 제거하고 그 本然의 善을 확충하기 바란 것이니, 楊氏(楊時)가 말한 '《중용》한 책〔篇〕의 요체'라는 것이 이것이다.

이 다음 열 장은 대체로 자사가 夫子(공자)의 말을 인용하여 이 장의 뜻을 매듭지은 것이다.

---

27 道之本原 出於天而不可易 : '天命之謂性 率性之謂道 修道之謂敎'를 가리킨다.
28 其實體備於己而不可離 : '道也者 不可離也 可離 非道也'를 가리킨다.
29 存養省察之要 : '戒愼乎其所不睹……愼其獨也'를 가리킨다. 戒懼는 存養, 愼獨은 省察이다.
30 聖神功化之極 : '致中和 天地位焉 萬物育焉'을 가리킨다.

※ 備 : 갖출 비   存 : 보존할 존   養 : 기를 양   省 : 살필 성   反 : 돌이킬 반
   諸 : 어조사 저(之於의 合音詞)   誘 : 꾈 유

2-1 仲尼曰 君子는 中庸하고 小人은 反中庸이니라

仲尼(孔子)가 말하였다. "君子는 中庸을 실천하고, 小人은 중용을 어긴다.

中庸者는 不偏不倚無過不及而平常之理니 乃天命所當然이며 精微之極致也라 唯君子아 爲能體之[31]요 小人은 反是라

중용은 〈한쪽으로〉 치우치지 않고 기울지 않으며 지나치거나 못 미침이 없는 일상생활의 도리〔平常之理〕니, 바로 天命의 당연한(원래 그러한) 모습이며 精微함(깊고 묘함)의 극치다. 군자만이 몸소 그것을 실천할 수 있고, 소인은 이것을 어긴다.

2-2 君子之中庸也는 君子而時中이요 小人之中庸也는 小人而無忌憚[32]也[33]니라

군자가 중용을 실천함은 군자이면서 때에 따라 中道에 맞게 행하기 때문이며, 소인이 중용을 〈어김은〉 소인이면서 〈마음에〉 두려워하고 어려워함이 없기 때문이다."

王肅本作小人之反中庸也[34]어늘 程子亦以爲然이라하니 今從之[35]라

---

31 體之 : 新安 陳氏(陳櫟)는 "몸소 감당하여 힘써 행하는 것을 이르니, 《論語》〈泰伯〉의 '仁을 자기의 임무로 삼는다'는 뜻과 같다.〔謂以身當而力行之 如仁爲己任之意〕"라고 하였다.(《中庸章句大全》 小注)

32 忌憚 : 陸德明(唐)의 《經典釋文》〈禮記音義 中庸〉에 "忌는 두려워함이다. 憚은 어려워함이다.〔忌 畏也 憚 難也〕"라고 하였다.

33 君子而時中·小人而無忌憚也 : 兪樾(淸)은 "두 '而'자는 '能'자로 풀이해야 한다.〔兩而字皆當讀作能〕"라고 하였다.(《群經平議》〈小戴禮記 4〉君子之中庸也君子而時中小人之中庸也小人而無忌憚也條)

34 小人之反中庸也 : 王肅(三國 魏)이 주석한 《禮記》는 일찍감치 逸失되어, 陸德明(唐)의 《經典釋文》 권14 〈禮記音義 中庸〉에 채록된 것을 근거로 한 말이다.

35 王肅本作小人之反中庸也……今從之 : 兪樾(淸)은 "無忌憚은 鄭玄(後漢) 注의 이른바 〈마음에〉 두려워하고 어려워함이 없다는 것이다. 〈마음에〉 두려워하고 어려워함이 없기 때문에 사람들이 잘 하지 않는 것을 하여 중용에 부합하기를 구하지만 중용의 道와 서로 정반대가 됨을 모르니, 이것을 소인의 중용이라고 이른다. 소인의 중용은 바로 그 중용을 어김이다.……王肅本은 '小人之中庸' 구절에 함부로 '反'자를 보탰다.〔無忌憚者 鄭注所謂不畏難也 惟不畏難 故能爲人所不能爲 以求合乎中庸 而不知正與中庸之道相反 是謂小人之中庸矣 小人之中庸 卽其反中庸也……王肅本於

※ 仲 : 버금 중   尼 : 산이름 니   反 : 어길 반   體 : 몸 체   忌 : 두려워할 기   憚 : 어렵게 여길 탄
   肅 : 엄숙할 숙

'小人之中庸也'가 王肅本에는 '小人之反中庸也'로 되어 있는데, 程子(程頤)도 '옳다'고 하였으니, 지금 이것을 따른다.

○君子之所以爲中庸者는 以其有君子之德하고 而又能隨時以處中也요 小人之所以反中庸者는 以其有小人之心하고 而又無所忌憚也라 蓋中은 無定體하여 隨時而在하니 是乃平常之理也라 君子는 知其在我라 故能戒謹不睹하고 恐懼不聞하여 而無時不中이요 小人은 不知有此하여 則肆欲妄行하여 而無所忌憚矣라

○ 군자가 중용을 행하는 까닭은 그가 군자의 德을 가지고 있으면서 또 때에 따라 中道에 맞게 대처할 수 있기 때문이다. 소인이 중용을 어기는 까닭은 그가 소인의 마음을 가지고 있으면서 또 〈마음에〉 두려워하고 어려워하는 것이 없기 때문이다.

대체로 中은 일정한 모양(體)이 없어 때에 따라 있으니, 이것이 바로 일상생활의 도리(平常之理)다. 군자는 그것이 자기 자신에게 있음을 알기 때문에 〈자기가〉 보지 못하는 것에 대해 경계하고 삼가며, 〈자기가〉 듣지 못하는 것에 대해 염려하고 두려워하여 어떠한 때에도 중도에 맞게 하지 않음이 없다. 소인은 〈자신이〉 이것을 가지고 있는 줄 몰라 욕심 내키는 대로 함부로 행동하여 〈마음에〉 두려워하고 어려워하는 것이 없다.

右는 第二章이라 此下十章은 皆論中庸하여 以釋首章之義하니 文雖不屬이나 而意實相承也라 變和言庸者는 游氏曰 以性情言之면 則曰中和요 以德行言之면 則曰中庸이라하니 是也라 然이나 中庸之中이 實兼中和之義[36]라

이상은 제2장이다.

이 다음 열 장은 모두 중용을 논하여 첫 장의 뜻을 풀이하고 있다. 글은 비록 이어지지 않으나 뜻은 참으로 서로 이어진다.

〈中和의〉 和를 바꿔 庸이라고 말한 것은 游氏(游酢)가 "性情의 측면에서 말하면 中和라 하고, 德行의 측면에서 말하면 中庸이라 한다."라고 하였으니, 〈이 말이〉 옳다. 그러나 중

小人之中庸句 又妄增反字)"라고 하여 '反'자를 첨가하는 견해에 반대한다.(《群經平議》〈小戴禮記 4〉 君子之中庸也君子而時中小人之中庸也小人而無忌憚也條)

36 中庸之中 實兼中和之義 : 中和는 性情을 말하고, 中庸은 德行을 말한다. 중용의 중이 중화의 중을 아우른다는 것은 덕행의 중은 성정의 중을 겸한다는 뜻이다.

※ 隨 : 따를 수 處 : 대처할 처 肆 : 거리낌 없을 사 妄 : 함부로 망 釋 : 풀이할 석 屬 : 이어질 속 承 : 이어질 승 變 : 바꿀 변 游 : 놀 유 兼 : 아우를 겸

용의 中이 실은 중화의 〈中의〉 뜻을 아우르고 있다.

3-1 子曰 中庸은 其至矣乎인저 民鮮能이 久矣[37]니라

孔子가 말하였다. "중용은 참 지극하구나. 백성 가운데 잘 실천할 수 있는 이가 드물어진 지 오래되었다."

過則失中이요 不及則未至라 故惟中庸之德이 爲至라 然이나 亦人所同得이니 初無難事로되 但世教[38]衰하여 民不興行이라 故鮮能之 今已久矣[39]라 論語엔 無能字[40]라

지나치면 中道를 잃고, 못 미치면 〈중도에〉 이르지 못한다. 그러므로 중용의 德만이 지극하다. 그러나 사람이 〈본성을〉 동일하게 얻은 것이니, 애당초 〈실천하기〉 어려운 일은 없지만, 世教가 쇠퇴하여 백성들이 〈중용을〉 행하는 데에 〈마음을〉 일으키지 않는다. 그러므로 그것을 잘 실천할 수 있는 이가 드물어진 지 지금 너무 오래된 것이리라. 《논어》에는 '能'자가 없다.

右는 第三章이라

이상은 제3장이다.

4-1 子曰 道之不行也를 我知之矣로라 知者는 過之하고 愚者는 不及也니라[41] 道

---

37 民鮮能 久矣 : 鄭玄(後漢)은 能과 久 사이에 구두를 찍지 않고 '民鮮能久矣'를 한 구절로 보아 "중용의 道됨이 지극히 아름다우나 다만 오랫동안 실천할 수 있는 사람이 드물다는 말이다.[言中庸爲道至美 顧人罕能久行]"라고 하였다.(《禮記正義》〈中庸〉) 이렇게 보면 '능'은 '구'를 수식하는 조동사가 된다.

38 世教 : 世教의 教는 '修道之謂教'의 '교'로서, 唐虞三代로부터 周公·孔子까지 세세로 이어져 내려온 道를 말하는 것으로 보인다.

39 矣 : 저본에는 '矣'로 되어 있으나, 當塗郡齋刻本에는 '耳'로 되어 있다.

40 論語 無能字 : 《論語》〈雍也〉 27장에는 "中庸之爲德也 其至矣乎 民鮮久矣"로 되어 있다.

41 不及也니라 : 朝鮮 校正廳 《中庸諺解》에는 'ㅣ니라'로 현토하고 '及디 못ᄒᆞᄂᆞ니라'로 풀이하였고,

※ 至 : 지극할 지   鮮 : 들물 선   久 : 오랠 구   失 : 잃을 실   衰 : 약해질 쇠   興 : 일으킬 흥
   愚 : 어리석을 우

之不明也를 我知之矣로라 賢者는 過之하고 不肖者는 不及也[42]니라

孔子가 말하였다. "道가 행해지지 않는 이유를 내가 알겠구나. 지혜로운 자는 〈도를 아는 데〉 지나치고, 어리석은 자는 〈도를 아는 데〉 못 미치기 때문이다. 도가 밝아지지 않는 이유를 내가 알겠구나. 현명한 자는 〈도를 행하는 데〉 지나치고 못난 자는 〈도를 행하는 데〉 못 미치기 때문이다.

道者는 天理之當然이니 中而已矣라

道는 天理의 당연함이니, 〈그 바탕은〉 中일 뿐이다.

知愚賢不肖之過不及은 則生稟之異而失其中也라 知者는 知之過하여 旣以道爲不足行하고 愚者는 不及知라 又不知所以行하니 此道之所以常不行也라 賢者는 行之過하여 旣以道爲不足知하고 不肖者는 不及行이라 又不求所以知하니 此道之所以常不明也라

지혜로운 자와 어리석은 자, 현명한 자와 못난 자의 지나치고 못 미침은 타고난 氣稟의 차

李珥(鮮)의 《中庸諺解》에는 'ㅣ오'로 현토하고 '及디 몯홀ᄉᆡ오'로 풀이하였다. 현토는 교정청본대로 놔두고 이이의 諺解를 따라 '못 미치기 때문이다.'로 번역하였다. 아래의 '不肖者 不及也'도 여기에 準據한다.

42　道之不行也……不及也 : 陳天祥(元)은 行과 明의 위치를 서로 바꾸어야 한다고 하며 다음과 같이 말하였다. "도가 세상에 있어도 반드시 먼저 도가 밝아진 뒤에야 행할 수 있고 반드시 먼저 도가 밝아지지 않은 뒤에야 행하지 못하는 법이다. 다음 장의 주석에 '밝지 않기 때문에 행해지지 못하는 것이다.'라고 하였으니, 이 말이 옳다. 明자는 본래 앞에 있어야 하는데 지금 도리어 뒤에 있고, 行자는 본래 뒤에 있어야 하는데 지금 도리어 앞에 있으니, 바로 後人이 傳寫하는 과정에서 잘못된 것이다. 행·명 2자는 서로 바꾸어 읽어야 하고, 풀이하는 자도 당연히 '도가 밝아지지 않는 것은 지혜로운 자는 지혜가 지나치고 어리석은 자는 지혜에 못 미치기 때문이니, 이 도가 늘 밝아지지 않는 이유다. 도가 행해지지 않는 것은 현명한 자는 행함이 지나치고 못난 자는 행동에 못 미치기 때문이니, 이 도가 늘 행해지지 않는 이유다.〔夫道在世間 必須先明然後能行 必先不明然後不行 下章註云 由不明故不行 此言是也 明字本當在前 今反在後 行字本當在後 今反在前 乃後人傳寫之誤也 行明二字 當相易讀之 解者宜云 道不明者 由其智者知之過 愚者不及知 此道之所以常不明也 道不行者 由其賢者行之過 不肖者不及行 此道之所以常不行也〕"《四書辨疑》 蔣伯潛(中)에 따르면 司馬光(宋)이 王安石(宋)에게 보낸 편지에 이 단락을 온전히 인용하였는데, 행과 명 2자가 서로 바뀌어 있다고 한다.《語譯廣解 四書讀本》 일반적으로 知와 愚는 知의 측면에서 말하고 賢과 不肖는 行의 측면에서 말하니, 진천상의 주장이 타당한 것으로 보이지만, 이 장에서는 知와 行의 상호관계를 중시하고 있어 장구의 해설이 맛이 있다.

※　肖 : 본받을 초　稟 : 바탕 품　異 : 다를 이　旣 : 이미 기

이로 그 中을 잃어서다. 지혜로운 자는 지혜가 지나쳐 곧 道를 행할 가치가 없다고 여기고, 어리석은 자는 지혜에 못 미치기 때문에 또 〈도를〉 행할 줄 모른다. 이것이 도가 늘 행해지지 않는 이유다. 현명한 자는 행함이 지나쳐 곧 도를 알 가치가 없다고 여기고, 못난 자는 행함에 못 미치기 때문에 또 알기를 추구하지 않는다. 이것이 도가 늘 밝아지지 않는 이유다.

4-2 人莫不飮食也언마는 鮮能知味也니라

사람이 먹고 마시지 않는 이가 없지만 맛을 제대로 아는 이가 드물다."

道不可離로되 **人自不察**이라 **是以有過不及之弊**라

道를 벗어날 수 없는데 사람이 스스로 살피지 않는다. 이 때문에 지나치고 못 미치는 폐단이 있다.

右는 第四章이라

이상은 제4장이다.

5-1 子曰 道 其不行矣夫인저

孔子가 말하였다. "道가 아마 행해지지 않겠구나."

由不明故不行이라

밝지 않기 때문에 행해지지 않는 것이다.

右는 第五章이라 **此章**은 **承上章而擧其不行之端**하여 **以起下章之意**하니라

이상은 제5장이다.

※ 莫:없을 막　飮:마실 음　食:먹을 식　味:맛 미　弊:나쁠 폐　其:아마도 기　起:일으킬 기

이 장은 앞 장을 이어받아 그것(道)이 행해지지 않는 단서를 들어 다음 장의 뜻을 일으켰다.

6-1 子曰 舜은 其大知也與신저 舜이 好問而好察邇言하사대 隱惡而揚善하시며 執其兩端하사 用其中於民하시니 其斯以爲舜乎신저

孔子가 말하였다. "舜임금은 아마도 큰 지혜로움을 지닌 분일 것이로다. 순임금은 묻기를 좋아하고 〈일상적인〉 쉬운 말(邇言)을 살피기 좋아하되 〈남의〉 나쁜 말(惡)은 덮어주고 좋은 말(善)은 드러내주며, 〈의견이 다를 때〉 그 양쪽의 끝을 잡아 백성들에게 그 中道를 베풀었으니(用), 아마도 이점 때문에 '舜'이라고 한 것일 것이로다."

舜之所以爲大知者는 以其不自用而取諸人也라 邇言者는 淺近之言이어늘 猶必察焉이면 其無遺善可知라 然이나 於其言之未善者엔 則隱而不宣하고 其善者엔 則播而不匿하니 其廣大光明이 又如此면 則人孰不樂告以善哉리오 兩端은 謂衆論不同之極致라 蓋凡物이 皆有兩端이니 如小大厚薄之類라 於善之中에 又執其兩端하여 而量度(탁)以取中然後에 用之면 則其擇之審而行之至矣라 然이나 非在我之權度(도) 精切不差면 何以與此리오 此知之所以無過不及而道之所以行也라

舜이 큰 지혜로움을 지니게 된 이유는 그가 스스로 〈자기의 생각만을〉 쓰지 않고 남에게서 〈좋은 의견을〉 취하였기 때문이다. 邇言은 쉽고 가까운(淺近) 말인데도 반드시 살폈다면 아마 〈남의〉 좋은 점을 버려두지 않았음을 알 수 있다. 그러나 그 말 가운데 좋지 않은 것에 대해서는 덮어서 드러내지 않고, 그 좋은 것에 대해서는 퍼뜨려서 숨기지 않았다. 그 〈지혜로움이〉 넓고 크고 빛나고 밝음이 또 이와 같다면 누구인들 좋은 말을 일러주기를 즐기지 않겠는가.

兩端은 여러 사람의 다른 의견 가운데 〈양쪽의〉 맨 끝(極致)을 이른다. 대체로 모든 사물이 다 양쪽의 끝이 있으니, 작고 큼·두텁고 얇음과 같은 따위다. 좋은 말 가운데, 또 그 양쪽 끝을 잡아 미루어 생각하여 中道를 취한 뒤에 〈그것을 백성에게〉 베푼다면 선택이 신중(審)하여 시행됨이 지극할 것이다. 그러나 자기에게 있는 저울(權)과 자(度)가 정밀하고 적절하여 어긋나지 않은 사람이 아니면 어떻게 여기에 참여할 수 있겠는가. 이것이 지혜가 지나치거나

※ 邇 : 가까울 이 端 : 끝 단 遺 : 버릴 유 宣 : 드러낼 선 播 : 퍼뜨릴 파 匿 : 숨길 닉
   孰 : 누구 숙 薄 : 엷을 박 度 : 헤아릴 탁, 자 도 審 : 신중할 심 權 : 저울 권 切 : 적절할 절

못 미침이 없는 이유이면서 道가 행해지는 이유다.

　　右는 第六章이라
　　　이상은 제6장이다.

7-1　子曰 人皆曰予知[43]로되 驅[44]而納諸罟擭(화)陷阱之中而莫之知辟(피)也[45]하며 人皆曰予知로되 擇乎中庸而不能期月守也니라

　孔子가 말하였다. "사람들이 모두 '나는 지혜롭다.'라고 말하지만 〈그 사람을〉 몰아 그물이나 덫, 함정 속으로 들어가게 하면 아무도 피할 줄 모르며, 사람들이 모두 '나는 지혜롭다.'라고 말하지만 중용을 선택하여 한 달을 지키지 못한다."

　罟는 網也요 擭는 機檻也요 陷阱은 坑坎也니 皆所以掩取禽獸者也라 擇乎中庸은 辨別衆理하여 以求所謂中庸이니 卽上章好問用中之事也라 期月은 匝一月也라

　罟는 그물이요, 擭는 덫(機檻)이요, 陷阱은 구덩이니, 모두 날짐승과 들짐승을 느닷없이 덮쳐 사로잡기 위한 것이다. 擇乎中庸은 여러 가지 道理를 변별하여 이른바 中庸이라는 것을 찾는 것이니, 바로 앞 장에 나온 '묻기 좋아함[好問]'·'中道를 베풂[用中]'의 일이다. 期月은 만 한 달이다.

43　人皆曰予知 : 鄭玄(後漢) 이래로 '予知'의 予를 '人皆'의 人과 동격으로 풀이하였다. 그러나 赤塚忠(日, 아카쯔카 키요시)은 予를 '孔子 자신'으로 보아 '매섭게 自省自戒하는 말'로 보았다.(《新釋漢文大系 中庸》 참조)

44　驅 : 鄧林(淸)은 "몰아서 들어가게 하는 것은 나는 지혜롭다고 하는 마음을 이용하여 모는 것이다.〔驅而納者 卽以予知之心驅之也〕"라고 하였다.(《中庸補註備旨》)

45　人皆曰予知……而莫之知辟(피)也 : 鄭玄(後漢)과 주희는 모두 予知에서 구두를 끊지만, 伊藤仁齋(日, 이토 진사이)는 陷阱之中에서 구두를 끊어 "사람들이 모두 '앞에 아직 드러나지 않은 災變이 숨어 있음을 안다.'고 하지만 스스로 피할 줄 모른다.〔人皆曰 知禍機之所伏 而不知自避〕"라고 풀이하였고《中庸發揮》, 荻生徂來(日, 오규 소라이)는 知驅에서 구두를 끊어 "수레를 모는 법도를 안다.〔知驅車之道〕"라고 풀이하였다.《中庸解》 다음 구절도 이등인재와 적생조래 모두 '擇乎中庸'에 구두를 끊어 "사람들이 모두 '나는 중용을 선택할 줄 안다.'고 말하지만 한 달을 지키지 못한다."라고 풀이하였다.

※　驅 : 몰 구　納 : 들여보낼 납　罟 : 그물 고　擭 : 덫 화(획)　阱 : 함정 정　辟(≒避) : 피할 피
　　期 : 만 기　檻 : 덫 함　坑 : 구덩이 갱　坎 : 구덩이 감　掩 : 갑자기 덮칠 엄　匝 : 한 바퀴 돌 잡

言知禍而不知辟하여 以況能擇而不能守하니 皆不得爲知也라

禍인 줄 알면서도 피할 줄 모르는 것을 말하여 〈중용을〉 잘 선택하고도 지키지 못함을 비유하였으니, 모두 지혜롭다고 할 수 없다.

右는 第七章이라 承上章大知而言하고 又擧不明之端하여 以起下章也하니라

이상은 제7장이다.
앞 장의 '큰 지혜로움〔大知〕'을 이어받아 말하였고, 또 도가 밝아지지 못하는 단서를 들어 다음 장을 일으켰다.

8-1 子曰 回之爲人也 擇乎中庸하여 得一善則拳拳服膺而弗失之矣니라

孔子가 말하였다. "顔回의 사람됨이 중용을 선택하여 한 가지 善한 것을 얻으면 가슴에 받들어 지니고서 그것을 잃지 않는다."

回는 孔子弟子顔淵名이라 拳拳은 奉持之貌라 服은 猶著(착)也라 膺은 胸也라 奉持而著之心胸之間이니 言能守也라

回는 공자의 제자 顔淵의 이름이다. 拳拳은 받들어 쥐는 모습이다. 服은 著(붙이다)과 같다. 膺은 가슴이다. 〈拳拳服膺은〉 받들어 쥐고서 가슴〔心胸〕 사이에 붙임이니, 지킬 수 있음을 말한 것이다.

顔子는 蓋眞知之라 故能擇能守如此하니 此行之所以無過不及而道之所以明也라

顔子는 아마 〈중용을〉 참으로 알았을 것이다. 그러므로 이와 같이 〈중용을〉 선택할 수 있고 지킬 수 있었을 것이니, 바로 〈안자의〉 행실이 지나치거나 못 미침이 없는 이유이면서 〈안자의〉 도가 밝은 이유다.

右는 第八章이라

※ 禍 : 재앙 화 況 : 비유할 황 拳 : 소중히 받들어 지킬 권 服 : 찰 복 膺 : 가슴 응 淵 : 못 연
奉 : 받들 봉 持 : 가질 지 胸 : 가슴 흉

이상은 제8장이다.

9-1 子曰 天下國家를 可均也며 爵祿을 可辭也며 白刃을 可蹈也로되 中庸은 不可能也니라

孔子가 말하였다. "천하와 국가를 고르게 다스릴 수 있으며, 벼슬과 祿俸을 사양할 수 있으며, 서슬 퍼런 칼날을 밟을 수 있으나, 중용은 잘할 수 없다."

均은 平治也라

均은 고르게 다스림이다.

三者도 亦知仁勇之事니 天下之至難也라 然이나 皆倚於一偏이라 故資之近而力能勉者는 皆足以能之어니와 至於中庸하여는 雖若易(이)能[46]이나 然非義精仁熟而無一毫人欲之私者면 不能及也라 三者는 難而易하고 中庸은 易而難하니 此民之所以鮮能也라

〈천하와 국가를 고르게 다스리는 것·벼슬과 녹봉을 사양하는 것·서슬 퍼런 칼날을 밟는 것〉세 가지도 知(智)·仁·勇의 일이니, 천하에서 〈실천하기〉 지극히 어려운 일이다. 그러나 〈지든 인이든 용이든〉 모두 한쪽으로 기울어져 있다. 그러므로 資質이 〈지·인·용에〉 가깝고 힘써 잘 노력하는 자는 모두 충분히 그것을 할 수 있겠지만, 중용에 이르러서는 비록 잘하기 쉬울 것 같으나, 義가 정밀하고 仁이 〈몸에〉 익어 한 터럭만큼의 사사로운 人欲이 없는 자가 아니면 〈중용에〉 미칠 수 없다. 세 가지는 어려우면서 쉽고 중용은 쉬우면서 어려우니, 이것이 백성 가운데 잘할 수 있는 자가 드문 이유다.

右는 第九章이라 亦承上章以起下章하니라

---

46 然皆倚於一偏……雖若易(이)能 : 저본에는 '然皆倚於一偏 故資之近而力能勉者 皆足以能之 至於中庸 雖若易能'으로 되어 있으나, 當塗郡齋刻本·武英殿本에는 '然不必其合於中庸 則質之近似者 皆能以力爲之 若中庸 則雖不必皆如三者之難(그러나 반드시 중용에 부합하지는 않으니, 그렇다면 자질이 근사한 사람은 모두 힘써 실천할 수 있을 것이다. 만일 중용이라면 반드시 모두 세 가지 어려운 것과 같지는 않으나)'으로 되어 있다.

※ 均: 고를 균 爵: 벼슬 작 祿: 녹봉 녹 辭: 사양할 사 刃: 칼날 인 資: 바탕 자
　 勉: 힘쓸 면 易: 쉬울 이 毫: 가는 털 호 難: 어려울 난 鮮: 드물 선

이상은 제9장이다.

역시 앞 장을 이어받아 다음 장을 일으켰다.

10-1 子路 問強한대

子路가 강함에 대해 물었다.

子路는 孔子弟子仲由也라 子路好勇이라 故問強이라

자로는 공자의 제자 仲由다.
자로가 용맹함을 좋아하였으므로 강함에 대해 물었다.

10-2 子曰 南方之強與아 北方之強與아 抑而強與[47]아

孔子가 말하였다. "〈묻는 것이〉南方의 강함인가? 北方의 강함인가? 아니면 네가〈힘써 실천해야 할〉강함인가?

---

47 抑而強與 : 주희는 '자로 네가 힘써 실천해야 할 것'이라는 뜻으로 풀이하며, 네가 힘써야 할 것은 '故君子' 이하의 네 가지, 곧 和而不流·中立而不倚·國有道不變塞焉·國無道至死不變이라고 하였다.

鄭玄(後漢)은 而를 "너〔女〕라는 뜻으로서 중국을 이른다.〔而之言 女也 謂中國也〕"고 하였다. 이렇게 보면 남방·북방·중국(중앙)이라는 세 등급이 설정된다.

大田錦城(日, 오타 긴조)은《孔子家語》〈辨樂〉의 "자로는 북쪽 변방의 살벌한 음악을 연주하였는데, 공자가 그것을 싫어하여 南音과 南風을 일러주었다. 남음과 남풍은 바로 군자의 음악이다."라고 한 것을 인용하면서 子路問強章과 같은 例라고 하였다.(《中庸原解》)《공자가어》의 말을 근거로 보면 북방의 강함이 바로 자로의 강함이 된다.

海保漁村(日, 가이호 교손)은《論語》〈先進〉에서 자로가 "하필 글을 읽은 뒤에야 학문을 하는 것이겠는가.〔何必讀書然後爲學〕"라고 한 말을 근거로, 자로는 평소 독서를 迂闊하다고 여겼기 때문에 공자는 학문을 좋아한 顔淵을 예로 삼아 중용의 도는 독서를 통해 도를 배워 얻는 것이라고 말하며 자로에게 "네가 힘써야 할 것은 중국 聖人들의 강함이다.'라고 말한 것과 같다. 중국 성인들의 강함은〈독서를 통해〉도를 배워 터득하는 것이니, 자로가 힘써야 하는 것이다.〔猶言汝所當務 中國聖人之強與也 中國聖人之強 是學道所得 子路當務也〕"라고 부연하였다.(《中庸鄭氏義》)

※ 勇 : 용감할 용   與(≒歟) : 의문어조사 여   抑 : 아니면 억   而 : 너 이

抑은 語辭라 而는 汝也라

　抑은 어조사다. 而는 너(汝)이다.

10-3 寬柔以教요 不報無道는 南方之强也니 君子居⁴⁸之⁴⁹니라

　너그럽고 부드러움으로 가르치고 〈남이 나에게 행한〉 無道한 짓에 앙갚음하지 않는 것은 南方의 강함이니, 군자가 그것에 依據(居之)한다.

寬柔以教는 謂含容巽順하여 以誨人之不及也라 **不報無道**는 謂橫逆之來에 直受之而不報也라 南方은 風氣柔弱이라 故以含忍之力勝人爲强하니 君子之道也라

　寬柔以教는 너그러이 容忍하고 부드럽게 順應하는 마음으로 못 미치는 사람을 가르쳐줌을 이른다. 不報無道는 〈남의〉 도리에 맞지 않는 행위(橫逆)가 〈나에게〉 왔을 때, 다만 그것을 받아들이고 앙갚음하지 않음을 이른다.

　南方은 風土가 부드럽고 〈사람의〉 氣質이 여리기 때문에, 참고 견디는 힘이 남보다 뛰어남을 강함으로 여기니, 군자의 道다.

10-4 衽金革하여 死而不厭은 北方之强也니 而强者⁵⁰居之니라

48　居 : 據·据의 通假字다. 《廣雅》〈釋言〉에 "居 據也"라고 하였으며, 《釋名》 권3에 "據 居也"라고 하였다.

49　南方之强也 君子居之 : 남방은 風土를 가지고 말한 것이고, 군자는 氣質을 가지고 말한 것이다. 다음 구절의 北方과 强者도 이와 같다.

50　而强者 : 朝鮮 校正廳《中庸諺解》와 李滉(鮮)의《中庸釋義》에서는 모두 '而'자를 해석하지 않았다. 이는 주희의 해석과 동일하다. 그러나 李瀷(鮮)은 "이 장의 두 '而'자가 서로 같으니, 〈'而强與'와 '而强者'의〉 '而强'은 모두 자로를 가리킨다.〔章內兩而字相帖 則而强者 皆指子路也〕"라고 하였다.《中庸疾書》)
　荻生徂徠(日, 오규 소라이)도《中庸解》에서 "而强者는 바로 앞 글의 抑而强이다. 군자의 앞에 '而'자가 없고 강자의 앞에 '而'자가 있으니, 북방의 강함이 바로 자로의 강함임을 알 수 있다.〔而强者 卽上文抑而强也 君子上無而字 强者上有而字 可見北方之强卽子路之强矣〕"라고 하였으나, 佐藤一齋(日, 사토 잇사이)는《中庸欄外書》에서 "앞의 '而强與' 때문에 잘못 중복된 것인 듯하

※　汝 : 너 여　柔 : 부드러울 유　報 : 갚을 보　居 : 의거할 거　巽 : 유순할 손　誨 : 가르칠 회
　　橫 : 가로 횡　逆 : 거스를 역　直 : 다만 직　忍 : 참을 인　衽 : 깔 임　厭 : 싫어할 염

무기와 갑옷을 깔고서 죽더라도 싫어하지 않음은 北方의 강함이니, 강한 자가 그것에 의거한다.

衽은 席也라 金은 戈兵之屬이요 革은 甲冑之屬이라 北方은 風氣剛勁이라 故以果敢之力勝人爲强하니 强者之事也라

衽은 자리로 까는 것이다. 金은 무기 따위이고, 革은 갑옷과 투구 따위다. 北方은 風土가 억세고 〈사람들의〉氣質이 굳세기 때문에, 과감한 힘이 남보다 뛰어남을 강함으로 여기니, 강한 자의 일이다.

10-5 故로 君子는 和而不流하나니 强哉矯여 中立而不倚하나니 强哉矯여 國有道에 不變塞焉하나니 强哉矯여 國無道에 至死不變하나니 强哉矯여

그러므로 군자는 화목하면서도 휩쓸리지 않으니, 강하구나 그 굳센 모습이여. 中道에 서서 기울어지지 않으니, 강하구나 그 굳센 모습이여. 나라에 도가 있을 때에는 顯達하기 전에 〈지키던 志操를〉 바꾸지 않으니, 강하구나 그 굳센 모습이여. 나라에 도가 없을 때에는 죽음에 이르더라도 〈평소 지키던 節槪를〉 바꾸지 않으니, 강하구나 그 굳센 모습이여."

此四者는 汝之所當强也라 矯는 强貌니 詩曰 矯矯虎臣[51]이 是也라 倚는 偏著(착)也라 塞은 未達也라

이 네 가지는 〈자로〉 네가 〈힘써 실천해야〉 할 강함이다. 矯는 강한 모습이니, 《詩經》에 '矯矯虎臣(날래고 강한 용맹한 신하)'이라는 것이 이것이다. 倚는 치우쳐 붙어 있는 것이다. 塞은 顯達하기 전이다.

國有道에 不變未達之所守하고 國無道에 不變平生之所守也라 此則所謂中庸之不可

다.〔疑因上文而强與而誤複〕"라고 하여 '而'를 衍文으로 보았다.

51 詩曰 矯矯虎臣 : 《詩經》〈魯頌 泮水〉에 나온다.

※ 席 : 깔 석 戈 : 창 과 兵 : 무기 병 甲 : 갑옷 갑 冑 : 투구 주 勁 : 굳셀 경 勝 : 뛰어날 승
矯 : 굳셀 교 塞 : 곤궁할 색 貌 : 모양 모 著(≒着) : 붙을 착 達 : 현달할 달

能者니 非有以自勝其人欲之私면 不能擇而守也라 君子之强이 孰大於是리오 夫子以是告子路者는 所以抑其氣血之剛[52]而進之以德義之勇也라

나라에 道가 있을 때에는 顯達하기 전에 지키던 것을 바꾸지 않고, 나라에 도가 없을 때에는 평소 지키던 것을 바꾸지 않는다. 이것(네 가지)이 이른바 '중용을 잘할 수 없다.'는 것이니, 스스로 그 人欲의 사사로움을 이겨낸 이가 아니면 〈중용을〉 선택하여 지킬 수 없다 군자의 강함이 어떤 것이 이보다 크겠는가. 夫子(공자)가 이것을 자로에게 일러준 것은 그 血氣의 강함을 억눌러 德義의 용맹함으로 나아가게 하기 위한 것이다.

　　右는 第十章이라
　　　이상은 제10장이다.

11-1 子曰 素(색)隱[53]行怪를 後世에 有述焉하나니 吾弗爲之矣로라

孔子가 말하였다. "숨어 있는 것을 찾아내어 괴이한 짓을 행한 것을 후세에 서술하는 경우가 있는데, 나는 그런 짓을 하지 않겠다.

素는 按漢書컨대 當作索이니 蓋字之誤也라 索隱行怪는 言深求隱僻之理而過爲詭異之行也라 然이나 以其足以欺世而盜名이라 故後世에 或有稱述之者라 此知之過而不擇乎善이요 行之過而不用其中이니 不當强而强者也라 聖人이 豈爲之哉리오

素는 《漢書》〈藝文志〉를 살펴보면 索이 되어야 하니, 아마도 글자가 잘못된 것인 듯하다. 索隱行怪는 깊숙하게 숨어 있거나 생소한 이치를 힘껏〔深〕 찾아내어 괴상하고 기이한 행동을 지나치게 함을 말한다. 그러나 그것이 세상을 속여 名聲을 도적질할 수 있기 때문에, 후세에 그것을 칭찬하여 서술하는 경우가 간혹 있었다. 이것은 지혜가 지나쳐서 善을 선택하지 않고

---

52 氣血之剛 : 저본에는 '氣血之剛'으로 되어 있으나, 當塗郡齋刻本·武英殿本에는 '血氣之剛'으로 되어 있다.

53 素(색)隱 : 素를 索의 오자로 해석한 《中庸章句》와 달리 《中庸或問》에서는 "舊說에 '아무 德이 없으면서 은둔하는 것이 素隱이다.'라고 한 말이 대략 의미가 통한다.〔唯其舊說有謂無德而隱爲素隱者 於義略通〕"라고도 하였다.

※　剛 : 굳셀 강　素 : 흴 소　怪 : 기이할 괴　索 : 찾을 색　誤 : 그릇될 오　深 : 깊을 심
　　僻 : 생소할 벽　詭 : 기이할 궤　欺 : 속일 기　盜 : 훔칠 도　稱 : 칭찬할 칭

행실이 지나쳐서 그 中道를 사용하지 않은 것이니, 힘써서는 안 되는데 힘쓴 경우다. 聖人이 어찌 그런 짓을 하겠는가.

11-2 君子 遵道而行하다가 **半塗而廢**하나니 **吾弗能已矣**로라

군자가 道를 遵守하여 행하다가 중도에 그만두는데, 나는 그만두지 못하겠다.

遵道而行은 則能擇乎善矣요 半塗而廢는 則力之不足也라 此其知雖足以及之나 而行有不逮니 當强而不强者也라 已는 止也라 聖人於此에 非勉焉而不敢廢요 蓋至誠無息하여 自有所不能止也라

　道를 준수하여 행함은 善을 잘 선택한 것이요, 중도에 그만둠은 힘이 부족한 것이다. 이것은 그 지혜가 비록 충분히 미칠 수 있으나 실천이 미치지 못한 것이니, 힘써야 하는데 힘쓰지 않은 경우다. 已는 그만둠이다. 聖人이 여기에 부지런히 힘쓰면서 감히 그만두지 못하는 것이 아니라 쉼 없이 지극히 성실하여 저절로 그만둘 수 없는 점이 있는 것이다.

11-3 君子는 **依乎中庸**하고[54] **遯世不見知而不悔**하나니 **唯聖者**[55]아 **能之**니라

군자는 중용을 따르고〔依〕 세상을 피해 숨어 살면서 인정받지 못하더라도 후회하지 않으니, 聖人만이 그것을 할 수 있다."

不爲索隱行怪면 則依乎中庸而已요 不能半塗而廢라 是以遯世不見知而不悔也라 此中庸之成德이니 知之盡하고 仁之至하여 不賴勇而裕如者니 正吾夫子之事로되 而猶不自居也라 故曰唯聖者能之而已라

---

54 하고 : 朝鮮 校正廳《中庸諺解》와 李珥(鮮)의《中庸諺解》에 모두 '하여' 吐를 달았으나, 주희의 주석에 의거하면 '依乎中庸'과 '遯世不見知而不悔'는 각각 '索隱行怪'와 '半塗而廢'를 받는 竝列文이다. 따라서 '하고' 토를 달았다.

55 聖者 : 주희는 聖者를 孔子의 謙辭로 보았으나, 鄭玄(後漢)은 성자를 '舜'으로 보았다.

※　遵 : 따를 준　　塗 : 길 도　　廢 : 그만둘 폐　　已 : 그만둘 이　　逮 : 미칠 체　　止 : 그만둘 지
　　依 : 따를 의　　遯 : 피할 둔　　見 : 당할 견　　賴 : 의지할 뢰　　裕 : 느긋할 유　　猶 : 오히려 유

숨어 있는 것을 찾아내어 괴이한 짓을 행하지 않는다면 中庸을 따를 뿐이다. 중도에 그만둘 수 없기 때문에 세상을 피해 숨어 살면서 인정받지 못하더라도 후회하지 않는다. 이는 중용의 온전한 德性[成德]으로 지혜가 다하고 仁이 지극하여 용기에 의지하지 않고서도 여유로운 것이니, 바로 우리 夫子(공자)의 일이다. 그러나 오히려 자처하지 않았기 때문에 '聖人만이 그렇게 할 수 있다.'라고 하였다.

右는 第十一章이라 子思所引夫子之言하여 以明首章之義者 止此라 蓋此篇大旨는 以知仁勇三達德으로 爲入道之門이라 故於篇首에 卽以大舜顔淵子路之事明之하니 舜은 知也요 顔淵은 仁也요 子路는 勇也라 三者에 廢其一이면 則無以造道而成德矣라 餘見第二十章이라

이상은 제11장이다.

子思가 夫子(공자)의 말을 인용하여 첫 장의 뜻을 밝힌 것이 여기에서 끝난다.

대체로 이 책[篇]의 大旨는 知(智)·仁·勇 세 가지 보편적인 德을 道에 들어가는 문으로 삼았다. 그러므로 책의 첫머리에서 大舜·顔淵·子路의 일로 그것을 밝힌 것이다. 舜은 知, 顔淵은 仁, 子路는 勇을 상징한다. 〈지·인·용〉세 가지 가운데 어느 한 가지라도 없앤다면 道에 나아가 德을 이룰 수 없을 것이다.

나머지는 제20장에 보인다.

12-1 君子之道는 費而隱이니라

군자의 道는 〈用이〉 넓으면서도 〈體가〉 隱微하다.

費는 用之廣也라 隱은 體之微也라

費는 用이 넓은 것이다. 隱은 體가 은미한 것이다.

※ 造 : 나아갈 조   餘 : 남을 여   費 : 널리 쓰일 비   隱 : 숨을 은   廣 : 넓을 광

12-2 夫婦[56]之愚로도 可以與(예)知焉이로되 及其至也하여는 雖聖人이라도 亦有所不知焉하며 夫婦之不肖로도 可以能行焉이로되 及其至也하여는 雖聖人이라도 亦有所不能焉하며 天地之大也에도 人猶有所憾이니 故로 君子 語大인댄 天下 莫能載焉이요 語小인댄 天下 莫能破焉이니라

夫婦의 어리석음으로도 〈군자의 道에〉 참여하여 알 수 있으나, 그 〈도의〉 지극한 데에 이르러서는 아무리 聖人이라도 알지 못하는 것이 있으며, 부부의 못남으로도 〈군자의 도를〉 행할 수 있으나, 그 지극한 데에 이르러서는 아무리 성인이라도 할 수 없는 것이 있다. 天地의 큼으로도 사람이 오히려 섭섭하게 여기는 것이 있다. 그러므로 군자가 큰 것을 말하면 천하의 〈그 어떤 것도〉 그것을 실을 수 없고, 작은 것을 말하면 천하의 〈그 어떤 것도〉 그것을 깨뜨릴 수 없다.

君子之道는 近自夫婦居室之間으로 遠而至於聖人天地之所不能盡하여 其大無外하고 其小無內하니 可謂費矣라 然이나 其理之所以然은 則隱而莫之見也라 蓋可知可能者는 道中之一事요 及其至而聖人不知不能은 則擧全體而言이니 聖人도 固有所不能盡也라 侯氏曰 聖人所不知는 如孔子問禮[57]問官[58]之類요 所不能은 如孔子不得位와 堯舜病博施[59]之類라 愚謂人所憾於天地는 如覆載生成之偏과 及寒暑災祥之不得其正者라

---

56 夫婦: 대체로 夫婦를 匹夫匹婦 또는 愚夫愚婦로 풀이하나, 王石臣(淸)은 "《周易》의 上篇은 天地로부터 시작하고, 下篇은 夫婦로부터 시작한다. 부부도 道의 큰 것이다. 그러므로 《중용》에서도 먼저 부부를 말하고 그 다음에야 父子·君臣·兄弟·朋友를 언급하였다.〔易上篇始於天地 下篇始於夫婦 夫婦亦道之大者 故中庸亦先說夫婦 而下始說及父子君臣兄弟朋友〕"라고 하였다.(張岱(淸), 《中庸遇》) 왕석신의 견해가 타당한 듯하다.

57 問禮: 공자가 老子에게 禮를 물었다는 것으로 《史記》〈孔子世家〉에 나온다. 그러나 崔述(淸)은 《사기》에 실린 노자의 말은 모두 楊朱의 말이며, 그 글도 戰國時代 諸子百家와 비슷하다고 하면서 노자가 공자에게 일러주었다는 말은 모두 妄發이라고 하였다.(《洙泗考信錄》권1〈初仕〉참조)

58 問官: 郯子가 官職名의 유래를 설명하자, 공자가 그 말을 듣고 담자를 찾아가 옛 관제官制를 배웠다는 것으로, 《春秋左氏傳》昭公 17년 秋郯子來朝條에 나온다.

59 堯舜病博施: 《論語》〈雍也〉 28장에 나온다. 그 내용은 다음과 같다. "자공이 말하였다. '만일 백성에게 널리 은혜를 베풀어 많은 사람을 구제할 수 있다면 어떻겠습니까? 仁하다고 이를 수 있겠습니까?' 공자가 말하였다. '어찌 인에 그치겠는가. 반드시 聖人일 것이다. 堯·舜도 부족하게 여기셨다.'〔子貢曰 如有博施於民 而能濟衆 何如 可謂仁乎 子曰 何事於仁 必也聖乎 堯舜其猶病諸〕"

※ 與: 참여할 예 憾: 섭섭할 감 載: 실을 재 破: 깨뜨릴 파 博: 넓을 박 施: 베풀 시
   覆: 덮을 부 寒: 찰 한 暑: 더울 서 災: 재앙 재 祥: 상서로울 상

군자의 道는 가깝게는 夫婦가 함께 사는 사이로부터 멀게는 聖人과 天地가 다할 수 없는 것에 이르러, 그 큼은 밖이 없고 그 작음은 안이 없으니 '넓다(費)'고 할 수 있다. 그러나 그 이치의 그러한 까닭은 은미하여 볼 수 있는 이가 없다. 대체로 알 수 있고 할 수 있는 것은 道 가운데 한 가지 일이요, 그 지극한 데에 이르러 성인도 알 수 없고 할 수 없는 것은 전체를 들어 말한 것이니, 성인도 본래 다하지 못하는 것이 있는 것이다.

侯氏(侯仲良)가 말하였다. "'성인도 알 수 없는 것'은 孔子가 禮制를 묻고 官名을 물은 것과 같은 따위요, '〈성인도〉할 수 없는 것'은 공자가 지위를 못 얻은 것과 堯임금·舜임금이 백성에게 널리 은혜를 베풀어 〈대중을 구제함을〉 부족하게 여긴 것과 같은 따위다."

나는 다음과 같이 생각한다. 사람이 천지에 대해 섭섭하게 여기는 것은 〈하늘이〉 덮어주고 〈땅이〉 실어주며 〈하늘이〉 낳아주고 〈땅이〉 이루어줌에 치우침이 있음과, 추위와 더위·災殃과 祥瑞가 그 바름을 못 얻은 것과 같은 것이다.

12-3 詩云 鳶飛戾天이어늘 魚躍于淵이라하니 言其上下察⁶⁰也⁶¹니라

《詩經》에 "솔개는 날아 하늘에 이르는데, 물고기는 연못에서 뛰어논다."라고 하였으니, 〈군자의 道가〉 하늘과 땅에 드러남을 말한 것이다.

詩는 大雅旱麓之篇이라 鳶은 鴟類라 戾는 至也라 察은 著也라 子思引此詩하여 以明化育流行하여 上下昭著 莫非此理之用이니 所謂費也라 然이나 其所以然者는 則非見聞⁶²所及이니 所謂隱也라 故程子曰 此一節은 子思喫緊爲人處니 活潑潑地⁶³라하니 讀者 其致

---

60 察 : 王引之(淸)는 "《廣雅》에 '察은 이름(至)이다.'라고 하였다. 여기서는 《詩經》을 인용하여 군자의 道가 커서 위로는 하늘에 이르고 아래로는 땅에 이름을 밝혔다."라고 하였다.(《經義述聞》〈禮記 下〉 言其上下察也察乎天地條)

61 言其上下察也 : 上은 하늘을 이르고, 下는 연못(淵), 곧 땅을 이른다. 군자의 도가 하늘과 땅에 밝게 드러남을 말한 것이다.

62 見聞 : 눈과 귀의 작용으로서, 感覺器官 전체를 가리킨다.

63 程子曰……活潑潑地 : 《河南程氏遺書》 권3〈二先生語 三 謝顯道記憶平日語〉 및 《中庸輯略》에 나온다. 《중용집략》에는 "鳶飛魚躍 言其上下察也 此一節 子思喫緊爲人處 與必有事焉而勿正之意同 活潑潑地"라고 되어 있다. 주희는 "《孟子》〈公孫丑 上〉'必有事焉而勿正心(반드시 일을 두되 마음에 미리 기대하지는 말라.)'의 뜻과 같으니, '생동감이 넘치는 곳이다.〔與必有事焉而勿正心之意同

※ 鳶 : 솔개 연　戾 : 이를 려　躍 : 뛸 약　察 : 드러날 찰　雅 : 바를 아　旱 : 가물 한
　麓 : 산기슭 록　鴟 : 솔개 치　著 : 드러날 저　昭 : 밝을 소　喫 : 먹을 끽　潑 : 활발할 발

思焉이라

　詩는 〈大雅 旱麓〉이다. 鳶은 솔개류다. 戾는 이름〔至〕이다. 察은 드러남이다. 子思가 이 시를 인용하여 〈천지가 만물을〉 낳고 기름이 널리 행해져 하늘과 땅에 밝게 드러남이 이 理의 用 아님이 없음을 밝혔으니, 이른바 넓다〔費〕는 것이다. 그러나 그렇게 되는 까닭은 눈과 귀〔見聞〕가 미칠 수 있는 것이 아니니, 이른바 은미하다〔隱〕는 것이다. 그러므로 程子(程顥)가 "《시경》의 '鳶飛戾天 魚躍于淵' 이 한마디는 자사가 매우 중요하게 여겨 사람을 위해 〈인용한〉 대목(글)이니, 생동감이 넘치는 곳이다."라고 하였으니, 읽는 자는 잘 생각해보아야 한다.

솔개(鳶)

12-4 君子之道는 造端乎夫婦니 及其至也하여는 察乎天地니라

　군자의 道는 夫婦 사이에서 端緖가 시작되지만, 그 지극한 데에 이르러서는 天地에 드러난다.

　結上文이라

　活潑潑地'라고 한 것은 道의 體用이 널리 퍼지고 드러나 天地 사이에 꽉 차고 古今에 뻗쳐 있어 비록 터럭 한 올만큼의 틈〔空闕〕과 숨 한 번 쉬는 동안의 중단〔間斷〕이 없음을 밝힌 것이다. 그러나 사람에게 있어서 일상생활하는 사이에 드러나는 것은 애초에 이 마음에서 벗어나지 않는다. 그러므로 반드시 이 마음을 보존한 뒤에야 자각할 수 있다.……반드시 위로 솔개가 나는 것을 보고 아래로 물고기가 뛰는 것을 본 뒤에야 터득할 수 있는 것이 아니다.〔其曰與必有事焉而勿正心之意同 活潑潑地 則又以明道之體用 流行發見 充塞天地 亘古亘今 雖未嘗有一毫之空闕一息之間斷 然其在人而見諸日用之間者 則初不外乎此心 故必此心之存 而後可以自覺也……非必仰而視乎鳶之飛 俯而觀乎魚之躍 然後可以得之也〕"라고 하였다. '活潑潑地'는 도의 체용, 곧 天理가 드러나 널리 퍼져 막힘이 없는 오묘함을 형용한 말이다.《中庸或問》

※　造 : 시작할 조　　端 : 실마리 단

앞 글을 매듭지었다.

右는 第十二章이라 子思之言이니 蓋以申明首章道不可離之意也라 其下八章은 雜引孔子之言以明之라

　이상은 제12장이다.
　子思의 말이니, 대체로 첫 장의 '道는 벗어날 수 없다.〔道不可離〕'는 뜻을 거듭 밝혔다. 이 다음 여덟 장은 孔子의 말을 이것저것 인용하여 이것(12장의 뜻)을 밝혔다.

13-1 子曰 道不遠人하니 人之爲道而遠人[64]이면 不可以爲道[65]니라

孔子가 말하였다. "道는 사람에게서 멀리 있지 않다. 사람이 도를 행하면서 사람에게서 먼 것으로 한다면 도를 행할 수 없다.

道者는 率性而已니 固衆人之所能知能行者也라 故常不遠於人하나니 若爲道者 厭其卑近하여 以爲不足爲요 而反務爲高遠難行之事면 則非所以爲道矣라

　道는 性을 따르는 것일 뿐이니, 본래 사람들이 알 수 있고 행할 수 있는 것이다. 그러므로 늘 사람에게서 멀리 있지 않다. 만일 도를 행하는 자가 그 卑近함을 싫어하여 행할 가치가 없다고 여기고, 도리어 高遠하여 행하기 어려운 일을 힘써 행한다면 도를 행하는 것이 아닐 것이다.

13-2 詩云 伐柯伐柯여 其則(칙)不遠이라하니 執柯以伐柯호되 睨而視之하고 猶以

64　人之爲道而遠人 : 李滉(鮮), 《中庸釋義》의 "道를 호되 人의게 遠한 거스로 ᄒᆞ면"에 근거하여 번역하였다.

65　人之爲道而遠人 不可以爲道 : 許謙(元)은 '人之爲道의 爲자는 行을, 不可以爲道의 爲자는 謂를 뜻한다.'라고 하여 두 爲자의 뜻을 다르게 보았다.(《中庸章句大全》小注) 허겸의 견해를 따라 이 구절을 풀이하면 다음과 같다. "사람이 도를 행하면서 사람에게서 먼 것으로 한다면 도라고 이를 수 없다."

※　申 : 거듭 신　爲 : 행할 위　厭 : 싫어할 염　卑 : 낮을 비　務 : 힘쓸 무　伐 : 벨 벌　柯 : 자루 가
　　睨 : 흘겨볼 예

爲遠하나니 故로 君子는 以人治人하다가 改而止니라

《詩經》에 '도끼자루감을 베네. 도끼자루감을 베네. 그 본보기가 멀리 있지 않다.'라고 하였으니, 도끼자루를 잡고 〈도끼질을 하여〉 도끼자루감을 베면서, 힐끗 흘겨보고 오히려 〈그 본보기가〉 멀리 있다고 여긴다. 그러므로 군자는 사람의 〈道로써〉 사람을 다스리다가 〈그 사람이 허물을〉 고치면 〈다스림을〉 그만둔다.

詩는 豳風伐柯之篇이라 柯는 斧柄이라 則은 法也라 睨는 邪視也라

詩는 〈豳風 伐柯〉다. 柯는 도끼자루다. 則은 본보기〔法〕다. 睨는 곁눈질로 힐끗 흘겨봄이다.

言人執柯伐木以爲柯者는 彼柯長短之法이 在此柯耳라 然이나 猶有彼此之別이라 故伐者視之를 猶以爲遠也어니와 若以人治人이면 則所以爲人之道 各在當人之身하여 初無彼此之別이라 故君子之治人也에 卽以其人之道로 還(선)治其人之身이라가 其人能改어든 卽止不治하나니 蓋責之以其所能知能行이요 非欲其遠人以爲道也라 張子所謂以衆人望人則易(이)從[66]이 是也라

다음과 같은 것을 말한다.

사람이 도끼자루를 잡고 나무를 베어 도끼자루를 만드는 것은 〈새로 만들〉 저 도끼자루를 길게 하느냐 짧게 하느냐 하는 본보기가 〈자기가 잡고 있는〉 이 도끼자루에 있을 뿐이다. 그런데도 〈새로 만들〉 저것과 〈자기가 잡고 있는〉 이것의 구별을 두기 때문에, 〈도끼자루감을〉 베는 사람이 그것을 보고서도 〈그 본보기가〉 멀리 있다고 생각한다.

만약 사람의 〈道로써〉 사람을 다스리면 사람됨의 도가 저마다 해당되는 사람의 몸에 있어서 애초에 이것과 저것의 구별이 없다. 그러므로 군자가 사람을 다스릴 때에 그 사람의 도로써 곧〔還〕 그 사람의 몸을 다스리다가 그 사람이 〈허물을〉 잘 고치면 곧 그만두고 다스리지 않는다.

대체로 알 수 있고 행할 수 있는 것을 가지고 요구하는 것이지 그 사람에게서 먼 것을 가지고 도를 행하게 하려는 것이 아니다. 張子(張載)가 이른바 '사람이 알 수 있고 행할 수 있는 것

---

66 以衆人望人則易(이)從 : 張載(宋), 《正蒙》 권4 〈中正〉에 나온다.

※ 豳 : 나라이름 빈 斧 : 도끼 부 柄 : 자루 병 邪 : 비스듬할 사 還 : 곧 선 責 : 요구할 책
望 : 바라볼 망 易 : 쉬울 이

으로 사람에게 따르게 한다면 〈사람이〉 따르기 쉽다.'라고 한 것이 이것이다.

13-3 忠恕[67] 違道不遠하니 施諸己而不願을 亦勿施於人이니라

忠·恕는 道와의 거리가 멀지 않다. 자기에게 베풀어지기 원하지 않는 것을 남에게도 베풀지 말아야 한다.

盡己之心爲忠이요 推己及人爲恕라 違는 去也니 如春秋傳齊師違穀七里[68]之違라 言自此至彼히 相去不遠이요 非背而去之之謂也라 道는 卽其不遠人者 是也라 施諸己而不願亦勿施於人은 忠恕之事也라 以己之心으로 度(탁)人之心에 未嘗不同하니 則道之不遠於人者를 可見이라 故己之所不欲을 則勿以施於人이니 亦不遠人以爲道之事라 張子所謂以愛己之心愛人則盡仁[69]이 是也라

자기의 마음을 다하는 것을 忠이라 하고, 자기의 마음을 미루어 남에게 미치는 것을 恕라 한다. 違는 거리니, 《春秋左氏傳》 '齊師違穀七里(齊나라의 군대가 〈留舒에 이르니, 이곳은〉 穀과의 거리가 7리다.)'의 違와 같다. 여기서부터 저기까지 서로 거리가 멀지 않음을 말한 것이지 등지고 떠나감을 이르는 것이 아니다.

道는 바로 '사람에게서 멀리 있지 않다.〔不遠人〕'는 것이 이것이다. '자기에게 베풀어지기 원하지 않는 것을 남에게도 베풀지 말아야 한다.'는 충·서의 일이다. 자기의 마음으로 남의 마음을 헤아려봄에 다른 적이 없었으니, '도가 사람에게서 멀리 있지 않다.'는 것을 알 수 있다. 그러므로 자기가 원하지 않는 것을 남에게 베풀지 말아야 하니, 〈이것〉 역시 사람에게서 멀

---

67 忠恕 : 丁若鏞(鮮)은 忠恕를 둘로 보는 견해에 반대하여, "恕는 하나로써 만 가지를 관통하는 것이니, 忠恕라고 말한 것은 속마음〔中心〕으로 恕를 행하기 때문이다. 만일 반드시 자기의 마음을 다하는 것을 忠이라 하고, 자기의 마음을 미루어 〈남에게 미치는〉 것을 恕라고 한다면 충서가 두 가지 종류가 되니, 옳지 않은 듯하다.〔恕者 以一而貫萬者也 謂之忠恕者 以中心行恕也 若必盡己之謂忠 推己之謂恕 則忠恕仍是二物 恐不可也〕"라고 하였다.(《中庸自箴》) 정약용의 이와 같은 견해는 上帝를 외재적 절대자로 보고, 德을 행위의 결과로 보고, 性을 嗜好로 보는 관점에서 나온 것이다.

68 齊師違穀七里 : 《春秋左氏傳》 哀公 27년 晉荀瑤帥師伐鄭條에 나온다.

69 以愛己之心愛人則盡仁 : 張載(宋), 《正蒙》 권4 〈中正〉에 나온다.

※ 恕 : 동정할 서   違 : 거리 위   諸 : 어조사 저(之於의 合音詞)   願 : 바랄 원   穀 : 땅이름 곡
　　背 : 등질 배   度 : 헤아릴 탁   嘗 : 일찍이 상   愛 : 사랑할 애

지 않은 것으로 도를 행하는 일이다. 張子(張載)가 이른바 '자기를 사랑하는 마음으로 남을 사랑한다면 仁을 다 〈실천할〉 수 있다.'라고 한 것이 이것이다.

13-4 君子之道 四에 丘未能一焉이로니 所求乎子로 以事父를 未能也하며 所求乎臣으로 以事君을 未能也하며 所求乎弟로 以事兄을 未能也하며 所求乎朋友로 先施之를 未能也로니 庸德之行하며 庸言之謹하여 有所不足이어든 不敢不勉하며 有餘어든 不敢盡하여 言顧行하며 行顧言이니 君子 胡不慥慥[70]爾리오

군자의 道가 네 가지인데, 나(丘)는 한 가지도 잘하지 못한다. 자식에게 바라는 것으로 아버지를 잘 섬기지 못하며, 신하에게 바라는 것으로 임금을 잘 섬기지 못하며, 아우에게 바라는 것으로 형을 잘 섬기지 못하며, 벗들에게 바라는 것으로 〈벗들에게〉 먼저 잘 베풀지 못한다.

평상시 지켜야 할 덕(庸德)을 행하며 〈일상적인〉 평범한 말(庸言)을 삼가, 〈德行에〉 모자란 점이 있으면 감히 힘쓰지 않음이 없으며, 〈말에〉 넘친다 싶은 점이 있으면 〈할 말이 남아 있어도〉 감히 〈말을〉 다하지 않아야 한다. 말은 행실을 돌아보며 행실은 말을 돌아보아야 하니, 군자가 어찌 독실하지 않겠는가."

求는 猶責也라 道不遠人하니 凡己之所以責人者는 皆道之所當然也라 故反之以自責而自修焉이라 庸은 平常也라 行者는 踐其實이라 謹者는 擇其可라 德不足而勉則行益力이요 言有餘而訒則謹益至하나니 謹之至則言顧行矣요 行之力則行顧言矣라 慥慥는 篤實貌라 言君子之言行如此면 豈不慥慥乎아하니 贊美之也라 凡此皆不遠人以爲道之事라 張子所謂以責人之心責己則盡道[71] 是也라

---

70 慥慥 : 鄭玄(後漢)은 '성실함을 지켜 말과 행실이 서로 호응하는 모습'이라고 하였다. 王引之(淸)는 "慥라는 말은 慸이라는 뜻이며 急이라는 뜻이다.……慥慥는 부지런히 힘써 감히 느슨하게 하지 않는다는 뜻이니, 汲汲(골똘하다)이라는 말과 같다. '君子胡不慥慥爾'는 군자가 어떤 일이든 골똘하게 스스로 힘쓰지 않겠는가라는 말이다.〔慥之言慸也急也……慥慥者 黽勉不敢緩之意 猶言汲汲耳 君子胡不慥慥爾 言君子何事不汲汲然自勉乎〕"라고 하였다.《經義述聞》〈禮記 下〉慥慥條)
71 以責人之心責己則盡道 : 張載(宋),《正蒙》권4 〈中正〉에 나온다.

※ 事 : 섬길 사 庸 : 평소 용 謹 : 삼갈 근 勉 : 힘쓸 면 顧 : 돌아볼 고 胡 : 어찌 호
  慥 : 착실할 조 踐 : 행할 천 擇 : 가릴 택 訒 : 참을 인 篤 : 도타울 독 贊 : 칭찬할 찬

求는 責(요구하다)과 같다. 道가 사람에게서 멀리 있지 않으니, 보통 자기가 남에게 요구하는 것은 모두 도의 당연한(所當然) 것이다. 그러므로 그것을 〈자신에게〉 돌이켜 자신에게 요구하며 자신을 닦아야 한다.

庸은 平常이다. 行은 그 實理(진실한 도리)를 행하는 것이다. 謹은 그 옳은 것을 선택하는 것이다. 德行이 모자라 부지런히 힘쓰면 〈도리를〉 행하는 데 더욱 노력을 기울일 것이요, 말이 넘친다 싶어 참으면 삼가는 것이 더욱 지극하게 될 것이다. 삼가기를 지극히 하면 말은 행실을 돌아볼 것이요, 행함에 노력을 기울이면 행실은 말을 돌아볼 것이다.

慥慥는 독실한 모습이다. '군자의 말과 행실이 이와 같다면 어찌 독실하지 않겠는가.'를 말한 것이니, 그것을 찬미한 것이다.

일반적으로 이것은 모두 사람에게서 멀지 않은 것으로 도를 행하는 일이다. 張子(張載)가 이른바 '남에게 바라는 마음으로 자기에게 요구한다면 도를 다 〈실천할〉 수 있다.'라고 한 것이 이것이다.

右는 第十三章이라 道不遠人者는 夫婦所能이요 丘未能一者는 聖人所不能이니 皆費也요 而其所以然者는 則至隱存焉이라 下章放此하니라

이상은 제13장이다.

'道는 사람에게서 멀리 있지 않다.'는 夫婦도 할 수 있다는 것이요, '나(丘)는 한 가지도 잘하지 못한다.'는 聖人도 할 수 없다는 것이니, 모두 〈用이〉 넓기 때문이다. 그리고 그렇게 되는 까닭(所以然)은 지극히 은미한 것(體)이 거기에 보존되어 있기 때문이다. 다음 장도 여기에 準據한다.

14-1 君子는 素其位而行[72]이요 不願乎其外니라

군자는 자기가 처한 자리에서 〈자기가 해야 할 일을〉 행하고, 자기가 〈처한 자리〉 밖

---

72 素其位而行 : 李滉(鮮)은 첫 번째 "位에 素ᄒᆞ야셔 行ᄒᆞ고", 두 번째 "見在ᄒᆞᆫ 그 位예셔 行ᄒᆞ고"의 두 가지 풀이를 들면서, '素'에 대한 두 번째 풀이는 주석에 근거하여 좋은 듯하지만 '素富貴' 등에 대해서는 합당하지 않고, 첫 번째 풀이의 '素'처럼 주석 가운데 '因'의 뜻을 겸하여 보아야 한다고 하였다.《中庸釋義》

※ 放 : 준할 방   素 : 현재 소

의 것을 바라지 않는다.

素는 猶見(현)在[73]也라

素는 見在와 같다.

言君子但因見在所居之位하여 而爲其所當爲요 無慕乎其外之心也라

군자는 자기가 처한 자리에서 자기가 해야 할 일을 실천할 뿐, 자기가 〈처한 자리〉 밖의 것을 바라는 마음이 없음을 말한 것이다.

14-2 素富貴어든[74] 行乎富貴하며 素貧賤이어든 行乎貧賤하며 素夷狄이어든 行乎夷狄하며 素患難이어든 行乎患難이니 君子는 無入而不自得[75]焉[76]이니라

富貴에 처하면 부귀에 맞게 행하며, 貧賤에 처하면 빈천에 맞게 행하며, 夷狄의 나라에 처하면 이적의 법도에 맞게 행하며, 患難에 처하면 환난에 맞게 행해야 하니, 군자

---

73 見(현)在 : 《中庸章句大全》 小注에 "〈見在는〉 지금 사람이 말하는 素來라는 뜻과 같다.〔如今人言素來之意〕"라고 하였다. 素來는 從來로, '이전부터 지금까지 줄곧'이라는 말이다. 현재 처한 자리를 중시하는 말이다.

74 어든 : 朝鮮 校正廳 《中庸諺解》에는 '하얀', 李珥(鮮)의 《中庸諺解》에는 '하야'로 吐를 달았으나, 앞의 '君子 素其位而行 不願乎其外'라는 大前提 아래 구체적인 상황을 가정하여 말한 것이므로, '어든'으로 토를 달았다. 다음의 '素貧賤', '素夷狄', '素患難'도 여기에 準據한다.

75 自得 : 鄭玄(後漢)은 "향하는(처하는) 곳마다 그 도리를 잃지 않음을 이른다.〔謂所鄕不失其道〕"라고 하였다.

76 素富貴……無入而不自得焉 : 陳淳(宋)은 다음과 같이 설명하였다. "'素富貴行乎富貴'는 舜임금이 수놓은 옷을 입고 거문고를 탄 것과 같은 것이 이 경우고, '素貧賤行乎貧賤'은 순임금이 찬밥과 나물을 먹을 때에는 그렇게 생을 마칠 것 같았다는 것과 같은 것이 이 경우고, '素夷狄行乎夷狄'은 孔子가 九夷에 살고자 하면서 '君子가 산다면 어찌 누추하겠는가.'라고 말한 것과 같은 것이 이 경우고, '素患難行乎患難'은 공자가 '하늘이 아직 이 文을 없애지 않으니, 匡 사람들이 나를 어찌 하겠느냐.'고 한 것과 같은 것이 이 경우니, 대체로 군자는 어떤 상황에서도 스스로 터득하지 못함이 없어 내가 해야 할 것을 실천할 뿐이다.〔素富貴行乎富貴 如舜之被袗鼓琴 是也 素貧賤行乎貧賤 如舜之飯糗茹草 若將終身 是也 素夷狄行乎夷狄 如孔子欲居九夷曰君子居之何陋之有 是也 素患難行乎患難 如孔子曰天之未喪斯文也 匡人其如予何 是也 蓋君子無所往而不自得 惟爲吾之所當爲而已〕"(趙順孫(宋), 《中庸纂疏》)

※ 見 : 지금 현   慕 : 바랄 모   貧 : 가난할 빈   夷 : 오랑캐 이   狄 : 오랑캐 적   患 : 근심 환

는 어떤 상황에서도 스스로 터득하지 못함이 없다.

此言素其位而行也라

이것은 자기가 처한 자리에서 행한다는 말이다.

14-3 在上位하여는 不陵下하며 在下位하여는 不援上[77]이요 正己而不求於人이면 則無怨이니 上不怨天하며 下不尤人이니라

윗자리에 있을 때에는 아랫사람을 업신여기지 않으며 아랫자리에 있을 때에는 윗사람에게 의지하지 않고, 자신을 바르게 하고 남에게 요구하지 않으면 원망할 일이 없을 것이니, 위로는 하늘을 원망하지 않으며 아래로는 남을 탓하지 않게 된다.

此는 言不願乎其外也라

이것은 자기가 〈처한 자리〉 밖의 것을 바라지 않는다는 말이다.

14-4 故로 君子는 居易(이)以俟命하고 小人은 行險以徼幸이니라

그러므로 君子는 平安한 곳에 거처하면서 天命을 기다리고, 小人은 위험한 일을 행하면서 幸運을 바란다.

易는 平地也라 居易는 素位而行也라 俟命은 不願乎外也라 徼는 求也라 幸은 謂所不當得而得者라

易는 평안한 곳이다. 居易는 자기가 처한 자리에서 〈자기가 해야 할 것을〉 실천함이다. 俟命은 〈자기가 처한 자리〉 밖의 것을 바라지 않음이다. 徼는 구함이다. 幸은 얻어서는 안 되

---

77 不援上 : 鄭玄(後漢)은 援을 '牽持之', 곧 매달리다·의지하다는 뜻으로 보아 不援上을 윗사람에게 의지하여 출세하려고 하지 않는다는 뜻으로 풀이하였다. 주희는 여기에 주석을 달지 않아 정현의 설을 遵用한 듯하므로 援을 '의지하다'로 번역하였다.

※ 陵 : 업신여길 릉   援 : 당길 원   怨 : 원망할 원   尤 : 탓할 우   俟 : 기다릴 사   險 : 위태할 험
  徼 : 구할 요   幸 : 요행 행

는데 〈우연히〉 얻는 것을 이른다.

14-5 子曰 射 有似乎君子하니 失諸(저)正鵠이어든 反求諸其身이니라

孔子가 말하였다. "활쏘기에는 군자의 삶과 비슷한 점이 있다. 〈활을 쏘아〉 正鵠을 못 맞히면 돌이켜 자기의 몸에서 〈그 원인을〉 찾는다."

畫布曰正이요 棲皮曰鵠이니 皆侯之中射之的也라

베에 〈표적을〉 그린 것을 正이라고 하고, 〈표적 모양으로 오린〉 가죽을 붙인 것을 鵠이라고 하니, 모두 과녁의 가운데이자 활을 쏘는 표적이다.

子思引此孔子之言하여 以結上文之意하니라

子思가 공자의 이 말을 인용하여 앞 글의 뜻을 매듭지었다.

右는 第十四章이라 子思之言也라 凡章首에 無子曰字者는 放此하니라

이상은 제14장이다.
子思의 말이다. 대체로 章의 첫머리에 '子曰'자가 없는 경우에는 여기에 準據한다.

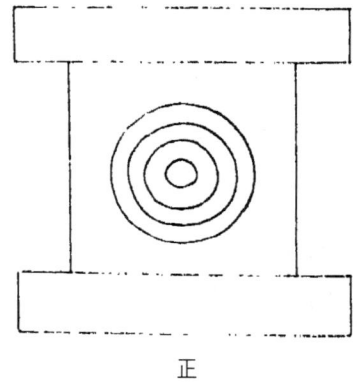

正

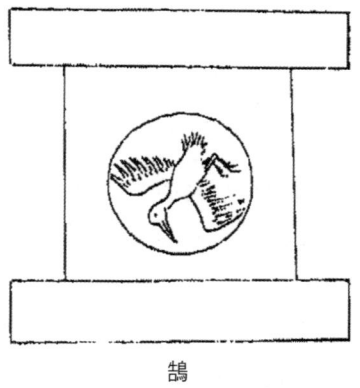

鵠

15-1 君子之道는 辟(비)如行遠必自邇하며 辟如登高必自卑니라

군자의 道는 비유하면 먼 곳에 갈 때에는 반드시 가까운 곳으로부터 〈가는〉 것과 같

※ 射:활쏘기 사 鵠:과녁 한가운데 곡 布:베 포 棲:붙일 서 侯:과녁 후 的:표적 적
　辟(≒譬):비유할 비 邇:가까울 이 登:오를 등 卑:낮을 비

으며, 높은 곳에 오를 때에는 반드시 낮은 곳으로부터 〈오르는〉 것과 같다.

辟는 譬同이라

辟는 譬와 같다.

15-2 詩曰 妻子好合이 如鼓瑟琴하며 兄弟旣翕하여 和樂且耽이라 宜爾室家하며 樂爾妻帑라하여늘

《詩經》에 "처자식과 〈화목하게〉 잘 어울리는 것이 瑟琴을 타는 듯하며, 형제와 〈우애 있게〉 어울려 和樂하고도 즐겁도다. 너의 집안을 화목하게 하며 너의 처자식을 즐겁게 해주어라."라고 하였는데,

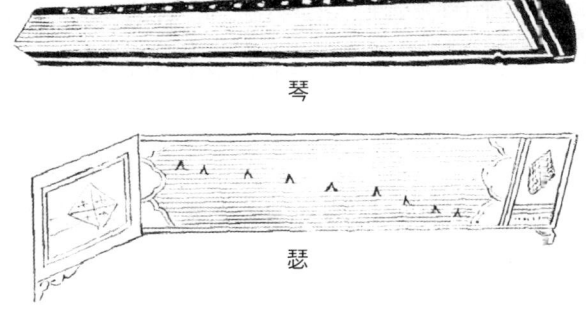

詩는 小雅常棣之篇이라 鼓瑟琴은 和也요 翕은 亦合也요 耽은 亦樂也라 帑는 子孫也라

詩는 〈小雅 常棣〉다. 瑟琴을 탐은 어우러짐〔和〕이다. 翕도 어울림〔合〕이고, 耽도 즐거움〔樂〕이다. 帑는 자식〔子孫〕이다.

15-3 子曰 父母는 其順矣乎신저

孔子가 말하였다. "父母는 아마 편안하고 즐거워할 것이다."

夫子誦此詩而贊之曰 人能和於妻子하고 宜於兄弟如此면 則父母는 其安樂之矣신저하시니 子思引詩及此語하여 以明行遠自邇登高自卑之意라

夫子(공자)가 이 詩를 읊고서 "사람이 처자식과 화목하고 형제와 〈우애 있게〉 잘 지낼 수

※ 鼓 : 연주할 고　瑟 : 악기이름 슬　琴 : 악기이름 금　翕 : 합할 흡　耽 : 즐거워할 탐
　 宜 : 화목할 의　爾 : 너 이　帑 : 처자 노　棣 : 산앵두나무 체　誦 : 외울 송

있는 것이 이와 같다면 부모는 아마 편안하고 즐거워할 것이다."라고 찬미하였다.

子思가 이 시와 〈공자의〉 이 말을 인용하여 먼 곳에 갈 때에는 가까운 곳으로부터 〈가고〉 높은 곳에 오를 때에는 낮은 곳으로부터 〈오르는〉 뜻을 밝혔다.

右는 第十五章이라

이상은 제15장이다.

16-1 子曰 鬼神[78]之爲德[79]이 其盛矣乎인저

孔子가 말하였다. "鬼神의 德이 참 성대하구나.

程子曰 鬼神은 天地之功用[80]이요 而造化之迹[81]也라 張子曰 鬼神者는 二氣之良能[82]也[83]라 愚謂以二氣言이면 則鬼者는 陰之靈也요 神者는 陽之靈也며 以一氣言이면 則至

---

78 鬼神 : 楊慎(明)은 주희 章句의 설은 《周易》에 나오는 '귀신'을 풀이할 때에는 괜찮지만 《중용》에는 맞지 않는다고 하였다. 처음에 귀신의 성대함을 찬미하고, 다음으로 '體物不遺'를 말하였으며, 또 다음으로 '齊明承祭 洋洋如在'를 말한 것은 '體物'의 실제를 말한 것이며, 또 다음으로 《詩經》을 인용하여 '神之格思'를 말하였다. 格은 이른다(至)는 뜻이니, 귀신에게 제사 지냄을 밝힌 것이다. 따라서 '鬼神之爲德'은 실제 귀신에게 제사 지내는 것을 말한다고 하였다.(《升菴集》권45〈鬼神爲德〉참조)

79 德 : 《管子》〈心術 上〉에 "만물을 化育하는 것을 德이라 한다.〔化育萬物謂之德〕"라고 하였다.

80 天地之功用 : 주희는 "功用은 드러난 것만을 논한 것이니, 추위가 오면 더위가 가고 해가 가면 달이 오며 봄에 태어나고 여름에 자라는 것과 같은 것이 모두 이것이다.〔功用 只是論發見者 如寒來暑往 日往月來 春生夏長 皆是〕"라고 하였다.(《中庸章句大全》小注)

81 造化之迹 : 주희는 "바람과 비, 서리와 이슬, 해와 달, 낮과 밤이 바로 귀신의 자취다.〔風雨霜露日月晝夜 此鬼神之迹也〕"라고 하였으며, 北溪 陳氏(陳淳)는 "조화의 자취는 陰陽이 流行하여 천지 사이에 드러나는 측면에서 말한 것이다.〔造化之迹 以陰陽流行著見於天地間者言之〕"라고 부연하였다.(《中庸章句大全》小注)

82 良能 : 주희는 "良能은 往來와 屈伸을 말하니, 바로 理의 자연이지 안배와 조치함이 있는 것이 아니다.〔良能 是說往來屈伸 乃理之自然 非有安排措置〕"라고 하였고, 또 "굴신하는 氣를 음양이라고 해도 괜찮은데, 그것을 반드시 귀신이라고 한 것은 良能과 功用의 측면에서 말한 것이다.〔屈伸之氣謂之陰陽 亦可也 然必謂之鬼神者 以其良能功用而言也〕"라고 하였다.(《中庸章句大全》小注)

83 鬼神者 二氣之良能也 : 張載(宋),《正蒙》권1〈太和〉에 나온다.

※ 迹:자취 적 良:착할 량 愚:나 우 靈:신령 령

而伸者爲神이요 反而歸者爲鬼니 其實은 一物而已[84]라 爲德은 猶言性情功效라

程子(程頤)가 말하였다. "鬼神은 천지의 功用이자 조화의 자취다."
張子(張載)가 말하였다. "귀신은 〈陰陽〉 두 기운의 타고난 능력〔良能〕이다."
나는 다음과 같이 생각한다. 〈음양〉 두 기운의 측면에서 말하면 鬼는 陰의 靈性을 갖고 있고, 神은 陽의 영성을 갖고 있다. 하나의 기운이라는 측면에서 말하면 이르러 펼치는 것은 神, 돌이켜 돌아가는 것은 鬼니, 그 실제는 하나의 것〔物〕일 뿐이다. 爲德은 性情·功效라는 말과 같다.

16-2 視之而弗見하며 聽之而弗聞이로되 體物而不可遺[85]니라

그것을 보려 해도 보이지 않으며 들으려 해도 들리지 않지만, 萬物의 體가 되어 〈만물이 그것을〉 버릴 수 없다.

鬼神은 無形與聲이나 然物之終始 莫非陰陽合散之所爲니 是其爲物之體而物之所不能遺也라 其言體物은 猶易所謂幹事[86]라

鬼神은 형체와 소리가 없다. 그러나 萬物의 시작과 끝이 陰陽의 모임과 흩어짐이 하는 것 아님이 없으니, 바로 그것이 만물의 體가 되어 만물이 〈그것을〉 버릴 수 없는 것이다. 體物이

---

84 其實 一物而已 : 陳淳(宋)은 다음과 같이 설명하였다. "손의 앞면은 陽에 속하고 뒷면은 陰에 속하는 것과 같다.〔如手之正面屬陽 覆手則屬陰〕"(趙順孫(宋), 《中庸纂疏》)
85 體物而不可遺 : 鄭玄(後漢)과 孔穎達(唐)은 "귀신의 도가 만물을 낳아 길러 빠뜨리는 것이 없다."라는 뜻으로 보아, 《周易》〈繫辭傳 上〉의 '曲成萬物而不遺(만물을 곡진히 이루어 빠뜨리지 않는다.)'와 같은 맥락으로 풀이하였다.(《禮記正義》〈中庸〉)
86 其言體物 猶易所謂幹事 : 幹事로 體物을 해석한 것에 대해 주희는 다음과 같이 말하였다. "천하의 物은 귀신의 행위 아님이 없다. 그러므로 귀신은 物의 體가 되고, 物은 이 귀신을 기다리지 않고 존재하는 것은 없다. 그러나 '爲物之體'라고 하면 物이 氣보다 우선하니, 반드시 '體物'이라고 한 뒤에야 그 氣가 物보다 우선함을 볼 수 있어 말이 순조롭다. 幹은 나무에 줄기가 있는 것과 같으니, 반드시 먼저 이 줄기가 있은 뒤에야 가지와 잎이 붙어 있을 곳이 있어서 자라나게 된다. 《周易》乾卦의 '貞之幹事(貞固함이 일의 줄거리가 됨)'도 이와 같다.〔天下之物 莫非鬼神之所爲也 故鬼神爲物之體 而物無不待是而有者 然曰爲物之體 則物先乎氣 必曰體物 然後見其氣先乎物而言順耳 幹 猶木之有榦 必先有此 而後枝葉有所附而生焉 貞之幹事 亦猶是也〕"(《中庸或問》)

※ 歸 : 돌아갈 귀   遺 : 버릴 유   聲 : 소리 성   散 : 흩어질 산   幹 : 줄기 간

라고 말한 것은 《周易》 乾卦 〈文言傳〉의 이른바 '일의 줄거리가 된다[幹事].'는 것과 같다.

16-3 使天下之人으로 齊(재)明盛服하여 以承祭祀하고 洋洋乎如在其上하며 如在其左右니라

〈귀신이〉 천하의 사람에게 齋戒하여 〈몸과 마음을〉 깨끗이 하고 祭服을 갖춰 입고서 제사를 받들게 하고 〈귀신이〉 盛大하게 자신의 위에 있는 듯하며 자신의 곁에 있는 듯할 것이다.

齊(재)之爲言은 齊(제)也니 所以齊不齊而致其齊(재)也라 明은 猶潔也라 洋洋은 流動充滿之意라 能使人畏敬奉承하고 而發見(현)昭著如此하니 乃其體物而不可遺之驗也라 孔子曰 其氣發揚于上하여 爲昭明焄蒿悽愴하니 此는 百物之精也니 神之著也[87]라하시니 正謂此爾라

齊라는 말은 가지런하게 한다는 뜻이니, 가지런하지 않은 것을 가지런하게 하여 그 齋戒함을 지극히 하는 것이다. 明은 潔(깨끗이 하다)과 같다. 洋洋은 살아 있는 것처럼 〈기운이〉 가득하다는 뜻이다.

사람에게 敬畏하여 받들게 하며, 〈귀신이〉 발현하여 환하게 드러남이 이와 같으니, 바로 그것이 '萬物의 體가 되어 버릴 수 없다.'는 것의 증험이다. 공자가 "그 〈귀신의〉 기운이 위로 올라가 밝게 드러나며, 김이 피어오르듯 해서 〈사람의 마음을〉 숙연하게 한다. 이 기운은 온갖 생물의 精氣니 神이 드러난 것이다."라고 하였으니, 바로 이것을 이른다.

---

87 孔子曰……神之著也 : 《禮記》〈祭義〉에 나온다. 〈제의〉에는 이 앞에 "살아 있는 것들은 반드시 죽는다. 죽으면 반드시 흙으로 돌아가니 이를 '鬼'라고 이른다. 뼈와 살은 땅속에서 썩으니, 〈사람이 죽어〉 埋葬되면 〈썩어서〉 들판의 흙이 된다.[衆生必死 死必歸土 此之謂鬼 骨肉斃于下 陰爲野土]"라는 말이 있다. 昭明·焄蒿·悽愴에 대해 주희는 "예컨대 귀신이 빛을 드러내는 것이 昭明이고, 그 기운이 김이 피어오르듯 올라가는 것이 焄蒿고, 사람의 정신을 숙연하게 하는 것이 悽愴이다.[如鬼神之露光處是昭明 其氣蒸上處是焄蒿 使人精神悚然是悽愴]"라고 하였고, 또 "훈호는 귀신의 精氣가 교감하는 것이다.[焄蒿 是鬼神精氣交感處]"라고 하였다.(趙順孫(宋),《中庸纂疏》)

※ 齊(≒齋) : 재계할 재   洋 : 성대할 양   致 : 다할 치   充 : 찰 충   滿 : 가득할 만   奉 : 받들 봉
驗 : 증험 험   揚 : 오를 양   焄 : 향기 훈   蒿 : 향기가 오를 호   悽 : 숙연할 처   愴 : 숙연할 창

16-4 詩曰 神之格思를 不可度(탁)思온 矧可射(역)思아

《詩經》에서 말하였다. '神의 이르름을 헤아릴 수 없는데, 하물며 〈신을〉 싫어할 수 있겠는가.'

詩는 大雅抑之篇이라 格은 來也라 矧은 況也라 射은 厭也니 言厭怠而不敬也라 思는 語辭라

詩는 〈大雅 抑〉이다. 格은 이름(來)이다. 矧은 '하물며'다. 射은 싫어함이니, 싫어하고 게을리하며 공경하지 않음을 이른다. 思는 어조사다.

16-5 夫微之顯[88]이니 誠[89]之不可揜이 如此夫인저

저 은미한 것(귀신)이 드러나니, 誠을 가릴 수 없음이 이와 같구나."

誠者는 眞實無妄之謂라 陰陽合散이 無非實者라 故其發見(현)之不可揜이 如此라

誠은 참되고 거짓이 없음을 이른다. 陰陽의 합하고 흩어짐이 성실하지 않은 경우가 없다. 그러므로 그 드러남을 가릴 수 없음이 이와 같다.

右는 第十六章이라 不見不聞은 隱也요 體物如在는 則亦費矣라 此前三章은 以其費之小者而言이요 此後三章은 以其費之大者而言이라 此一章은 兼費隱包大小而言이라

이상은 제16장이다.

'보이지 않음(不見)'·'들리지 않음(不聞)'은 〈군자의 道는 體가〉 은미함이요, '만물의 체

---

88 微之顯 : 사물의 생성과 소멸의 변화는 모두 은미한 이치가 현상으로 드러난 것임을 말한다.

89 誠 : 여기에서 처음 언급한 誠이 16장 이후 《중용》의 주제가 된다. 《中庸章句大全》 小注에 "여기의 誠자는 귀신의 實理를 가리켜 말한 것이다.(此誠字 指鬼神之實理而言)"라고 하였고, 주희는 "귀신은 氣의 屈伸이니, 그 德은 天命의 실리로 이른바 誠이라는 것이다.(鬼神只是氣之屈伸 其德則天命之實理 所謂誠也)"라고 하였다.(《中庸章句大全》 小注) 따라서 誠은 귀신이 萬物의 體가 되어 버릴 수 없음(體物而不可遺)의 靈性을 형용한 말이며, 아울러 자연스럽게 인간의 誠에 대한 복선을 깔고 있다.(赤塚 忠(日, 아카쯔카 키요시), 《新釋漢文大系 中庸》 참조)

※ 格 : 이를 격   思 : 어조사 사   度 : 헤아릴 탁   矧 : 하물며 신   射 : 싫어할 역   抑 : 누를 억
   怠 : 게으를 태   顯 : 드러날 현   揜 : 가릴 엄   妄 : 거짓 망   兼 : 아우를 겸

가 됨〔體物〕'·'있는 듯함〔如在〕'은 또한 〈군자의 도는 用이〉 넓음이다.

  이 앞의 세 장은 그 〈군자의 도는 용이〉 넓은 것 가운데 작은 것을 가지고 말한 것이요, 이 다음 세 장은 그 〈군자의 도는 용이〉 넓은 것 가운데 큰 것을 가지고 말한 것이다.

  이 한 장은 〈군자의 도는 용이〉 넓음과 〈군자의 도는 체가〉 은미함을 아우르고 큰 것과 작은 것을 포괄하여 말하였다.

17-1 子曰 舜은 其大孝也與신저 德爲聖人이시고 尊爲天子시고 富有四海之內하사 宗廟饗之⁹⁰하시며 子孫保之⁹¹하시니라

 孔子가 말하였다. "舜임금은 아마도 큰 孝誠을 지닌 분일 것이로다. 德으로는 聖人이 되고, 존귀함으로는 天子가 되고, 부유함으로는 四海의 안을 소유하였다. 〈죽은 뒤에는〉 宗廟에 合祀되었으며, 자손이 〈그 제사를〉 보전하였다.

  子孫은 謂虞思⁹²陳胡公⁹³之屬이라

---

90 宗廟饗之 : 朝鮮 校正廳《中庸諺解》에는 "宗廟룰 饗하시며"라고 하여 '종묘에 모셔진 先王의 英靈이 舜임금의 제사를 받아들였다.' 또는 '순임금이 종묘에서 선왕의 영령에게 제사한다.'라고 풀이한다. 李滉(鮮)의《中庸釋義》와 李珥(鮮)의《中庸釋義》의 풀이도 여기에서 벗어나지 않는다. 이렇게 풀이할 때의 종묘는 대체로 '순임금 선조의 사당', 또는 '순임금이 천하를 소유할 수 있게 해준 선왕의 사당'이 된다. 종묘와 자손이 모두 순임금의 은택을 입었다는 의미로 해석한 것이다. 그러나 '宗廟饗之' 앞의 구절은 순임금이 살아 있을 때의 모습을 기술한 것이고, 이 구절 이하는 순임금이 죽은 뒤의 일을 기술한 것으로 보는 것이 자연스럽다. 그러면 여기의 饗은 '大饗', 곧 '合祭'로서 '순임금이 죽은 뒤, 자손에 의해 종묘에 合祀되어 제사 지내졌다.'라는 뜻이 된다.(이광호 외 역,《역주 예기정의-중용·대학》105쪽 역주 1) 재인용)

91 子孫保之 : '宗廟饗之'와 마찬가지로 이 구절도 '순임금이 자손을 보호하다.' 또는 '자손이 보호되다.'라고 풀이하는 것은 자연스럽지 않다. 여기의 保는 '保守'·'保持'·'保全'의 뜻으로, 虞나라의 思와 陳나라의 胡公 같은 자손이 순임금뿐만 아니라 순임금 앞의 선왕들 제사까지도 계속 이어갔음을 말한다.(이광호 외 역,《역주 예기정의-중용·대학》105쪽 역주 1) 재인용)

92 虞思 : 舜임금의 후손으로, 虞나라(有虞氏라고도 함)의 임금이다. 夏后 少康이 우나라로 도망왔을 때 우사가 소강에게 자신의 두 딸을 아내로 주고 綸邑을 封邑으로 주었다. 故事가《春秋左氏傳》哀公 元年 吳王夫差敗越于夫椒條에 나온다.

93 陳胡公 : 西周 때 陳나라의 임금이다. 姓은 嬀, 이름은 滿이다. 武王이 商나라를 멸망시키고 舜임금의 후손을 찾았는데, 嬀滿을 찾아 맏딸 大姬와 혼인시키고 陳에 봉했다. 故事가《春秋左氏傳》襄公 25년 鄭子産獻捷于晉條에 나온다.

※ 廟 : 사당 묘 饗 : 제사할 향

子孫은 虞나라의 임금 思와 陳 胡公 같은 이들을 이른다.

17-2 故로 大德은 必得其位하며 必得其祿하며 必得其名하며 必得其壽니라

그러므로 큰 德을 지닌 사람은 반드시 그에 〈걸맞은〉 地位를 얻으며, 반드시 그에 〈걸맞은〉 俸祿을 얻으며, 반드시 그에 〈걸맞은〉 名聲을 얻으며, 반드시 그에 〈걸맞은〉 壽命을 얻는다.

舜은 年百有十歲[94]라

舜임금은 〈죽을 때의〉 나이가 110세였다.

17-3 故로 天之生物이 必因其材而篤焉하나니 故로 栽者를 培之하고 傾者를 覆之니라

그러므로 하늘이 萬物을 生成함은 반드시 그 바탕에 따라 두텁게 해준다. 그러므로 〈제대로 뿌리내려〉 똑바로 선 것은 북돋아주고 〈제대로 뿌리내리지 못해 힘없이〉 축 늘어져 시든 것은 엎어버린다.

材는 質也라 篤은 厚也라 栽는 植(치)也라

材는 바탕이다. 篤은 두텁게 함이다. 栽는 똑바로 섬(植)이다.

氣至而滋息爲[95]培요 氣反而游散則覆이라

生氣가 이르러 자라고 불어난 것은 북돋아주고, 생기가 돌아가 옮겨 다니고 흩어진 것은

---

94 舜 年百有十歲:《尙書》〈舜典〉에 다음과 같은 말이 있다. "舜은 태어난 지 30년 만에 부름을 받아 등용되고, 30년 만에 帝位에 올랐고, 50년 만에 昇遐하여 죽었다.〔舜生三十徵庸 三十在位 五十載陟方乃死〕" 이를 모두 합하면 110세가 된다.

95 爲:則 또는 乃의 뜻으로 쓰였다. 則과 乃는 通用한다.

※ 壽:목숨 수 材:바탕 재 栽:심을 재 培:북돋울 배 傾:기울 경 覆:엎을 복
  質:바탕 질 厚:두터울 후 植:설 치 滋:자라날 자 息:불어날 식

엎어버린다.

17-4 詩曰 嘉樂君子여[96] 憲憲令德이 宜民宜人[97]이라 受祿于天이어늘 保佑命之하시고 自天申之라하니라

《詩經》에서 말하였다. '아름답고 즐거운 군자여. 크게 드러난 아름다운 德이 백성을 잘 길러 바른길로 인도하고 관리를 잘 임용하였기 때문에 하늘에게 福祿을 받았도다. 〈하늘이 그를〉 보호하고 도와 그에게 명령하여 〈천자로 삼고,〉 하늘에서 그것(복록)을 거듭 〈내리도다.〉'

> 詩는 大雅假樂之篇이라 假는 當依此作嘉라 憲은 當依詩作顯이라 申은 重也라
>
> 詩는 〈大雅 假樂〉이다. 《시경》의 假는 여기에 의거하여 嘉가 되어야 한다. 憲은 《시경》에 의거하여 顯이 되어야 한다. 申은 거듭함[重]이다.

17-5 故로 大德者는 必受命이니라

그러므로 큰 德을 지닌 사람은 반드시 天命을 받는다."

> 受命者는 受天命하여 爲天子也라
>
> 受命은 天命을 받아 천자가 되는 것이다.

>> 右는 第十七章이라 此由庸行之常하여 推之以極其至하니 見道之用이 廣也로되 而其所以然者는 則爲體微矣라 後二章亦此意라

---

96 嘉樂君子여 : 朝鮮 校正廳 《中庸諺解》에는 "嘉樂君子의"라고 吐를 달았으나, 《詩傳諺解》와 李珥(栗)의 《中庸諺解》를 따라 '여'로 현토하였다.

97 宜民宜人 : 주희는 《詩集傳》에서 "民은 일반 백성이다. 人은 지위에 있는 자다.〔民 庶民也 人 在位者也〕"라고 하였다.

※ 嘉 : 아름다울 가   憲 : 드러날 헌   令 : 아름다울 령   佑 : 도울 우   申 : 거듭 신   假 : 빌릴 가
   重 : 거듭 중   極 : 이를 극

이상은 제17장이다.

이것은 평상시 행해야 할 常道(孝)를 통해 그것을 미루어 그 지극한 데(大孝)까지 이르렀으니, 道의 用이 넓음을 나타낸 것이다. 그러나 그렇게 되는 까닭은 體가 은미하기 때문이다. 다음 두 章도 이 뜻이다.

18-1 子曰 無憂者는 其惟文王乎신저 以王季爲父하시고 以武王爲子하시니 父作之하시고[98] 子述之하시니라

孔子가 말하였다. "근심이 없는 자는 아마 文王뿐이로다. 王季를 아버지로 모시고 武王을 아들로 두었는데, 아버지(왕계)는 〈王業을〉 일으키고 아들(무왕)은 그것을 계승하였다.

此言文王之事라 書言王季其勤王家[99]라하니 蓋其所作도 亦積功累仁之事也라

이것은 文王의 일을 말한 것이다. 《尙書》에 '王季가 〈殷나라의〉 王家를 위해 부지런히 노력하였다.'라고 하였으니, 대체로 그가 일으킨 것도 功과 仁을 쌓는 일이었을 것이다.

18-2 武王이 纘大(태)王王季文王之緒하사 壹戎衣[100]而有天下하사대 身不失天下之顯名하사 尊爲天子시고 富有四海之內하사 宗廟饗之하시며 子孫保之하시니라

---

98 하시고 : 조선 교정청 《中庸諺解》와 李珥(栗)의 《中庸諺解》에 모두 '어시늘'로 吐를 달았으나, '父作之'와 '子述之'를 병렬로 보아 '하시고'로 현토하였다.

99 王季其勤王家 : 《尙書》 〈武成〉에 다음과 같이 말하였다. "선왕(后稷)이 나라를 세우고 영토를 넓혔는데 公劉가 전왕의 功烈을 돈독히 하였다. 太王에 이르러 비로소 왕업의 기틀을 닦았고, 王季는 〈殷나라〉 王家를 위해 부지런히 노력하였다. 나의 文考 文王이 그 공훈을 잘 이루어 크게 천명을 받아 사방 中夏를 어루만졌다.〔惟先王建邦啓土 公劉克篤前烈 至于大王 肇基王迹 王季其勤王家 我文考文王 克成厥勳 誕膺天命 以撫方夏〕"

100 壹戎衣 : 주희는 戎衣를 甲冑 따위로 보아 "한번 갑옷을 입고 전쟁하다."라고 풀이하였다. 그러나 鄭玄(後漢)과 孔穎達(唐)은 戎을 兵, 衣를 殷으로 보아 "한번 군사를 동원하여 殷나라를 치다."라고 풀이하였다.(《禮記正義》 〈中庸〉) 毛奇齡(淸)은 壹은 殪, 戎은 大로서 《尙書》 〈康誥〉의 '殪戎殷'처럼 "큰 은나라를 멸망시키다."라는 말이라고 하였다.(《四書賸言》)

※ 憂 : 근심할 우 作 : 일으킬 작 述 : 계승할 술 纘 : 이을 찬 緒 : 일 서 壹 : 한 일
　戎 : 병기 융

武王이 太王·王季·文王의 일을 계승하여 한번 갑옷을 입고 〈전쟁하여〉 천하를 소유하였지만, 몸은 천하의 드러난 명성을 잃지 않았다. 존귀함으로는 天子가 되고, 부유함으로는 四海의 안을 소유하였다. 〈죽은 뒤에는〉 宗廟에 合祀되었으며, 자손들이 〈그 제사를〉 保全하였다.

此言武王之事라 纘은 繼也라 大王은 王季之父也라 書云 大王肇基王迹[101]이라하고 詩云 至于大王하여 實始翦商이라하니라 緖는 業也라 戎衣는 甲冑之屬이라 壹戎衣는 武成文이니 言壹著(착)戎衣以伐紂也라

이것은 武王의 일을 말한 것이다. 纘은 계승함이다. 太王은 王季의 아버지다. 《尙書》〈武成〉에 "태왕이 비로소 王業의 기틀을 닦았다."고 하였고, 《詩經》〈魯頌 閟宮〉에 "태왕에 이르러서야 실로 商나라의 세력을 약화시켰다."고 하였다. 緖는 일이다. 戎衣는 갑옷과 투구 따위다. 壹戎衣는 〈武成〉의 글이니, 한번 갑옷을 입고서 紂王을 쳤음을 말한 것이다.

18-3 武王이 末受命이어시늘 周公이 成文武之德하사 追王大王王季하시고 上祀先公以天子之禮하시니 斯禮也 達乎諸侯大夫와 及士庶人하니 父爲大夫요 子爲士어든 葬以大夫요 祭以士하며 父爲士요 子爲大夫어든 葬以士요 祭以大夫하며 期之喪은 達乎大夫하고 三年之喪은 達乎天子하니 父母之喪은 無貴賤一也니라

武王이 노년에 天命을 받았는데, 周公이 文王·武王의 德을 이루고서 〈禮樂의 제도를 제정하여〉 太王·王季를 追尊하여 왕으로 모시고, 〈그〉 위로는 先公들을 천자의 禮法으로 제사 지냈다.

이러한 예법은 諸侯·大夫와 士·庶人까지 適用〔達〕되었다. 아비가 대부고 아들이 사면, 대부의 예법으로 장사 지내고 사의 예법으로 제사 지낸다. 아비가 사고 아들이 대부면, 사의 예법으로 장사 지내고 대부의 예법으로 제사 지낸다. 一年喪은 〈서인부터〉 대부까지 적용하고, 三年喪은 〈서인부터〉 천자까지 적용하였다. 부모의 상은 〈신분의〉

---

101 大王肇基王迹 : 18-1의 역주 '王季其勤王家'를 참조하기 바란다.

※ 纘:이을 찬 肇:비로소 조 翦:자를 전 甲:갑옷 갑 冑:투구 주 著(≒着):입을 착
   伐:칠 벌 追:사모할 추 祀:제사 사 達:적용할 달 葬:장사 지낼 장

貴賤에 관계없이 똑같았다."

此言周公之事라 末은 猶老也라 追王은 蓋推文武之意하여 以及乎王迹之所起也라 先公은 組紺[102]以上으로 至后稷也[103]라 上祀先公以天子之禮는 又推大王王季之意하여 以及於無窮也라 制爲禮法하여 以及天下하여 使葬用死者之爵하고 祭用生者之祿하며 喪服은 自期以下는 諸侯絶하고 大夫降이로되 而父母之喪은 上下同之하니 推己以及人也라

이것은 周公의 일을 말한 것이다. 末은 老와 같다. 追王은 〈周公이〉 文王·武王의 뜻을 미루어 王業의 기초를 일으킨 사람(太王)까지 미치게 한 것이다. 先公은 組紺 이상으로부터 后稷까지다.

'〈그〉 위로는 선공들을 천자의 예법으로 제사 지냄'은 또 太王·王季의 생각을 미루어 무궁한 데까지 미치게 한 것이다. 예법을 제정해서 천하에 미치게 하여, 장사 지낼 때에는 죽은 사람의 작위를 사용하고 제사 지낼 때에는 산 사람의 봉록을 사용하게 하였다. 상복은 一年 喪 이하는 〈신분에 따라〉 제후는 면제하고 대부는 줄여주었지만 부모의 喪은 〈신분에 관계없이〉 윗사람이나 아랫사람이나 똑같게 하였으니, 자기를 미루어 남에게 미친 것이다.

右는 第十八章이라

이상은 제18장이다.

19-1 子曰 武王周公은 其達孝矣乎신저

孔子가 말하였다. "武王·周公은 아마 보편적으로 인정받는 효자일 것이다.

達은 通也라

---

102 組紺: 太王의 아버지다. 《史記》〈周本紀〉에는 '公叔祖類'로 되어 있다.

103 組紺以上 至后稷也: 后稷 → 不窋 → 鞠 → 公劉 → 慶節 → 皇業 → 差弗 → 毁隃 → 公非 → 高圉 → 亞圉 → 公叔祖類까지 12公이다.《史記》〈周本紀〉 참조)

※ 組: 끈 조 紺: 감색 감 稷: 기장 직 爵: 벼슬 작 絶: 끊을 절 降: 줄일 강 其: 아마도 기

達은 통함(보편적으로 인정함)이다.

承上章而言武王周公之孝는 乃天下之人이 通謂之孝니 猶孟子之言達尊[104]也라

앞 장을 이어받아 '武王·周公의 효성은 바로 천하의 사람이 모두 효라고 한다.'라고 말한 것이니, 孟子의 '보편적으로 존귀하게 여기는 것[達尊]'이라는 말과 같다.

19-2 夫孝者는 善繼人[105]之志하며 善述人之事者也니라

저 孝라는 것은 사람의 뜻을 잘 계승하며, 사람의 일을 잘 이어나가는 것이다.

上章엔 言武王續大王王季文王之緖하여 以有天下하고 而周公이 成文武之德하여 以追崇其先祖하니 此繼志述事之大者也라 下文에 又以其所制祭祀之禮 通于上下者言之라

앞 장에서는 '武王이 太王·王季·文王의 일을 계승하여 천하를 소유하고, 周公이 문왕·무왕의 德을 이루고서 그 선조를 追尊〔追崇〕하였음'을 말하였으니, 이것은 뜻을 계승하고 일을 이어나가는 것 가운데 큰 것이다.

다음 글에서는 또 그가 制定한 제사의 예법이 〈신분에 관계없이〉 윗사람이나 아랫사람에게 통용됨을 가지고 말하였다.

19-3 春秋에 修其祖廟하며 陳其宗器하며 設其裳衣[106]하며 薦其時食[107]이니라

---

104 達尊 : 《孟子》〈公孫丑 下〉에 나온다. 達尊은 爵·齒·德 세 가지다.
105 人 : 돌아가신 부모나 윗대의 조상을 가리킨다.
106 設其裳衣 : 주희는 設을 '尸童에게 입게 한다.'로 풀이하였다. 그러나《周禮》〈春官 司服 大喪〉'共其奠衣服'에 대한 賈公彦(唐)의 疏에 "大斂之餘也 至祭祀之時 則出而陳於坐上(대렴하고 남은 옷이다. 제사할 때에 꺼내어 자리 위에 진설한다.)"이라고 한 것을 보면 '魂靈이 앉는 자리 위에 놓아둔다.'로 풀이할 수도 있다. 제사 지낼 때 선조가 입던 옷을 시동에게 입히거나 자리 위에 놓는 것은 이 옷이 선조의 영혼을 이어준다고 믿었기 때문이다.(이광호 외 역,《역주 예기정의-중용·대학》122쪽 역주 3) 재인용)
107 時食 : 주희는 '제철음식', 鄭玄(後漢)은 '四時의 제사'라고 보았다.(《禮記正義》〈中庸〉) 朴文鎬

※ 崇 : 높일 숭 修 : 고칠 수 陳 : 늘어놓을 진 裳 : 아랫도리 상 衣 : 윗옷 의 薦 : 올릴 천

봄과 가을에 先祖의 사당을 修繕하며, 宗廟의 기물을 진열하며, 〈선조가 입던〉 옷을 펼쳐 〈尸童에게 입으라고 주며,〉 제철음식을 올렸다.

祖廟는 天子七이요 諸侯五요 大夫三이요 適士二요 官師一이라 宗器는 先世所藏之重器니 若周之赤刀大訓天球河圖[108]之屬也라 裳衣는 先祖之遺衣服이니 祭則設之以授尸也라 時食은 四時之食이 各有其物하니 如春行羔豚膳膏香[109]之類 是也라

天球

선조의 사당(祖廟)은, 天子는 일곱, 諸侯는 다섯, 大夫는 셋, 上士(適士)는 둘, 官師(中士와 下士)는 하나를 둔다. 종묘의 기물(宗器)은 선대부터 소장한 귀중한 기물이니, 周나라의 赤刀·大訓·天球·河圖 같은 따위다. 옷(裳衣)은 선조가 남긴 의복이니, 제사 지낼 때 이것을 펼쳐 尸童에게 〈입으라고〉 주었다. 제철음식(時食)은 사계절의 음식이 저마다 그 〈때에 나는〉 음식물이 있으니, 예를 들어 '봄에는 염소고기·돼지고기를 쓰는데 소기름으로 요리한다.'라고 한 것과 같은 따위가 이것이다.

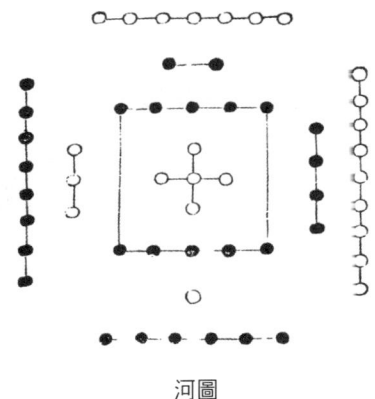
河圖

(鮮)는 "〈이 구절의〉 네 其자는 모두 先王을 가리키니, 其時食은 선왕이 살아 있을 때 〈즐겨〉 먹던 것이란 뜻의 時食이다.〔四其字 皆指先王 其時食 謂先王生時所食之時食〕"라고 하였다.(《中庸章句詳說》)

108 周之赤刀大訓天球河圖 : 赤刀는 붉은 칠을 한 削刀다. 大訓은 三皇五帝의 글이니 訓誥도 여기에 들어 있다. 또 文王과 武王의 가르침도 대훈이라고 한다. 天球는 石磬이다. 河圖는 伏羲氏 때에 龍馬가 황하에서 지고 나온 圖像이다.(蔡沈(宋),《書集傳》〈周書 顧命〉참조)

109 春行羔豚膳膏香 :《周禮》〈天官 庖人〉에 나온다.

❋ 藏 : 간직할 장 重 : 귀중할 중 訓 : 가르침 훈 球 : 옥으로 만든 경쇠 구 圖 : 그림 도
　 遺 : 남길 유 尸 : 시동 시 羔 : 염소 고 豚 : 돼지 돈 膳 : 요리할 선 膏 : 기름 고

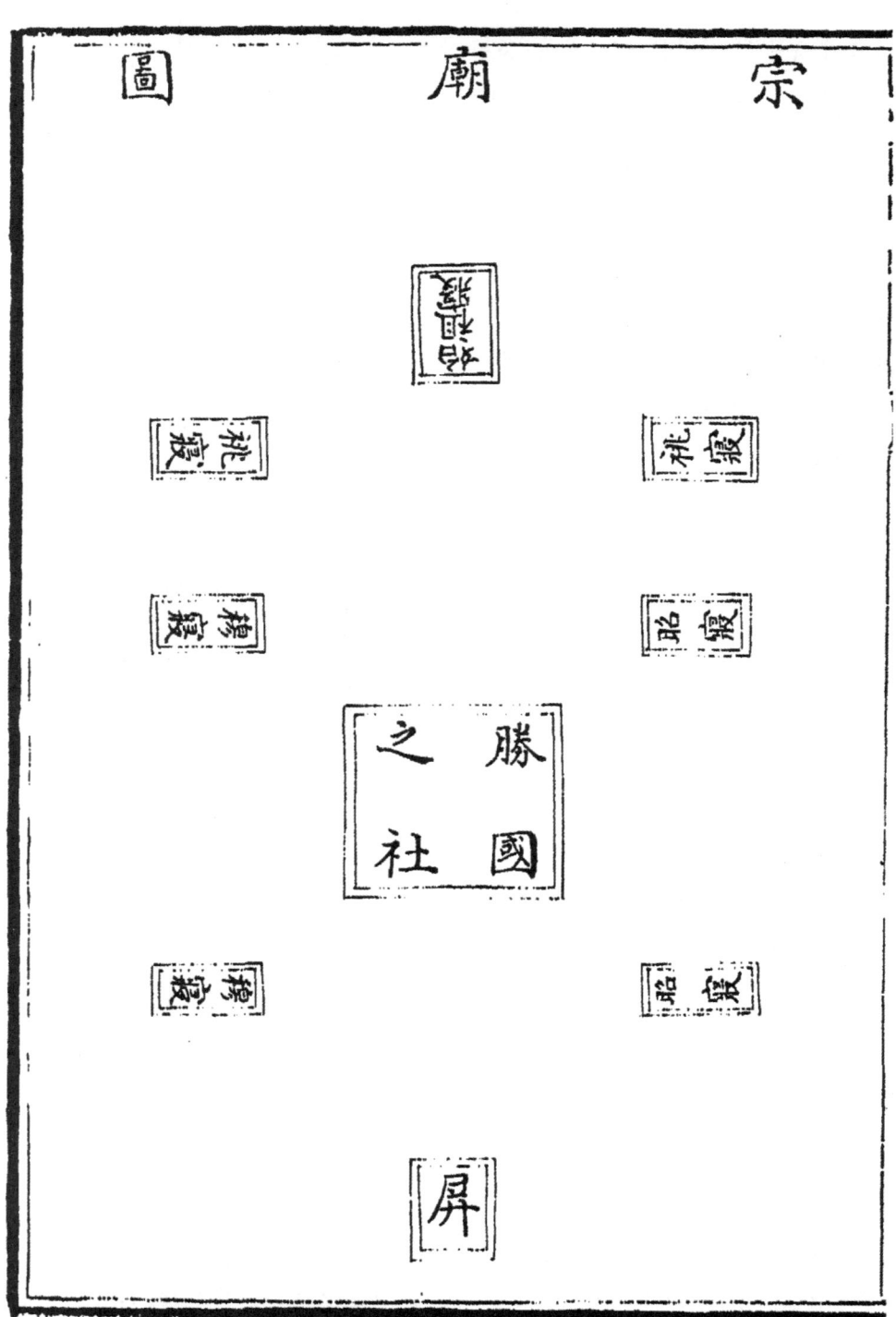

宗廟圖

19-4 宗廟之禮는 所以序昭穆[110]也요 序爵은 所以辨貴賤也요 序事는 所以辨賢也요 旅酬에 下爲上은 所以逮賤也요 燕毛는 所以序齒也니라

宗廟의 禮法은 昭·穆에 차례를 매기기 위한 것이다. 〈제사에 참여한 제후와 백관들의〉 작위에 차례를 매기는 것은 〈신분의〉 貴賤을 분별하기 위한 것이요, 〈제사에서 해야 할〉 일에 차례를 매기는 것은 〈제사에 참여한 사람의〉 능력(賢)을 변별하여 〈그 일을 맡기기〉 위한 것이다. 〈제사가 끝난 뒤, 제사에 참여한〉 여러 사람이 술잔을 권하며 차례대로 돌려가면서 술을 마실 때, 아랫사람이 윗사람을 위하여 〈술잔을 올리는〉 것은 〈신분이〉 낮은 사람(賤)까지 〈은혜가〉 미치게 하기 위한 것이요, 〈제사가 끝난 뒤〉 잔치할 때 머리털의 색으로 자리를 정하는 것은 나이에 차례를 매기기 위한 것이다.

宗廟之次는 左爲昭요 右爲穆이로되 而子孫亦以爲序라 有事於太廟어든 則子姓兄弟의 群昭群穆이 咸在而不失其倫焉이라 爵은 公侯卿大夫也라 事는 宗祝有司之職事也라 旅는 衆也라 酬는 導飮也라 旅酬之禮에 賓弟子兄弟(之)〔弟〕[111]子 各擧觶[112]於其長而衆相酬하니 蓋宗廟之中에 以有事爲榮이라 故逮及賤者하여 使亦得以申其敬也라 燕毛는 祭畢而燕에 則以毛髮之色으로 別長幼하여 爲坐次也라 齒는 年數也라

종묘의 차례는 왼쪽이 昭, 오른쪽이 穆인데, 자손도 그것으로 차례를 삼았다. 그러므로 太

---

110 昭穆 : 고대의 宗廟制度다. 始祖의 사당이 중앙에 있고, 2세·4세·6세의 사당이 시조의 사당 왼쪽에 자리하니, 이를 昭라고 한다. 3세·5세·7세의 사당이 시조의 사당 오른쪽에 자리하니, 이를 穆이라고 한다. 이것으로 宗族의 長幼·親疏·遠近을 구별하였다.(이광호 외 역,《역주 예기정의-중용·대학》122쪽 역주 1) 재인용)

111 (之)〔弟〕: 저본에는 '之'로 되어 있으나,《儀禮》〈特牲饋食禮〉에는 '弟'로 되어 있으며, "《중용》제19장 注 '賓弟子兄弟之子'의 之자는 바로 弟자의 오류다.〔中庸十九章註賓弟子兄弟之子 此之字卽弟字之誤〕"라고 한 李瀷(鮮)의《星湖僿說》〈經史門 儒門禁網〉에 의거하여 '弟'로 바로잡았다.《中庸或問》에서 〈특생궤사례〉 '賓弟子 兄弟弟子 各擧觶於其長(내빈의 자제들과 주인 형제의 자제들은 각각 자기 어른에게 잔을 올린다.)'을 인용한 것으로 보아도 '弟'로 쓰는 것이 옳을 듯하다. 아마도 '賓弟子兄弟之子'라고 잘못 인용한 鄭玄(後漢)의 주석을 가져오면서 오류를 답습한 듯하다.

112 觶 : 중국 古代의 술잔이다. 靑銅으로 만들며 모양은 樽과 비슷하면서 작고, 뚜껑이 있는 것도 있다.《禮記》〈禮器〉 '尊者擧觶(존자는 觶를 든다.)'의 鄭玄(後漢) 注에 "3되들이 술잔을 觶라고 한다.〔三升曰觶〕"라고 하였다.(《禮記正義》)

※ 昭 : 시조묘 왼쪽 위차 소   穆 : 시조묘 오른쪽 위차 목   旅 : 무리 려   酬 : 술 권할 수
  逮 : 미칠 체   燕 : 잔치 연   齒 : 나이 치   咸 : 모두 함   司 : 맡을 사   職 : 맡을 직   觶 : 술잔 치

廟에 일(제사)이 있으면 자손[子姓]·형제의 여러 昭·여러 穆이 모두 참석하여도 그 차례를 잃지 않았다.

 爵은 公·侯·卿·大夫다. 事는 宗伯·大祝·有司가 맡은 일이다.

 旅는 무리다. 酬는 권하여 마시게 하는 것이다. 여러 사람이 술잔을 권하며 차례대로 돌려가면서 술을 마시는 禮를 행할 때, 賓客의 자제와 주인 형제의 자제들이 저마다 〈자기가 속해 있는 무리의〉 어른에게 술잔[觶]을 들어 권하고 나서 여러 사람이 서로 술을 권한다. 대체로 종묘 안에서 일이 있음을 영광으로 삼기 때문에, 〈신분이〉 낮은 사람까지도 〈은혜가〉 미치게 하여 그 공경을 펼칠 수 있게 하였다.

觶(商 후기 亞醜觶)

 燕毛는 제사가 끝나고 잔치할 때, 머리털의 색으로 長幼를 구별하여 앉는 자리를 정하는 것이다. 齒는 나이[年數]다.

19-5 踐其位하여 行其禮하며 奏其樂(악)하며 敬其所尊하며 愛其所親하며 事死如事生하며 事亡如事存[113]이 孝之至也니라

〈제사 지낼 때에〉 그(先王)의 자리를 밟고서, 그의 禮를 행하며, 그의 음악을 연주하며, 그가 떠받든 사람을 공경하며, 그가 친하게 여긴 사람을 아끼며, 〈장사 지내기 전에는〉 산 사람을 섬기는 것처럼 죽은 사람을 섬기며, 〈장사 지낸 뒤에는〉 생존한 사람을 섬기는 것처럼 죽어 없어진 사람을 섬기는 것이 孝의 지극함이다.

 踐은 猶履也라 其는 指先王也라 所尊所親은 先王之祖考子孫臣庶也라 始死謂之死요 旣葬則曰反而亡焉이니 皆指先王也라

 踐은 履(밟다)와 같다. 其는 先王을 가리킨다. '떠받든 사람[所尊]'·'친하게 여긴 사람[所親]'

---

113 事死如事生 事亡如事存 : 제사 지내는 사람이 자신의 精誠을 다하는 것이다.

❋ 踐 : 밟을 천　奏 : 연주할 주　履 : 밟을 리

은 선왕의 할아버지·아버지·자손·여러 신하다. 막 죽은 것을 '死'라 하고, 장사 지낸 두에는 '〈자연으로〉 돌아가 없어졌다.'라고 하니, 모두 선왕을 가리킨다.

此結上文兩節이니 **皆繼志述事之意也**라

이것은 앞 글의 두 마디를 매듭지은 것이니, 모두 〈돌아가신 분의〉 뜻을 계승하고 〈돌아가신 분의〉 일을 이어나가는 뜻이다.

19-6 郊社之禮는 **所以事上帝也**요 **宗廟之禮**는 **所以祀乎其先也**니 **明乎郊社之禮**와 **禘嘗[114]之義**면 **治國**은 **其如示諸**(저)**掌乎**인저

郊祭·社祭의 禮法은 上帝를 섬기기 위한 것이요, 宗廟의 예법은 자기의 선조를 제사하기 위한 것이다. 그러니 교제·사제의 예법과 禘祭·嘗祭의 의리에 밝으면 나라를 다스림은 아마도 손바닥에다 놓고 보는 것과 같을 것이다."

郊는 **祭天**이요 **社**는 **祭地**로되 **不言后土者**는 **省**(생)**文也**라 **禘**는 **天子宗廟之大祭**니 **追祭太祖之所自出於太廟**하고 **而以太祖配之也**라 **嘗**은 **秋祭也**라 **四時皆祭[115]**로되 **擧其一耳**라 **禮必有義**하니 **對擧之**는 **互文[116]也**라 **示**는 **與視同**이니 **視諸掌**은 **言易**(이)**見也**라 **此與論語[117]**로 **文意 大同小異**하니 **記有詳略耳**라

---

114 禘嘗 : 주희는, 禘는 천자가 종묘에서 지내는 큰 제사, 嘗은 가을 제사로 보았다. 그러나 崔远(淸)은 이 장의 '修其祖廟' 아래는 모두 祭祀의 예법을 논한 것인데 첫머리에 '春秋'라는 말을 썼고, 《禮記》〈祭義〉·〈郊特牲〉에서 '春禘秋嘗'이라고 하였으니, 禘는 '봄 제사의 이름'이라고 하였다.(《王政三代典考》〈經傳禘祀通考〉 참조)

115 四時皆祭 : 《禮記》〈王制〉·〈祭統〉에 봄 제사는 礿, 여름 제사는 禘, 가을 제사는 嘗, 겨울 제사는 烝이라고 하였다. 〈제통〉에는 또 "礿과 禘는 陽의 뜻이고 嘗과 烝은 陰의 뜻이다. 체제사는 양이 왕성한 〈계절에〉 지내고 상제사는 음이 왕성한 〈계절에〉 지낸다. 그러므로 '체제사와 상제사보다 소중한 것은 없다.'고 하는 것이다.〔礿禘 陽義也 嘗烝 陰義也 禘者陽之盛也 嘗者陰之盛也 故曰莫重於禘嘗〕"라고 하였다.

116 互文 : 앞뒤의 문장에서 각기 교차하여 생략해 낱말의 중복을 피하는 修辭法이다. 여기서는 '郊社之禮義 禘嘗之禮義'라고 쓰지 않고 '郊社之禮 禘嘗之義'라고 쓴 것을 말한다.

117 論語 : 《論語》〈八佾〉 10장 "孔子가 말하였다. '禘제사는 울창주를 부어 降神한 뒤부터 내가 보고

※ 郊 : 제사이름 교　社 : 제사이름 사　事 : 섬길 사　禘 : 제사이름 체　嘗 : 제사이름 상
　掌 : 손바닥 장　省 : 덜 생　配 : 예속할 배　互 : 갈마들 호　易 : 쉬울 이

郊는 하늘에 제사하는 것이요, 社는 땅에 제사하는 것이다. 〈經文에서〉后土를 말하지 않은 것은 글을 생략한 것이다.

禘는 천자가 종묘에서 지내는 큰 제사니, 太祖를 낳아주신 분들을 태묘에서 추모하여 제사하고 태조를 配享하는 것이다.

嘗은 가을 제사. 사계절에 모두 제사하지만 그 가운데 하나를 들었을 뿐이다. 예법에는 반드시 의리가 있으니, 그것(郊社之禮와 禘嘗之義)을 마주하여 든 것은 互文이다.

示는 視와 같으니, '손바닥에다 놓고 봄〔視諸掌〕'은 보기 쉬움을 말한 것이다.

이것은 《논어》와 글뜻이 크게는 같고 작게는 다르니, 기록에 자세함과 간략함의 〈차이가〉 있을 뿐이다.

right는 第十九章이라

이상은 제19장이다.

20-1 哀公이 問政한대

哀公이 政治에 대해 물었다.

哀公은 魯君이니 名蔣이라

哀公은 魯나라의 군주니, 이름은 蔣이다.

20-2 子曰 文武之政이 布在方策하니 其人[118]存則其政擧하고 其人亡則其政息이니라

싫지 않았다.〔子曰 禘自旣灌而往者 吾不欲觀之矣〕"와, 11장 "어떤 이가 체제사의 내용을 묻자 공자가 '모르겠다. 그 내용을 아는 자는 천하의 일에 대해 아마도 여기에서 보는 것과 같을 것이다.'라고 하며 자신의 손바닥을 가리켰다.〔或問禘之說 子曰 不知也 知其說者之於天下也 其如示諸斯乎 指其掌〕"를 가리킨다.

118 其人 : 文王·武王의 정치를 시행할 수 있는 德과 才能을 겸비한 適任者를 말한다.

※ 布 : 분포할 포   方 : 판목 방   策 : 대쪽 책   擧 : 행할 거   息 : 없어질 식

孔子가 말하였다. "文王·武王의 정치가 서적[方策]에 나열되어 있다. 그 사람(적임자)이 있으면 그 정치가 거행되고, 그 사람이 없어지면 그 정치가 없어진다.

> 方는 版也라 策은 簡也[119]라 息은 猶滅也라
>
> 方은 木版(木簡)이다. 策은 竹簡이다. 息은 滅(없어지다)과 같다.

> 有是君有是臣이면 則有是政矣라
>
> 이러한 군주와 이러한 신하가 있으면 이러한 정치가 있을 것이다.

20-3 人道는 敏[120]政하고 地道는 敏樹하니 夫政也者는 蒲盧[121]也니라

사람의 道는 정치를 하는 데에서 〈影響이〉 빠르게 나타나고, 땅의 도는 나무를 심는 데에서 〈영향이〉 빠르게 나타난다. 저 정치라는 것은 부들·갈대와 같은 것이다.

---

[119] 方版也 策簡也 : 方은 版의 假借字로 法令 등을 기록한 나무판이고, 策은 冊의 가차자로 문서를 기록하는 얇고 길쭉한 대나무 조각[竹札]이다. 方策은 기록물의 총칭이다.(赤塚 忠(日, 아카쯔카 키요시), 《新釋漢文大系 中庸》 참조)

[120] 敏 : 鄭玄(後漢)은 '부지런히 힘쓰다(勉)'는 뜻으로 풀이하였다. 이를 따르면 '人道敏政 地道敏樹'는 '사람의 도는 정치에 힘쓰고 땅의 도는 〈초목을〉 기름에 힘쓴다.'로 풀이할 수 있다.(《禮記正義》〈中庸〉)

[121] 蒲盧 : 주희는 沈括(宋)의 《夢溪筆談》에서 "蒲盧 卽蒲葦耳(蒲盧는 바로 부들과 갈대다.)"라고 한 말을 따랐다. 부들과 갈대는 매우 잘 자라는 식물이기 때문에 정치의 효과가 빠르게 나타남을 비유한 것이다. 그러나 鄭玄(後漢)은 '蜾蠃', 곧 '나나니벌'이라고 하였다.(《禮記正義》〈中庸〉) 나나니벌은 새끼를 낳을 수 없어 뽕나무벌레의 애벌레를 잡아다가 기르는데, 7일이 되면 이 뽕나무벌레의 애벌레가 변화하여 나나니벌의 새끼가 된다고 옛사람은 생각하였다. 따라서 정치가 백성에 대해서도 이 나나니벌과 뽕나무벌레 애벌레의 관계처럼 敎化하여 변화시킬 수 있다는 것이다.(이광호 외 역, 《역주 예기정의-중용·대학》 128쪽 역주 1) 재인용)

俞樾(淸)은 "공자가 蒲盧를 가지고 정치를 비유한 것은 文王·武王의 정치가 저절로 거행될 수 없고 반드시 그 적임자를 임용[待]해야 하는 것이 나나니벌이 스스로 새끼를 낳을 수 없어 반드시 뽕나무벌레의 애벌레를 잡아다 기르는 것과 같다.[孔子以蒲盧喩政 蓋以文武之政 不能自擧 而必待其人 猶蒲盧不能自生 而必待桑蟲之子]"라고 하였다.(《群經平議》〈小戴禮記 四〉夫政也者蒲盧也條)

※ 版 : 판목 판 簡 : 대쪽 간 滅 : 없어질 멸 敏 : 빠를 민 樹 : 나무 수 蒲 : 부들 포
  盧(≒蘆) : 갈대 로

敏은 速也라 蒲盧는 沈括以爲蒲葦¹²²라하니 是也¹²³라

敏은 빠름이다. 蒲盧는 沈括(宋)이 '부들과 갈대'라고 하였으니, 옳다.

以人立政은 猶以地種樹하여 其成速矣하고 而蒲葦는 又易(이)生之物이니 其成尤速也라 言人存政擧 其易如此라

사람의 〈道를〉 따라 정치를 세우는 것은 땅의 〈도를〉 따라 나무를 심는 것과 같아서 그 〈人道의〉 이루어짐이 빠르게 나타나고, 부들과 갈대는 또 잘 생장하는 식물이니 그 〈地道의〉 이루어짐이 더욱 빠르게 나타난다. 사람(적임자)이 있으면 정치가 거행되는 것이 이와 같이 쉬움을 말한 것이다.

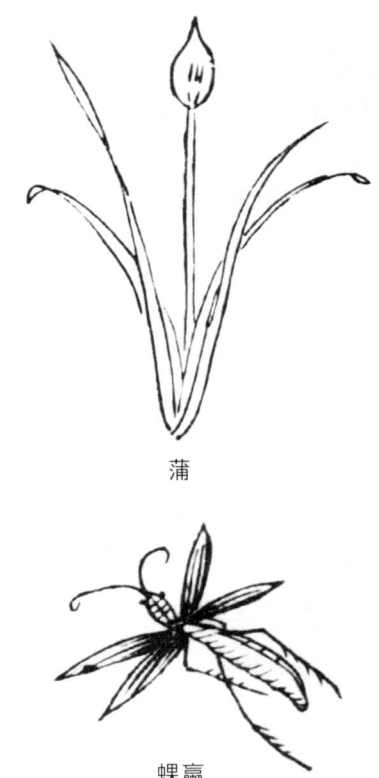

蒲

蜾蠃

20-4 故로 爲政在人하니 取人以身이요 修身以道요 修道以仁이니라

그러므로 정치를 함이 〈훌륭한〉 사람을 〈얻는 데에〉 달려 있으니, 〈자기(군주)의〉 몸〈을 닦음〉으로써 〈훌륭한〉 사람을 등용하고, 道로써 〈자기의〉 몸을 닦고, 仁으로써 도를 닦아야 한다.

此는 承上文人道敏政而言也라 爲政在人은 家語에 作爲政在於得人¹²⁴이라하니 語意尤備라 人은 謂賢臣이라 身은 指君身이라 道者는 天下之達道라 仁者는 天地生物之心而人

---

122 蒲葦 : 沈括(宋), 《夢溪筆談》 권3 〈辨證 一〉에 나온다.
123 蒲盧……是也 : 주희는 '부들과 갈대〔蒲葦〕'라고 한 沈括의 해설만이 '땅의 도는 나무를 심는 데에서 〈영향이〉 빠르게 나타난다.〔地道敏樹〕'고 말한 것과 상응하기 때문에 따르지 않을 수 없다고 하였다.(《中庸或問》 참조)
124 爲政在於得人 : 《孔子家語》 권4 〈哀公問政〉에 나온다.

※ 速 : 빠를 속 括 : 묶을 괄 葦 : 갈대 위 種 : 심을 종 尤 : 더욱 우 備 : 갖출 비

得以生者니 所謂元者善之長也^{125}라

　이것은 앞 글의 '사람의 도는 정치를 하는 데에서 〈영향이〉 빠르게 나타난다.〔人道敏政〕'를 이어받아 말한 것이다.
　爲政在人은 《孔子家語》에 '爲政在於得人(정치를 함이 〈훌륭한〉 사람을 얻는 데에 달려 있다.)'으로 되어 있으니, 말의 뜻이 더욱 갖춰졌다. 人은 훌륭한 신하를 이른다. 身은 군주의 몸을 가리킨다. 道는 천하의 보편적인 도다. 仁은 천지가 만물을 낳는 마음으로서 사람이 〈그것을〉 얻어 태어난 것이니, 이른바 '元은 善의 으뜸'이라는 것이다.

言人君爲政이 在於得人이요 而取人之則이 又在修身하니 能仁其身이면 則有君有臣하여 而政無不擧矣라

　人君이 정치를 함이 〈훌륭한〉 사람을 얻는 데에 달려 있고, 〈훌륭한〉 사람을 등용하는 방법이 또 〈자기의〉 몸을 닦는 데에 달려 있다. 〈군주가〉 자기의 몸을 仁하게 할 수 있으면 〈훌륭한〉 군주도 있고 〈훌륭한〉 신하도 있게 되어 정치가 거행되지 않음이 없을 것임을 말한 것이다.

20-5 仁者는 人也^{126}니 親親이 爲大하고 義者는 宜也니 尊賢이 爲大하니 親親之殺(쇄)와 尊賢之等이 禮所^{127}生也니라

　仁은 사람다움이니, 親族을 親愛하는 것이 중대하다. 義는 마땅함이니, 賢者를 높이는 것이 중대하다. 친족을 친애하는 差等과 현자를 높이는 等級이 禮가 생겨난 이유다.

人은 指人身而言^{128}이라 具此生理^{129}일새 自然便有惻怛慈愛之意하니 深體味之면 可見이라 宜者는 分別事理하여 各有所宜也라 禮는 則節文斯二者而已라

---

125 元者善之長也 : 《周易》 乾卦 〈文言傳〉에 나온다.
126 仁者 人也 : 鄭玄(後漢)은 '人은 서로 존경하고 친애한다(相人偶)는 뜻으로서, 그 내용은 사람의 情意를 가지고 서로 살피고 묻는 것', 곧 안부를 주고받는 것으로 보았다.(《禮記正義》 〈中肩〉 참조) 이는 사람으로서의 도리를 실천하는 것으로 仁을 이해한 것이다.
127 所 : 所由와 같다.

※　元 : 으뜸 원　殺 : 차등 쇄　等 : 등급 등　具 : 갖출 구　惻 : 불쌍히 여길 측　怛 : 슬퍼할 달
　　慈 : 사랑할 자　節 : 조절할 절

人은 몸을 갖춘 사람(살아 있는 사람)을 가리켜 말한 것이다. 〈사람의 몸에〉이 生理(仁)를 갖추고 있기 때문에 '人'字에 원래〔自然〕 불쌍하게 여겨 슬퍼하고 인자하게 사랑하는 뜻이 있으니, 깊이 體察하여 음미하면 알 수 있다. 宜는 事理를 분별하여 저마다 〈상황에 따라〉 적절함이 있는 것이다. 禮는 이 〈仁과 義〉 두 가지를 알맞게 조절하여 등급을 지은 것〔節文〕일 뿐이다.

20-6 在下位하여 不獲乎上이면 民不可得而治矣리라

아랫자리에 있으면서 윗사람에게 〈신임을〉 얻지 못하면 백성을 다스릴 수 없을 것이다.

> 鄭氏曰 此句는 在下로되 誤重在此라
> 鄭氏(鄭玄)가 말하였다. "이 구절은 아래(20-17)에 있는데, 잘못하여 여기에 중복되어 있다."

20-7 故로 君子 不可以不修身이니 思修身인댄 不可以不事親이요 思事親인댄 不可以不知人이요 思知人인댄 不可以不知天이니라

그러므로 군자는 〈자기의〉 몸을 닦지 않을 수 없다. 〈자기의〉 몸 닦기를 생각한다면 어버이를 섬기지 않아서는 안 되고, 어버이 섬기기를 생각한다면 사람을 몰라서는 안 되고, 사람 알기를 생각한다면 하늘을 몰라서는 안 된다.

> 爲政在人하니 取人以身이라 故不可以不修身이라 修身以道하고 修道以仁이라 故思修

---

128 人 指人身而言 : 眞德秀(宋)는 다음과 같이 설명하였다. "사람이 사람인 이유는 이 仁을 가지고 있기 때문이다. 이 仁을 가지고 있은 뒤에야 '사람〔人〕'이라고 부르니, 그렇지 않으면 사람이 아니다.〔人之所以爲人者 以其有是仁也 有是仁而後命之曰人 不然則非人矣〕"(趙順孫(宋),《中庸纂疏》)

129 生理 : 타고난 理, 곧 本性으로서 주희는 "하늘이 사람을 낼 때부터 그들에게 仁義禮智의 性을 부여하지 않음이 없다.〔蓋自天降生民 則旣莫不與之以仁義禮智之性矣〕"고 하였다.(《大學章句序》) 여기서는 經文의 仁을 달리 표현한 것이다.

※ 獲 : 얻을 획 重 : 거듭 중 事 : 섬길 사

身인댄 不可以不事親이라 欲盡親親之仁인댄 必由尊賢之義라 故又當知人이라 親親之殺와 尊賢之等이 皆天理也라 故又當知天[130]이라

'정치를 함이 〈훌륭한〉 사람을 얻는 데에 달려 있으니, 〈자기의〉 몸〈을 닦음〉으로써 〈훌륭한〉 사람을 등용해야 한다.' 그러므로 〈자기의〉 몸을 닦지 않아서는 안 되는 것이다. '道로써 〈자기의〉 몸을 닦고, 仁으로써 도를 닦아야 한다.' 그러므로 〈자기의〉 몸 닦기를 생각한다면 어버이를 섬기지 않아서는 안 되는 것이다. 親族을 親愛하는 仁을 다 〈실현〉하고자 한다면 반드시 賢者를 높이는 義를 바탕으로 해야 한다. 그러므로 또 사람을 알아야 하는 것이다. 친족을 친애하는 差等과 현자를 높이는 等級이 모두 天理다. 그러므로 또 하늘을 알아야 하는 것이다.

20-8 天下之達道 五에 所以行之者는 三이니 曰 君臣也父子也夫婦也昆弟也朋友之交也[131] 五者는 天下之達道也요 知仁勇三者는 天下之達德也니 所以行之者는 一也[132]니라

---

130 欲盡親親之仁……故又當知天 : 아래(20-17)에 "어버이에게 사랑을 받는 데에는 방법이 있으니 자신에게 돌이켜보아 성실하지 않으면 어버이에게 사랑을 받지 못할 것이다. 자신을 성실하게 하는 데에는 방법이 있으니 善에 밝지 않으면 자신에게 성실하게 하지 못할 것이다.〔順乎親有道 反諸身不誠 不順乎親矣 誠身有道 不明乎善 不誠乎身矣〕"라고 하였다. 親親의 전제는 誠信이며 성신의 전제는 明善이다. 명선과 성신이 사람을 참으로 아는 것이며, 사람을 참으로 알려면 善의 근원이 되는 하늘을 알아야 한다. 아래의 達道·達德·性은 인간을 이해하는 방법이며, 性에 도달하면 인간과 하늘이 하나가 되니, 하늘을 알게 된다.

131 朋友之交也 : 《周禮》〈地官 大司徒〉 '五曰聯朋友'의 鄭玄(後漢) 注에 "같은 스승을 모시고 修學하는 이를 朋이라 하고, 같은 뜻을 가지고 있는 이를 友라 한다.〔同師曰朋 同志曰友〕"라고 하였다.

132 所以行之者 一也 : 주희는 "一은 誠일 뿐이다."라고 하였고, 많은 학자들이 주희와 견해를 같이한다. 그러나 高拱(明)은 《問辨錄》에서 주희의 견해에 반대하면서 "一이라는 말은 皆라는 뜻이니, 바로 모두 그것을 행하게 하는 것이다.〔一之言皆也 蓋曰皆所以行之者也〕"라고 하였다.
　王引之(淸)는 《史記》〈平津侯列傳〉의 '智仁勇 此三者 天下之通德 所以行之者也'와 《漢書》〈公孫傳〉의 '仁知勇三者 所以行之者也' 및 이 단락 뒤의 經文 '凡爲天下國家有九經 所以行之者 一也'에는 鄭玄(後漢)이 "一은 마땅히 미리 계획하여 정해둠을 이른다.〔一謂當豫也〕"라고 주석하였는데 이곳에서는 '一'자를 주석하지 않은 점을 근거로 이 경문에는 본래 '一'자가 없었다, 곧 衍文이라고 주장하였다.(《經義述聞》〈禮記 下〉 所以行之者一也條) 따라서 왕인지의 견해를 따르면 '所以行之者也'는 '所以行之者三'처럼 마무리하는 구절로서 '知·仁·勇 세 가지는 천하의 보편적인 德인데 그것, 곧 五道를 행하게 하는 것이다.'라고 풀이할 수 있다.

※　昆 : 맏형 곤　交 : 사귈 교

천하의 보편적인 道가 다섯 가지인데, 그것을 행하도록 하는 것은 세 가지다. 임금과 신하 사이의 관계·아비와 자식 사이의 관계·남편과 아내 사이의 관계·형과 아우 사이의 관계·벗들 사이의 교제, 이 다섯 가지는 천하의 보편적인 도다. 知·仁·勇 이 세 가지는 천하의 보편적인 德인데, 그것을 행하게 하는 것은 한 가지(誠)다.

達道者는 天下古今所共由之路니 卽書所謂五典[133]이요 孟子所謂父子有親 君臣有義 夫婦有別[134] 長幼有序 朋友有信이 是也라 知는 所以知此也요 仁은 所以體此也요 勇은 所以强此也라 謂之達德者는 天下古今所同得之理也라 一은 則誠而已矣라

'보편적인 道〔達道〕'는 예나 지금이나 천하 사람이 함께 따라야 하는 길이니, 곧《尙書》〈舜典〉의 이른바 '五典'이라는 것이요,《孟子》〈滕文公 上〉의 이른바 '아비와 자식 사이에는 친함이 있고, 임금과 신하 사이에는 의리가 있고, 남편과 아내 사이에는 구별이 있고, 어른과 아이 사이에는 차례가 있고, 벗들 사이에는 믿음이 있어야 한다.'는 것이 이것이다.

知는 이것을 아는 것이요, 仁은 이것을 실천하는 것이요, 勇은 이것을 힘써 노력하는 것이다. 그것을 '보편적인 德〔達德〕'이라고 이르는 것은 예나 지금이나 천하 사람이 함께 가지고 있는 이치기 때문이다. 一은 誠일 뿐이다.

達道는 雖人所共由나 然無是三德이면 則無以行之요 達德은 雖人所同得이나 然一有不誠이면 則人欲間之하여 而德非其德矣라 程子曰 所謂誠者는 止是誠實此三者니 三者之外에 更別無誠[135]이라

보편적인 道는 비록 사람이 함께 따라야 하는 것이나, 〈지·인·용〉 이 세 가지 덕이 없으면 그것을 행할 수 없다. 보편적인 德은 비록 사람이 함께 가지고 있는 것이나, 조금이라도 성실

---

133 五典 : 五典은 五常으로서, 僞孔安國傳에는 父義·母慈·兄友·弟恭·子孝라고 하였다. 그러나 주희는 父子有親·君臣有義·夫婦有別·長幼有序·朋友有信이라고 하였다.

134 夫婦有別 : 夫婦有別은 학자마다 다양하게 해석한다. 일반적으로 부부유별은 '남편과 아내가 서로의 직분을 침범하지 않는 것, 곧 內外의 구별이 있는 것'으로 풀이한다. 그러나 李德弘(鮮)은 한 걸음 더 나아가 '別'에는 '大別'과 '小別' 두 가지 뜻이 있다고 주장한다. '소별'은 일반적으로 말하는 '한 부부 안에서의 內外 구별'이요, '大別'은 'A라는 부부와 B라는 부부, 곧 우리 부부와 남의 부부 사이의 구별'을 말한다고 하였다.《艮齋集》권7〈圖 夫婦有別圖〉참조)

135 程子曰……更別無誠 :《河南程氏遺書》권2 上〈元豊己未呂與叔東見二先生語〉에 나온다.

※ 共 : 함께 공　典 : 법전　間 : 낄 간　更 : 다시 갱

하지 않음이 있으면 人欲이 끼어들어 德이 그 〈참된〉 덕이 아니게 될 것이다.

  程子가 말하였다. "이른바 誠이라는 것은 〈지·인·용〉 이 세 가지를 성실하게 하는 것일 뿐이다. 세 가지 외에 다시 별도의 誠은 없다."

20-9 或生而知之[136]하며 或學而知之[137]하며 或困而知之[138]하나니 及其知之하여는 一也니라 或安而行之[139]하며 或利而行之[140]하며 或勉强而行之[141]하나니 及其成功하여는 一也니라

 태어나면서 〈저절로〉 알기도 하며, 배워서 알기도 하며, 애써 노력하여 알기도 한다 그러나 그 앎에 미쳐서는 한가지다. 편안하게 행하기도 하며, 이롭게 여겨 행하기도 하며, 힘써 노력하여 행하기도 한다. 그러나 그 功을 이룸에 미쳐서는 한가지다.

---

[136] 生而知之: "生而知者는 태어나면서 신령하여 배우지 않아도 이것(達道·達德·三知·三行)에 대해 모르는 것이 없다.〔生而知者 生而神靈 不待教而於此無不知也〕"《中庸或問》

[137] 學而知之: "學而知者는 모르는 것이 있으면 배워서 안다. 태어나면서 아는 것은 아니지만 애써 노력할 필요는 없다.〔學而知者 有所不知 則學以知之 雖非生知 而不待困也〕"《中庸或問》

[138] 困而知之: "困而知者는 태어나면서 〈지혜가〉 밝지 못하고 배워도 이해하지 못하며, 애써 마음을 쓰고 생각을 짜낸 뒤에야 아는 자다.〔困而知者 生而不明 學而未達 困心橫慮 而後知之者也〕"《中庸或問》

[139] 安而行之: "安而行者는 의리에 편안하여 익히지 않아도 이것(達道·達德·三知·三行)에 대해 어기는 것이 없다. 이런 사람은 품부받은 기질이 淸明하고 순수하여 天理와 혼연일체여서 손상됨이 없는 자다.〔安而行者 安於義理 不待習而於此無所咈也 此人之稟氣淸明 賦質純粹 天理渾然 無所虧喪者也〕"《中庸或問》

[140] 利而行之: "利而行者는 그것이 이로움을 참으로 알아 반드시 행하니, 편안히 여겨 행하는 것은 아니지만 힘써 노력할 필요는 없다. 이런 사람은, 청명한 氣를 얻은 것이 많으나 가려짐은 없을 수 없고, 순수한 바탕을 얻은 것이 많으나 잡됨은 없을 수 없다. 天理를 조금 상실하였으나 빨리 되돌아갈 수 있는 자다.〔利而行者 眞知其利而必行之 雖有未安 而不待勉也 此得淸之多而未能無蔽 得粹之多而未能無雜 天理小失而能亟反之者也〕"《中庸或問》

[141] 勉强而行之: "勉强而行者는 편안한 것을 얻지 못하고 그것이 이로움도 모르지만 힘써 노력하고 억지로 바로잡아 행하는 자다. 이런 사람은 〈私欲이〉 어둡게 가리고 순수하지 못하여 天理가 거의 없어져서 오래도록 〈힘써 노력한〉 뒤에 되돌아갈 수 있는 자다.〔勉强而行者 不獲所安 未知其利 勉力强矯而行之者也 此則昏蔽駁雜 天理幾亡 久而後能反之者也〕"《中庸或問》

※ 困 : 애쓸 곤 勉 : 힘쓸 면

知之者之所知와 行之者之所行은 謂達道也라 以其分而言이면 則所以知者는 知也요 所以行者는 仁也요 所以至於知之成功而一者는 勇也라 以其等而言이면 則生知安行者는 知也요 學知利行者는 仁也요 困知勉行者는 勇也라 蓋人性이 雖無不善이나 而氣稟有不同者라 故聞道有蚤莫(모)하고 行道有難易(이)¹⁴²라 然이나 能自强不息이면 則其至는 一也¹⁴³라

아는 자가 아는 것과 행하는 자가 행하는 것은 '보편적인 道〔達道〕'를 이른다. 그 나누어짐으로 말하면 알게 하는 것은 知요, 행하게 하는 것은 仁이요, 그것을 알고 功을 이룸에 이르러 한가지가 되게 하는 것은 勇이다. 그 등급으로 말하면 '태어나면서〈저절로〉아는 것〔生知〕'·'편안하게 행하는 것〔安行〕'은 知고, '배워서 아는 것〔學知〕'·'이롭게 여겨 행하는 것〔利行〕'은 仁이고, '애써 노력하여 아는 것〔困知〕'·'힘써 노력하여 행하는 것〔勉行〕'은 勇이다.

대체로 사람의 性은 비록 善하지 않음이 없으나 품부받은 氣質에 다른 점이 있다. 그러므로 일찍 道를 깨우치고 늦게 도를 깨우침이 있으며, 어렵게 도를 행하고 쉽게 도를 행함이 있는 것이다. 그러나 스스로 쉼 없이 노력할 수 있으면 그 이르는 곳〔至〕은 한가지다.

呂氏曰 所入之塗雖異나 而所至之域則同하니 此所以爲中庸이라 若乃企生知安行之資하여 爲不可幾及하며 輕困知勉行하여 謂不能有成이라하면 此道之所以不明不行也¹⁴⁴라

呂氏(呂大臨)가 말하였다. "들어가는 길은 비록 다르나 이른 경지는 같으니, 이 때문에 中庸이 되는 것이다. 만일 '태어나면서〈저절로〉아는 것〔生知〕'·'편안하게 행하는 것〔安行〕'의 자질을 바라면서 거의 미칠 수 없다고 여기며, '애써 노력하여 아는 것〔困知〕'·'힘써 노력하여

---

142 聞道有蚤莫(모) 行道有難易(이) : 聞道는 곧 道를 아는 것이니, 格物致知의 결과 善이 무엇인지를 알아 삶의 도를 알게 된 것이며 마음의 본체를 알게 된 것이다. 行道는 誠意·正心·修身으로 마음의 用을 알게 된 것이다. 知行의 완성을 이루면 마음의 全體大用을 알고 실천하게 되니, 수신이 완성되어 도가 확립되었을 것이다. "그 이르는 곳이 하나〔其至 一也〕"라는 것은 마음의 전체대용이 실현되는 수신의 경지며, 수신이 이루어지면 도가 확립되니, 九經의 '修身則道立'에 해당한다. 설명의 편의상 지행을 나누어 설명하지만 지행은 竝進하므로 문도의 경지에 이르면 행도도 함께 이루어질 것이며, 행도를 하면 문도는 그 가운데 있을 것이다.

143 其至 一也 : 이르는 곳(귀결점)이 하나인 것은 氣質은 다르지만 性이 동일하기 때문이다. 性의 본질은 善하니, 선한 처음의 상태를 회복하는 것〔復其初〕이 바로 귀결점이다.(《中庸或問》 참조)

144 呂氏曰……此道之所以不明不行也 : 呂大臨(宋)의 《中庸解》에 나온다. 이 책은 《河南程氏經說》 권8에 들어 있으며, 衛湜(宋)의 《禮記集說》에도 抄錄되어 있다.

※ 稟 : 바탕 품   蚤 : 일찍 조   莫(≒暮) : 늦을 모   塗 : 길 도   域 : 지경 역   幾 : 거의 기
　輕 : 가벼울 경

행하는 것〔勉行〕'을 가볍게 여겨 〈功을〉 이룰 수 없다고 이른다면, 이것이 道가 밝아지지 않고 행해지지 않는 이유다."

20-10 子曰[145] 好學은 近乎知하고 力行은 近乎仁하고 知恥는 近乎勇이니라

배움을 좋아함은 知에 가깝고, 힘써 행함은 仁에 가깝고, 부끄러워할 줄 앎은 勇에 가깝다.

子曰二字는 衍文이라

'子曰' 두 자는 쓸데없는 글이다.

○此는 言未及乎達德而求以入德之事니 通上文三知爲知하고 三行爲仁이면 則此三近者는 勇之次也[146]라

○이는 三達德에 못 미쳐서 德에 들어가기를 구하는 일을 말하였다. 앞 글의 〈生知·學知·困知〉 세 가지 앎을 知로 여기고, 〈安行·利行·勉行〉 세 가지 행함을 仁으로 여긴 것을 통해 보면, 여기서 세 가지 가깝다〔三近〕는 것은 勇의 순서가 된다.

呂氏曰 愚者는 自是而不求하고 自私者는 徇人欲而忘返하고 懦者는 甘爲人下而不辭라

---

145 子曰 : 주희는 '自誠明 謂之性' 앞까지 '哀公問政 子曰文武之政'의 '子曰'에 이어지는 말로 보아 여기의 '子曰' 두 자를 衍文으로 보았다. 자세한 내용은 章末(201쪽)의 集注를 참고하기 바란다. 그러나 丁若鏞(鮮)은 "哀公과의 문답은 蒲盧 한마디뿐이다."라고 하여 '子曰'을 衍文으로 본 견해에 반대한다.《中庸講義補》

146 勇之次也 : 朴敏孝(鮮)는 "가깝다〔近〕라고 말하였기 때문에 '次'라 하였다.〔曰近故爲之次也〕"라고 하여,《四書註吐》〈中庸章句吐〉) 好學·力行·知恥를 勇의 다음가는 단계로 규정하였다. 그러나 주희가 "〈生知·學知·困知〉 세 가지 앎은 모두 知이고, 〈安行·利行·勉行〉 세 가지 행함은 모두 仁이고, 〈好學·力行·知恥〉 세 가지 가까움은 모두 勇이다. 생지·안행·호학은 또 知이고, 학지·이행·역행은 또 仁이고, 곤지·면행·지치는 또 勇이다.〔三知都是知 三行都是仁 三近都是勇 生知安行好學又是知 學知利行力行又是仁 困知勉行知恥又是勇〕"라고 하였으니《朱子語類》권64〈中庸3 제20장〉陳淳의 기록(12번째 조목)), 勇之次는 勇의 다음가는 단계가 아니라 순서상 勇의 차례에 해당한다는 말이다.

※ 恥 : 부끄러울 치　衍 : 군더더기 字句 연　徇 : 따를 순　忘 : 잊을 망　返 : 돌아올 반
　懦 : 나약할 나　甘 : 달 감　辭 : 사양할 사

故好學이 非知나 然足以破愚요 力行이 非仁이나 然足以忘私요 知恥 非勇이나 然足以起懦[147]라

呂氏(呂大臨)가 말하였다. "어리석은 자는 스스로 옳게 여겨〈남의 좋은 의견을〉찾지 않고, 스스로 사사로운 자는 人欲을 따르면서 돌이킬 줄 모르고, 나약한 자는 남의 아래가 되는 것을 달게 여겨 사양하지 않는다. 그러므로 배움을 좋아함이 知는 아니나 어리석음을 깨뜨릴 수 있고, 힘써 행함이 仁은 아니나 사사로움을 잊을 수 있고, 부끄러워할 줄 앎이 勇은 아니나 나약함을 떨쳐낼 수 있다."

20-11 知斯三者則知所以修身이요 知所以修身則知所以治人이요 知所以治人則知所以治天下國家矣리라

이 세 가지를 알면 자기 몸을 닦는 방법을 알 것이요, 자기 몸을 닦는 방법을 알면 남을 다스리는 방법을 알 것이요, 남을 다스리는 방법을 알면 천하와 나라·집안을 다스리는 방법을 알 것이다.

斯三者는 指三近而言이라 人者는 對己之稱이라 天下國家는 則盡乎人矣라

'이 세 가지[斯三者]'는 '세 가지 가깝다[三近:好學·力行·知恥]'는 것을 가리켜 말한 것이다. 人은 자기와 相對되는 명칭이다. 천하·나라·집안이라고 할 때는 남을 다 든 것이다.

言此하여 以結上文修身之意하고 起下文九經之端也라

이것을 말하여 앞 글 修身의 뜻을 매듭짓고, 다음 글 九經의 단서를 일으켰다.

20-12 凡爲天下國家 有九經하니 曰 修身也와 尊賢也와 親親也와 敬大臣也와

---

147 呂氏曰……然足以起懦 : 呂大臨(宋)의 《中庸解》에 나온다.

※ 破:깨뜨릴 파 愚:어리석을 우 對:마주할 대 爲:다스릴 위

體¹⁴⁸群臣也와 子庶民也와 來百工¹⁴⁹也와 柔遠人¹⁵⁰也와 懷諸侯也니라

일반적으로 천하와 나라·집안을 다스림에 아홉 가지 원칙(九經)이 있으니, 자기의 몸을 닦음과 賢者를 높임과 親族을 친애함과 大臣을 공경함과 여러 신하의 처지를 이해함(體)과 서민을 자식처럼 사랑함과 온갖 匠人을 오게 함과 멀리서 온 사람을 잘 보살펴줌과 제후를 감싸줌이다.

經은 常也라 體는 謂設以身處其地而察其心也라 子는 如父母之愛其子也라 柔遠人은 所謂無忘賓旅者也라 此는 列九經之目也라

經은 常(변하지 않다)이다. 體는 자신이 그들의 입장에 처한 것으로 가정하고서 그들의 마음을 살핌을 이른다. 子는 부모가 자기 자식을 사랑하듯이 하는 것이다. 柔遠人은 《孟子》〈告子 下〉의 이른바 '〈다른 나라에서 온 귀한〉 손님과 나그네를 소홀히 여겨 버리지 말라.'는 것이다.

이것은 아홉 가지 원칙(九經)의 조목을 나열한 것이다.

呂氏曰 天下國家之本이 在身이라 故修身爲九經之本이라 然이나 必親師取友然後에 修身之道進이라 故尊賢次之하고 道之所進이 莫先其家라 故親親次之하고 由家以及朝廷이라 故敬大臣體群臣次之하고 由朝廷以及其國이라 故子庶民來百工次之하고 由其國以及天下라 故柔遠人懷諸侯次之하니 此는 九經之序也라 視群臣을 猶吾四體하고 視

---

148 體: 鄭玄(後漢)은 "體는 接納(접견하다)과 같다.〔體 猶接納也〕"라고 하였다.《禮記正義》〈中庸〉

149 來百工: 孔穎達(唐)은 來를 '招來(불러서 오게 하다)'라고 풀이하였다.《禮記正義》〈中庸〉 그러나 王引之(淸)는 "來는 勞來의 來로서 권면함을 이른다.〔來讀勞來之來 謂勸勉之也〕"라고 하였다.《經義述聞》〈禮記 下〉來百工也條) 이때의 '來'는 '勑'의 略字다.

150 柔遠人: 遠人에 대해 주희는 "無忘賓旅(〈다른 나라에서 온 귀한〉 손님과 나그네를 소홀히 여겨 버리지 말라.)"로, 鄭玄(後漢)은 '蕃國의 제후'로 풀이하였다.《禮記正義》〈中庸〉 毛奇齡(淸)은 정현의 설은 '빠진 곳이 있어 다 갖추어지지 않았다.〔闕而未備〕' 하고 주희가 말한 '賓'은 '천자가 조회 오고 방문 온 빈객을 대우하다.〔天子待朝聘之賓〕'라는 뜻으로 經文의 '懷諸侯'에 포함되는 것이니 옳지 않다고 하면서 '遠人'에는 두 가지 항목이 있는데, 그 하나는 《論語》〈季氏〉의 '遠人不服'의 '遠人'으로서 '蕃國의 諸侯'요, 또 하나는 〈子路〉의 '遠者來'의 '遠者'로서 '商賈와 行旅'라고 하였다.(佐藤一齋(日, 사토 잇사이),《中庸欄外書》)

柔는 '擾'의 假借로서 '安撫(사정을 살펴서 어루만져 위로하다.)'라는 뜻이다.

※ 懷: 품을 회　旅: 나그네 려　列: 벌여놓을 렬

百姓을 猶吾子하니 此는 視臣視民之別也[151]라

　　呂氏(呂大臨)가 말하였다. "천하와 나라·집안의 근본이 자신에게 있다. 그러므로 〈자기〉 몸을 닦는 것이 아홉 가지 원칙(九經)의 근본이 된다. 그러나 반드시 스승을 가까이하고 벗을 고른 뒤에야 〈자기〉 몸을 닦는 道가 진척된다. 그러므로 賢者를 높임이 〈修身의〉 다음이 되는 것이다. 道가 진척되는 것이 자기 집안보다 먼저 할 것이 없다. 그러므로 親族을 친애함이 〈尊賢의〉 다음이 되는 것이다. 집안을 거쳐 朝廷에 미치기 때문에 大臣을 공경함과 여러 신하의 처지를 이해함이 〈親親의〉 다음이 되는 것이다. 조정을 거쳐 그 나라에 미치기 때문에 서민을 자식처럼 사랑함과 온갖 匠人을 오게 함이 〈敬大臣과 體群臣의〉 다음이 되는 것이다. 그 나라를 거쳐 천하에 미치기 때문에 멀리서 온 사람을 잘 보살펴줌과 제후를 감싸줌이 〈子庶民과 來百工의〉 다음이 되는 것이다.

　　이것은 아홉 가지 원칙(九經)의 순서다. 여러 신하를 나의 四體처럼 보고 백성을 나의 자식처럼 보아야 하니, 이는 신하를 보는 것과 백성을 보는 것의 구별이다."

20-13 修身則道立하고 尊賢則不惑하고 親親則諸父昆弟 不怨하고 敬大臣則不眩하고 體群臣則士之報禮 重하고 子庶民則百姓이 勸하고 來百工則財用이 足하고 柔遠人則四方이 歸之하고 懷諸侯則天下 畏之니라

　자기의 몸을 닦으면 道가 확립되고, 賢者를 높이면 〈道理에 대해〉 미혹되지 않게 되고, 親族을 친애하면 諸父(宗族 가운데 아버지와 行列이 같은 자)와 형제들이 원망하지 않게 되고, 大臣을 공경하면 〈國事에 대해〉 헷갈리지 않게 되고, 여러 신하의 처지를 이해하면 벼슬아치들(士)이 보답하는 禮가 隆崇(重)하게 되고, 庶民을 자식처럼 사랑하면 백성이 〈서로〉 勸勉하게 되고, 온갖 匠人을 오게 하면 財貨와 器用이 풍족하게 되고, 멀리서 온 사람을 잘 보살펴주면 사방의 〈민심이〉 그에게 돌아오게 되고, 諸侯를 감싸주면 천하가 敬畏하게 된다.

---

151 呂氏曰……此視臣視民之別也 : 呂大臨(宋)의 《中庸解》에 나온다.

※ 惑 : 미혹할 혹　昆 : 맏형 곤　怨 : 원망할 원　眩 : 어두울 현　報 : 갚을 보　子 : 사랑할 자
　勸 : 권할 권　財 : 재물 재　足 : 넉넉할 족　畏 : 두려워할 외

此言九經之效也라 道立은 謂道成於己而可爲民表니 所謂皇建其有極이 是也라 不惑은 謂不疑於理라 不眩은 謂不迷於事라 敬大臣이면 則信任專而小臣不得以間之라 故臨事而不眩也라 來百工이면 則通功易事[152]하여 農末相資라 故財用足이라 柔遠人이면 則天下之旅 皆悅而願出於其塗라 故四方歸라 懷諸侯면 則德之所施者博하여 而威之所制者廣矣라 故曰 天下畏之라하니라

이것은 아홉 가지 원칙(九經)의 효험을 말한 것이다.

道立은 道가 자기에게 이루어져 백성의 본보기가 될 만함을 이르니, 《尙書》〈洪範〉의 이른바 '皇帝가 표준을 세운다.'라는 것이 이것이다. 不惑은 道理에 대해 미혹되지 않게 됨을 이른다. 不眩은 國事에 대해 헷갈리지 않게 됨을 이른다.

大臣을 공경하면 信任이 전일해져서 지위가 낮은 신하가 거기에 끼어들 수 없다. 그러므로 국사에 직면하여 갈팡질팡하지 않게 되는 것이다.

온갖 匠人을 오게 하면 생산품을 교환하고 일을 분담·협조하여, 농업과 상업(末)이 서로 돕기 때문에 재화와 기용이 풍족하게 되는 것이다.

멀리서 온 사람을 잘 보살펴주면 천하의 나그네들이 모두 기뻐하면서 그 길로 가길 원하기 때문에 사방의 〈민심이〉 돌아오게 되는 것이다.

제후를 감싸주면 德을 베푼 것이 넓어 위엄으로 통제함이 넓어질 것이다. 그러므로 '천하가 경외하게 된다.'라고 한 것이다.

20-14 齊(재)明盛服하여 非禮不動은 所以修身也요 去讒遠色하며 賤貨而貴德은 所以勸賢也요 尊其位하며 重其祿하며 同其好惡(오)[153]는 所以勸親親也요 官盛

---

152 通功易事:《孟子》〈滕文公 下〉에 나오는 말인데, 주희는 "工人이 만든 생산품(功)을 교환하고 그 일을 분담·협조(交易)함을 이른다.(謂通人之功而交易其事)"라고 하였다.

153 同其好惡(오):孔穎達(唐)은 "好는 慶賞을 이르고, 惡는 誅罰을 이른다.(好謂慶賞 惡謂誅罰)"라고 하여 慶賞과 誅罰에 연대책임을 지우는 것으로 말하였고(《禮記正義》〈中庸〉), 周悅讓(淸)은 "好는 慶을 이르고, 惡는 弔를 이른다.(好乃謂慶 惡乃謂弔也)"라고 하여 제사를 지내면 제사고기를 보내주어 福을 함께 나누며, 冠·婚 시에 祖廟에 알리고 죽었을 때도 訃告하는 따위로 이해하였다.(《倦游庵槧記》〈經隱 禮記〉참조)

※ 表:본보기 표　皇:임금 황　極:표준 극　迷:헷갈릴 미　專:오로지 전　資:도울 자
　制:제어할 제　齊(≒齋):재계할 재　明:깨끗이 할 명　讒:헐뜯을 참　惡:싫어할 오

任使¹⁵⁴는 所以勸大臣也요 忠信重祿¹⁵⁵은 所以勸士也요 時使薄斂은 所以勸百姓也요 日省月試하여 旣稟(희름)稱事¹⁵⁶는 所以勸百工也요 送往迎來하며 嘉善而矜不能은 所以柔遠人也요 繼絶世¹⁵⁷하며 擧廢國¹⁵⁸하며 治亂持危하며 朝聘以時하며 厚往而薄來는 所以懷諸侯也니라

齋戒하여 〈몸과 마음을〉 깨끗이 하고 禮服을 갖춰 입고서 禮法이 아니면 〈함부로〉 움직이지 않음은 자기의 몸을 닦는 방법이다.

讒訴하는 말을 물리치고 女色을 멀리하며, 재화를 輕視(賤)하고 德을 重視(貴)함은 賢者를 권면하는 방법이다.

그의 爵位를 높여주며, 그의 祿俸을 많이 주며, 그가 좋아하고 싫어하는 것을 함께함은 親族을 친애하는 것을 권면하는 방법이다.

관료를 많이 두어 使令을 충분히 맡길 수 있게 함은 大臣을 권면하는 방법이다.

忠信한 마음으로 대하고 녹봉을 많이 줌은 벼슬아치들(士)을 권면하는 방법이다.

때에 맞게 부리고 〈세금을〉 적게 거둠은 백성을 권면하는 방법이다.

---

154 官盛任使 : 丁若鏞(鮮)은 "任使는 현명한 이에게 〈직무를〉 맡기고 능력 있는 이에게 〈일을〉 시킨다는 것이다. 대신이 재주가 뛰어난 사람을 직접 초빙하여 여러 관직에 나란히 세우게 하면 〈직무를〉 맡기고 〈일을〉 시킬 수 있는 현명하고 능력 있는 자들이 가득할 것이다.〔任使者 任賢而使能也 大臣自辟材俊 列于庶官 則賢能之可任使者 蔚然其盛〕"라고 하여 대신에게 일정 부분의 인사권을 주는 일로 풀이하였다.(《中庸講義補》)

155 忠信重祿 : 丁若鏞(鮮)은 "忠은 임금에게 충성하는 것이고, 信은 진실한 마음으로 공직에 종사하는 것이다.……官은 옮기지 않고 〈승진하여〉 녹봉만 높여 받는 것이다.〔忠者忠於君也 信者以實心奉公也……官不移動 但進其祿〕"라고 풀이하였다.(《中庸講義補》)

156 旣稟(희름)稱事 :《周禮》〈天官 宮正〉 "幾其出入 均其稍食"에 대한 鄭玄(後漢)의 注에 "稍食은 祿稟이다."라고 하였고, 賈公彦(唐)의 疏에 "稍는 조금씩 줌이니, 月俸이 이것이다.……그 祿은 쌀로 주기 때문에 祿稟이라고 한 것이다.〔稍則稍稍與之 則月俸是也……其祿與之米稟 故云祿稟也〕"라고 하였다. 稱事는 지급하는 祿米를 그 사람이 한 일의 巧拙·勤惰에 맞게 차등설정함을 말한다.

157 繼絶世 : 周公이 殷 紂王의 庶兄 微子를 宋나라에 봉하여 조상의 제사를 이어나가게 한 것과 같은 것을 말한다.

158 擧廢國 : 衛나라가 狄에게 패망했을 때, 宋 桓公이 위나라의 遺民을 맞이하고 戴公을 세워 漕邑에 임시로 살게 하였다. 그러나 대공이 즉위한 지 1년 만에 죽자, 齊 桓公이 楚丘에 城을 쌓아 위나라를 봉하고 물심양면으로 도와준 것과 같은 것을 말한다.《毛詩正義》〈鄘風 定之方中〉 小序 참조)

※ 薄 : 적을 박 斂 : 거둘 렴 試 : 시험할 시 旣(≒餼) : 녹봉 희 稟(≒廩) : 녹미 름 稱 : 걸맞을 칭
嘉 : 아름다울 가 矜 : 불쌍히 여길 긍 持 : 도울 지 朝 : 알현할 조 聘 : 찾아갈 빙

날마다 시찰하고 달마다 考課하여 月俸(旣廩)을 〈그가 한〉 일에 걸맞게 줌은 온갖 匠人을 권면하는 방법이다.

가는 사람을 전송하고 오는 사람을 영접하며, 잘하는 사람을 가상하게 여기고 못하는 사람을 가엾게 여김은 멀리서 온 사람을 잘 보살펴주는 방법이다.

몰락한 世家를 이어주며, 무너져가는 제후국을 일으켜주며, 어지러운 나라를 다스려지게 해주며, 위태로운 나라를 도와주며, 때에 맞게 朝覲과 聘問을 하며, 보내는 下賜品을 많이 주고 바치는 貢物을 적게 받음은 제후를 감싸주는 방법이다.

此言九經之事也라 官盛任使는 謂官屬衆盛하여 足任使令也라 蓋大臣不當親細事라 故所以優之者如此라 忠信重祿은 謂待之誠而養之厚니 蓋以身體之하여 而知其所賴乎上者如此也라 旣讀曰餼니 餼廩(희름)은 稍食也라 稱事는 如周禮稾人職曰 考其弓弩하여 以上下其食이 是也라 往則爲之授節以送之하고 來則豐其委積(자)¹⁵⁹以迎之라 朝는 謂諸侯見(현)於天子라 聘은 謂諸侯使大夫來獻이라 王制에 比年一小聘하고 三年一大聘하고 五年一朝라 厚往薄來는 謂燕賜厚而納貢薄이라

이것은 아홉 가지 원칙(九經)의 일을 말한 것이다.

官盛任使는 官屬을 많이 두어 使令을 충분히 맡길 수 있게 함을 이른다. 대체로 大臣은 자잘한 일을 몸소 해서는 안 된다. 그러므로 그를 우대하는 것이 이와 같은 것이다.

忠信重祿은 誠心으로 대하고 厚하게 기름을 이르니, 대체로 자기 몸으로 그들의 입장이 되어 그가 윗사람에게 기대하는 것이 이와 같음을 아는 것이다.¹⁶⁰

旣는 餼로 읽으니, 餼廩은 稍食이다. '일에 맞게 한다(稱事)'는 예를 들어 《周禮》〈稾人職〉

---

159 委積(자) : 聘問 다녀오는 신하에게 공급하기 위해 오가는 길목마다 쌓아놓은 양식·섶·꼴 등 생활에 필요한 용품을 이른다. 《周禮》〈天官 宰夫〉鄭玄(後漢)의 注에 "委積는 국가에서 지급하는 쌀·섶·꼴이니, 사신으로 왕래하는 신하에게 공급하기 위해 〈오가는〉 길목마다 배치한 것을 이른다.〔委積 謂牢米薪芻 給賓客道用也〕"라고 하였다. 〈地官 遺人〉에 "일반적으로 도성 밖(國野)의 길에는 10里마다 쉼터(廬)를 두니 쉼터에는 음식을 배치하며, 30리마다 숙소를 두니 숙소에는 路室(빈객을 맞이하는 곳)이 있고 노실에는 적은 양의 물자를 배치하며, 50리마다 저자(市)를 두니 저자에는 候館(누대처럼 멀리 바라볼 수 있는 건물)이 있고 후관에는 많은 양의 물자를 배치한다.〔凡國野之道 十里有廬 廬有飮食 三十里有宿 宿有路室 路室有委 五十里有市 市有候館 候館有積〕"라고 하였다.

160 이와……것이다 : '이와 같음을 안다.'는 것은 윗사람에게 기대하는 것이 무엇인지 안다는 말이다.

※ 屬 : 무리 속 優 : 넉넉할 우 賴 : 의지할 뢰 餼 : 녹봉 희 稍 : 녹봉 초 稾 : 마를 고
　考 : 살필 고 弩 : 쇠뇌 노 豐 : 많을 풍 委 : 비축할 위 積 : 저축할 자 見 : 뵐 현 貢 : 공물 공

에 "그 〈冬官의 온갖 匠人이 만든〉 활과 쇠뇌를 살펴보아 그들의 녹봉[食]을 올리고 낮춘다."고 한 것이 이것이다.

〈送往迎來는 멀리〉 가게 되면 그를 위하여 符節을 주어 전송하고, 오게 되면 필요한 생활용품[委積]을 풍부하게 하여 맞이하는 것이다.

朝는 제후가 천자를 알현함을 이른다. 聘은 제후가 〈천자의 조정에〉 大夫를 보내 〈貢物을〉 바치게 함을 이른다. 《禮記》〈王制〉에 "제후는 천자에게 매년 한 번 〈대부를 보내〉 小聘하고, 3년에 한 번 〈卿을 보내〉 大聘하고, 5년에 한 번 〈제후 자신이 직접 가서〉 朝覲한다."고 하였다.

厚往薄來는 잔치와 하사품은 많이 하고 공물을 바침은 적게 함을 이른다.

20-15 凡爲天下國家 有九經하니 所以行之者는 一[161]也니라

대체로 천하와 나라·집안을 다스림에 아홉 가지 원칙[九經]이 있으니, 그것을 행하게 하는 것은 한가지[誠]다.

一者는 誠也라

一은 誠이다.

一有不誠이면 則是九者 皆爲虛文矣라 此는 九經之實也라

조금이라도 성실하지 않음이 있으면 이 아홉 가지가 모두 쓸데없는 글이 될 것이다.
이것은 아홉 가지 원칙[九經]의 핵심[實]이다.

20-16 凡事 豫則立하고 不豫則廢하나니 言前定則不跲(겁)[162]하고 事前定則不

---

161 一 : 鄭玄(後漢)과 孔穎達(唐)은 '미리 계획하여 정해두는 것[當豫]'으로 풀이하였다.(《禮記正義》〈中庸〉 참조)
162 言前定則不跲(겁) : 兪樾(淸)은 張參(唐)의 《五經文字》에 "佮은 其와 劫의 反切音(겁)이니 《禮記》에는 跲으로 되어 있다.[佮 其劫反 禮作跲]"라고 한 것에 근거하여 "跲은 佮으로 읽어야 하며,

※ 爲 : 다스릴 위   豫 : 미리 예   跲 : 넘어질 겁

困하고 行前定則不疚하고 道前定則不窮이니라

　모든 일은 미리 계획하여 정해두면 이루어지고 미리 계획하여 정해두지 않으면 행해지지 않는 법이다. 말이 미리 정해지면 〈말에〉 실수가 없게 되고, 일이 미리 정해지면 〈일이〉 곤란하지 않게 되며, 행동이 미리 정해지면 〈행동에〉 흠이 없게 되고, 도가 미리 정해지면 〈도가〉 궁하지 않게 된다.

　　凡事는 指達道達德九經之屬이라 豫는 素定也라 跲은 躓也라 疚는 病也라

　　　凡事는 '보편적인 도[達道]'·'보편적인 덕[達德]'·'아홉 가지 원칙[九經]' 따위를 가리킨다. 豫는 미리 계획하여 정해둠이다. 跲은 실수함[躓]이다. 疚는 흠[病]이다.

　　此는 承上文하여 言凡事皆欲先立乎誠이니 如下文所推 是也라

　　　이것은 앞 글을 이어받아 모든 일에 다 誠을 먼저 확립시키고자 함을 말한 것이니, 다음 글에서 부연하여 말한 것과 같은 것이 이것이다.

20-17　在下位하여 不獲乎上이면 民不可得而治矣리라 獲乎上이 有道[163]하니 不信乎朋友면 不獲乎上矣리라 信乎朋友 有道하니 不順乎親[164]이면 不信乎朋友

　　　《老子》'將欲翕之(닫아 막고자 하다)'의 '翕'으로서 《經典釋文》에 '닫아 막는다.[閉塞也]'라고 하였으니, '言前定則不跲'은 말이 순탄하여 막힘이 없는 것을 이른다.[謂言得流行不有閉塞也]"라고 하였다.(《群經平議》〈小戴禮記 四〉言前定則不跲條)

163　道:《史記索隱》〈游俠列傳〉 "北道姚氏"에 대한 蘇林(三國 魏)의 注에 "道 猶方也"라고 하였고, 《論語》〈雍也〉 "能近取譬 可謂仁之方也已"에 대한 鄭玄(後漢)의 注에 "方 道也"라고 하였으며, 《春秋左氏傳》定公 5년 申包胥以秦師至條 "吾未知吳道"에 대한 杜預(晉)의 注에 "道 猶法術也"라고 하였으니, 대체로 道는 方·術로서 '이를 수 있는 방법[可到之方法]'을 말한다.(이광호 외 역, 《역주 예기정의-중용·대학》151쪽 역주 1) 재인용)

164　不順乎親 : 일반적으로 이 구절은 '어버이에게 順하지 않다.' 곧, '어버이에게 효도하지 않는다.'라고 풀이하는데, 이 풀이는 옳지 않다. 不順乎親의 順은 앞의 獲·信처럼 被動詞로 풀이해야 한다. 바로 자식이 어버이에게 順하는 것이 아니라 '자식이 어버이에게 順하게 여겨진다.'라는 말이다. 여기서의 '順'은 《孟子》〈萬章 上〉 "爲不順於父母 如窮人無所歸"와 "惟順於父母 可以解憂"의 '順'자와 같은데, 趙岐(後漢)는 "順 愛也"라고 주석하였다. 따라서 여기의 '順'은 '자식에 대한 부모의

※　疚 : 흠 구　素 : 평소 소　躓 : 넘어질 지　獲 : 얻을 획　道 : 방법 도

矣리라 順乎親이 有道하니 反諸(저)身不誠이면 不順乎親矣리라 誠身이 有道하니 不明乎善이면 不誠乎身矣리라

아랫자리에 있으면서 윗사람에게 〈信任을〉 얻지 못하면 백성을 다스릴 수 없을 것이다. 윗사람에게 〈신임을〉 얻는 데에는 방법이 있으니 벗들에게 믿음을 받지 못하면 윗사람에게 〈신임을〉 얻지 못할 것이다. 벗들에게 믿음을 받는 데에는 방법이 있으니 어버이에게 사랑을 받지 못하면 벗들에게 믿음을 받지 못할 것이다. 어버이에게 사랑을 받는 데에는 방법이 있으니 자신에게 돌이켜보아 성실하지 않으면 어버이에게 사랑을 받지 못할 것이다. 자신을 성실하게 하는 데에는 방법이 있으니 善에 밝지 않으면 자신을 성실하게 하지 못할 것이다.

此는 又以在下位者로 推言素定之意라 反諸身不誠은 謂反求諸身하여 而所存所發이 未能眞實而無妄也라 不明乎善은 謂不能察於人心天命之本然하여 而眞知至善之所在也라

　이것은 또 아랫자리에 있는 사람으로서 '평소에 미리 계획하여 정해둔다〔素定〕'는 뜻을 미루어 말한 것이다.
　反諸身不誠은 자신에게 돌이켜보아 찾아서 〈마음에〉 보존한 것과 발현한 것이 아직 진실하고 거짓이 없지 못함을 이른다. 不明乎善은 人心과 天命의 本然을 살펴서 지극한 善이 있는 곳을 참으로 알지 못함을 이른다.

20-18 誠[165]者는 天之道也요 誠之者는 人之道也니 誠者는 不勉而中하며 不思

무한한 사랑을 바탕으로 한 믿음'을 의미한다.(이광호 외 역, 《역주 예기정의-중용·대학》 151쪽 역주 2) 재인용)

165 誠 : 주희는 《中庸或問》에서 誠을 다음과 같이 설명하였다. "말로 표현하기 어렵다. 우선 그 명칭과 뜻으로 말하자면 진실하고 거짓이 없다는 말이다. 사물의 이치라는 측면에서 이 명칭을 얻었다면 또한 성이 가리키는 것의 大小에 따라 모두 진실하고 거짓이 없다는 뜻을 취하였을 뿐이다. 자연의 이치라는 측면에서 말하자면 천지 사이에 天理만이 지극히 진실하고 거짓이 없다. 그러므로 천리가 성이라는 명칭을 얻은 것이다. 이른바 하늘의 道·귀신의 德과 같은 것이 이것이다. 德의 측면에서 말하자면 생명이 있는 부류는 聖人의 마음만이 지극히 진실하고 거짓이 없다. 그

※　順 : 사랑받을 순　妄 : 거짓 망　勉 : 힘쓸 면　中 : 맞을 중

而得하여 從容中道하나니 聖人也요 誠之者는 擇善而固執之者也니라

誠은 하늘의 道요, 성에 이르려고 노력하는 것은 사람의 도다. 〈天生的으로〉 성에 이른 자는 힘쓰지 않고도 〈도에〉 맞으며, 생각하지 않고도 〈도를〉 터득하여 자연스럽게 도에 맞으니, 聖人이다. 성에 이르려고 〈노력하는〉 자는 善을 선택하여 굳게 잡아 지키는 자다.

此는 承上文誠身而言이라 誠者는 眞實無妄之謂니 天理之本然也라 誠之者는 未能眞實無妄하여 而欲其眞實無妄之謂니 人事之當然也라 聖人之德은 渾然天理라 眞實無妄하여 不待思勉而從容中道하니 則亦天之道也요 未至於聖이면 則不能無人欲之私하여 而其爲德이 不能皆實이라 故未能不思而得하여 則必擇善然後에 可以明善이요 未能不勉而中하여 則必固執而後에 可以誠身이니 此則所謂人之道也라

이것은 앞 글의 '자신을 성실하게 함〔誠身〕'을 이어받아 말한 것이다.

誠은 진실하고 거짓이 없음을 이르니, 天理의 본래 그러한 모습이다. 誠之는 아직 진실하고 거짓이 없지 못하여 그 진실하고 거짓이 없고자 〈노력함을〉 이르니, 人事의 당연한 모습이다.

聖人의 덕성은 완전히 천리와 한 덩어리기 때문에 진실하고 거짓이 없어 생각하고 힘쓸 필요도 없이 자연스럽게 道에 맞으니, 역시 하늘의 도다. 아직 聖의 경지에 이르지 못하였으면 사사로운 人欲이 없을 수 없어 그 德됨이 모두 진실할 수 없다. 그러므로 생각하지 않고서는 할 수 없어서 반드시 善을 선택한 뒤에야 善을 밝힐 수 있고, 힘쓰지 않고서는 〈도에〉 맞을 수 없어서 반드시 굳게 잡아 지킨 뒤에야 자신을 성실하게 할 수 있다. 이것이 이른바 사람의 道라는 것이다.

러므로 성인이 성이라는 명칭을 얻은 것이다. 이른바 힘쓰지 않고도 〈도에〉 맞음·생각하지 않고도 〈도를〉 터득함과 같은 것이 이것이다. 일에 따라 말할 경우, 한 생각의 진실함도 성이며, 말 한마디의 진실함도 성이며, 한 가지 행동의 진실함도 성이다. 그 대소는 다른 점이 있으나 그 뜻의 귀결점은 진실함에 있지 않은 적이 없다.〔難言也 姑以其名義言之 則眞實無妄之云也 若事理之得此名 則亦隨其所指之大小 而皆有取乎眞實無妄之意耳 蓋以自然之理言之 則天地之間 惟天理爲至實而無妄 故天理得誠之名 若所謂天之道鬼神之德是也 以德言之 則有生之類 惟聖人之心爲至實而無妄 故聖人得誠之名 若所謂不勉而中不思而得者是也 至於隨事而言 則一念之實亦誠也 一言之實亦誠也 一行之實亦誠也 是其大小雖有不同 然其義之所歸 則未始不在於實也〕"

※ 固 : 굳을 고   執 : 잡을 집   渾 : 뒤섞일 혼

不思而得은 生知也요 不勉而中은 安行也라 擇善은 學知以下之事요 固執은 利行以下之事也라

'생각하지 않고서도〈저절로〉앎(不思而得)'은 '태어나면서〈저절로〉아는 것(生知)'이요, '힘쓰지 않고서도〈도에〉맞음(不勉而中)'은 '편안하게 행하는 것(安行)'이다. '선을 선택함(擇善)'은 '배워서 아는 것(學知)' 이하의 일이요, '굳게 잡아 지킴(固執)'은 '이롭게 여겨 행하는 것(利行)' 이하의 일이다.

20-19 博學之하며 審問之하며 愼思之하며 明辨之하며 篤行之니라

널리 배우며, 자세하게 물으며, 신중하게 생각하며, 분명하게 변별하며, 철저하게 행해야 한다.

此는 誠之之目也라 學問思辨은 所以擇善而爲知니 學而知也요 篤行은 所以固執而爲仁이니 利而行也라

이것은 誠에 이르려고〈노력하는〉조목이다.
배움·물음·생각함·변별함은 善을 선택하는 것으로 知가 되니, 배워서 아는 것이다. '철저하게 행함(篤行)'은 굳게 잡아 지키는 것으로 仁이 되니, 이롭게 여겨 행하는 것이다.

程子曰 五者에 廢其一이면 非學也[166]라

程子가 말하였다. "다섯 가지에서 어느 하나라도 버리면 학문하는〈기본이〉아니다."

20-20 有弗學이언정 學之인댄 弗能을 弗措也하며 有弗問이언정 問之인댄 弗知를 弗措也하며 有弗思언정 思之인댄 弗得을 弗措也하며 有弗辨이언정 辨之인댄 弗明을

---

166 程子曰……非學也:《河南程氏外書》권6〈羅氏本拾遺〉에 나온다.

※ 審 : 자세할 심   愼 : 삼갈 신   篤 : 단단히 독   措 : 내버려둘 조

弗措也하며 有弗行이언정 行之인댄 弗篤을 弗措也[167]하여 人一能之어든 己百之하며 人十能之어든 己千之니라

　배우지 않음이 있을지언정 배우려 든다면 능숙하지 못한 것을 그대로 내버려두지 않으며, 묻지 않음이 있을지언정 물으려 든다면 모르는 것을 그대로 내버려두지 않으며, 생각하지 않음이 있을지언정 생각하려 든다면 터득하지 못한 것을 그대로 내버려두지 않으며, 변별하지 않음이 있을지언정 변별하려 든다면 분명하지 못한 것을 그대로 내버려두지 않으며, 행하지 않음이 있을지언정 행하려 든다면 철저하지 못한 것을 그대로 내버려두지 않아, 남이 한 번에 능숙하면 자기는 백 배를 〈노력하며,〉 남이 열 번에 능숙하면 자기는 천 배를 〈노력해야〉 한다.

　　君子之學은 不爲則已요 爲則必要其成이라 故常百倍其功이라 此困而知勉而行者也니 勇之事也라

　　　군자의 학문은 하려 들지 않으면 그만이지만, 하려 든다면 반드시 이루려고 해야 한다. 그러므로 늘 그 功力을 백 배로 하는 것이다. 이것은 '애써 노력하여 아는 것'·'힘써 노력하여 행하는 것'이니, 勇의 일이다.

20-21 果能此道矣면 雖愚나 必明하며 雖柔나 必强이니라

　정말로 이 방법을 할 수 있으면 아무리 어리석더라도 반드시 〈지혜가〉 밝아지며, 아무리 나약하더라도 반드시 〈의지가〉 강해질 것이다."

　　明者는 擇善之功이라 强者는 固執之效라

　　　明은 善을 선택한 功效다. 强은 굳게 잡아 지킨 공효다.

---

167 博學之……弗措也 : 眞德秀(宋)는 다음과 같이 말하였다. "배움·물음·생각함·변별함은 知의 일이고, 철저히 행함[篤行]은 仁의 일이고, 내버려두지 않음[弗措]은 勇의 일이다.[學問思辨 知之事 篤行 仁之事 弗措 勇之事]"《中庸章句大全》小注)

※　倍 : 곱절 배　果 : 참으로 과　愚 : 어리석을 우　柔 : 나약할 유

呂氏曰 君子所以學者는 爲能變化氣質而已라 德勝氣質이면 則愚者可進於明이요 柔者可進於强이라 不能勝之면 則雖有志於學이나 亦愚不能明하고 柔不能立而已矣라 蓋均善而無惡者는 性也니 人所同也요 昏明强弱之稟不齊者는 才也니 人所異也라 誠之者는 所以反其同而變其異也라 夫以不美之質로 求變而美인댄 非百倍其功이면 不足以致之라 今以鹵莽滅裂之學으로 或作或輟하여 以變其不美之質이라가 及不能變하면 則曰天質不美하여 非學所能變이라하니 是는 果於自棄니 其爲不仁이 甚矣로다[168]

呂氏(呂大臨)가 말하였다. "군자가 학문하는 목적은 氣質을 잘 변화시키기 위함일 뿐이다. 德이 기질을 이기면 어리석은 자는 〈지혜가〉 밝은 데로 나아갈 수 있고, 나약한 자는 〈의지가〉 강한 데로 나아갈 수 있다. 〈덕이 기질을〉 이기지 못하면 비록 학문에 뜻을 둠이 있더라도, 어리석은 자는 〈지혜가〉 밝아지지 못하고 나약한 자는 〈의지가〉 확립되지 못할 뿐이다.

일반적으로 균일하게 善하여 惡이 없는 것은 〈인간의〉 性이니 사람마다 동일한 것이요, 〈지혜가〉 어둡고 밝으며 〈의지가〉 강하고 나약한 氣稟이 가지런하지 않은 것은 〈인간의〉 資質(才)이니 사람마다 다른 것이다. 誠에 이르려고 노력하는 것은 그 〈사람마다〉 동일한 것(性)에 되돌아가고 그 다른 것(자질)을 변화시키기 위한 것이다.

대체로 아름답지 않은 자질로서 〈기질을〉 변화시켜 아름다워지기를 바란다면 그 功力을 백 배로 하지 않으면 이루기 부족할 것이다. 그런데 지금 꼼꼼하지 못하고 조잡한 학문을 가지고 〈학문을〉 하다 말다 하여 자기의 아름답지 못한 자질을 변화시키려 하다가 변화시키지 못함에 미치면 '타고난 자질이 아름답지 못하여 학문으로 변화시킬 수 있는 것이 아니다.'라고 한다. 이것은 自暴自棄에 과감한 것이니, 그 不仁함이 심하구나."

右는 第二十章이라 此引孔子之言하여 以繼大舜文武周公之緖하여 明其所傳之一致하니 擧而措之면 亦猶是爾라 蓋包費隱하고 兼小大하여 以終十二章之意라 章內에 語誠始詳하니 而所謂誠者는 實此篇之樞紐也라 又按孔子家語에 亦載此章이나 而其文尤詳이라 成功一也之下에 有公曰 子之言이 美矣至矣로다 寡人實固하여 不足以成之也라 故其下에 復以子曰起答辭어늘 今無此問辭로되 而猶有子曰二字하니 蓋

---

[168] 呂氏曰……甚矣 : 이 글은 《河南程氏經說》권8의 《中庸解》에는 보이지 않고, 衛湜(宋)의 《禮記集說》에 抄錄되어 있는 《中庸解》에 보인다.

※ 稟 : 바탕 품 致 : 이룰 치 鹵 : 우둔할 노 莽 : 거칠 망 裂 : 찢어질 렬 輟 : 그칠 철
果 : 과감할 과 緖 : 일 서 樞 : 지도리 추 紐 : 연결할 뉴 按 : 살펴볼 안 載 : 실을 재

子思刪其繁文하여 以附于篇而所刪有不盡者니 今當爲衍文也라 博學之以下는 家語에 無之하니 意彼有闕文이어나 抑此或子思所補也歟아

이상은 제20장이다.

이것은 孔子의 말을 인용하여 大舜·文王·武王·周公의 일을 계승하여 그들이 전수한 것이 일치함을 밝힌 것이니, 들어서 시행하면 또한 이와 같을 뿐이다.

대체로 費·隱을 포함하고 小·大를 아울러 12장의 뜻을 매듭지은 것이다. 이 章 안에 誠을 말한 것이 비로소 자세하니, 이른바 誠이라는 것은 실제 이 책〔篇〕의 중추〔樞紐〕다.

또 살펴보건대,《孔子家語》에도 이 장이 실려 있는데, 그 글이 더욱 자세하다.《공자가어》에는 '成功一也(20-9)'의 아래에 '哀公이 「그대의 말이 아름답고 지극하도다. 그러나 寡人이 실로 고루하여 그것을 이루기 부족하다.」라고 했다.'는 말이 있다. 그러므로 그 아래에 다시 '子曰'로 대답하는 말을 일으킨 것인데, 지금 〈이 책에는〉 이 묻는 말을 없앴는데도 '子曰' 두 자가 있으니, 아마 子思가 그 번잡한 글을 삭제하여 이 책에 붙여놓으면서 다 삭제하지 못한 것인 듯하니, 지금 쓸데없는 글자로 여겨야 한다. '博學之' 이하는《공자가어》에 없으니, 아마도 저기에 빠진 글이 있거나, 아니면 이 부분은 자사가 보충한 것인 듯하다.

21-1 自誠明을 謂之性이요 自明誠을 謂之敎[169]니 誠則明矣요 明則誠矣[170]니라

---

[169] 謂之性·謂之敎 : 주희는 다음과 같이 말하였다. "여기의 性은 '性之(性대로 하여 聖人에 이름)', 여기의 敎는 '學之(배움을 통해 처음 性의 모습을 회복하여 성인에 이름)'의 뜻이다.……〈여기의 性과 敎는〉 首章의 天命之謂性·修道之謂敎의 性·敎와는 뜻이 다르다.〔此性字是性之也 此敎字是學之也……與首章天命謂性修道謂敎二字義不同〕"《朱子語類》 권64 〈中庸 제21장〉 黃㽦의 기록 (43번째 조목))

[170] 自誠明……明則誠矣 : 주희는《中庸或問》에서 呂大臨(宋)의 설이 뛰어나다고 칭찬하였다. 여대림의 설을 소개하면 다음과 같다. "誠에서부터 밝아짐은 性之者(性대로 하는 자)고, 明에서부터 성실해짐은 反之者(학문에 뜻을 두고서 처음 性의 모습을 회복하는 자)다. 性之는 덕을 이룬다는 측면에서 말한 것이니 聖人이 性대로 하는 것이다. 反之는 학문에 뜻을 두고서 〈性의 모습을 회복한다는〉 측면에서 말한 것이니 성인의 가르침을 따르는 것이다. 덕을 이룬 자가 확실하여 바꿀 수 없는 경지에 이르면 理義가 모두 이로부터 나오니, 천하의 이치를 직접 보고 들은 것 같으며 생각하지 않아도 알며 말하지 않아도 깨우치는 것을 바로 '성실하면 밝아진다'라고 한다. 학문에 뜻을 둔 자도 앎(인식능력)을 지극하게 하여 천하의 이치를 궁구하면 천하의 이치를 모두 터득하

※ 刪 : 깎을 산　繁 : 번거로울 번　附 : 붙일 부　闕 : 빠질 궐　抑 : 아니면 억　補 : 보충할 보
　歟 : 의문어조사 여

誠에서부터 밝아짐을 性이라 이르고, 明에서부터 성실해짐을 敎라 이른다. 성실하면 밝아질 것이요, 밝으면 성실해질 것이다.

自는 由也라

自는 부터(由)다.

德無不實而明無不照者는 聖人之德으로 所性而有者也니 天道也라 先明乎善而後에 能實其善者는 賢人之學으로 由敎而入者也니 人道也라 誠則無不明矣요 明則可以至於誠矣라

德이 성실하지 않음이 없어 밝음(明)이 비추지 않음이 없는 것은 聖人의 德으로서 性대로 하여 갖춘 것이니 하늘의 道다. 먼저 善에 밝아진 뒤에 그 선을 성실하게 할 수 있는 것은 賢人의 학문(학문을 통해 처음 性의 모습을 회복하는 것)으로서 〈성인이 남긴〉 가르침을 〈배움으로〉 말미암아 〈성인의 경지에〉 들어간 것이니 사람의 도다. 성실하면 밝아지지 않음이 없을 것이요 밝으면 성실함에 이를 수 있을 것이다.

右는 第二十一章이라 子思承上章夫子天道人道之意而立言也라 自此以下十二章은 皆子思之言이니 以反覆推明此章之意라

이상은 제21장이다.
子思가 앞 장 夫子(孔子)의 天道·人道의 뜻을 이어받아 말한 것이다.
이로부터 이하 열두 장은 모두 자사의 말이니, 이 장의 뜻을 반복해서 미루어 밝혔다.

22-1 惟天下至誠이아 爲能盡其性이니 能盡其性則能盡人之性이요 能盡人之性

고 끝내 또한 확실하여 바꿀 수 없는 경지에 이르게 되니, 지극히 간략하고 쉬워 억지로 행하는 것이 없음을 바로 '밝으면 성실해진다'라고 한다.〔自誠明 性之者也 自明誠 反之者也 性之者 自成德而言 聖人之所性也 反之者 自志學而言 聖人之所敎也 成德者 至于實然不易之地 理義皆由此出也 天下之理如目睹耳聞 不慮而知 不言而喩 此之謂誠則明 志學者 致知以窮天下之理 則天下之理皆得 卒亦至於實然不易之地 至簡至易 行其所無事 此之謂明則誠〕"《中庸輯略》

※ 照: 비출 조 覆: 다시 복

則能盡物之性이요 能盡物之性則可以贊天地之化育이요 可以贊天地之化育則 可以與天地參矣[171]니라

오직 천하의 지극히 성실한 사람만이 자신의 性을 다 발휘할 수 있다. 자신의 성을 다 발휘할 수 있으면 사람의 성을 다 발휘하게 할 수 있다. 사람의 성을 다 발휘하게 할 수 있으면 萬物의 성을 다 발휘하게 할 수 있다. 만물의 성을 다 발휘하게 할 수 있으면 天地의 化育을 도울 수 있다. 천지의 화육을 도울 수 있으면 천지와 나란할 수 있다.

天下至誠은 謂聖人之德之實이 天下莫能加也라 盡其性者는 德無不實이라 故無人欲之私하여 而天命之在我者를 察之由之하여 巨細精粗 無毫髮之不盡也라 人物之性이 亦我之性이나 但以所賦形氣不同而有異耳라 能盡之者는 謂知之無不明而處之無不當也라 贊은 猶助也라 與天地參은 謂與天地竝立而爲三也라 此는 自誠而明者之事也라

天下至誠은 聖人의 德의 성실함이 천하에 〈그 이상〉 더할 수 있는 것이 없음을 이른다. 盡其性은 德이 성실하지 않음이 없기 때문에, 사사로운 人欲이 없어서 나에게 있는 天命을 살피고 실천하여 크고 작은 일과 정미하고 거친 일이 털끝만큼도 다 발휘되지 않음이 없는 것이다. 사람과 만물의 性도 나의 性이지만, 부여된 形氣가 다르기 때문에 차이가 있을 뿐이다. 能盡之는 〈사람과 만물이 저마다 자신의 性을〉 앎이 뚜렷하지 않음이 없어서 대처함이 마땅하지 않음이 없음을 이른다. 贊은 助(돕다)와 같다. 與天地參은 천지와 나란히 서서 셋이 됨을 이른다. 이것은 誠에서부터 밝아진 자(聖人)의 일이다.

右는 第二十二章이라 言天道也라

이상은 제22장이다.
하늘의 道를 말하였다.

---

171 與天地參矣 : 參을 '참여하다'라고 풀이하기도 하나, 이 경우 자칫 天下至誠이 天地와 동등한 지위가 아닌 천지에 대하여 보조적인 지위로 비칠 수 있기 때문에, '天·地·天下至誠之人이 모두 솥의 세 발처럼 가지런하게 동등하다.'라는 의미에서 '나란하다'라는 말로 풀이하였다. 參을 '燦'의 假借로 보아 '천지와 함께 찬란하다.'라고 풀이하는 견해도 있다.(이광호 외 역,《역주 예기정의-중용·대학》159쪽 역주 1) 재인용)

※ 贊 : 도울 찬 育 : 기를 육 參 : 석 삼 由 : 행할 유 巨 : 클 거 粗 : 거칠 조 毫 : 가는 털 호
髮 : 머리털 발 賦 : 줄 부 助 : 도울 조 竝 : 나란할 병

23-1 其次[172]는 致曲[173]이라 曲能有誠이니 誠則形하고 形則著하고 著則明하고 明則動하고 動則變하고 變則化라 唯天下至誠이아 爲能化니라

　그 다음 〈사람은〉 한쪽 구석을 극진하게 한다. 한쪽 구석을 〈극진하게 하면〉 성실해질 수 있으니, 성실해지면 〈내면에 쌓인 것이〉 겉으로 나타나고, 겉으로 나타나면 뚜렷하게 드러나고, 뚜렷하게 드러나면 밝게 퍼져나가고, 밝게 퍼져나가면 〈상대를〉 감동시키고, 〈상대가〉 감동하면 달라지고, 달라지면 〈자기도 모르게 저절로〉 바뀐다. 오직 천하의 지극히 성실한 사람만이 〈상대를 자기도 모르게 저절로〉 바뀌게 할 수 있다.

　　其次는 通大賢以下凡誠有未至者而言也라 致는 推致也라 曲은 一偏也라 形者는 積中而發外라 著는 則又加顯矣라 明은 則又有光輝發越之盛也라 動者는 誠能動物이라 變者는 物從而變이라 化는 則有不知其所以然者라

　　其次는 大賢 이하로서 일반적으로 성실함에 지극하지 못한 자를 통틀어 말한 것이다. 致는 미루어 극진하게 함이다. 曲은 한쪽 구석이다. 形은 안에 쌓여서 밖으로 나타나는 것이다. 著는 또 더욱 드러나는 것이다. 明은 또 환한 빛이 성대하게 퍼져나가는 것이다. 動은 성실함이 상대를 잘 감동시킴이다. 變은 상대가 따라서 달라짐이다. 化는 〈바뀌면서도〉 그렇게 되는 까닭을 모름이 있는 것이다.

　　蓋人之性이 無不同이나 而氣則有異라 故惟聖人能擧其性之全體而盡之라 其次는 則必自其善端發見(현)之偏而悉推致之하여 以各造其極也라 曲無不致면 則德無不實하여 而形著動變之功이 自不能已니 積而至於能化면 則其至誠之妙 亦不異於聖人矣라

　　대체로 사람의 性은 같지 않음이 없으나, 氣는 차이가 있다. 그러므로 오직 聖人만이 자기 性의 온전한 體를 들어 다 발휘할 수 있다. 그 다음 〈사람은〉 반드시 자신의 善한 단서가 발현되는 한쪽 구석에서부터 모조리 그것을 미루어 극진하게 하여 저마다 그 완전하여 결함이

---

172 其次 : 주희는 賢人을 포함한 그 이하의 평범한 사람까지 아우르는 뜻으로 풀이하였다. 그러나 鄭玄(後漢)은 "밝음의 德에서부터 성실해진 사람을 이른다.〔謂自明誠者也〕"라고 하여 '聖人 다음 단계의 賢人'이라는 의미로 한정하여 사용하였다.《禮記正義》〈中庸〉

173 致曲 : 鄭玄(後漢)은 "致는 이름이고, 曲은 작디작은 일과 같다.〔致至也 曲猶小小之事也〕"라고 하여 '작디작은 일에까지 정성이 이르게 한다.'는 뜻으로 풀이하였다.《禮記正義》〈中庸〉

※ 致 : 다할 치　曲 : 구석 곡　著 : 나타날 저　明 : 드러날 명　偏 : 한쪽 편　積 : 쌓일 적
　顯 : 드러날 현　輝 : 빛날 휘　越 : 넘을 월　造 : 이를 조　已 : 그칠 이　妙 : 오묘할 묘

없는 경지(極)에 도달한다. 한쪽 구석을 극진하게 하지 않음이 없으면 德이 성실해지지 않음이 없어 겉으로 나타남(形)·뚜렷하게 드러남(著)·감동시킴(動)·달라짐(變)의 효과가 저절로 그칠 수 없을 것이다. 〈그 선한 단서가 드러난 한쪽 구석에서부터 미루어 극진하게 함이〉 쌓여서 〈자기도 모르게 저절로〉 잘 바뀜에 이르면 그 지극히 성실함의 오묘함이 또한 聖人과 다르지 않을 것이다.

　　右는 第二十三章이라 言人道也라
　　　이상은 제23장이다.
　　　사람의 道를 말하였다.

24-1 至誠之道는 可以前知[174]니 國家將興에 必有禎祥하며 國家將亡에 必有妖孼하여 見(현)乎蓍龜하며 動乎四體[175]라 禍福將至에 善을 必先知之하며 不善을 必先知之니 故로 至誠은 如神[176]이니라

지극히 성실함을 행하는 자는 〈일이 일어나기 전에 조짐을 보고서〉 미리 알 수 있다.

---

174 至誠之道 可以前知 : 李滉(鮮)은 《中庸釋義》에서 "至誠의 道는 猶言至誠之人의 道는"이라고 하여 '至誠之道'를 '지극히 성실한 사람의 道'라고 풀이하였다. 增島蘭園(日, 마스지마 랑엔)은 《中庸章句諸說參辨》에서 '道'를 '猶是言能事耳', 곧 '잘 일삼다'라고 풀이하여 道를 行의 뜻으로 보았다. 이렇게 보면 至誠之道는 '지극히 성실함을 잘 행하는(일삼는) 자'로서 '聖人' 내지는 '大賢 이하로서 聖人의 경지에 이른 사람'을 이른다.
　그러나 東條一堂(日, 도죠 이치도)은 《中庸知言》에서 "지극히 성실한 도는 미리 알 수 있다는 것은 至誠의 이치라는 측면에서 말한 것이지 사람이라는 측면에서 말한 것이 아니다.……前知의 知는 至誠의 道가 아는 것이지 사람이 아는 것이 아니다.〔至誠之道 可以前知 此就至誠之理說之 非以人說之……前知之知者 至誠之道知之也 非人之知也〕"라고 하여 至誠之道를 前知의 목적어가 아니라 前知의 주어로 풀이하였다.(이광호 외 역, 《역주 예기정의-중용·대학》 163쪽 역주 1) 재인용)

175 動乎四體 : 鄭玄(後漢) "거북껍질의 네 다리 쪽〔龜之四足〕"이라고 하여 '거북점을 치는 방법'으로 풀이하였다.(《禮記正義》〈中庸〉)

176 如神 : 胡炳文(元)은 "여기서 이른바 神은 功用의 측면에서 鬼神이라고 이른 것이다.……聖人의 지극히 성실함은 성인이 귀신과 같은 이유다.〔此所謂神 以功用謂之鬼神……聖人之至誠 聖人之所以如鬼神也〕"라고 하였다.(《中庸章句大全》小注) 귀신과 같다는 것은 성인이 禍福의 조짐을 보고 예측한 것이 틀림없다는 말이다.

※ 前 : 미리 전　禎 : 상서 정　祥 : 상서로울 상　妖 : 괴이할 요　孼 : 재앙 얼　蓍 : 시초 시
　龜 : 거북 귀

국가가 興起하려고 할 때에는 반드시 복스럽고 길한 조짐이 있으며, 국가가 망하려고 할 때에는 반드시 괴이하고 불길한 조짐이 있어서 시초점과 거북점에 나타나며 행동거지(四體)에 나타난다. 禍와 福이 이르려고 할 때에는 좋은 것을 반드시 미리 알며 안 좋은 것을 반드시 미리 안다. 그러므로 지극히 성실함은 귀신과 같다.

禎祥者는 福之兆요 妖孼者는 禍之萌이라 蓍는 所以筮요 龜는 所以卜이라 四體는 謂動作威儀之間이니 如執玉高卑와 其容俯仰之類¹⁷⁷라 凡此는 皆理之先見(현)者也라 然이나 唯誠之至極而無一毫私僞留於心目之間者라야 乃能有以察其幾焉이라 神은 謂鬼神이라

　禎祥은 福의 조짐이다. 妖孼은 禍의 싹이다. 蓍는 댓가지로 점치는 것이다. 龜는 거북 껍질을 태워서 점치는 것이다. 四體는 動作과 威儀의 사이를 이르니, 玉을 잡기를 높게 하고 낮게 함과 그 얼굴을 숙이고 드는 것과 같은 따위다.

　대체로 이러한 것은 모두 이치가 먼저 나타난 것이다. 그러나 오직 성실함이 지극하여 한 터럭만큼의 사사로움과 거짓이 마음과 눈 사이에 머무름이 없는 사람이라야 그 기미를 살필 수 있다.

　神은 鬼神을 이른다.

　　　右는 第二十四章이라 言天道也라

　　　　이상은 제24장이다.
　　　　하늘의 道를 말하였다.

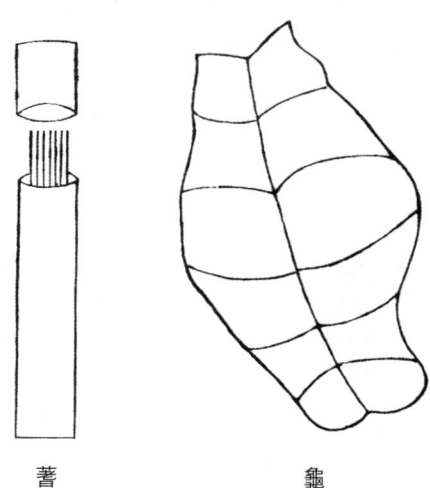

蓍　　龜

---

177 如執玉高卑 其容俯仰之類 : 《春秋左氏傳》定公 15년 春邾隱公來朝條에 나온다. 邾 隱公이 魯나라에 와서 魯 定公을 朝見할 때, 주 은공은 玉을 든 손이 너무 높이 올라가 얼굴이 위로 향하고, 노 정공은 옥을 받는 자세가 너무 낮아 얼굴이 아래로 향한 것을 말한다.

※　兆 : 조짐 조　萌 : 싹 맹　筮 : 시초점칠 서　卜 : 거북점칠 복　俯 : 구부릴 부　仰 : 우러를 앙
　　僞 : 거짓 위　留 : 머물 류　幾 : 기미 기

25-1 誠者는 自成也요 而道는 自道也니라

　誠은 〈사물이〉 저절로 이루어지는 것이요, 道는 〈사람이〉 스스로 행해야 하는 것이다.

　　言誠者는 物之所以自成이요 而道者는 人之所當自行也라 誠은 以心言이니 本也요 道는 以理言이니 用也라

　　誠은 사물이 저절로 이루어지는 까닭(所以)이고, 道는 사람이 스스로 행해야 하는 것이라는 말이다. 誠은 마음의 측면에서 말하였으니 근본이고, 道는 도리의 측면에서 말하였으니 用이다.

25-2 誠者는 物之終始니 不誠이면 無物이니 是故로 君子는 誠之爲貴니라

　誠은 사물의 처음과 끝이니, 성실하지 않으면 사물이 없는 〈것과 같다.〉 이 때문에 군자는 誠을 귀하게 여긴다.

　　天下之物이 皆實理之所爲라 故必得是理然後에 有是物이니 所得之理旣盡이면 則是物亦盡而無有矣라 故人之心이 一有不實이면 則雖有所爲나 亦如無有니 而君子는 必以誠爲貴也라 蓋人之心이 能無不實이라야 乃爲有以自成하여 而道之在我者도 亦無不行矣라

　　천하의 사물은 모두 성실함의 이치가 행한 것이다. 그러므로 반드시 이 이치를 얻은 뒤에야 이 사물이 있게 된다. 얻은 이치가 다한 뒤에는 이 사물도 다하여 없어질 것이다. 그러므로 사람의 마음이 조금이라도 성실하지 않음이 있으면 비록 행하는 것이 있더라도 없는 것과 같다. 그래서 군자는 반드시 誠을 귀하게 여긴다.
　　대체로 사람의 마음이 성실하지 않음이 없어야 스스로 이룸이 있게 되어, 나에게 있는 道도 행해지지 않음이 없게 될 것이다.

※　道 : 행할 도

25-3 誠者는 非自成己而已也라 所以成物[178]也니 成己는 仁也요 成物은 知也니 性之德也라 合內外[179]之道也니 故로 時措之면 宜也니라

誠은 스스로 자기를 이룰 뿐만 아니라 남을 이루어주는 까닭(所以)이 된다. 자기를 이룸은 仁이요, 남을 이루게 함은 知다. 〈仁과 知는〉 性의 德性으로서 안과 밖을 합하는 道다. 그러므로 제때에 시행하면 마땅하게 될 것이다.

誠雖所以成己나 然旣有以自成이면 則自然及物하여 而道亦行於彼矣라 仁者는 體之存이요 知者는 用之發이니 是皆吾性之固有而無內外之殊라 旣得於己인댄 則見(현)於事者 以時措之면 而皆得其宜也라

誠은 비록 자기를 이루는 까닭(所以)이나, 스스로 〈자기를〉 이룸이 있은 뒤에는 자연스럽게 남에게 미쳐서 道 역시 저 사람에게서 행해질 것이다. 仁은 體가 보존된 것이요, 知는 用이 발현된 것이니, 모두 내 性의 고유한 것으로서 안과 밖의 차이가 없다. 〈誠을〉 자기에게 갖추었을 경우, 일에 나타나는 것이 제때에 시행하면 모두 그 마땅함을 얻게 될 것이다.

右는 第二十五章이라 言人道也라

이상은 제25장이다.
사람의 道를 말하였다.

26-1 故로 至誠은 無息이니

그러므로 지극히 성실함은 쉼이 없다.

---

[178] 成物:海保漁村(日, 가이호 교손)은 《中庸鄭氏義》에서 이 物을 앞의 '誠者物之終始'의 '物'자로서 萬物萬事라고 하였고, 대부분의 학자도 '萬物萬事'로 풀이한다. 그러나 中井履軒(日, 나카이 리켄)은 《中庸逢原》에서 여기의 '物'은 '誠者物之終始'의 '物'자가 아니라 '己'를 상대하여 말한 것으로서 '他人'을 가리킨다고 하였다.

[179] 內外:顧氏(顧元常)는 "外는 成物, 內는 成己니, 나누어 말하면 成己는 仁이고, 成物은 知며, 합하여 말하면 性의 德이다.〔外 成物也 內 成己也 分言之 則曰 成己仁也 成物知也 合言之 則曰 性之德也〕"라고 하였다.(《中庸章句大全》小注)

※ 措:베풀 조　殊:다를 수　息:쉴 식

旣無虛假라 自無間斷이라

　이미 헛되고 거짓됨[虛假]이 없기 때문에 저절로 중간에 끊어짐이 없다.

26-2 不息則久하고 久則徵하고

쉬지 않으면 오래가며, 오래가면 효험이 나타나며,

　久는 常於中也라 徵은 驗於外也라

　　久는 마음속에 늘 〈誠의 상태를〉 보존함이다. 徵은 밖으로 효험이 나타남이다.

26-3 徵則悠遠하고 悠遠則博厚하고 博厚則高明이니라

효험이 나타나면 오래가고 멀리 가며, 오래가고 멀리 가면 넓고 두터워지며, 넓고 두터워지면 높고 밝아진다.

　此는 皆以其驗於外者言之라 鄭氏所謂至誠之德이 著於四方者 是也라 存諸中者 旣久면 則驗於外者 益悠遠而無窮矣라 悠遠이라 故其積也 廣博而深厚하고 博厚라 故其發也 高大而光明이라

　　이것은 모두 밖으로 효험이 나타나는 것을 말한 것이다. 鄭氏(鄭玄)가 이른바 '지극히 성실한 덕이 사방에 드러난다.'는 것이 이것이다. 마음속에 보존한 것이 오래가면 밖으로 효험이 나타나는 것이 더욱더 매우 오래가고 멀리 가서 끝이 없을 것이다. 오래가고 멀리 가기 때문에 그 쌓임이 드넓으면서 매우 두터워지고, 넓고 두터워지기 때문에 〈겉으로〉 드러남이 높고 크면서 밝게 빛나는 것이다.

26-4 博厚는 所以載物也요 高明은 所以覆(부)物也요 悠久는 所以成物也니라

※　虛 : 헛될 허　假 : 거짓 가　斷 : 끊어질 단　徵 : 효험 징　悠 : 아득할 유　窮 : 끝 궁
　　積 : 쌓일 적　載 : 실을 재　覆 : 덮을 부

넓고 두터움은 만물을 실어주는 것이요, 높고 밝음은 만물을 덮어주는 것이요, 오래 가고 멀리 감은 만물을 이루어주는 것이다.

悠久는 卽悠遠이니 兼內外而言之也[180]라 本以悠遠致高厚하고 而高厚又悠久也니 此는 言聖人與天地同用이라

悠久는 바로 悠遠이니, 안과 밖을 아울러서 말한 것이다. 본래 '오래가고 멀리 감(悠遠)'으로 '높고 밝음과 넓고 두터움(高厚)'을 이루고, 높고 밝음과 넓고 두터움(高厚)이 또 오래가고 멀리 간다. 이것은 聖人이 天地와 用을 함께함을 말한 것이다.

26-5 博厚는 配地하고 高明은 配天하고 悠久는 無疆이니라

넓고 두터움은 땅과 어우러지고, 높고 밝음은 하늘과 어우러지고, 오래가고 멀리 감은 끝이 없는 것이다.

此는 言聖人與天地同體라

이것은 聖人이 天地와 體를 함께함을 말한 것이다.

26-6 如此者는 不見(현)而章하며 不動而變하며 無爲而成이니라

이와 같은 자는 보여주지 않아도 〈功效가 자연스럽게〉 드러나며, 〈상대를〉 감동시키지 않아도 〈상대가〉 달라지며, 作爲함이 없어도 〈그 공효가〉 이루어진다.

---

[180] 悠久……兼內外而言之也 : 三山 潘氏(潘柄)는 "久는 마음속에서 오래가는 것이고, 悠는 밖으로 〈드러난 것이〉 오래가는 것이다.〔久是久於內 悠是久於外〕"라고 하였으며, 潛室 陳氏(陳埴)는 "쉬지 않으면 오래감은 誠이 마음속에 쌓인 것이고, 효험이 나타나면 오래가고 멀리 감은 誠이 밖에 쌓인 것이다. 아래에서는 글자를 바꿔 悠久라고 하였으니, 이는 앞 글의 안과 밖을 아울러 말한 것이다.〔不息則久 是誠積於內 徵則悠遠 是誠積於外 下却變文爲悠久 則是兼上文內外而言〕"라고 하였다.《中庸章句大全》 小注)

※ 配 : 어우러질 배   疆 : 끝 강   見 : 보여줄 현   章 : 드러날 장

見은 猶示也라 不見而章은 以配地而言也라 不動而變은 以配天而言也라 無爲而成은 以無疆而言也라

見은 示(보여주다)와 같다. '보여주지 않아도 드러남'은 '땅과 어우러짐'을 가지고 말한 것이다. '감동시키지 않아도 달라짐'은 '하늘과 어우러짐'을 가지고 말한 것이다. '작위함이 없어도 이루어짐'은 '끝이 없는 것'을 가지고 말한 것이다.

26-7 天地之道는 可一言而盡也니 其爲物이 不貳[181]라 則其生物이 不測이니라

天地의 道는 한마디 말로 다 표현할 수 있으니, 그 實質(爲物)이 둘이 아니기 때문에 그것이 만물을 생성함이 〈많아 다〉 헤아릴 수 없는 것이다.

此以下는 復以天地로 明至誠無息之功用이라 天地之道可一言而盡은 不過曰誠而已라 不貳는 所以誠也라 誠故不息하여 而生物之多하여 有莫知其所以然者라

이 이하는 다시 天地를 가지고 '지극히 성실함은 쉼이 없다.'의 功效(功用)를 밝혔다. '천지의 道는 한마디 말로 다 표현할 수 있다.'는 誠을 말한 것에 불과할 뿐이다. '둘이 아님'은 성실하기 때문이다. 성실하기 때문에 쉼이 없어 만물을 생성함이 많아 아무도 그것이 그렇게 되는 까닭(所以然)을 모르는 것이다.

26-8 天地之道는 博也, 厚也, 高也, 明也, 悠也, 久也니라

天地의 道는 넓고 두터우며, 높고 밝으며, 멀리 가고 오래간다.

言天地之道는 誠一不貳라 故能各極其盛하여 而有下文生物之功이라

天地의 道는 誠 하나지 둘이 아니므로 저마다 그 성대함을 극진하게 하여 다음 글에서 말

---

[181] 其爲物 不貳 : 物은 實質·實體로 '사물의 내용'이라는 뜻이다. 其는 天地를 가리킨다. 不貳는 一이니, 바로 誠을 가리킨다. 따라서 其爲物不貳는 '天地의 실질은 쉼이 없는 至誠'임을 말한 것이다.

※ 示 : 보여줄 시 貳 : 두 이 測 : 헤아릴 측 復 : 다시 부

한 만물을 생성하는 功이 있음을 말한 것이다.

26-9 今夫天이 斯昭昭之多로되 及其無窮也하여는 日月星辰(신)이 繫焉하며 萬物이 覆(부)焉이니라 今夫地 一撮土之多로되 及其廣厚하여는 載華嶽[182]而不重하며 振河海而不洩하며 萬物이 載焉이니라 今夫山이 一卷石之多로되 及其廣大하여는 草木이 生之하며 禽獸 居之하며 寶藏[183]이 興焉이니라 今夫水 一勺[184]之多로되 及其不測하여는 黿鼉蛟龍魚鼈이 生焉하며 貨財[185] 殖焉이니라

　지금 저 하늘은 이 작은 빛이 많이 모인 것이지만, 그 끝이 없음에 미쳐서는 해·달·별들이 걸려 있으며, 만물이 덮여 있다.
　지금 저 땅은 한줌의 흙이 많이 모인 것이지만, 그 넓고 두터움에 미쳐서는 높고 큰 산(華嶽)을 싣고 있으면서도 무겁다고 하지 않으며, 강과 바다를 거두어들이면서도 〈물이〉 새지 않으며, 만물이 실려 있다.
　지금 저 산은 하나의 주먹만 한 작은 돌이 많이 모인 것이지만, 그 넓고 큼에 미쳐서는 풀과 나무가 자라며, 날짐승과 들짐승이 살며, 鑛物(寶藏)이 나온다.
　지금 저 물은 한 구기(勺)의 물이 많이 모인 것이지만, 그 헤아릴 수 없음에 미쳐서는 자라·악어·교룡·용·물고기·남생이가 살며, 재화가 불어난다.

勺

---

182 華嶽: 학자에 따라 華山, 또는 華山과 嶽山으로 풀이한다. 그러나 陸德明(唐)의 《經典釋文》에 "어떤 판본에는 '山嶽'으로 되어 있다.〔本亦作山嶽〕"라고 하였고, 또 이 經文의 바로 다음에 '河海'를 말하였으니, 華嶽은 河海의 對句로서 고유명사가 아니라 일반명사로 보아야 한다. 따라서 '높고 큰 산'으로 풀이하였다.(이광호 외 역, 《역주 예기정의-중용·대학》 177쪽 역주 1) 재인용)

183 寶藏: 金玉을 비롯하여 천연적으로 땅속에 있는 鑛物로서 사람이 이용할 수 있는 것을 말한다.(이광호 외 역, 《역주 예기정의-중용·대학》 177쪽 역주 3) 재인용)

184 勺: 구기(勺)는 술이나 기름, 죽 따위를 뜰 때에 쓰는 자루가 달린 기구다.

185 貨財: 물에서 자라는 어류나 조개류 등 사람이 먹거나 사용할 수 있는 것을 말한다.(이광호 외 역, 《역주 예기정의-중용·대학》 177쪽 역주 5) 재인용)

※ 昭:작은 빛 소　撮:한줌 촬　嶽:큰 산 악　振:거둘 진　洩:샐 설　卷:주먹 권　藏:간직할 장
　勺:구기 작　黿:자라 원　鼉:악어 타　蛟:교룡 교　鼈:남생이 별　殖:불어날 식

昭昭는 猶耿耿이니 小明也라 此는 指其一處而言之라 及其無窮은 猶十二章의 及其至
也之意니 蓋擧全體而言也라 振은 收也라 卷은 區也라

    昭昭는 耿耿과 같으니, 작은 빛이다. 이것은 그 일부분을 가리켜 말한 것이다. 及其無窮은
12장 '及其至也'의 뜻과 같으니, 대체로 전체를 들어 말한 것이다. 振은 거두어들임이다. 卷
은 작음이다.

此四條는 皆以發明由其不貳不息하여 以致盛大而能生物之意라 然이나 天地山川이 實
非由積累而後大니 讀者不以辭害意 可也라

    〈天·地·山·水〉이 네 가지 조목은 모두 둘이 아님과 쉼이 없음을 바탕으로 하여 성대함을
이루어 만물을 생성할 수 있다는 뜻을 드러내 밝혔다. 그러나 天地와 山川이 실제 포개어 쌓
여짐을 거친 뒤에 커진 것은 아니다. 읽는 자들은 語句〔辭〕로 뜻을 해치지 않아야 한다.

26-10 詩云 維天之命이 於(오)穆不已라하니 蓋曰 天之所以爲天也요 於乎不顯가
文王之德之純이여하니 蓋曰 文王之所以爲文也는 純亦不已[186]니라

    《詩經》에 "하늘의 命이, 아! 그윽함이 그치지 않도다."라고 하였으니, 대체로 하늘이
하늘이 된 까닭을 말한 것이요, "아아! 드러나지 않았는가. 文王의 德의 순수함이여."
라고 하였으니, 대체로 문왕이 문왕이 된 까닭은 순수하면서 또 그치지 않아서임을 말
한 것이다.

詩는 周頌維天之命篇이라 於는 歎辭라 穆은 深遠也라 不顯은 猶言豈不顯也라 純은 純
一不雜也라 引此以明至誠無息之意라

    詩는 〈周頌 維天之命〉이다. 於는 감탄사다. 穆은 깊고 원대한 모습이다. 不顯은 豈不顯(어
찌 드러나지 않겠는가)이란 말과 같다. 純은 純一하여 뒤섞이지 않음이다.

---

186 蓋曰文王之所以爲文也 純亦不已 : 李滉(鮮)은 《中庸釋義》에서 "文王이 써곰 文이로온 배 純하야
  쏘한 마디사니하신 주룰 니르니라"라고 하였고, 李珥(鮮)도 《中庸釋義》에서 "文이 되신 배 純코
  쏘혼 已티 아니샤를 므르미니라"라고 하여 '蓋曰'이 '純亦不已'까지 말한 것으로 보았다.

※ 耿 : 작은 빛 경 收 : 거둘 수 區 : 작을 구 條 : 가지 조 累 : 포갤 루 於 : 감탄사 오
   穆 : 그윽할 목 已 : 그칠 이 顯 : 드러날 현 純 : 순수할 순 頌 : 기릴 송

이것을 인용하여 '지극히 성실함은 쉼이 없다.'는 뜻을 밝혔다.

程子曰 天道不已어늘 **文王純於天道**라 **亦不已**하니 **純則無二無雜**이요 **不已則無間斷先後**[187]라

程子가 말하였다. "하늘의 道가 그침이 없는데, 文王이 하늘의 도에 순수하였기 때문에, 또한 그침이 없었다. 순일하면 둘이 없고 뒤섞임이 없으며, 그침이 없으면 틈과 끊어짐, 앞서거나 뒤서거나 함이 없다."

右는 **第二十六章**이라 **言天道也**라

이상은 제26장이다.
하늘의 道를 말하였다.

27-1 大哉라 聖人之道여

위대하도다. 聖人의 道여!

包下文兩節而言이라

다음 글의 두 마디를 포괄하여 말한 것이다.

27-2 洋洋乎發育萬物하여 峻極于天[188]이로다

〈聖人의 道가 天下에〉 가득 차 만물을 자라게 하여 높고 큼이 하늘에 이르렀도다.

---

187 程子曰……不已則無間斷先後 : 《河南程氏遺書》 권5 〈二先生語 五〉에 나온다.
188 峻極于天 : 《詩經》〈大雅 崧高〉 '駿極于天'의 毛氏 傳에 '極은 이름이다.〔極 至也〕'라고 하였다.(《毛詩正義》) "높고 큼이 하늘에 이르렀다는 것은 天地의 사이를 가득 채웠다는 뜻이다.〔峻極于天 只是充塞天地底意思〕"《朱子語類》 권64 〈中庸 3 제27장〉 林學蒙의 기록(126번째 조목))

※ 洋 : 가득할 양 峻 : 클 준 極 : 이를 극

峻은 高大也라

  峻은 높고 큼이다.

此는 言道之極於至大而無外也라

  이것은 〈聖人의〉 道가 지극히 큰 데까지 이르러 밖이 없음을 말한 것이다.

27-3 優優大哉라 禮儀三百과 威儀三千[189]이로다

넉넉하고도 크도다. 禮儀가 삼백 가지며 威儀가 삼천 가지로다.

優優는 充足有餘之意라 禮儀는 經禮也라 威儀는 曲禮也라

  優優는 넉넉하여 여유가 있는 뜻이다. 禮儀는 줄거리가 되는 禮다. 威儀는 세밀한 禮다.

此는 言道之入於至小而無間也라

  이것은 〈聖人의〉 道가 지극히 작은 데까지 스며들어 틈이 없음을 말한 것이다.

27-4 待其人而後에 行이니라

그 사람(지극한 德이 있는 사람)을 기다린 뒤에야 행해진다.

總結上兩節이라

  앞의 두 마디를 통틀어 매듭지었다.

---

189 禮儀三百 威儀三千 : 赤塚 忠(日, 아카쯔카 키요시)은 "禮儀는 吉禮·凶禮·軍禮·賓禮·嘉禮 등 인간관계의 규범을 말하고, 威儀는 인간의 행동에 관한 규범을 말한다."라고 하였다.(《新釋漢文大系 中庸》)

※ 優 : 넉넉할 우 充 : 찰 충 足 : 넉넉할 족 餘 : 남을 여 經 : 날줄 경 曲 : 자세할 곡
   間 : 틈 간 待 : 기다릴 대 總 : 거느릴 총

27-5 故曰 苟不至德이면 至道不凝焉이라하니라

그러므로 "진실로 지극한 德이 있는 사람이 아니면 지극한 道는 이루어지지 않는다."고 한 것이다.

至德은 謂其人이라 至道는 指上兩節而言이라 凝은 聚也며 成也라

'지극한 德이 있는 사람[至德]'은 〈앞 글의〉 '그 사람[其人]'을 이른다. '지극한 道[至道]'는 앞의 두 마디를 가리켜 말한 것이다. 凝은 모임이며 이루어짐이다.

27-6 故로 君子는 尊德性而道問學이니 致廣大而盡精微하며 極高明而道中庸하며 溫故而知新하며 敦厚[190]以崇禮니라

그러므로 군자는 德性을 높이되 學問을 따른다. 광대함을 이루되 精微함을 다하며, 高明을 극진하게 하되 中庸을 따르며, 옛 것을 익히되 새로운 것을 알며, 질박하고 성실함[厚]을 돈독하게 하여 禮를 높인다.

尊者는 恭敬奉持之意라 德性者는 吾所受於天之正理라 道는 由也라 溫은 猶燖溫之溫이니 謂故學之矣요 復(부)時習之也라 敦은 加厚也라 尊德性은 所以存心而極乎道體之大也요 道問學은 所以致知而盡乎道體之細也니 二者는 修德凝道之大端也라 不以一毫私意自蔽하고 不以一毫私欲自累하며 涵泳乎其所已知하고 敦篤乎其所已能은 此皆存心之屬也라 析理則不使有毫釐[191]之差하고 處事則不使有過不及之謬하고 理義則日知其所未知하고 節文則日謹其所未謹은 此皆致知之屬也라 蓋非存心이면 無以致

---

190 敦厚 : 주희는 "厚는 자질이 이처럼 질박하고 성실한 것이요, 敦은 그 중후함을 더욱 더한 것이다.〔厚是資質恁地樸實 敦是愈加他重厚〕"라고 하였다.(《朱子語類》〈中庸3 第27章〉林夔孫의 기록 (21번째 조목). 四庫全書本에는 葉賀孫, 朱子全書本 校勘記에는 林賜의 기록이라고 하였다.)

191 毫釐 : 毫와 釐는 모두 길이 또는 무게의 단위다. 길이의 단위로 쓰일 때는 毫는 1寸의 1,000분의 1, 釐는 1尺의 1,000분의 1이며, 무게의 단위로 쓰일 때는 毫는 1錢의 1,000분의 1, 釐는 1兩의 1,000분의 1이다. 모두 극히 적은 양이나 매우 작은 것을 비유한다.

※ 凝 : 이루어질 응   溫 : 데울 온   故 : 옛 고   敦 : 질박할 돈   崇 : 높일 숭   燖 : 데울 심
　 蔽 : 가릴 폐   涵 : 적실 함   析 : 쪼갤 석   釐 : 아주 작을 리   差 : 어긋날 차   謬 : 그릇될 류

知요 而存心者는 又不可以不致知라 故此五句는 大小相資하고 首尾相應[192]하여 聖賢所示入德之方이 莫詳於此니 學者宜盡心焉이라

尊은 공경히 받들어 지킨다는 뜻이다. 德性은 내가 하늘에게 받은 올바른 이치다. 道는 따름(由)이다. 溫은 燖溫(삶고 데우다)의 溫과 같으니, 우선 배우고 다시 때에 맞추어 익힘을 이른다. 敦은 질박하고 성실함(厚)을 더하는 것이다.

'德性을 높임(尊德性)'은 〈자기의〉마음을 보존하여 道體의 큰 것을 다하는 것이다. '學問을 따름(道問學)'은 앎(인식능력)을 지극하게 하여 道體의 세밀한 것을 다하는 것이다. 이 두 가지는 德을 닦고 道를 이루는 큰 단서다.

한 터럭만큼의 사사로운 생각으로 스스로 가리지 않고, 한 터럭만큼의 사사로운 욕망으로 스스로 해치지 않으며, 이미 아는 것을 깊이 파고들어 이해하고, 이미 할 수 있는 것을 돈독하게 함은 바로 모두 마음을 보존하는 따위다.

이치를 분석할 때는 미세한 착오도 있지 않게 하고, 일을 처리할 때는 지나치거나 못 미침의 잘못이 있지 않게 하며, 理義를 〈밝힘에〉 날마다 모르던 것을 알고, 節文(禮)을 〈지킴에〉 날마다 삼가지 못하던 것을 삼감은 바로 모두 지혜를 극진하게 하는 따위이다.

대체로 마음을 보존하지 않으면 앎을 지극하게 할 수 없고, 마음을 보존하는 자는 또 앎을 지극하게 하지 않으면 안 된다. 그러므로 이 다섯 구절은 큰 것과 작은 것이 서로 의지하고 처음과 끝이 서로 호응하여 聖人과 賢人이 보여준 德에 들어가는 방법이 이보다 더 자세한 것이 없으니, 배우는 자는 마음을 다해야 한다.

27-7 是故로 居上不驕하며 爲下不倍[193]라 國有道에 其言이 足以興이요 國無道에 其默이 足以容이니 詩曰 旣明且哲[194]하여 以保其身이라하니 其此之謂與인저

---

192 大小相資 首尾相應 : 大는 위의 다섯 절, 小는 아래의 다섯 절, 首는 尊德性道問學 한 구, 尾는 아래의 네 구를 말한다.(《中庸章句大全》小注 東陽 許氏(許謙) 참조)

193 不倍 : 《朱子語類》에서는 "倍는 背와 같으니, 윗사람에게 충성하여 배반하지 않음을 말한다.〔倍與背同 言忠於上而不背叛也〕"라고 하였다. (권64 〈中庸 3 제27장〉董銖의 기록 33번째 조목))

194 旣明且哲 : 주희는 《詩集傳》에서 "明은 사리에 밝은 것을 이르고, 哲은 일을 살펴 앎을 이른다.〔明謂明於理 哲謂察於事〕"라고 하였다.

※ 資 : 의지할 자 尾 : 꼬리 미 應 : 호응할 응 驕 : 교만할 교 倍 : 등질 배 默 : 침묵할 묵
容 : 받아들일 용 哲 : 지혜로울 철 保 : 보존할 보 其 : 아마도 기

이 때문에 윗자리에 있을 때에는 교만하지 않으며, 아랫자리에 있을 때에는 윗사람을 배반하지 않는다. 나라에 道가 있을 때에는 그의 말이 〈몸을〉 일으킬 수 있고, 나라에 道가 없을 때에는 그의 침묵이 받아들여질 수 있다.《詩經》에 "이미 〈사리에〉 밝고 또 〈일을 할 때에는〉 지혜로워서 자기 몸을 보존한다."고 하였으니, 아마 이것을 말하는 것일 것이다.

興은 謂興起在位也라 詩는 大雅烝民之篇이라

興은 떨쳐 일어나 지위에 있음을 이른다. 詩는《詩經》〈大雅 烝民〉이다.

右는 第二十七章이라 言人道也라

이상은 제27장이다.
사람의 道를 말하였다.

28-1 子曰 愚而好自用하며 賤而好自專이요 生乎今之世하여 反古之道[195]면 如此者는 烖及其身者也니라

孔子가 말하였다. "어리석은데도 〈남의 의견을 받아들이지 않고〉 자신이 옳다고 여기는 대로 일을 처리하기 좋아하며, 지위가 낮은데도 자신의 생각대로 독단하여 일을 처리하기 좋아하고, 지금 세상에 태어나 옛날의 道를 돌이키려고 한다면 이와 같은 사람은 재앙이 그의 몸에 미칠 것이다."

以上은 孔子之言이니 子思引之라 反은 復也라

---

195 反古之道 : 兪樾(淸)은《孟子》〈離婁 上〉의 '선왕의 법을 따르고서 잘못된 자는 없었다.〔遵先王之法而過者 未之有也〕'는 말의 맥락으로 이 글을 이해한다. 古之道는 바로 先王의 道며,《詩經》〈齊風 猗嗟〉의 '四矢反兮'가《韓詩》에는 '四矢變兮'로 되어 있고, 또《列子》〈仲尼〉의 '回能仁而不能反'에 대한 張湛(東晉)의 注에 '反 變也'라고 한 것에 근거하여 '反古之道'는 '變古之道'라고 하였다. 다시 말하면 '지금 세상에서도 옛날의 道, 곧 先王의 道는 유효하기 때문에 함부로 바꿔서는 안 된다.'는 뜻이다.(《群經平議》〈小戴禮記 四〉生乎今之世反古之道條)

※ 雅 : 바를 아   烝 : 많을 증   反 : 돌이킬 반   烖(≒災) : 재앙 재

이상은 공자의 말인데, 子思가 인용하였다.
反은 돌이킴이다.

28-2 非天子면 不議禮하며 不制度[196]하며 不考文이니라

天子가 아니면 禮를 논의하여 정하지 않으며, 法度를 제정하지 않으며, 글자를 심사하여 바로잡지 않는다.

此以下는 子思之言이라 禮는 親疎貴賤相接之體也라 度는 品制라 文은 書名[197]이라

이 이하는 子思의 말이다. 禮는 친한 사람과 소원한 사람, 귀한 사람과 천한 사람이 서로 만나는 바탕이다. 度는 여러 가지 제도다. 文은 글자다.

28-3 今[198]天下 車同軌하며 書同文[199]하며 行同倫[200]이니라

지금 천하는, 수레는 수레바퀴 자국의 너비가 동일하며, 글은 글자가 동일하며, 행실

---

196 不制度 : 度에 대해 鄭玄(後漢)은 "국가와 궁실의 〈규모〉 및 수레와 가마〈의 제도〉다.〔國家宮室及車輿也〕"라고 하였고(《禮記注》), 荻生徂徠(日, 오규 소라이)는 "律·度·量·衡 가운데 度니, 장대로 만든 자를 이른다.〔律度量衡之度 謂其丈尺也〕"라고 하였다.《中庸解》

197 書名 : 許謙(元)은 "書名이라는 것은 바로 字인데, 名은 字의 소리다.〔書名者 卽字也 名則其字之聲也〕"라고 하였고(裵相說(鮮), 《中庸纂要》), 荻生徂徠(日)도 "名은 글자의 음을 이르고, 文은 글자의 모양을 이른다.〔名謂字音 文謂字形〕"라고 하여 名과 文을 구별하였다.《中庸解》 李象靖(鮮)은 "書는 會意·轉注·諧聲 등 여섯 가지를 가리켜 말한 것이요, 名은 그 字를 가리켜 말한 것이요, 文은 바로 書와 字의 總稱이다.〔書指會意轉注諧聲等六者而言 名指其字而言 文者乃書與字之總稱〕"라고 하였다.(柳健休(鮮), 《中庸集評》)

그러나 《周禮注疏》〈春官 外史〉의 '掌達書名于四方(사방에 書名을 전달하는 일을 관장한다.)'에 대한 鄭玄(後漢)의 注에 "옛날의 글자를 名, 지금의 글자를 字라고 한다. 사방 사람에게 글의 굴자를 알아 읽을 수 있게 하였다.〔古曰名 今曰字 使四方知書之文字 得能讀之〕"라 하고, 賈公彦(唐)의 疏에 "옛날의 문자는 적으니 다만 名이라고 하였고, 후대의 문자는 많으니 字라고 하였다. 字는 滋(불어나다)니, 더욱 불어남을 이름하였기 때문에 字라고 바꾸어 일컬었다.〔古者之文字少 直曰名 後代之文字多 則曰字 字者滋也 滋益而名 故更稱曰字〕"라고 하였으니, 名·文·字는 모두 글자를 가리키는 말이다.(이광호 외 역, 《역주 예기정의-중용·대학》191쪽 역주 5) 재인용)

※ 議 : 논의할 의　制 : 제정할 제　度 : 법도　考 : 살필 고　文 : 글자 문　疎 : 서먹할 소
　接 : 만날 접　品 : 가지 품　軌 : 바퀴 자국 궤　倫 : 윤리 륜

은 윤리가 동일하다.

今은 子思自謂當時也라 軌는 轍迹之度라 倫은 次序之體라 三者皆同은 言天下一統也라

今은 子思가 當時를 스스로 말한 것이다. 軌는 수레바퀴 자국의 너비다. 倫은 차례의 바탕이다. 세 가지가 모두 같음은 천하가 동일하게 관리됨〔統〕을 말한다.

28-4 雖有其位나 苟無其德이면 不敢作禮樂焉이며 雖有其德이나 苟無其位면 亦不敢作禮樂焉이니라

비록 그 지위는 가지고 있으나, 진실로 그 德이 없으면 감히 禮樂을 제정하지 못하며, 비록 그 덕은 있으나 진실로 그 지위가 없으면 역시 감히 그 예악을 제정하지 못한다.

鄭氏曰 言作禮樂者는 必聖人在天子之位라

鄭氏(鄭玄)가 말하였다. "예악을 제정하는 자는 반드시 천자의 지위에 있는 聖人임을 말한 것이다."

28-5 子曰 吾說夏禮나 杞[201]不足徵也[202]요 吾學殷禮호니 有宋[203]이 存焉이어니와 吾學周禮호니 今用之라 吾從周호리라

---

198 今 : 주희는 子思 당시라고 하였으나, 鄭玄(後漢)은 孔子 당시를 이른다고 하였다.

199 書同文 : 이승률은 秦 始皇의 문자 통일은 실제 공문서의 서체·서식·규격이나 언어표기 시스템 등을 통일한 것이라고 하였다.(《죽간·목간·백서, 중국 고대 간백자료의 세계 1》 59쪽)

200 今天下……行同倫 :《史記》〈秦始皇本紀〉와 시황이 세운 琅琊臺의 石碑에도 이와 비슷한 내용이 나온다. 이를 근거로《중용》이 秦 始皇 이후의 저작이라는 논의가 꾸준히 제기되었다. 그러나 주희는 "예로부터 천하를 소유한 자는 반드시 正朔을 고치고 服色을 바꾸며 徽號를 달리하여 천하 사람의 耳目을 새롭게 하고 그들의 마음과 뜻을 통일하였다.〔古之有天下者 必改正朔 易服色 殊徽號 以新天下之耳目 而一其心志〕"라고 하여, 진 시황 이전에도 새로운 왕조가 들어서면 禮法·度量衡·文字·수레바퀴의 폭 등의 통일이 이루어졌다고 하였다.(《中庸或問》)

※ 轍 : 바퀴 자국 철   迹 : 자취 적   統 : 관리할 통   杞 : 나라이름 기   徵 : 증명할 징
　　殷 : 나라이름 은

孔子가 말하였다. "나는 夏나라의 禮를 설명할 수 있으나, 杞나라에는 〈하나라의 禮를〉 충분히 증명해줄 만한 〈文獻이〉 없다. 나는 殷나라의 禮를 배운 적이 있고 宋나라가 〈은나라의 禮를〉 보존하고 있기는 하나, 〈지금은 사용하지 않는다.〉 나는 周나라의 禮를 배웠고 지금 그것을 사용하기 때문에, 나는 주나라의 〈禮를〉 따르겠다."

此는 又引孔子之言이라 杞는 夏之後라 徵은 證也라 宋은 殷之後라 三代之禮를 孔子皆嘗學之而能言其意로되 但夏禮는 旣不可考證하고 殷禮는 雖存이나 又非當世之法이라 惟周禮는 乃時王之制요 今日所用이라 孔子旣不得位니 則從周而已라

이것은 또 공자의 말을 인용한 것이다.

杞는 夏나라의 후예다. 徵은 증명함이다. 宋은 殷나라의 후예다. 〈夏·殷·周〉세 왕조의 禮를 공자가 모두 배워 그 뜻을 말할 수 있었지만, 하나라의 禮는 이미 고증할 수 없고, 은나라의 禮는 비록 보존되어 있긴 하나 또 당시의 법이 아니었다. 주나라의 禮만은 바로 〈공자〉당시의 왕이 제정한 것이고 당대에 사용하는 것이었다. 공자가 〈禮를 창작할 수 있는〉지위를 얻지 못하였으니 주나라의 〈禮를〉 따라야 할 뿐이다.

右는 第二十八章이라 承上章爲下不倍而言이니 亦人道也라

이상은 제28장이다. 앞 장의 '아랫자리에 있을 때에는 윗사람을 배반하지 않는다.〔爲下不倍〕'를 이어받아 말한 것이니, 또한 사람의 도를 말하였다.

29-1 王天下 有三重[204]焉이니 其寡過矣乎[205]인저

---

201 杞 : 夏나라의 후예다. 周 武王이 殷 紂王을 이긴 뒤, 夏后 禹의 자손 東樓公을 찾아 杞나라에 봉하여 夏后氏의 제사를 유지하게 하였다.

202 杞不足徵也 : 주희는 徵을 證(증거를 대다)으로 보아 "하나라의 禮를 고증할 수 없다."라고 풀이한 반면, 鄭玄(後漢)은 "기나라의 임금을 도와 하나라의 禮를 밝혀낼 수 없다." 다시 말하면 "하나라의 禮를 복원하여 실천하게 할 수 없다."는 뜻으로 풀이하였다.(《禮記正義》〈中庸〉)

203 宋 : 殷나라의 후예다. 周 成王이 管蔡의 亂을 평정한 뒤, 殷 紂王의 아들 武庚을 죽이고 무경을 대신하여 紂王의 庶兄 微子를 宋나라에 봉하여 선조의 제사를 유지하게 하였다.

※ 證 : 증명할 증　其 : 아마도 기

왕이 되어 천하를 다스리는 사람에게는 세 가지 중요한 것〔三重〕이 있으니, 〈이 세 가지를 잘 실천하면 사람이〉 허물을 적게 할 수 있을 것이다.

呂氏曰 三重은 謂議禮制度考文이니 惟天子得以行之면 則國不異政하고 家不殊俗하여 而人得寡過矣[206]리라

呂氏(呂大臨)가 말하였다. "세 가지 중요한 것〔三重〕은 禮를 논의하여 정함〔議禮〕·법도를 제정함〔制度〕·글자를 심사하여 바로잡음〔考文〕을 이른다. 오직 天子가 그것을 행하게 되면 나라는 정사를 달리하지 않고, 집안은 풍속을 달리하지 않아 사람이 허물을 적게 할 수 있을 것이다."

29-2 上焉者는 雖善이나 無徵이니 無徵이라 不信이요 不信이라 民弗從이니라 下焉

---

204 三重 : 주희는 議禮와 制度와 考文이라는 呂大臨(宋)의 설을 취하고 있으나 異說이 많다. 鄭玄(後漢)은 "夏 禹王·殷 湯王·周 文王(또는 武王)의 禮"라고 하였다.《禮記正義》〈中庸〉) 그러나 高拱(明)은 "갖기 어려운 것은 德, 얻기 어려운 것은 位, 만나기 어려운 것은 時다. 이 세 가지를 겸하기 때문에 三重이라 한다.〔難有者德 難得者位 難遇者時 三者兼焉 故爲三重〕"라고 풀이하였다.《問辨錄》伊藤仁齋(日, 이토 진사이)를 비롯하여 많은 일본의 학자가 고공의 견해를 수용한다.

毛奇齡(淸) 역시 陸德明(唐)의 《經典釋文》 舊本에 근거하여 德·位·時라고 하였다.《四書改錯》 그러나 《경전석문》 今本에는 이 말이 없으니, 그 실체를 확인할 수 없어 모기령이 전거를 대기 위해 날조했다고 말하는 사람도 있다. 衛湜(宋)의 《禮記集說》에서 蔡淵(宋)은 德·位·徵諸庶民이라고 하였으나, '徵諸庶民'은 바로 今天下의 庶民에게 입증하는 것이니, '時'라는 말과 같다.

陳戍國(中)은 다음에 나오는 '君子動而世爲天下道 行而世爲天下法 言而世爲天下則'의 動·行·言이라고 하면서 動은 오래된 제도의 개조, 行은 임금의 行爲, 言은 임금의 言論이라고 하였다.《四書校注》 赤塚 忠(日, 아카쯔카 키요시)은 《墨子》〈非命 中〉에 나오는 '三法', 곧 本·原·用에서 답을 찾고자 한다. 本은 바로 다음에 나오는 '本諸身 徵諸庶民 考諸三王而不繆'에 해당하고, 原은 '建諸天地而不悖 質諸鬼神而無疑'에 해당하고, 用은 '百世以俟聖人而不惑'에 해당한다고 하였다.《新釋漢文大系 中庸》

205 其寡過矣乎 : 주희는 '寡過'의 주체를 '人(民)'으로 보지만, 高拱(明)은 '王天下者'를 말한 것으로 본다.《問辨錄》

206 三重……而人得寡過矣 : 呂大臨(宋)의 《中庸解》에 나온다. 《중용해》의 본문에는 '人'자가 없다. 주희가 '寡過'의 주체를 '人'으로 보아 끼워 넣은 듯하다. 宇野哲人(日, 우노 테츠토)과 赤塚 忠(日, 아카쯔카 키요시)은 주희의 견해에 반대하면서 '寡過'의 주체를 '天子 自身'으로 본다.《中庸新釋》·《新釋漢文大系 中庸》

※ 殊 : 다를 수 俗 : 풍속 속

者는 雖善이나 不尊이니 不尊이라 不信이요 不信이라 民弗從207이니라

이전 時代(夏·商)는 〈禮가〉 비록 좋으나 증험할 것이 없으니, 증험할 것이 없기 때문에 〈사람이 그 禮를〉 믿지 않고 〈그 禮를〉 믿지 않기 때문에 백성이 따르지 않는다. 〈聖人으로서〉 아랫자리에 있는 사람은 비록 〈禮를〉 잘 알지만 〈지위가〉 높지 않으니, 〈지위가〉 높지 않기 때문에 〈사람이〉 믿지 않고 〈사람이〉 믿지 않기 때문에 백성이 따르지 않는다.

上焉者는 謂時王以前이니 如夏商之禮雖善이나 而皆不可考라 下焉者는 謂聖人在下니 如孔子雖善於禮나 而不在尊位也라

上焉者는 당시 王의 이전을 이르니, 夏나라·商나라의 禮가 비록 좋으나 모두 살펴볼 수 없는 것과 같다. 下焉者는 聖人으로서 아랫자리에 있는 이를 이르니, 孔子가 비록 禮를 잘 알았으나 높은 지위에 있지 않은 것과 같다.

29-3 故君子之道는 本諸(저)身하여 徵諸庶民하며 考諸三王208而不謬하며 建諸天地而不悖하며 質諸鬼神而無疑하며 百世以俟聖人而不惑이니라

그러므로 군자의 道는 〈자기의〉 몸에 근본하여 서민에게 징험하며, 〈夏·殷·周〉 세 왕조의 聖王에게 견주어보아도 위배하지 않으며, 天地에 세워보아도 어긋나지 않으며, 鬼神에게 물어보아도 의심할 것이 없으며, 백세 뒤의 聖人을 기다려 〈물어보아도〉 의

---

207 上焉者……民弗從 : 鄭玄(後漢)은 上焉者를 임금, 下焉者를 신하, 不尊을 신하가 임금에게 존경받지 못하다는 의미로 풀이하였다. 이를 따라 懸吐하고 번역하면 다음과 같다.
上焉者는 雖善이나 無徵이니 無徵이면 不信이요 不信이면 民弗從이니라 下焉者는 雖善이나 不尊이니 不尊이면 不信이요 不信이면 民弗從이니라
윗자리에 있는 사람이 비록 善하다고는 하나 징험을 드러냄이 없으니, 징험을 드러냄이 없으면 〈그런 사람은〉 믿을 수 없고, 믿을 수 없으면 백성이 따르지 않는다. 아랫자리에 있는 사람이 비록 선하다고는 하나 〈임금에게〉 존경받지 못하니, 존경받지 못하면 〈그런 사람은〉 믿을 수 없고, 믿을 수 없으면 백성이 따르지 않는다.
208 三王 : 夏·殷·周 세 왕조의 聖王으로, 하나라의 禹王·은나라의 湯王·주나라의 文王(또는 武王)을 말한다.

※ 商 : 나라이름 상 謬 : 그릇될 류 建 : 세울 건 悖 : 어그러질 패 質 : 물어볼 질
  俟 : 기다릴 사

혹하지 않는다.

此君子는 指王天下者而言이라 其道는 卽議禮制度考文之事也라 本諸身은 有其德也라 徵諸庶民은 驗其所信從也라 建은 立也니 立於此而參於彼也라 天地者는 道也라 鬼神者는 造化之迹也라 百世以俟聖人而不惑은 所謂聖人復起라도 不易吾言者也라

　여기의 군자는 왕이 되어 천하를 다스리는 사람을 가리켜 말한 것이다. 그 道는 바로 禮를 논의하여 정하고〔議禮〕, 법도를 제정하고〔制度〕, 글자를 심사하여 바로잡는〔考文〕일이다. '자기 몸에 근본함〔本諸身〕'은 그 德을 가지고 있기 때문이다. '서민에게 징험함〔徵諸庶民〕'은 그들이 믿고 따르는 것을 증험하는 것이다. 建은 세움이니, 이것을 세워 저것과 대조〔參〕하는 것이다. 天地는 道다. 鬼神은 조화의 자취다. '백세 뒤의 성인을 기다려 〈물어보아도〉 의혹하지 않음〔百世以俟聖人而不惑〕'은 《孟子》〈滕文公 下〉의 이른바 '聖人이 다시 나와도 나의 말을 바꾸지 못할 것'이라는 것이다.

29-4 質諸鬼神而無疑는 知天也요 百世以俟聖人而不惑은 知人也[209]라

　鬼神에게 물어보아도 의심할 것이 없음은 하늘을 알기 때문이요, 백세 뒤의 聖人을 기다려 〈물어보아도〉 의혹하지 않음은 사람을 알기 때문이다.

知天知人은 知其理也라

　'하늘을 앎'·'사람을 앎'은 그 이치를 안다는 것이다.

29-5 是故君子는 動而世爲天下道니 行而世爲天下法하며 言而世爲天下則(칙)이라 遠之則有望이요 近之則不厭이니라

---

209 質諸鬼神而無疑……知人也 : 北溪 陳氏(陳淳)는 다음과 같이 말하였다. "귀신은 天理의 지극함이요, 성인은 人道의 지극함이다. 천리의 지극함을 알기 때문에 의심함이 없고, 인도의 지극함을 알기 때문에 의혹하지 않는다.〔鬼神 天理之至也 聖人 人道之至也 惟知天理之至 所以無疑 惟知人道之至 所以不惑〕"《中庸章句大全》小注)

※　參 : 비교할 참　則 : 준칙 칙　望 : 우러러볼 망　厭 : 싫어할 염

이 때문에 군자는 활동하면 대대로 천하의 道가 되니, 행동하면 대대로 천하의 法度가 되며 말하면 대대로 천하의 準則이 된다. 그에게서 멀리 떨어지더라도 우러러봄이 있고, 그에게 가까이 다가가더라도 싫증나지 않는다.

動은 兼言行而言이라 道는 兼法則而言이라 法은 法度也요 則은 準則也라

動은 말과 행동을 아울러 말한 것이다. 道는 法과 則을 아울러 말한 것이다. 法은 法度고, 則은 準則이다.

29-6 詩曰 在彼無惡(오)하며 在此無射(역)이라 庶幾夙夜하여 以永終譽라하니 君子 未有不如此而蚤有譽於天下者也니라

《詩經》에 "저기에 있어도 싫어함이 없으며, 여기에 있어도 싫증냄이 없도다. 부디 이른 새벽부터 밤늦게까지 〈열심히 노력하여〉 명예를 길이 끝까지 누리기를 바란다."라고 하니, 군자가 이와 같이 하지 않고서 천하에 명예를 가진 자는 없었다.

詩는 周頌振鷺之篇이라 射은 厭也라 所謂此者는 指本諸身以下六事而言이라

詩는 〈周頌 振鷺〉다. 射은 싫증남이다. 〈君子 未有不如此에서〉 이른바 此라는 것은 '자기 몸에 근본하여[本諸身]' 이하 여섯 가지 일을 가리켜 말한 것이다.

右는 第二十九章이라 承上章居上不驕而言이니 亦人道也라

이상은 제29장이다.
앞 장의 '윗자리에 있을 때에는 교만하지 않음[居上不驕]'을 이어받아 말한 것이니, 또한 사람의 道를 말하였다.

30-1 仲尼는 祖述堯舜하시고 憲章文武하시며 上律天時[210]하시고 下襲水土[211]하시니라

仲尼는 堯임금과 舜임금의 〈道를〉 근본으로 삼아 전하고[祖述] 文王과 武王을 본보기

※ 射:싫증낼 역 夙:이른 아침 숙 終:끝내 종 譽:명예 예 蚤:일찍 조 鷺:해오라기 로
  仲:버금 중 尼:산이름 니 憲:법 헌 章:법 장 律:본받을 률 襲:인습할 습

로 삼아 드러내 밝혔으며, 위로는 天時를 본받고 아래로는 水土를 그대로 따랐다.

> 祖述者는 遠宗其道요 憲章者는 近守其法이요 律天時者는 法其自然之運이요 襲水土者는 因其一定之理니 皆兼內外該本末而言也라

'근본으로 삼아 전함〔祖述〕'은 멀리 그들의 道를 높이는 것이다. '본보기로 삼아 드러내 밝힘〔憲章〕'은 가까이 그들의 法을 지키는 것이다. '天時를 본받음〔律天時〕'은 자연의 운행을 본받음이다. '水土를 그대로 따름〔襲水土〕'은 일정한 이치를 그대로 따르는 것이다. 이 모든 것은 안과 밖을 아우르고 근본과 말단을 갖추어 말한 것이다.

30-2 辟(비)如天地之無不持載하며 無不覆幬(부도)하며 辟如四時之錯行하며 如日月之代明이니라

비유하면 하늘과 땅이 실어주지 않음이 없고 덮어주지 않음이 없는 것과 같으며, 비유하면 사계절이 번갈아 운행하는 것과 같으며 해와 달이 번갈아가며 밝게 비추는 것과 같다.

> 錯은 猶迭也라 此는 言聖人之德이라

錯은 迭(갈마들다)과 같다. 이것은 聖人(孔子)의 德을 말한 것이다.

30-3 萬物이 竝育而不相害하며 道 竝行而不相悖라 小德은 川流[212]요 大德은 敦

---

210 天時 : 사계절이 차례대로 운행하는 자연의 운행질서를 말한다.
211 水土 : 토질·지형·기후·동식물 등 인간의 생활에 영향을 끼치는 자연조건을 말한다.
212 小德 川流 : 兪樾(淸)은 "小德川流와 大德敦化는 서로 대비되는 글인데, 〈川流를〉 '냇물의 흐름과 같다.'고 풀이하면 敦化와 대비되지 않으니, 川은 順으로 읽어야 한다.……《經典釋文》〈周易音義〉坤卦에 '坤은 본래 巛으로 되어 있다.'라고 하였으니, 巛은 바로 川자의 隸書다. 川을 坤이라고 한 것은 川을 順이라고 읽은 것이다.……小德順流는 작은 덕이 순히 받들어 유행함을 말한다.〔小德川流大德敦化 相對爲文 若解作如川水之流 則與敦化不對矣 川當讀爲順……周易坤卦釋文曰 坤本又作巛 巛乃隸書川字 以川爲坤者 讀川爲順也……小德順流 言小德順承而流行也〕"라고 하

※ 宗 : 높일 종   運 : 운행할 운   該 : 갖출 해   辟(≒譬) : 비유할 비   持 : 버틸 지   載 : 실을 재
覆 : 덮을 부   幬 : 덮을 도   錯 : 번갈아 착   迭 : 갈마들 질   悖 : 어긋날 패

化²¹³니 此 天地之所以爲大也니라

萬物이 함께 자라도 서로 해치지 않으며, 道가 함께 행해져도 서로 어긋나지 않는다. 작은 德은 냇물의 흐름과 같고 큰 德은 化育을 돈독하게 함이니, 이것이 하늘과 땅이 위대한 까닭이다.

悖는 猶背(패)也라 天覆地載에 萬物이 竝育於其間而不相害하며 四時日月이 錯行代明而不相悖라 所以不害不悖者는 小德之川流요 所以竝育竝行者는 大德之敦化니 小德者는 全體之分이요 大德者는 萬殊之本이라 川流者는 如川之流니 脈絡分明而往不息也요 敦化者는 敦厚其化니 根本盛大而出無窮也라 此는 言天地之道하여 以見(현)上文取譬之意也라

悖는 背와 같다. 하늘이 덮어주고 땅이 실어줌에 만물이 그 사이에서 함께 자라면서 서로 해치지 않으며, 사계절과 해·달이 번갈아 운행하고 번갈아가며 밝게 비추면서 서로 어긋나지 않는다.

해치지 않고〔不害〕 어긋나지 않는〔不悖〕 까닭은 작은 德이 냇물의 흐름과 같기 때문이요, 함께 자라고〔竝育〕 함께 운행하는〔竝行〕 까닭은 큰 덕이 化育을 돈독하게 하기 때문이다. '작은 덕'은 전체의 부분이요, '큰 덕'은 만 가지 갈래의 근본이다.

川流는 냇물의 흐름과 같으니, 줄기〔脈絡〕가 분명하게 쉼 없이 흘러가는 것이다. 敦化는 그 化育을 돈독하게 함이니, 뿌리가 매우 크고 왕성하여 끝없이 뻗어나가는 것이다.

이것은 하늘과 땅의 道를 말하여 앞 글에서 비유를 취한 뜻을 드러낸 것이다.

右는 第三十章이라 言天道也라

이상은 제30장이다.
하늘의 道를 말하였다.

였다.(《群經平議》〈小戴禮記 四〉小德川流條)

213 小德川流 大德敦化 : 鄭玄(後漢)은 "小德川流는 적셔주고 싹을 틔우게 하는 것이니 諸侯를 비유한 것이다. 大德敦化는 만물을 돈후하게 길러주는 것이니 天子를 비유한 것이다.〔小德川流 浸潤萌芽 喩諸侯也 大德敦化 厚生萬物 喩天子也〕"라고 하였다.(《禮記正義》〈中庸〉)

※ 背 : 어긋날 패 脈 : 혈맥 맥 絡 : 이어질 락 根 : 뿌리 근

31-1 唯天下至聖이아 爲能聰明睿知 足以有臨也니 寬裕溫柔 足以有容也며 發强剛毅 足以有執也며 齊(재)莊中正이 足以有敬也며 文理密察이 足以有別也²¹⁴니라

　천하의 지극한 聖人만이, 聰明하고 슬기롭고 지혜로움이 〈천하를〉 다스리기에 충분하다. 〈그의 마음이〉 너그럽고 〈도량이〉 크며 〈性情이〉 온화하고 유순함은 〈남을〉 포용하기에 충분하며, 분발하고 노력하며 〈의지가〉 꿋꿋하고 굳셈은 〈義를〉 잡아 지키기에 충분하며, 경건하고 단정하며 中道에 맞고 〈굽은 것을〉 바로잡음은 〈자신을〉 삼가기에 충분하며, 禮樂法度〔文〕와 條理를 치밀하고 분명하게 살핌은 〈사물을〉 구별하기에 충분하다.

　　聰明睿知는 生知之質이라 臨은 謂居上而臨下也라 其下四者는 乃仁義禮智之德이라 文은 文章也²¹⁵라 理는 條理也라 密은 詳細也요 察은 明辨也라

　　聰明睿知는 태어나면서 〈저절로〉 아는 자질이다. 臨은 윗자리에 있으면서 아랫사람을 다스림을 이른다. 그다음 네 가지는 바로 仁·義·禮·智의 덕성이다. 文은 禮樂法度〔文章〕다. 理는 條理다. 密은 상세함이요, 察은 분명하게 변별함이다.

31-2 溥博淵泉하여 而時出之니라

　두루 미치면서 광활하며 고요하고 깊으면서 근원이 있어서 때에 따라 나온다.

---

214 聰明睿知……足以有別也 : 주희는 '聰明睿知'는 '태어나면서 〈저절로〉 아는 자질〔生知之質〕'이고 '寬裕溫柔'·'發强剛毅'·'齊莊中正'·'文理密察' 네 가지는 '仁義禮智의 德'이라고 하여 '聰明睿知'는 綱, 다음 네 가지는 目처럼 보았다. 그러나 孔穎達(唐)은 '聰明寬裕'를 함께 말하고, 또 '爲能聰明睿知'의 '爲能'을 '足以有別也'까지 연결시켜 다섯 가지를 대등한 병렬구문으로 보았다. 伊藤東涯(日, 이토 토가이)도 '〈다섯 가지가〉 각각 하나의 說이 되어 綱과 目으로 나누기 어렵다.〔各自爲說 難分綱目〕'라고 하였다.(東條一堂(日, 도죠 이치도),《中庸知言》)

215 文 文章也 : 주희는《論語集注》〈泰伯〉19장 "煥乎其有文章"에 대해 "文章 禮樂法度也"라고 주석하였다.

※ 聰 : 귀 밝을 총　睿 : 슬기로울 예　臨 : 다스릴 림　裕 : 넉넉할 유　溫 : 온화할 온　毅 : 굳셀 의
　齊 : 경건할 재　莊 : 단정할 장　密 : 촘촘할 밀　溥 : 두루 미칠 부　泉 : 샘 천

溥博은 周徧而廣闊也라 淵泉은 靜深而有本也라 出은 發見(현)也라

溥博은 두루 미치면서 광활한 것이다. 淵泉은 고요하고 깊으면서 근원이 있는 것이다. 出은 드러나 보임이다.

言五者²¹⁶之德이 充積於中하여 而以時發見於外라

다섯 가지의 덕성이 자기 마음속에 가득 쌓여 때에 따라 밖으로 드러나 보임을 말한 것이다.

31-3 溥博은 如天하고 淵泉은 如淵이라 見(현)而民莫不敬하며 言而民莫不信하며 行而民莫不說(열)이니라

두루 미치면서 광활함은 하늘과 같고, 고요하고 깊으면서 근원이 있음은 〈깊은〉 못과 같다. 〈밖으로〉 드러나면 공경하지 않는 백성이 없으며, 말하면 믿지 않는 백성이 없으며, 행동하면 기뻐하지 않는 백성이 없다.

言其充積極其盛하고 而發見當其可也라

그 가득 쌓인 것이 그 성대함을 극진히 하고, 드러나 보이는 것이 그 옳은 것에 맞음을 말하였다.

31-4 是以聲名이 洋溢乎中國하여 施(이)及蠻貊²¹⁷하여 舟車所至와 人力所通과 天之所覆(부)와 地之所載와 日月所照와 霜露所隊(추)에 凡有血氣者 莫不尊親하니 故曰配天이니라

이 때문에 名聲이 나라 안에 가득 차고 넘쳐 오랑캐[蠻貊]에게까지 뻗어나가 배와 수

---

216 五者 : 聰明睿知의 聖과 寬裕溫柔의 仁, 發强剛毅의 義, 齊莊中正의 禮, 文理密察의 智를 가리킨다.
217 蠻貊 : 蠻은 華夏 남쪽의 소수민족을, 貊은 화하 북쪽의 소수민족을 통칭하는 말로, 그들을 업신여겨 부르는 용어다. 貊은 貉으로도 쓴다.

※ 闊 : 넓을 활 靜 : 고요할 정 說(≒悅) : 기쁠 열 溢 : 넘칠 일 施 : 뻗을 이 蠻 : 오랑캐 만
  貊 : 오랑캐 맥 霜 : 서리 상 露 : 이슬 로 隊(≒墜) : 떨어질 추

레가 이르는 곳, 인간의 힘이 미치는 곳, 하늘이 덮어주는 곳, 땅이 실어주는 곳, 해와 달이 비추는 곳, 서리와 이슬이 떨어지는 곳에 모든 血氣를 가진 자는 존경하고 친애하지 않는 이가 없다. 그러므로 '하늘과 어우러진다.'고 한 것이다.

> 舟車所至以下는 蓋極言之라 配天은 言其德之所及이 廣大如天也라
>
> '배와 수레가 이르는 곳' 이하는 대체로 그것을 지극하게 말한 것이다. '하늘과 어우러짐'은 그 德이 미치는 곳이 하늘처럼 광대함을 말한 것이다.

> 右는 第三十一章이라 承上章而言小德之川流하니 亦天道也라
>
> 이상은 제31장이다.
> 앞 장을 이어받아 '작은 德이 냇물의 흐름과 같음'을 말하였으니, 또한 하늘의 道를 말하였다.

32-1 唯天下至誠이아 爲能經綸天下之大經하며 立天下之大本하며 知天地之化育이니 夫焉有所倚리오

천하의 지극히 성실한 사람만이 천하의 큰 道理(經)를 계획하고 다스리며 천하의 큰 根本을 세우며 천지의 化育을 알 수 있으니, 저런 분이 어찌 의지하는 것이 있겠는가.

> 經綸은 皆治絲之事라 經者는 理其緒而分之요 綸者는 比其類而合之也라 經은 常也니 大經者는 五品之人倫[218]이라 大本者는 所性之全體也라 惟聖人之德이 極誠無妄이라 故於人倫에 各盡其當然之實하여 而皆可以爲天下後世法하니 所謂經綸之也라 其於所性之全體에 無一毫人欲之僞以雜之하여 而天下之道千變萬化 皆由此出이니 所謂立之也라 其於天地之化育엔 則亦其極誠無妄者 有默契焉하니 非但聞見之知而已라 此皆至誠無妄自然之功用이니 夫豈有所倚著(착)於物而後能哉리오

---

218 五品之人倫 : 다섯 가지 人倫으로 五倫을 말한다. 오륜은 父子有親, 君臣有義, 夫婦有別, 長幼有序, 朋友有信이다.

※ 經 : 계획할 경, 도리 경   綸 : 다스릴 륜   焉 : 어찌 언   倚 : 의지할 의   絲 : 실 사   緖 : 실마리 서
   品 : 가지 품   僞 : 거짓 위   妄 : 거짓 망   默 : 침묵할 묵   契 : 합치할 계   著(≒着) : 의지할 착

經·綸은 모두 실을 다루는 일이다. 經은 그 실마리를 다스려 나누는 것이요, 綸은 그 비슷한 것을 추려 합치는 것이다. 〈天下之大經의〉 經은 綱常이니, 大經은 다섯 가지의 人倫이다. 大本은 性으로 〈부여받은〉 전체다.

聖人의 德만이 지극히 성실하여 거짓이 없다. 그러므로 인륜에 대해 저마다 그 당연한 실질을 다하여 모두 천하 후세의 본보기가 될 수 있으니, 이른바 '계획하고 다스린다〔經綸〕'는 것이다.

性으로 〈부여받은〉 전체에 대해 한 터럭만큼의 거짓된 人欲도 섞임이 없어 千變萬化하는 천하의 道가 모두 여기에서 나올 것이니, 이른바 '세웠다〔立之〕'는 것이다.

천지의 化育에 대해 또한 그 지극히 성실하여 거짓이 없는 것이 묵묵히 합치됨이 있을 것이니, 보고 들어 아는 것뿐만이 아니다.

이는 모두 지극히 성실하여 거짓이 없음의 자연스러운 功效〔功用〕니, 저런 사람(천하의 지극히 성실한 사람)이 어찌 다른 사물에 의지한 뒤에야 할 수 있는 것이겠는가.

32-2 肫肫(준준)其仁이며 淵淵其淵이며 浩浩其天이니라

〈천하의 지극히 성실한 사람은〉 정성스럽고 지극하여 어진 모습이며, 고요하고 깊어 연못 같은 모습이며, 넓고 커 하늘 같은 모습이다.

肫肫은 懇至貌니 以經綸而言也라 淵淵은 靜深貌니 以立本而言也라 浩浩는 廣大貌니 以知化而言也라 其淵其天은 則非特如之而已라

肫肫은 정성스럽고 지극한 모습이니, '계획하고 다스린다〔經綸〕'는 측면에서 말한 것이다. 淵淵은 고요하고 깊은 모습이니, '근본을 세운다〔立本〕'는 측면에서 말한 것이다. 浩浩는 넓고 큰 모습이니, '화육을 안다〔知化〕'는 측면에서 말한 것이다. 其淵·其天은 그와 같을 뿐만이 아닌 것이다.

32-3 苟不固聰明聖知達天德者면 其孰能知之[219]리오

※ 肫 : 정성스러울 준   淵 : 고요하고 깊을 연   浩 : 넓고 클 호   懇 : 정성 간   特 : 다만 특
  孰 : 누구 숙

만일 진실로 총명하고 성스러운 지혜로 天德에 도달한 자가 아니면 그 누가 그것을 알 수 있겠는가.

> 固는 猶實也라 鄭氏曰 唯聖人이야 能知聖人也라

固는 實(진실로)과 같다. 鄭氏(鄭玄)가 말하였다. "聖人만이 聖人을 알 수 있다."

> 右는 第三十二章이라 承上章而言大德之敦化하니 亦天道也라 前章言至聖之德하고 此章言至誠之道니 然至誠之道는 非至聖이면 不能知요 至聖之德은 非至誠이면 不能爲니 則亦非二物矣라 此篇에 言聖人天道之極致 至此而無以加矣라

이상은 제32장이다.

앞 장을 이어받아 '큰 德이 化育을 돈독하게 함'을 말하였으니, 또한 하늘의 道를 말하였다.

앞 장에서 '지극히 성스러운 德'을 말하고, 이 장에서 '지극히 성실한 道'를 말하였으나, 지극히 성실한 道는 지극한 聖人이 아니면 알 수 없고, 지극히 성스러운 德은 지극히 성실한 사람이 아니면 실천할 수 없으니, 또한 두 가지 일이 아니다. 이 책에서 聖人과 天道의 극치를 말한 것이 여기에 이르러 더할 것이 없게 되었다.

33-1 詩曰 衣錦尙絅[220]이라하니 惡(오)其文之著也라 故君子之道는 闇然而日

---

219 其孰能知之 : 佐藤一齋(日, 사토 잇사이)는 "이 知자도 主管한다는 뜻이다.〔此知字 亦主管之意〕"라고 하여, 앞의 '經綸天下之大經'·'立天下之大本'·'知天地之化育' 세 가지를 주관하는 것으로 보았다.(《中庸欄外書》)

220 詩曰 衣錦尙絅 : 《詩經》〈衛風 碩人〉과 〈鄭風 丰〉에 나온다. 〈위풍 석인〉에는 '衣錦褧衣', 〈정풍 봉〉에는 '衣錦褧衣 裳錦褧裳'으로 되어 있다. 《禮記正義》의 孔穎達(唐) 疏에 "《시경》의 본문을 살펴보면 '衣錦褧衣'라고 하였는데, 여기에서 '尙絅'이라고 한 것은 《시경》의 글을 截取한 것이다. 또 俗本에는 '衣錦褧裳'이라고 하였으니, 또 定本과 다르다."라고 하였다.

王引之(淸)는 "衣錦尙絅은 《시경》에 없는 말이니, 내 생각에 '詩曰'의 아래에는 본래 '衣錦絅衣' 4자가 있었고, '衣錦尙絅'은 詩를 풀이한 말이다.〔衣錦尙絅 詩無此語 竊謂詩曰下 本有衣錦絅衣四字 衣錦尙絅 則釋詩之詞也〕"라고 하여, '詩曰'의 아래에 '衣錦絅衣' 4자가 탈락된 것으로 본다.(《經義述聞》〈禮記 下〉詩曰衣錦尙絅條)

반면 兪樾(淸)은 絅은 褧, 尙은 裳의 假借字로서 〈정풍 봉〉의 '衣錦褧衣 裳錦褧裳'을 聚合하여

※ 錦 : 비단 금　尙 : 더할 상　絅 : 홑옷 경　惡 : 싫어할 오　著 : 드러날 저　闇 : 어렴풋할 암

章하고 小人之道는 的然而日亡하나니 君子之道는 淡而不厭하며 簡而文하며 溫而理니 知遠之近하며 知風之自하며 知微之顯²²¹이면 可與入德矣²²²리라

《詩經》에 "비단옷을 입고 홑옷을 껴입는다."라고 하였으니, 그 〈비단옷의 아름다운〉 무늬가 드러남을 싫어해서다. 그러므로 군자의 道는 어렴풋한 듯하지만 날로 드러나고, 小人의 도는 분명한 듯하지만 날로 없어진다. 군자의 道는 담담한 듯하지만 싫증나지 않으며, 간략한 듯하지만 문채가 있으며, 온유한 듯하지만 조리가 있으니, 멀리 〈드러나는〉 것이 가까운 곳으로부터 시작함을 알며, 바람이 일어나는 곳이 있음을 알며, 은미한 것이 드러남을 알면 〈聖人의〉 德에 들어갈 수 있을 것이다.

인용한 것으로, 공영달의 疏에서 '衣錦褧裳'이라고 한 俗本이 옳다고 하였다. 《古本禮記》에는 대체로 '衣錦絅尙'이라고 되어 있는데, 絅은 바로 褧의 다른 글자요, 尙은 裳의 가차자다. 古文은 소리를 주로 한다. 裳은 尙聲이기 때문에 곧 尙을 裳이라고 한 것이다. 《시경》〈정풍 봉〉에 '衣錦褧衣 裳錦褧裳'이라고 하였는데, 〈《중용》의 이 章을〉 기록한 사람이 그 말을 聚合하여 '衣錦絅尙'이라고 한 것이다.……모두 두 구절을 합하여 한 구절로 만든 것이다. 經師들이 서로 전수하면서 이 絅尙이 바로 《시경》의 褧裳이기 때문에, 마침내 그 글자를 고쳐 《毛詩》를 따른 것이 있었으니, 《正義》에 이른바 俗本이라는 것이 이것이다. 《戴記(禮記)》가 오래된 책은 아니지만 그 글은 진실로 잘못되지 않았다. 〈衣錦尙絅을 曲解하는 것은〉 假借의 뜻이 밝게 드러나지 않았기 때문이다. 배우는 자가 古本에 '衣錦絅尙'으로 되어 있는 것을 보고서도 尙이 裳의 가차자인 줄 몰랐다면 그 뜻이 통하지 못함을 의심해야 하는데, 마침내 尙자를 絅자의 앞으로 옮겨 '衣錦尙絅'이라고 하였다. 그래서 唐人이 定本을 만들자, 그것을 따라 서로 좇아 지금까지 바로잡을 수 있는 이가 없었다.〔古本禮記 蓋作衣錦絅尙 絅乃褧之異文 尙乃裳之叚字 古文以聲爲主 裳從尙聲 故卽以尙爲裳也 詩鄭風丰篇曰 衣錦褧衣 裳錦褧裳 記人攝擧其辭曰 衣錦絅尙……竝合兩句爲一句也 經師相傳 以此絅尙 卽詩之褧裳 遂有改其字以從毛詩者 正義所謂俗本 是也 雖非戴記之舊 然其文固未誤 自叚借之義不明 學者見古本作衣錦絅尙 而不知尙爲裳之叚字 則疑其義之不可通 遂移尙字於絅字之上 而作衣錦尙絅 於是唐人作定本 從之相沿 至今莫能是正矣〕"라고 하였다.(《群經平議》〈小戴禮記 四〉詩曰衣錦尙絅惡其文之著也條)

221 知遠之近……知微之顯 : 兪樾(淸)은 '知遠之近 知風之自 知微之顯'의 세 '之'자를 접속사 '與'로 보아 '知遠與近 知凡與目(유월은, 風은 凡과 통용하고 自는 目의 誤字라고 하였다.) 知微與顯'이라고 해야 뜻이 분명해진다고 하였다.(《古書疑義擧例》〈51 古書連及之詞例〉) 이 경우 '먼 것과 가까운 것을 알며, 큰 일(大凡)과 작은 일(細目)을 알며, 은미한 것과 드러난 것을 알다.'라는 뜻이다. 아래의 절에서 謹獨의 일로부터 시작하여 上天之載로 끝나는 것을 보면 주희의 장구 해석이 더 적합하다.

222 可與入德矣 : 朝鮮 校正廳《中庸諺解》에는 '可히 더브러 德애 入호리라'라고 하여 '與'를 實辭로 보았으나, 李珥(鮮)는《中庸釋義》에서 '入홀디니라'라고 하였다. 章句에서 '可入德矣'라고 하여 '與'를 풀이하지 않았으므로, 이를 따라 번역하였다.

※ 章 : 드러날 장 的 : 분명할 적 淡 : 싱거울 담 厭 : 싫증날 염 簡 : 간략할 간 溫 : 온화할 온

前章言聖人之德이 極其盛矣라 此復自下學[223]立心之始言之하고 而下文又推之하여 以至其極也라

앞 장에서는 聖人의 德이 그 성대함을 극진히 하였음을 말하였다. 여기서는 다시 下學의 단계에서 처음 마음을 세우는 것으로부터 말하였고, 아랫글에서는 또 그것을 미루어나가 그 극치에까지 이르렀다.

詩는 國風衛碩人과 鄭之丰에 皆作衣錦褧衣라 褧은 絅同이니 禪衣也라 尙은 加也라 古之學者는 爲己라 故其立心如此라 尙絅이라 故闇然하고 衣錦이라 故有日章之實이라 淡簡溫은 絅之襲於外也요 不厭而文且理焉은 錦之美在中也라 小人은 反是하니 則暴於外而無實以繼之라 是以的然而日亡也라 遠之近은 見(현)於彼者 由於此也라 風之自는 著乎外者 本乎內也라 微之顯은 有諸內者 形諸外也라 有爲己之心이요 而又知此三者면 則知所謹而可入德矣라 故下文引詩하여 言謹獨之事라

詩는 國風의 〈衛風 碩人〉과 〈鄭風 丰〉에 모두 '衣錦褧衣'로 되어 있다. 褧은 絅과 같으니, 홑옷이다. 尙은 껴입음이다.

옛날의 학자들은 자기의 〈완성을〉 위하였기 때문에 그 마음을 세움이 이와 같았다. 홑옷을 껴입었기 때문에 어렴풋한 듯하고, 비단옷을 입었기 때문에 날로 드러나는 실제가 있는 것이다. '담담한 듯함'·'간략한 듯함'·'온유한 듯함'은 겉에 홑옷을 껴입었기 때문이요, 싫증나지 않으면서 문채가 있고 게다가 조리까지 있음은 비단옷의 아름다움이 안에 있기 때문이다. 小人은 이와 반대니, 겉에 드러나지만 〈안으로부터〉 이어지는 〈아름다운〉 실제가 없다. 이 때문에 분명한 듯하지만 날로 없어지는 것이다.

遠之近은 저기에 나타난 것이 여기에서 시작되었다는 것이다. 風之自는 겉에 드러난 것이 안에 근본한다는 것이다. 微之顯은 안에 가진 것이 겉에 형상화된다는 것이다.

자기의 〈완성을〉 위하는 마음을 가지고 있고, 또 이 세 가지를 알면 삼갈 것을 알아 德에 들어갈 수 있을 것이다. 그러므로 다음 글에서 《시경》을 인용하여 자기 혼자만 아는 마음의 자리를 삼가는 일〔謹獨之事〕을 말하였다.

---

223 下學 : 孔子는 자신의 학문을 "하늘을 원망하지 않고 사람을 탓하지도 않으며, 일상생활 가운데서 학문을 하여 진리에 도달하니, 나를 아는 자는 하늘일 것이다.〔不怨天 不尤人 下學而上達 知我者 其天乎〕"라고 말하였다.《論語》〈憲問〉 35장)

※ 碩 : 클 석   丰 : 예쁠 봉   褧 : 홑옷 경   禪 : 홑옷 단   暴 : 드러날 폭   亡 : 없어질 망
  謹 : 삼갈 근

33-2 詩云 潛雖伏矣나 亦孔之昭라하니 故君子는 內省不疚하여 無惡(오)於志니 君子之所不可及者는 其唯人之所不見乎인저

《詩經》에 "물속에 들어가 숨었으나, 또한 매우 밝게 드러난다."라고 하였다. 그러므로 君子는 안으로 살펴 흠이 없어 마음에 부끄러움이 없다. 군자를 따라갈 수 없는 점은 아마도 남들이 보지 못하는 데에 〈있을〉뿐이다.

> 詩는 小雅正月之篇이라 承上文하여 言莫見(현)乎隱이며 莫顯乎微也라 疚는 病也라 無惡於志는 猶言無愧於心이니 此는 君子謹獨之事也라

> 詩는 〈小雅 正月〉이다. 앞 글을 이어받아 '어두운 곳보다 더 잘 드러나는 곳은 없으며, 미세한 일보다 더 잘 나타나는 것은 없음'을 말하였다. 疚는 흠(病)이다. 無惡於志는 無愧於心(마음에 부끄러움이 없다.)이라는 말과 같으니, 이것은 군자가 자기 혼자만 아는 마음의 자리를 삼가는 일(謹獨)이다.

33-3 詩云 相在爾室혼대 尙[224]不愧于屋漏라하니 故君子는 不動而敬하며 不言而信이니라

《詩經》에 "〈그대가〉 그대의 방에 있을 때를 살펴보니, 〈방의〉 모퉁이에서도 〈마음에〉 부끄러운 짓을 하지 않았다."라고 하였다. 그러므로 군자는 행동하기 이전에 〈스스로〉 삼가며 말하기 이전에 〈스스로〉 信實하다.

> 詩는 大雅抑之篇이라 相은 視也라 屋漏는 室西北隅也라 承上文하여 又言君子之戒謹恐懼 無時不然하여 不待言動而後敬信하니 則其爲己之功이 益加密矣라 故下文引詩하여 幷言其效라

> 詩는 〈大雅 抑〉이다. 相은 살펴봄이다. 屋漏는 방의 서북쪽 모퉁이다.

---

224 尙:《詩集傳》에는 '尙 庶幾(거의)也'라고 하였다. 朝鮮 校正廳《中庸諺解》와 李珥(鮮)의《中庸諺解》도 이를 따라 '尙'을 모두 '거의'로 언해하였다. 그러나 여기서는 '猶' 또는 '且'의 뜻으로 풀이하였다.

※ 潛:잠길 잠 伏:숨을 복 孔:매우 공 昭:드러날 소 省:살필 성 疚:흠 구
  惡:부끄러워할 오 愧:부끄러워할 괴 相:볼 상 爾:너 이 漏:서북쪽 모퉁이 루

앞 글을 이어받아 또 '군자는 〈자기가 보지 못하는 것에 대해〉 경계하고 삼가며, 〈자기가 듣지 못하는 것에 대해〉 매우 두려워함이 그렇지 않은 때가 없음'을 말하여, 말과 행동을 기다리지 않고 〈말과 행동을 하기 이전에 스스로〉 삼가고 신실하니, 자기의 〈완성을〉 위한 공부가 더욱더 엄밀하다. 그러므로 다음 글에서 《시경》을 인용하여 그 功效를 아울러 말하였다.

33-4 詩曰 奏假(격)無言하여 時靡有爭[225]이라하니 是故君子는 不賞而民勸하며 不怒而民威於鈇鉞이니라

《詩經》에 "〈제사를〉 올려 〈神明을 감동시켜〉 이르게 할 즈음에 〈그 정성과 공경을 극진하게 하여〉 말함이 없어도 〈사람이 저절로 감화되어〉, 이에 옥신각신하는 이가 없다."라고 하였다. 이 때문에 군자는 상을 주지 않아도 백성이 권면되며, 나무라지 않아도 백성이 鈇斫刀와 큰 도끼보다 두려워한다.

詩는 商頌烈祖之篇이라 奏는 進也라 承上文而遂及其效하여 言進而感格於神明之際에 極其誠敬하여 無有言說而人自化之也라 威는 畏也라 鈇는 莝斫刀也요 鉞은 斧也라

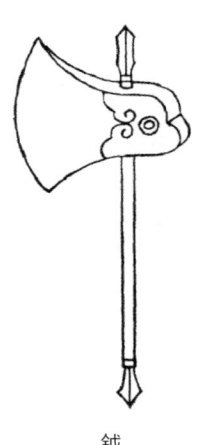

鉞

詩는 〈商頌 烈祖〉다. 奏는 進獻(올리다)함이다.

앞 글을 이어받아 마침내 그 功效를 언급하여 〈제사를〉 올려 神明을 감동시켜 이르게 할 즈음에 그 정성과 공경을 극진하게 하여 말함이 없지만, 사람들이 저절로 감화됨을 말하였다. 威는 두려워함이다. 鈇는 莝斫刀고, 鉞은 큰 도끼다.

---

225 奏假(격)無言 時靡有爭 : 丁若鏞(鮮)은 "奏假은 백성이 믿고 감격한다는 것이지 신명이 감격하는 것이 아니다. 편 마지막에 모두 7편의 시를 인용하였는데 앞의 3절은 모두 스스로 닦는 것이고, 뒤의 3절은 모두 백성을 교화하는 것이고, 마지막 1절은 人道와 天道를 합하여 매듭지은 것이다. 그렇다면 奏假無言은 백성을 감격시키는 것이지 신명을 감격시키는 것이 아니다.〔奏假者 百姓孚格也 非神明感格也 篇末凡七引詩 上三節皆自修也 下三節皆化民也 末一節人道天道之合結也 然則奏假無言者 格民也 非格神〕"라고 하였다.《中庸講義補》

※ 奏 : 올릴 주　假 : 이를 격　靡 : 없을 미　爭 : 다툴 쟁　鈇 : 좌작도 부　鉞 : 큰 도끼 월
　　進 : 올릴 진　感 : 감동할 감　格 : 이를 격　莝 : 여물 좌　斫 : 벨 작　斧 : 도끼 부

33-5 詩曰 不顯^{226}惟德을 百辟其刑之라하니 是故君子는 篤恭而天下平^{227}이니라

《詩經》에 "드러나지 않은 〈그윽한〉 德을 제후들이 본받는다."라고 하였다. 이 때문에 군자가 〈그 德을〉 독실하게 공경하면 천하가 공평하게 다스려진다.

詩는 周頌烈文之篇이라 不顯은 說見二十六章이나 此借引以爲幽深玄遠之意라 承上文하여 言天子有不顯之德하여 而諸侯法之면 則其德愈深而效悠遠矣라 篤은 厚也라 篤恭은 言不顯其敬也라 篤恭而天下平은 乃聖人至德淵微하여 自然之應이니 中庸之極功也라

詩는 〈周頌 烈文〉이다. 不顯은 설명이 26장에 보인다. 그런데 여기서는 〈이 시를〉 인용하여 그윽하고 깊으며 가물고 멀다는 뜻으로 삼았다.

앞 글을 이어받아 천자가 드러나지 않은 德을 가지고 있는데, 제후들이 그것을 본받으면 그 德이 깊을수록 功效가 더욱 멀 것임을 말하였다.

篤은 두터움이다. 篤恭은 드러나지 않은 그 공경을 말한다. '독실하게 공경하면 천하가 공평하게 다스려짐'은 바로 聖人의 지극한 德이 깊고 은미하여 자연스럽게 나타나는 반응이니, 中庸의 지극한 공효다.

33-6 詩云 予懷明德의 不大^{228}聲以色^{229}이라하여늘 子曰 聲色之於以化民에 末

---

226 不顯 : 不은 조와 통용하기 때문에 '크다〔大〕'는 뜻으로 보아 '〈누구나 알 수 있게〉 크게 드러나다.'라고 풀이하기도 한다.

227 篤恭而天下平 : 李瀷(鮮)은 주희의 설명을 부연하여 "恭은 敬이 겉에 나타난 것이요, 敬은 恭이 안에 자리잡은 것이다. '不顯'은 보이지 않게 안으로 쌓인 것이니, '不顯其敬'이 바로 '篤恭'이다. 天子가 안으로 敬을 닦아 자기를 공손히 하여 南面하면 제후들이 본받고 천하가 저절로 화평해진다. 이는 다른 방법이 있는 것이 아니라 다만 자기를 닦는 敬이 두텁게 쌓여 멀리까지 미칠 뿐이다.……孔子가 '자신을 공손하게 하여〔恭己〕남쪽을 향해 바르게 앉아 있을 뿐이다.'라고 하였는데,《論語集註》에 '恭己는 聖人이 德을 敬度하게 실천하는 몸가짐〔容〕이니, 이미 인위적인 것이 없으면 사람들이 보기에 이와 같을 뿐이다.'라고 하였으니, 이 장의 글과 함께 참조해 보아야 할 것이다.〔恭者敬之見於外者 敬者恭之主於中者也 不顯者闇然而內積 不顯其敬便是篤恭也 天子內修以敬 而恭己南面 至於百辟刑之 天下自平 非有他術 只這修己之敬 敦積遠及而已……子曰恭己正南面而已 集註云 恭己者聖人敬德之容 旣無所爲 則人之所見如此而已 宜與此參看〕"라고 하였다.《中庸疾書》

※ 辟:임금 벽 刑:본받을 형 平:태평할 평 借:빌릴 차 愈:더욱 유 懷:품을 회

238 中庸集註

也라하시니라 詩云 德輶如毛라하니 毛는 猶有倫이어니와 上天之載 無聲無臭아 至矣니라

《詩經》에 "〈上帝인〉 나는 밝은 德을 지닌 사람이 말소리와 얼굴빛을 크게 여기지 않음을 마음에 품는다."라고 하였는데, 孔子가 말하였다. "말소리와 얼굴빛은 백성을 교화함에 있어서 말단적인 것이다."
《시경》에 "德의 가벼움은 터럭과 같다."라고 하였으나, 터럭은 그래도 비교할 만한 것이 있다. 《《시경》의》 "上天이 하는 일은 소리도 없고 냄새도 없다."는 말이 지극할 것이다.

詩는 大雅皇矣之篇이라 引之以明上文所謂不顯之德者 正以其不大聲與色也라 又引孔子之言하여 以爲聲色은 乃化民之末務어늘 今但言不大之而已면 則猶有聲色者存하니 是未足以形容不顯之妙라 不若烝民之詩所言德輶如毛 則庶乎可以形容矣로되 而又自以爲謂之毛면 則猶有可比者니 是亦未盡其妙라 不若文王之詩所言上天之事 無聲無臭然後에 乃爲不顯之至耳라 蓋聲臭는 有氣無形하여 在物에 最爲微妙어늘 而猶曰無之라 故惟此可以形容不顯篤恭之妙라 非此德之外에 又別有是三等然後에 爲至也라

詩는 〈大雅 皇矣〉다. 이것을 인용하여 앞 글의 이른바 드러나지 않은 德이라는 것은 바로 말소리와 얼굴빛을 크게 여기지 않기 때문임을 밝힌 것이다.
또 孔子의 말을 인용하여 "말소리와 얼굴빛은 바로 백성을 교화하는 말단적인 일이다. 그런데 지금 그것을 크게 여기지 않는다고만 말한다면 여전히 말소리와 얼굴빛이 있게 되니, 〈《대아 황의》의〉 이 표현은 드러나지 않은 德의 오묘함을 형용하기에는 부족하다. 〈大雅 烝民〉에서 말한 '德의 가벼움이 터럭과 같다.'라고 한 것이 거의 〈그 오묘함을〉 형용할 수 있는 것만 못하다."고 하였다. 그러나 또 "'터럭'이라고 말하면 그래도 비교할 만한 것이 있게 되

---

228 大 : 李滉(鮮)은 "大는 귀하게 여김이며, 주로 함이다.〔大 猶貴也主也〕"라고 하였다.《中庸釋義》

229 聲以色 : 以는 與와 통용하니, '聲以色'은 '聲與色'과 같다. 聲은 號令을 내는 것이다. 鄭玄(後漢)을 비롯하여 많은 학자가 色을 顔色이라고 풀이하나 汪德鉞(淸)은 "色은 象魏懸書 따위를 이른다.〔色 謂象魏懸書之類〕"라고 하였다.《馬瑞辰(淸),《毛詩傳箋通釋》》'象魏'는 옛날 천자나 제후의 宮門 밖 양쪽에 세운 한 쌍의 높은 건축물로, 여기에 敎令을 게시하였다. 象魏는 '闕' 또는 '觀'이라고도 부른다.(이광호 외 역,《역주 예기정의-중용·대학》215쪽 역주 3) 재인용)

※ 輶 : 가벼울 유　倫 : 비교할 만할 륜　載 : 일 재　臭 : 냄새 취　務 : 일 무　烝 : 많을 증
　 最 : 가장 최

니, 이 또한 그 오묘함을 다 형용하지 못한다. 〈大雅 文王〉에서 말한 '上天이 하는 일은 소리도 없고 냄새도 없다.'라고 한 뒤에야 드러나지 않은 德을 형용함이 지극하게 되는 것만 못하다."고 스스로 생각하였다.

대체로 소리와 냄새는 기운은 있고 형체는 없어서 사물 가운데 가장 은미하고 오묘한 것인데, 오히려 '없다'고 하였다. 그러므로 이 말만이 오히려 '드러나지 않은 德'과 '독실하게 공경함'의 오묘함을 형용할 수 있다. 이 德의 밖에 또 별도로 이 세 등급이 있은 뒤에야 지극하게 되는 것은 아니다.

右는 第三十三章이라 子思因前章極致之言하여 反求其本하여 復自下學爲己謹獨之事로 推而言之하여 以馴致乎篤恭而天下平之盛하고 又贊其妙하여 至於無聲無臭而後에 已焉이라 蓋擧一篇之要而約言之라 其反復丁寧示人之意 至深切矣니 學者其可不盡心乎아

이상은 제33장이다.

子思가 앞 장의 〈德을〉 지극하게 이룬 사람을 표현한 말을 바탕으로 하여 돌이켜 그 근본을 찾아서 다시 下學의 단계에서 자기의 〈완성을〉 위하고[爲己] 자기 혼자만 아는 마음의 자리를 삼가는 일[謹獨]로부터 미루어나가며 말하여, 점차 독실하고 공경스럽게 하면 천하가 공평하게 다스려지는 성대함에까지 이르렀다. 그리고 또 그 오묘함을 찬미하여 소리도 없고 냄새도 없음에 이른 뒤에야 끝마쳤다. 이는 《중용》 한 책의 요점을 들어 요약하여 말한 것이다.

반복해서 간곡하게 사람들에게 보여준 뜻이 지극히 깊고 간절하니, 배우는 자가 어찌 마음을 다하지 않을 수 있겠는가.

※ 馴 : 순서대로 나아갈 순　贊 : 칭찬할 찬　已 : 마칠 이　丁 : 친절할 정　寧 : 편안할 녕
　　切 : 간절할 절　其 : 어찌 기

附錄

朱熹簡略年譜[1]

1130년 庚戌年 高宗 建炎 4년 1세	• 9월 15일 南劍州 尤溪에서 태어남. 父 朱松, 母 祝氏, 이름은 熹, 字는 元晦 또는 仲晦, 號는 晦庵, 兒名은 沈郎, 少字는 季延.
1134년 甲寅年 고종 紹興 4년 5세	• 처음 小學에 들어감. • 처음으로 四書를 읽음.
1138년 戊午年 고종 소흥 8년 9세	• 2월 楊由義를 스승으로 삼고, 司馬光의 《居家雜儀》 등을 배움. • 4월 尹焞을 뵙고 그의 《論語解》를 베껴 읽음.
1143년 癸亥年 고종 소흥 13년 14세	• 3월 부친 朱松이 세상을 떠남. • 劉氏 家塾에 들어가 劉勉之, 胡憲, 劉子翬에게 배움. • 二程과 張載의 책을 읽고 〈西銘〉을 배움.
1144년 甲子年 고종 소흥 14년 15세	• 呂大臨의 《中庸解》와 《孟子》를 읽음. • 처음으로 《周禮》를 읽음.
1147년 정묘년 고종 소흥 17년 18세	• 《諸家祭禮考編》을 편찬함. • 劉子翬가 세상을 떠남.
1148년 戊辰年 고종 소흥 18년 19세	• 1월 劉勉之의 장녀 劉淸四를 아내로 맞이함. • 2월 省試에 급제함. • 4월 殿試에서 제5甲 제90人으로 급제, 同進士出身을 하사받음. • 처음으로 《曾南豐集》을 읽음.
1149년 己巳年 고종 소흥 19년 20세	• 劉勉之가 세상을 떠남. • 謝良佐의 《論語解》를 읽고 연구함. • 六經과 《論語》・《孟子》를 전면적으로 읽고 대의를 깨달음.
1151년 辛未年 고종 소흥 21년 22세	• 3월 臨安의 銓試에 나가 中等으로 뽑혀 左迪功郞, 泉州 同安縣注簿에 제수되어 待次함.
1152년 壬申年 고종 소흥 22년 23세	• 처음으로 周敦頤의 〈太極圖說〉과 《通書》를 읽음.

---

[1] 束景南(中), 《朱熹年譜長編(增訂本)》(華東師範大學出版社, 2014)를 기준으로 작성하였으며, 이 책의 번역서 《주자평전 하》 〈부록 연보〉(김태완 역, 역사비평사, 2015)에서 많은 도움을 받았음도 밝혀둔다. 〈朱熹簡略年譜〉는 주로 주희의 著述과 出版을 중심으로 정리하였다.

1153년 癸酉年 고종 소흥 23년 24세	• 5월 천주 동안현주부로 부임함. • 南劍州를 지나다가 延平 李侗을 만나봄. • 7월 맏아들 朱塾이 태어남.
1154년 甲戌年 고종 소흥 24년 25세	• 7월 둘째 아들 朱埜가 태어남.
1155년 乙亥年 고종 소흥 25년 26세	• 《牧齋淨稿》를 편찬 개정함.
1156년 丙子年 고종 소흥 26년 27세	• 9월 《孟子集解》를 짓기 시작함. • 謝良佐의 《上蔡語錄》을 읽음.
1159년 己卯年 고종 소흥 29년 30세	• 1월 《詩集解》를 짓기 시작함. • 3월 《上蔡先生語錄》을 교정하여 완성함. • 《論語集解》 초고를 완성함.
1160년 庚辰年 고종 소흥 30년 31세	• 12월 《孟子集解》의 초고를 완성함.
1163년 癸未年 孝宗 隆興 元年 34세	• 5월 《論語要義》·《論語訓蒙口義》를 완성함. • 《毛詩集解》의 초고를 완성함. • 8월 《延平答問》을 편찬 개정함. • 《訓蒙絶句》를 완성함.
1164년 甲申年 효종 융흥 2년 35세	• 《雜學辨》을 완성함. • 《困學恐聞編》을 완성함.
1166년 丙戌年 효종 乾道 2년 37세	• 周敦頤의 《通書》를 편찬 개정한 뒤 長沙에서 간행. • 中和舊說을 세움. • 7월 《孟子集解》를 수정하고 《二程語錄》을 편찬 개정함. • 《論語要義》를 邵武府學에서 판각하고 《張載集》을 편찬 개정함. • 10월 《二程文集》을 교정함.
1168년 戊子年 효종 건도 4년 39세	• 4월 《謝上蔡語錄》을 재수정함. • 4월 《程氏遺書》를 편찬 수정하고 泉州에서 교정한 뒤 판각함.
1169년 己丑年 효종 건도 5년 40세	• 中和新說을 깨닫고는 평생 학문의 大旨를 확립함. 〈已發未發說〉을 지음. • 6월 周敦頤의 〈太極圖說〉과 《通書》를 다시 교정하여 建安에서 판각함. • 9월 모친 祝氏가 세상을 떠남. • 10월 《程氏易傳》을 대조 교정하여 완성하고 呂祖謙을 통해 婺州에서 간행함. • 《祭儀》의 원고를 수정 완성함.

1170년 庚寅年 효종 건도 6년 41세	• 윤5월 《太極圖說解》를 완성함. • 《西銘解》의 초고를 완성함. • 《程氏遺書》·《程氏文集》·《程氏經說》을 대조 교정하고 鄭伯熊을 통해 建寧에서 판각함.
1171년 辛卯年 효종 건도 7년 42세	• 9월 《資治通鑑綱目》의 범례를 정함. • 12월 《知言疑義》를 완성함.
1172년 壬辰年 효종 건도 8년 43세	• 1월 《語孟精義》를 완성하고 建陽에서 판각함. • 4월 《資治通鑑綱目》의 초고를 완성함. • 9월 《八朝名臣言行錄》을 완성하여 건양에서 판각함. • 10월 《西銘解》를 수정하여 완성함. • 12월 《大學章句》·《中庸章句》의 초고를 완성함.
1173년 癸巳年 효종 건도 9년 44세	• 6월 《程氏外書》를 편집하여 완성함. • 9월 石憝을 도와 《中庸集解》를 편집 교정하고 서문을 지음. • 《伊洛淵源錄》의 초고를 완성함. • 12월 《程氏易傳》을 다시 교정한 뒤 呂祖謙을 통해 婺州에서 판각함. • 《祭儀》를 수정함.
1174년 甲午年 효종 淳熙 원년 45세	• 4월 《대학》과 《중용》의 새판본을 편집 교정하여 經과 傳을 나누고 다시 章의 차례를 정한 뒤에 建陽에서 간행함. • 《古今家祭禮》를 편차하여 완성함.
1175년 乙未年 효종 순희 2년 46세	• 4월 寒泉精舍에서 呂祖謙과 《近思錄》을 편집 교정하고, 《程子格言(程子微言)》을 만듦. • 5월 여조겸과 鉛山 鵝湖로 가 陸九齡·陸九淵을 만나 논쟁함. • 《祭儀》를 수정하여 완성함. • 8월 《근사록》을 수정하자, 여조겸이 〈題近思錄〉을 짓고 婺州에서 판각함.
1177년 丁酉年 효종 순희 4년 48세	• 《論語集注》·《論語或問》·《孟子集注》·《孟子或問》·《大學章句》·《大學或問》·《中庸章句》·《中庸或問》·《中庸輯略》이 완성되자, 서문을 확정함. • 10월 《詩集解》를 수정하고 서문을 확정함. • 《易傳》을 완성하고 서문을 확정함.
1178년 戊戌年 효종 순희 5년 49세	• 《詩集傳》을 짓기 시작함.

1180년 庚子年 효종 순희 7년 51세	• 2월 張栻이 세상을 떠남. • 3월 白鹿洞書院을 중건함. • 4월 부친 朱松의 문집 《韋齋集》을 정리하여 隆興에서 판각함. • 11월 《語孟精義》를 보완하고 확정한 뒤, 《語孟要義》로 이름을 고치고 융흥에서 판각함.
1182년 壬寅年 효종 순희 9년 53세	• 6월 《大學章句》·《中庸章句》·《論語集注》·《孟子集注》를 모아 한 질로 만들고 婺州에서 판각함. 이것이 《四書集注》인데, 여기에서 '四書'라는 명칭이 비롯됨.
1183년 癸卯年 효종 순희 10년 54세	• 《資治通鑑綱目》을 수정함. • 《小學》을 편집하기 시작함.
1184년 甲辰年 효종 순희 11년 55세	• 12월 《張南軒文集》을 편집 교정하여 완성한 뒤, 서문을 짓고 建陽에서 판각함.
1185년 乙巳年 효종 순희 12년 56세	• 陸九韶가 武夷를 지나다 주희를 만나 無極·太極에 대해 논쟁함. 太極論辨이 여기서 시작됨.
1186년 丙午年 효종 순희 13년 57세	• 3월 《易學啓蒙》을 완성하고 서문을 확정함. • 《蓍卦考誤》를 지음. • 5월 《四書集注》를 수정하여 詹儀之를 통해 桂林에서 간행하고, 趙汝愚를 통해 成都에서도 간행함. • 8월 《孝經刊誤》를 완성함. • 10월 《詩集傳》을 완성하고 〈詩序辨說〉을 지어 뒤에 붙인 뒤, 建安에서 판각함.
1187년 丁未年 효종 순희 14년 58세	• 3월 《小學》을 완성함. • 9월 《通書解》를 완성함.
1188년 戊申年 효종 순희 15년 59세	• 2월 비로소 《太極圖說解》와 《西銘解》를 공개. • 7월 《周易本義》를 완성함.
1189년 己酉年 효종 순희 16년 60세	• 2월 《大學章句》의 서문을 정식으로 확정함. • 3월 《中庸章句》의 서문을 정식으로 확정함.
1190년 庚戌年 光宗 紹熙 원년 61세	• 2월 《楚辭協韻》을 완성하여 漳州에서 간행함. • 10월 臨漳郡에서 《周易》·《詩經》·《書經》·《春秋》 四經을 간행함. • 12월 임장군에서 四書를 간행함. • 《大學章句》·《近思錄》·《小學》·《家儀》·《鄕儀》·《獻壽儀》 등을 임장군의 學宮에서 간행함.

1192년 壬子年 광종 소희 3년 63세	• 5월 《四書集注》를 수정하고, 曾集을 통해 南康에서 판각함. • 《孟子要略》을 완성함.
1196년 丙辰年 寧宗 慶元 2년 67세	• 方士繇와 함께 《韓文考異》를 지음. • 蔡元定과 함께 《周易參同契考異》의 초고를 완성함.
1197년 丁巳年 영종 경원 3년 68세	• 3월 禮書의 초고가 완성되어 '儀禮集傳集注'라고 이름을 정함. 이것이 나중의 《儀禮經傳通解》임. • 7월 《周易參同契考異》를 수정 완성하여 蔡淵을 통해 建陽에서 간행함. • 《韓文考異》를 수정하여 완성한 뒤, 潮州에서 간행함.
1198년 戊午年 영종 경원 4년 69세	• 병이 위독해지자 黃幹에게 편지를 보내 永訣을 고하고, 深衣와 평생의 저서를 전수함. • 李方子·李相祖·謝承之·黃幹·林夔孫·陳埴 등 제생에게 분담시켜 《尙書集注》를 수찬하게 함. • 《楚辭集注》가 완성됨.
1199년 己未年 영종 경원 5년 70세	• 《楚辭辨證》을 완성하고, 《楚辭後語目錄》을 편집함. • 《周易參同契考異》를 재차 수정하여 완성한 뒤, 建陽에서 간행함. • 11월 蔡沈에게 《書集傳》 짓는 일을 맡김. • 冬至에 《陰符經考異》가 완성됨. • 趙師淵에게 맡겨 《資治通鑑綱目》을 수정 보완함.
1200년 경신년 영종 경원 6년 71세	• 1월 《楚辭音考》가 완성되어 古田에서 간행함. • 윤2월 《大學章句》를 수정하여 완성함. • 3월에 병이 위독해짐. • 3월 9일 세상을 떠남. • 11월 20일 建陽縣 唐石里 大林谷에 장사 지냄.

《大學·中庸集註》도판 목록

(1) 〈朱文公像〉臺灣故宮博物院 소장 / 26
(2) 〈緣(菉)竹〉, 岡元鳳(日) 纂輯, 橘國雄(日) 繪,《毛詩品物圖攷》/ 73
(3) 〈矩〉, 王圻(明),《三才圖會》/ 90
(4) 〈學〉, 王圻(明),《三才圖會》/ 109
(5) 〈王世子入學圖〉, 國立古宮博物館 소장 / 112
(6) 〈솔개(鳶)〉, 細井徇(日),《詩經名物圖解》/ 152
(7) 〈正〉, 王應電(明),《周禮圖說》/ 160
(8) 〈鵠〉, 王應電(明),《周禮圖說》/ 160
(9) 〈琴〉,《世宗實錄》/ 161
(10) 〈瑟〉,《世宗實錄》/ 161
(11) 〈天球〉, 王圻(明),《三才圖會》/ 173
(12) 〈河圖〉, 朝鮮 庚辰新刊內閣藏版,《周易傳義大全》/ 173
(13) 〈宗廟圖〉, 楊甲(宋),《六經圖》/ 174
(14) 〈觶(商 후기 亞醜)〉, 臺灣故宮博物院 소장 / 176
(15) 〈蒲〉, 徐鼎(淸),《毛詩名物圖說》/ 180
(16) 〈蜾蠃〉, 徐鼎(淸),《毛詩名物圖說》/ 180
(17) 〈蓍〉, 劉績(明),《三禮圖》/ 206
(18) 〈龜〉, 劉績(明),《三禮圖》/ 206
(19) 〈勺〉, 戴震(淸),《考工記圖》/ 212
(20) 〈鉞〉, 松本愚山(日),《五經圖彙》/ 236

參考文獻

原典類
〔底本·副本〕
- 《大學章句大全》, 朱熹(宋) 章句, 胡廣(明) 等 編, 조선 內閣本, 영인본, 학민문화사.
- 《中庸章句大全》, 朱熹(宋) 章句, 胡廣(明) 等 編, 조선 內閣本, 영인본, 학민문화사.
- 《宋本大學章句·宋本中庸章句》, 朱熹(宋) 章句, 宋嘉定十年當塗郡齋刻嘉熙四年淳祐八年十二年遞修本, 영인본, 國家圖書館出版社, 2017.
- 《四書章句集注》, 徐德明 校點, 朱子全書 6책, 上海古籍出版社/安徽教育出版社, 2001.
- 《四書章句集注》, 朱熹(宋) 集注, 元至正二十二年 武林沈氏尙德堂刻本, 영인본, 北京圖書館出版社, 2006.
- 《四書章句集注》, 朱熹(宋) 集注, 吳志忠(淸) 校刊, 叢書集成三編 13책, 영인본, 新文豊出版公司, 1997.

〔韓國資料〕
- 《大學·中庸 經義》, 任聖周(朝鮮), 韓國經學資料集成, 영인본, 성균관대 대동문화연구원.
- 《大學諺解·中庸諺解 索引》, 朝鮮 校正廳 諺解, 萬曆 18년 7월 陶山書院 內賜本, 영인본, 단국대 퇴계학연구소.
- 《大學諺解·中庸諺解 四書諺解》, 李珥(朝鮮) 諺解, 영인본, 광문출판사.
- 《大學釋義·中庸釋義 四書釋義》, 李珥(朝鮮) 釋義, 1899, 국립중앙도서관 소장.
- 《大學釋義·中庸釋義 增補退溪全書》, 李滉(朝鮮) 釋義, 영인본, 성균관대 대동문화연구원.
- 《大學·中庸 思辨錄》, 朴世堂(朝鮮), 韓國經學資料集成, 영인본, 성균관대 대동문화연구원.

- 《大學答問·大學箚記》, 金幹(朝鮮), 韓國經學資料集成, 영인본, 성균관대 대동문화연구원.
- 《大學·中庸答問》, 李惟泰(朝鮮), 韓國經學資料集成, 영인본, 성균관대 대동문화연구원.
- 《大學·中庸疾書》, 李瀷(朝鮮), 韓國經學資料集成, 영인본, 성균관대 대동문화연구원.
- 《星湖僿說》, 李瀷(朝鮮), 星湖全書本, 영인본, 驪江出版社, 1984.
- 《大學·中庸 經義記聞錄》, 韓元震(朝鮮), 韓國經學資料集成, 영인본, 성균관대 대동문화연구원.
- 《大學·中庸講說》, 楊應秀(朝鮮), 韓國經學資料集成, 영인본, 성균관대 대동문화연구원.
- 《大學公義》, 丁若鏞(朝鮮), 韓國經學資料集成, 영인본, 성균관대 대동문화연구원.
- 《大學講義》, 丁若鏞(朝鮮), 韓國經學資料集成, 영인본, 성균관대 대동문화연구원.
- 《大學·中庸集評》, 柳健休(朝鮮), 韓國經學資料集成, 영인본, 성균관대 대동문화연구원.
- 《大學·中庸講錄》, 崔孝述(朝鮮), 韓國經學資料集成, 영인본, 성균관대 대동문화연구원.
- 《大學·中庸疑義》, 崔孝述(朝鮮), 韓國經學資料集成, 영인본, 성균관대 대동문화연구원.
- 《大學·中庸說》, 柳重教(朝鮮), 韓國經學資料集成, 영인본, 성균관대 대동문화연구원.
- 《大學·中庸記疑》, 田愚(朝鮮), 韓國經學資料集成, 영인본, 성균관대 대동문화연구원.
- 《大學·中庸答問》, 郭鍾錫(朝鮮), 韓國經學資料集成, 영인본, 성균관대 대동문화연구원.
- 《大學·中庸章句詳說》, 朴文鎬(朝鮮), 韓國經學資料集成, 영인본, 성균관대 대동문화연구원.
- 《大學說·中庸說 霞谷集》, 鄭齊斗(朝鮮), 韓國文集叢刊, 표점영인본, 민족문화추진회.
- 《大學·中庸 讀書記》, 尹鑴(朝鮮), 韓國經學資料集成, 영인본, 성균관대 대동문화연구원.
- 《中庸講說》, 金元行(朝鮮), 韓國經學資料集成, 영인본, 성균관대 대동문화연구원.
- 《中庸自箴》, 丁若鏞(朝鮮), 韓國經學資料集成, 영인본, 성균관대 대동문화연구원.
- 《中庸講義補》, 丁若鏞(朝鮮), 韓國經學資料集成, 영인본, 성균관대 대동문화연구원.
- 《中庸·中庸箚記》, 金幹(朝鮮), 韓國經學資料集成, 영인본, 성균관대 대동문화연구원.

〔中國資料〕
- 《四書或問》, 朱熹(宋), 黃珅 校點, 上海古籍出版社/安徽教育出版社, 2001.
- 《大學恒解》, 劉沅(淸), 淸 同治 致福樓刊本.
- 《大學說·中庸說》, 安井 衡(日) 撰, 漢文大系, 영인본, 新文豐出版有限公司, 1978.

- 《中庸輯略》, 石䑑 編, 朱熹(宋) 刪定, 上海古籍出版社/安徽教育出版社, 2001.
- 《中庸集說啓蒙》, 景星(元), 通知堂經解, 영인본, 江蘇廣陵古籍刻印社, 1996.
- 《論語集解義疏》, 何晏(魏) 集解, 皇侃(梁) 義疏, 日 文淵堂藏版, 1864, 국립중앙도서관 소장.
- 《論語注疏》, 何晏(魏) 注, 邢昺(宋) 疏, 阮元(清) 校刊, 清 嘉慶刊本, 영인본, 藝文印書館, 1997.
- 《論語集註大全》, 朱熹(宋) 章句, 胡廣(明) 等 編, 조선 內閣本, 영인본, 학민문화사.
- 《孟子注疏》, 趙岐(漢) 注, 孫奭(宋) 疏, 阮元(清) 校刊, 清 嘉慶刊本, 영인본, 藝文印書館, 1997.
- 《孟子集註大全》, 朱熹(宋) 章句, 胡廣(明) 等 編, 조선 內閣本, 영인본, 학민문화사.
- 《孟子正義》, 焦循(清), 沈文倬(中) 點校, 中華書局, 1987.
- 《四書補註備旨》, 鄧林(清), 上海錦章圖書石印局本, 영인본, 학민문화사 1992.
- 《四書稗疏》, 王夫之(明), 船山全書編輯委員會 編校, 船山全書, 嶽麓書社 1998.
- 《四書賸言》, 毛奇齡(清), 皇清經解, 영인본, 復興書局, 1972.
- 《四書遇》, 張岱(清), 朱宏達(中) 點校, 浙江古籍出版社, 1985.
- 《周易大全》, 程頤(宋) 傳, 朱熹(宋) 本義, 胡廣(明) 等 編, 조선 內閣本, 영인본, 학민문화사.
- 《尚書大傳》, 傳 伏生(漢), 陳壽祺(清) 輯逸, 四部叢刊, 영인본, 商務印書館.
- 《書傳大全》, 朱熹(宋) 章句, 胡廣(明) 等 編, 조선 內閣本, 영인본, 학민문화사.
- 《詩傳大全》, 朱熹(宋) 章句, 胡廣(明) 等 編, 조선 內閣本, 영인본, 학민문화사.
- 《毛詩·尚書》, 漢文大系, 영인본, 新文豐出版有限公司, 1996.
- 《毛詩李黃集解》, 李樗(宋)·黃櫄(宋), 編錄者 未詳, 文淵閣四庫全書, 영인본, 臺灣商務印書館, 1982.
- 《毛詩傳箋通釋》, 馬瑞辰(清), 陳金生(中) 點校, 中華書局, 2004.
- 《詩經原始》, 方玉潤(清), 李先耕(中) 點校, 中華書局, 2006.
- 《春秋左氏傳注疏》, 杜預(晉) 注, 孔穎達(唐) 疏, 標點校勘整理本, 北京大學出版社, 2000.
- 《春秋公羊傳注疏》, 何休(漢) 注, 徐彥(唐) 疏, 標點校勘整理本, 北京大學出版社, 2000.
- 《春秋穀梁傳注疏》, 范寧(晉) 注, 楊士勛(唐) 疏, 標點校勘整理本, 北京大學出版社, 2000.

- 《周禮注疏》, 鄭玄(漢) 注, 賈公彥(唐) 疏, 標點校勘整理本, 北京大學出版社, 2000.
- 《三禮目錄 鄭氏佚書》, 鄭玄(漢), 袁鈞(淸) 輯逸, 淸 光緖刊 浙江書局本, 동경대 동양문화연구소 소장.
- 《禮記注疏校記 十三經注疏校記》, 孫詒讓(淸), 雪克(中) 輯校, 中華書局, 2009.
- 《禮記集說》, 衛湜(宋), 通知堂經解, 영인본, 江蘇廣陵古籍刻印社, 1996.
- 《禮記釋例》, 凌廷堪(淸), 皇淸經解, 영인본, 復興書局, 1972.
- 《禮記訓纂》, 朱彬(淸), 饒欽農(中) 點校, 中華書局, 1998.
- 《爾雅注疏》, 郭璞(晉) 注, 邢昺(宋) 疏, 阮元(淸) 校刊, 淸 嘉慶刊本, 영인본, 藝文印書館, 1997.
- 《國語集解》, 徐元誥(中), 中華書局, 2002.
- 《文選》, 昭明太子(梁) 撰, 李善(唐) 注, 香港商務印書館, 1981.
- 《李文公集》, 李翶(唐), 文淵閣四庫全書, 영인본, 臺灣商務印書館, 1982.
- 《司馬溫公集》, 司馬光(宋), 淸 同治刊 正誼堂全書本.
- 《二程集》, 程顥·程頤(宋), 王進祥(臺) 總編輯, 漢京文化事業有限公司, 1983.
- 《朱熹集》, 朱熹(宋), 郭齊(中) 外 點校, 四川教育出版社, 1997.
- 《朱子語類》, 黎靖德(宋) 編, 王星賢(中) 點校, 中華書局, 1999.
- 《陸象山全集》, 陸九淵(宋), 楊家駱 主編(臺), 世界書局, 1979.
- 《王陽明全集》, 王守仁(明), 吳光(中) 等 編校, 上海古籍出版社, 1997.
- 《問辨錄》, 高拱(明), 岳金西(中) 外 校注, 中州古籍出版社, 1998.
- 《古書疑義舉例》, 兪樾(淸), 重印本, 中華書局, 2005.
- 《羣經平議》, 兪樾(淸), 春在堂全書, 영인본, 世界書局, 1963.
- 《倦游庵槧記》, 周悅讓(淸), 任迪善(中) 外 校點, 齊魯書社, 1996.
- 《經韻樓集》, 段玉裁(淸), 鍾敬華(中) 點校, 上海古籍出版社, 2008.
- 《經義述聞》, 王引之(淸), 영인본, 江蘇古籍出版社, 2000.
- 《經傳釋詞》, 王引之(淸), 영인본, 江蘇古籍出版社, 2000.
- 《經典釋文》, 陸德明(唐), 淸 同治刊 抱經堂本, 국립중앙도서관 소장.
- 《經籍纂詁》, 阮元(淸), 阮氏琅嬛仙館原刻本, 영인본, 中華書局, 1982.
- 《說文解字注》, 許愼(漢) 撰, 段玉裁(淸) 注, 영인본, 上海古籍出版社, 2000.

- 《崔東壁遺書》, 崔述(淸), 顧頡剛(中) 編訂, 上海古籍出版社, 1983.
- 《緯書集成》, 安居香山(日) 外 輯, 河北人民出版社, 1994.
- 《老子道德經》, 老子, 王弼(魏) 注, 華亭張氏原本, 영인본, 上海古籍出版社, 1995.
- 《墨子閒詁》, 孫詒讓(淸) 撰, 漢文大系, 영인본, 新文豐出版有限公司, 1978.
- 《新序》, 劉向(漢) 撰, 和刻本諸子大成, 영인본, 古典研究會, 1975.
- 《楚辭補注》, 王逸(後漢), 洪興祖(宋) 補注, 白化文(中) 外 點校, 中華書局, 2006.
- 《高士傳》, 皇甫謐(晉), 文淵閣四庫全書, 영인본, 臺灣商務印書館, 1982.
- 《初學記》, 徐堅(唐), 鼎文書局, 1976.
- 《太平御覽》, 李昉(宋) 等 撰, 四部叢刊, 영인본, 商務印書館.
- 《四庫全書總目提要》, 紀昀(淸) 總纂, 孟蓬生(中) 外 點校, 河北人民出版社, 2000.
- 《四庫提要辨證》, 余嘉錫(中), 雲南人民出版社, 2004.
- 《標點補正 經義考》, 朱彝尊(淸), 馮曉庭(臺) 外 點校, 中央研究院 中國文哲研究所, 2010.
- 《中國歷代經籍典》, 中華書局編輯部, 영인본, 臺灣中華書局, 1985.
- 《史記》, 中華書局二十四史點校本, 中華書局, 1997.
- 《漢書》, 中華書局二十四史點校本, 中華書局, 1997.
- 《晉書》, 中華書局二十四史點校本, 中華書局, 1997.

〔日本資料〕
- 《大學定本·中庸發揮》, 伊藤仁齋(日), 日本名家四書註釋全書, 영인본, 문헌서국.
- 《大學解·中庸解》, 荻生徂徠(日), 日本名家四書註釋全書, 영인본, 문헌서국.
- 《大學古義》, 井上金峨(日), 日本名家四書註釋全書, 영인본, 문헌서국.
- 《大學雜議·中庸逢原》, 中井履軒(日), 日本名家四書註釋全書, 영인본, 문헌서국.
- 《大學章句纂釋·大學諸說辨誤》, 古賀精里(日), 日本名家四書註釋全書, 영인본, 문헌서국.
- 《大學章句參辨·中庸章句諸說參辨》, 增島蘭園(日), 日本名家四書註釋全書, 영인본, 문헌서국.
- 《大學知言·中庸知言》, 東條一堂(日), 日本名家四書註釋全書, 영인본, 문헌서국.
- 《大學原本釋義》, 朝川善庵(日), 日本名家四書註釋全書, 영인본, 문헌서국.

- 《大學原解·中庸原解》, 大田錦城(日), 日本名家四書註釋全書, 영인본, 문헌서국.
- 《大學欄外書·中庸欄外書》, 佐藤一齋(日), 日本名家四書註釋全書, 영인본, 문헌서국.
- 《大學鄭氏義·中庸鄭氏義》, 海保漁村(日), 日本名家四書註釋全書, 영인본, 문헌서국.

單行本類
〔韓國資料〕
- 《論語·中庸·大學》, 金敬琢 역, 명지대학교출판부, 2002.
- 《조선 최후의 성리학자 간재 전우, 중용을 탐구하다(原題: 中庸記疑)》, 田愚(朝鮮), 전북대학교 BK21 중(한)문고전적 번역대학원 역주, 심산출판사, 2010.
- 《儒家가 보는 平天下의 世界-〈大學〉의 理論 構造와 平天下 思想-》, 金哲運, 철학과현실사, 2001.
- 《國譯 思辨錄》, 朴世堂(朝鮮), 한상갑 외 역, 민족문화추진회, 1977.
- 《國譯 白湖全書》제8책, 尹鑴(朝鮮), 양홍렬 외 역, 민족문화추진회, 1997.
- 《國譯 星湖疾書 論語·大學·中庸》, 李瀷(朝鮮), 安炳鶴 외 역주, 한림대 태동고전연구소, 1998.
- 《國譯 霞谷集》제1책, 鄭齊斗(朝鮮), 성낙훈 외 역, 민족문화추진회, 1972.
- 《聖學十圖》, 李滉(鮮), 李光虎 역, 홍익출판사, 2001.
- 《退溪와 栗谷, 생각을 다투다》, 李光虎 편역, 홍익출판사, 2013.
- 《大學公議·大學講義·小學枝言·心經密驗》, 丁若鏞(朝鮮), 李光虎 외 역, 사암, 2016.
- 《丁茶山의 大學公議》, 丁若鏞(朝鮮), 李乙浩 역주, 明文堂, 1992.
- 《茶山 四書經學研究》, 鄭一均, 一志社, 2000.
- 《中庸朱子或問 解說集》, 朱熹(宋), 林在完 역주, 삼성미술관 Leeum, 2011.
- 《禮記正義-中庸·大學》, 鄭玄(後漢) 註, 孔穎達(唐) 疏, 李光虎 외 역, 전통문화연구회, 2015.

〔中國資料〕
- 《大學古本集訓》, 汪震(臺), 北平文化學社, 1930.
- 《新譯四書讀本》, 謝冰瑩(臺) 外, 三民書局, 1993.

- 《朱子四書集註典據考》, 大槻信良(日), 學生書局, 1976.
- 《禮記譯註》, 楊天宇(中) 譯註, 上海古籍出版社, 1997.
- 《春秋左傳注》, 楊伯峻(中), 中華書局, 2000.
- 《學庸論文集》, 吳康(臺) 編著, 黎明文化事業公司, 1981.
- 《大學研究》, 趙澤厚(臺), 中華書局, 1972.
- 《中庸鄭注講疏》, 顧實(臺), 至誠書店, 1937.
- 《中庸注參》, 陳柱(臺) 輯注, 上海商務印書館, 1933.
- 《中庸哲學研究》, 譚宇權(臺), 文津出版社, 1995.
- 《中庸的思想》, 陳贇(中), 三聯書店, 2007.
- 《詩經植物圖鑑》, 潘富俊(中), 上海書店出版社, 2003.
- 《張居正直解論語大學中庸》, 張居正(明), 中國言實出版社, 2017.

〔日本資料〕
- 《大學·中庸 漢籍國字解全書》, 中村惕齋(日) 講述, 早稻田大學出版部 編, 1909.
- 《大學·中庸 國譯漢文大成》, 國民文庫刊行會(日) 編, 1922.
- 《大學·中庸 新釋漢文大系》, 赤塚 忠(日), 明治書院, 1967.
- 《大學新釋》, 諸橋轍次(日), 致知出版社 復刊本, 2005.
- 《中庸新釋》, 宇野哲人(日), 致知出版社 復刊本, 2005.
- 《四書集注》, 鈴木由次郎(日) 外, 朱子學大系7-8권, 明德出版社, 昭和49.

論文類
- 김진성, 〈《大學》의 경전 해석학적 연구 :《大學章句》와《古本大學》을 중심으로〉, 성균관대학교 석사학위논문 2003.
- 李光虎, 〈朱子의 格物致知說에 관한 考察-《大學》經文의 註解를 중심으로〉, 서울대학교 석사학위논문, 1981.
- 李龍守, 〈도쿠가와(德川)시대 前期 日本 儒學의《大學》觀 硏究-藤原惺窩·林羅山·山崎闇齋·山鹿素行·伊藤仁齋·荻生徂徠를 중심으로-〉, 연세대학교 박사학위논문, 2007.

- 趙明彙, 〈中庸思想硏究〉, 동국대학교 박사학위논문, 1991.
- 강지은, 〈西溪 朴世堂의 《大學思辨錄》에 대한 재검토 : 《大學章句大全》의 朱子註에 대한 비판적 고찰의 의미를 중심으로〉, 《한국실학연구》 제13집, 2007. 6.
- 琴章泰, 〈《中庸》의 체제와 道의 기본구조 : 茶山과 荻生徂徠의 《中庸》 해석〉, 《東亞文化》 제40집, 2002. 12.
- 金東敏, 〈《中庸》의 '戒愼恐懼'와 '愼獨'의 상호관계에 대한 연구 : 王船山의 《讀四書大全說-中庸》을 중심으로〉, 《東洋哲學硏究》 제63집, 2010. 8.
- ———, 〈王船山 《中庸》 철학의 실천적 성격 : 《中庸》 首章의 首三句 해석을 중심으로〉, 《儒敎思想硏究》 제38집, 2009. 12.
- 김유곤, 〈韓國 儒學의 《大學》 체재에 대한 이해(1)-《大學章句》와 《古本大學》의 체재를 개정한 학자를 중심으로〉, 《儒敎思想硏究》 제43집, 2011. 3.
- ———, 〈韓國 儒學의 《大學》 체재에 대한 이해(2)-《古本大學》 체재의 整合性을 인정하는 학자를 중심으로〉, 《東洋哲學硏究》 제66집, 2011. 5.
- ———, 〈艮齋 田愚의 《中庸》 해석의 특징〉, 《東洋哲學硏究》 제65집, 2011. 2.
- 민혜진, 〈霞谷 鄭齊斗의 《中庸說》 硏究 : '誠'을 중심으로〉, 《大同哲學》 제25집, 2004. 3.
- 박종구, 〈古本大學과 大學章句의 비교논의 : 定本문제의 이해〉, 《신학과 철학》 제11집, 2007. 9.
- 朴洪植, 〈오규소라이(荻生徂徠)의 《中庸解》에 나타난 사상적 독자성〉, 《東洋哲學硏究》 제65집, 2011. 2.
- 신창호, 〈白湖 尹鑴의 《大學》 해석 : 三綱領과 格物致知의 이해를 중심으로〉, 《退溪學論叢》 제18집, 2011. 12.
- 安秉杰, 〈《古本大學》을 통해 본 白湖의 經學思想硏究〉, 《民族文化》 제11집, 1985. 11.
- ———, 〈西溪 朴世堂의 《中庸》 解釋과 朱子學批判〉, 《泰東古典硏究》 제10집, 1993. 11.
- 안영상, 〈古本 《大學》說을 둘러싼 星湖學派와 갈등 양상과 그 의미〉, 《韓國思想과 文化》 제29집, 2005. 6.
- 梁大淵, 〈大學體系의 硏究 上〉, 《成均館大學校 論文集》 제10집, 성균관대학교 1965. 12.
- ———, 〈大學體系의 硏究 下〉, 《成均館大學校 論文集》 제12집, 성균관대학교 1967. 12.
- 嚴連錫, 〈退溪의 《中庸》 解釋과 그 특징〉, 《退溪學과 韓國文化》 제36집, 2005. 2.

- ───, 〈《韓國經學資料集成》所載《中庸》註釋의 특징과 그 연구방향〉, 《大東文化研究》 제49집, 2005. 3.
- 林善英, 〈霞谷 鄭齊斗의 陽明學的《中庸》理解〉, 《韓國哲學論集》 제13집, 2003. 9.
- 林玉均, 〈朱子와 日本 古學派의《大學》해석〉, 《東洋哲學研究》 제61집, 2010. 2.
- ───, 〈王夫之의《中庸》解釋 : 朱子의 解釋과의 比較를 중심으로〉, 《東洋哲學研究》 제48집, 2006. 11.
- 李東熙, 〈朱子의《大學章句》에 대한 辨證 硏究 : 格物補傳을 중심으로〉, 《民族文化》 제9집, 1983. 12.
- 李天承, 〈李瀷의《中庸疾書》에 관한 硏究〉, 《韓國哲學論集》 제7·8집, 1999. 12.
- ───, 〈南唐 韓元震의《中庸》註釋에 관한 硏究〉, 《韓國思想史學》 제13집, 1999. 12.
- 張潤洙, 〈朴西溪《思辨錄》考察 : 《大學》과《中庸》〉, 《哲學論叢》 제6집, 1990. 11.
- 陳晟秀, 〈王夫之의《中庸》理解〉, 《東洋哲學研究》 제65집, 2011. 2.
- ───, 〈王夫之의《大學》觀〉, 《東洋哲學研究》 제63집, 2010. 8.
- 崔鳳永, 〈星湖學派의 朱子《大學章句》批判論 : 格物致知說을 중심으로〉, 《東洋學》 제17집, 1987. 10.
- 崔錫起, 〈《韓國經學資料集成》所載《大學》註釋의 특징과 그 연구방향〉, 《大東文化研究》 제49집, 2005. 3.
- ───, 〈星湖 李瀷의《中庸》解釋과 그 意味〉, 《星湖學研究》 제1집, 2003. 12.
- 崔永辰, 〈동아시아 近世儒學에 있어 天·性·道에 대한 認識 : 王夫之·伊藤仁齋·丁若鏞의《中庸》註釋을 중심으로〉, 《南冥學研究》 제18집, 2004. 12.
- 한예원, 〈日本 儒者의《大學》수용과 해석에 관하여〉, 《東洋哲學研究》 제63집, 2010. 8.

데이터베이스(DB) 자료
- 한국고전종합DB(http://db.itkc.or.kr).
- 동양고전종합DB(http://db.cyberseodang.or.kr).
- 電子版 文淵閣四庫全書, 上海古籍出版社.

《大學》과 《中庸》을 번역하며[1]

李光虎[2]

《大學》과 《中庸》에 관심을 가지고 읽기 시작한 지 40여 년이 지났다.

서양철학으로 시작된 철학하는 삶을 동양철학, 그중에서도 儒學으로 방향을 전환하는 계기를 제공한 책이 바로 《大學》과 《中庸》이기에 이 두 책에 대한 나의 관심과 애정은 깊고 오래되었다고 말할 수 있다.

〈朱子의 格物致知說에 관한 考察〉(1981)로 석사학위를 받고 〈李退溪 學問論의 體用的 構造에 관한 硏究〉(1993)로 박사학위를 받으며 유학이 지향하는 학문의 성격과 그 방법에 대해서도 적지 않은 이해가 축적되었다. 그러나 유학이라는 학문과 과학인 현대 학문과는 그 목적과 방법이 너무나도 다르다. 과학을 배우며 습득된 자연과 인간에 대한 객관적 인식의 관점에서 벗어나지 못하는 현대인으로서 인간의 주체적 삶으로부터 학문을 시작하는 유학사상을 온전하게 이해한다는 것은 결코 쉽지 않은 일로 보인다. 《대학》과 《중용》을 외운 것은 물론, 강의도 수십 차례 하였지만 아직도 이 책을 번역하고 싶지 않은 것이 나의 솔직한 심정이다.

유학은 자기 修養의 학문이다. 수양이란 부족한 자신의 삶을 변화시켜 바람직한 삶으로 만드는 것이다. 유학은 수양을 통하여 자신의 삶을 완성하는 가운데 인간과 자연의

---

[1] 이 글은 2015년 11월 18일 전통문화연구회에서 발표한 〈《대학》《중용》을 통하여 본 明善과 誠身의 삶〉을 기초로 작성되었다.
[2] (前)延世大學校 哲學科 敎授, 國際退溪學會 會長

진리를 알 수 있다고 가르치고 있다.

　유학을 공부하기 시작하며 나의 몸과 마음에는 많은 변화가 일어나고 있다. 아프리카 난민을 연상하게 하던 야윈 몸은 비만형으로 바뀌었고, 병약하던 몸은 건강한 모습으로 바뀌었다. 마음에 일어난 변화는 더욱 크다. 마음을 찾지 못해 한참 방황할 때는 음성마저 중심을 찾지 못하여 강의 도중 아무 말도 못하고 멍하게 바깥만 바라볼 때도 적지 않았다. 그러나 이제는 《聖學十圖》의 제일 끝에 실린 〈夙興夜寐箴〉을 읽으며 "이 마음을 수습하면 떠오르는 태양처럼 환하고〔提此心 皦如出日〕", "몸을 엄숙하고 가지런하게 하면 마음이 텅 비고 밝고 고요하여 전일하게 된다.〔嚴肅整齊 虛明靜一〕"는 구절의 내용이 남의 얘기만은 아니게 되었다. 그리고 "일이 생기면 그 일에 응하며 행위에서 체험할 수 있으니〔事至斯應 則驗于爲〕", "밝게 빛나는 하늘의 命을 마음의 눈으로 항상 잘 살펴야 한다.〔明命赫然 常目在之〕"는 의미도 자연스럽게 체험할 수 있게 되었다. 수양의 학문이 이 시대에도 가능하다는 것을 느끼며 이 시대에 내가 해야 하는 일은 무엇인가를 다시 물으며 공부를 더욱 열심히 하기로 다짐한다.

　나는 철학적 문제가 자료에 대한 축적과 연구만으로 풀릴 수 있다고는 생각하지 않는다. 물론 과거 사람들의 많은 삶의 행적을 참조하고 연구해야 하겠지만 자기 자신의 마음과 몸을 통하여 생각하고 실천하며 돌파해야 하는 과제가 더욱 크다고 생각한다. 이러한 생각을 하다 보니 《대학》과 《중용》에 대해서도 많은 자료를 섭렵하고 비교하는 연구는 게을리하였다. 十三經注疏의 《禮記正義-中庸·大學》을 번역하여 출판하고, 茶山 丁若鏞의 《中庸自箴》과 《中庸講義補》를 강독하고, 《大學講義》와 《大學公議》는 번역하여 출판도 하였지만, 《대학》과 《중용》에 대한 사색과 실천을 통한 이해의 노력은 아직도 멈출 수 없다. 최근 晦齋 李彦迪의 《大學章句補遺》를 정독할 기회가 있었다. 이언적은 《대학》 경문의 일부 내용을 格物致知에 대한 설명 부분으로 옮기고 주희의 《대학장구》 傳 4장의 聽訟에 관한 내용을 《대학》 경문의 結語로 삼고 있다. 이언적의 이러한 《대학》 해석은 《대학》을 이해하는 데 상당한 도움을 주는 것으로 보였다.

　주희가 심혈을 기울인 《대학장구》 전 5장의 격물치지설은 유학에 입문하고자 하는 많은 사람들을 거대한 벽 앞에 서게 만든다. 《대학》의 경문에 대한 註에서는 격물치지에 대한 설명이 난해하지 않은데, 격물치지장에서는 무엇 때문에 훨씬 어렵게 주해하고 있는지 이해되지 않는다. 《대학》은 《소학》의 과정을 통하여 도덕적 실천적 삶을 익힌 초학자들에게 유학을 학문적으로 이해하도록 돕는 최초의 입문서이다. 그런 만큼 가르침의 내용이 명확하고 쉬워야 한다. 유학의 고원한 경지는 알기 어렵다고 하더라도 유학의 기초는 일상의 도덕철학에 있는 것이 분명하다. 그래서 《중용》에서는 "道는 사람에게서 멀리 있지 않다.〔道不遠人〕"고 말하고, "먼 곳을 갈 때는 가까운 곳으로부터 시작하고〔行遠自邇〕", "높은 곳에 오를 때는 낮은 곳으로부터 시작한다.〔登高自卑〕"고 말하고 있다. 《대학》과 《중용》에서 가장 중요한 문제는 善에 대한 인식과 실천의 문제이다. 《대학》과 《중용》은 표리관계를 이루고 있기 때문에 두 책의 내용을 비교하며 함께 읽으면 이해에 커다란 도움이 된다.

《대학》의 格物致知는 《중용》의 明善에 해당되며, 《대학》의 誠意·正心·修身은 《중용》의 誠身에 해당된다. 주희가 격물치지에서 요구하는 "物理의 표리정조에 도달하지 않음이 없음〔物理之表裏精粗無不到〕"과 "내 마음의 전체대용이 밝지 않음이 없음〔吾心之全體大用無不明〕"에 대응하는 내용을 《중용》의 명선에 대한 설명에서 찾기 힘들다. 주희의 격물치지장 주해는 유학에 입문하려는 많은 사람들에게 걸림돌이 되어 초입에 들어오지 못하게 만들고 있다. 四書와 三經 어디에도 '物理'에 대한 인식을 주희처럼 심각하게 다루는 곳은 없다.

서양철학은 대상인 사물에 대한 인식문제를 철학의 주된 관심사로 삼아 자연철학을 발전시켜 과학 발전의 기초를 마련하였다. 사물의 인식에서는 사물에 대한 경험적 인식이 가장 중요하다. 유학의 문제의식은 서구의 과학과는 매우 다르다. 도덕적 삶을 중시하는 유학은 실천적 삶을 중심으로 문제를 풀어가며 실천적 삶의 축이 되는 마음을 확립하여 마음의 인식 능력과 실천 능력을 고양시키며 인간의 완성을 기약한다. 인간의 인격적 완성이 인간의 자연인식 능력에 어떤 도움을 주는지는 분명하지 않다. 그러나 《周易》이 저술되고 전승되며 해석이 추가되는 것을 보면 德의 축적을 통한 인격 고양이 자연의 理法인 易을 인식하는 능력을 열어줄 것이라는 생각을 하게 된다.

賢人과 聖人의 정신적 능력은 평범한 사람과 얼마나 다를까? 서양의 철학이 대상을 중심에 두고 인식을 추구하여 인간의 문명이 4차 산업혁명의 시대까지 오게 하였다면, 인격완성의 학문인 유학이 온전하게 실현되어 성인과 현인이 많이 배출되면 어떠한 인간사회를 만들 수 있을 것인가? 혹 유학에 대한 깊은 이해가 4차 산업혁명의 시대가 안고 있는 문제를 해결하는 데 도움을 줄 수 있을지 모른다는 생각도 나는 가끔 한다.

과학시대를 사는 우리는 과학적 인식에 몰두하고 있지만 주체를 중심으로 삼고 인식과 실천의 문제를 풀어가는 유학의 자기완성의 학문도 매우 중요하다고 생각한다.

이 책을 함께 번역한 전병수 씨는 다행히 淸代의 考證學에 관심이 많다. 많은 다른 주석을 검토하고, 이 책에 解題를 쓰는 번거로운 일을 그에게 맡겨 미안한 느낌을 가지고 있다. 나는《대학》과《중용》의 상호관계에 대한 나의 이해를 정리하여 독자들이 두 책의 내용을 이해하는 데 약간의 도움을 주고자 한다.

1.《大學》과《中庸》의 관계

宋代의 유학자들은 당시의 주류 사상이던 佛敎와 道敎로부터 儒學을 독립시키고자 하였다. 그들은 불교와 도교보다 높은 수준의 학문으로 유학을 새롭게 정립하기 위하여 선왕들의 정치와 문화에 대한 기록을 중심으로 하는 六經 중심의 정치 유학으로부터 삶과 학문을 중심으로 하는 유학을 체계화하기 위하여《大學》,《論語》,《孟子》,《中庸》이라는 四書의 체계를 확립하였다. 그들은 사서를 통하여 孔子와 曾子와 子思와 孟子로 이어지는 道統觀을 확립하였지만 학문을 하는 차례는《대학》-《논어》-《맹자》-《중용》으로 정하였다.

육경시대의 유학은 治人을 중심으로 하지만 性理學은 치인의 전제가 되는 修己를 더욱 중시하여 인간의 수양과 자기완성을 통해 聖人이 되는 학문을 지향하는 사서를 더욱 중시하였다. 성리학의 이와 같은 특성은 현실에 대한 인식능력과 객관적 법칙에 대한 인식문제에서 약점을 드러내어 근세 實學者들의 비판의 대상이 되기도 하였다. 그러나 오늘날처럼 인문학이 위기에 처하고 기술문명 앞에 왜소하게 된 인간위기의 상황은 성리학에 대한 새로운 관심과 평가를 필요로 하고 있다.

《대학》과 《중용》은 사서의 처음과 끝을 이루지만 이 두 책의 내용은 상호유기적 관계를 가지고 있다. 두 책의 상호 관계에 관심이 가장 많은 사람들은 사서를 편집한 성리학자들 자신이었다. 《대학》을 읽는 방법을 설명한 〈讀大學法〉과 《중용》을 읽는 방법을 설명한 〈讀中庸法〉 가운데서 그들의 두 책에 대한 관심을 읽을 수 있다. 우선 두 책의 다른 점부터 살펴보자.

2. 《大學》과 《中庸》의 다른 점

"주자가 말하였다. '《논어》·《맹자》는 일에 따라 문답하여 요령을 알기 어렵다. 그러나 《대학》만은 曾子가, 孔子가 말한 옛사람이 학문하는 큰 방법을 서술하고, 〈증자의〉 門人이 또 〈증자가〉 서술한 것을 전하여 그 뜻을 밝혔기 때문에, 앞뒤가 서로 연관되고 전체의 체계〔體統〕가 모두 갖춰졌다. 《대학》을 翫味하여 옛사람들이 학문한 방향을 알고 나서 《논어》·《맹자》를 읽으면 이해하기 쉬울 것이니, 앞으로 해야 할 공부가 아무리 많더라도 〈학문의〉 大體가 서게 될 것이다.'"　　　　　　　　　　　　〈독대학법〉

"《대학》은 학문하는 綱領과 條目이다. 먼저 《대학》을 읽어 강령을 확실하게 정하면 다른 책에서 잡다하게 말한 것들은 모두 강령 안에 있다. 《대학》을 두루 깨닫고 나서 다른 경전을 보아야 이것은 格物·致知의 일이며, 이것은 誠意·正心의 일이며, 이것은 修身의 일이며, 이것은 齊家·治國·平天下의 일임을 비로소 알게 될 것이다."　　〈독대학법〉

"또 말하였다. '나는 일생 동안 이 글〔文字〕을 보는 데에 투철하여 예전의 현인들이 이르지 못한 곳을 보게 되었다.' 溫公이 《資治通鑑》을 짓고 「평생의 정력을 이 책에 다 쏟았다.」라고 하였는데, 나도 《대학》에 대해서 그렇다.' '먼저 이 책을 막힘없이 이해하여야 다른 책을 읽을 수 있다.'"　　　　　　　　　　　　　　　　　　　〈독대학법〉

〈독대학법〉에서 인용한 위의 세 글은 《대학》의 固有性에 관한 설명이다. 《대학》은 학문하는 綱領과 條目이어서 다른 책을 읽기 전에 읽으면 학문의 大體가 서게 된다는 것이다. 그래서 《대학》은 초학자들이 덕에 들어가는 문이라고 불린다.

"또 말하였다. '《중용》은 초학자가 이해하지 못한다.'" 〈독중용법〉

"《중용》은 보기 어려우니, 중간에 鬼·神을 말한 곳은 모두 이해할 수 없다. 배우는 자가 반드시 하나하나의 道理를 알게 되어야 비로소 이 책을 읽고서 인증할 수 있다." 〈독중용법〉

"책을 읽는 순서는 우선 힘써 《대학》을 보고, 또 힘써 《논어》를 보고, 또 힘써 《맹자》를 보아야 한다. 세 가지 책을 다 보면 이 《중용》의 절반은 끝난 셈이 된다. 남에게 물을 필요 없이 조금씩 보아나가야 한다. 쉬운 것을 버리고 도리어 저 어려운 것을 먼저 파고들어서는 안 된다. 《중용》은 형체와 그림자가 없는 것을 말한 것이 많아 下學處(人事)를 말한 것은 적고 上達處(天理)를 말한 것은 많다. 우선 글의 뜻을 이해하면 될 것이다." 〈독중용법〉

〈독중용법〉에서 인용한 위의 세 글은 《중용》의 고유성에 관한 설명이다. 《중용》에는 形而上의 내용이 많아 초학자들이 읽기에 적합하지 않은 책이라는 것이다. 《대학》과 《중용》의 고유성만 읽으면 두 책은 함께 읽기 어려운 책으로 보인다. 그러나 두 책을 읽다 보면 공통점이 매우 많다는 것을 발견하게 된다. 나는 공통점에 기초하여 두 책을 相補的인 입장에서 읽기를 권한다.

3. 《大學》과 《中庸》의 공통점

儒學은 儒教라고도 칭한다. 어떤 이는 유학이라고 하면 학문이고 유교라고 하면 종교를 의미하는데 유교는 종교가 아니므로 유학이라는 칭호가 정당하다고 한다. 나는 그렇게 보지 않는다. 유학은 교학사상, 즉 배움과 가르침을 함께하는 사상이다. 학문을 통하여 배우는 입장에서는 유학이 되고, 정치의 입장에서 가르치고 교화한다는 의미에서는 유교라고 부르게 된다. 유학이나 유교의 실체는 동일하다는 것이다.

《대학》에서는 책의 제목대로 學이 강조되고 있고, 《중용》에서는 '修道之謂教'라고 하여 教가 강조되고 있다. 《대학》이 배우는 사람의 입장에서 서술되었다면, 《중용》은 가르치는 사람의 입장에서 서술되었다는 점이 다르다. 그러나 도를 지향하고 있는 것은 마찬가지이므로 공통점이 매우 많다.

〈독중용법〉에서도 이미 이 두 책의 유사한 점을 이렇게 설명하고 있다.

"〈어떤 사람이〉《중용》·《대학》의 구별에 대해 물었다. 대답하였다. '《중용》을 읽고서 義理를 찾는 것 같은 것은 다만 《대학》의〉 致知(認識能力을 극진하게 함) 공부요, 愼獨(자기 혼자만 아는 마음의 자리를 삼감)과 修省(수양하고 반성함) 같은 것도 다만 《대학》의〉 誠意(뜻을 진실하게 함) 공부다.' 물었다. '《중용》만은 聖스러워 알 수 없는 경지를 바로 말하였습니다.' 대답하였다. '《대학》 안에서 「前代의 왕을 잊지 못한다.」와 같은 것은 《중용》의〉 「독실하게 공경하면 천하가 공평하게 다스려진다.」는 일이다.'"

《대학》과 《중용》의 구별에 대한 질문을 하고 있는데 주희는 두 책의 類似性이 있다는 대답을 하고 있다. 필자가 이해하기에는 두 책에는 유사성이 이보다 훨씬 많은 것으로 읽힌다. 《대학》이 八條目을 통하여 修己와 治人을 함께 포괄하고 있다면, 《중용》은 九經을 통하여 수기와 치인을 함께 설명하고 있다. 《대학》은 인간의 마음을 가리키는 '明德'으로 시작되고, 《중용》은 '하늘이 명한 것을 性이라고 한다.'고 하여 인간의 본성으로 시작된다. 명덕과 본성은 표현은 다르지만 가리키는 내용은 동일할 것이다. 그런데 주희의 〈대학장구서〉는 오히려 본성을 중심으로 道를 설명하고 〈중용장구서〉는 마음을 중심으로 도를 설명하고 있다. 이는 주희가 《대학》과 《중용》을 상보적으로 이해하고 있다는 것을 보여준다. 《대학》과 《중용》은 상호 유기적으로 이해하면 도움이 되는데 그중에서도 가장 핵심이 되는 것은 두 책의 키워드인 '明善'과 '誠身'이다.

4. 明善과 誠身에 대한 이해

유학은 道를 진리로 추구하는 학문이므로 당연히 도의 인식과 실천을 중심으로 학문을 전개한다. 도는 인간의 마땅한 삶의 길로서《대학》에서는 '至善'으로 칭하고,《중용》에서는 '도'라는 용어를 바로 사용하기도 하고 '中' 또는 '中庸'이라 칭하기도 하지만 여전히 '善'이라는 개념을 중시하고 있다. 하늘이 명한 본성에 따르는 행위는, 마땅한 삶의 길이라는 의미에서는 '도'라고 칭하지만, 가장 알맞아 마음에 흡족하다는 의미에서는 '선'이라고 하며, '不偏不倚'하며 '無過不及'하다는 의미에서는 '중' 또는 '중용'이라고 일컫는다.

《대학》의 至善과《중용》의 中庸이 가리키는 내용이 별개의 것으로 이해될 수는 없다. 《대학》과《중용》은 지선과 중용을 지향한 知와 行의 노력 과정이다. 초학의 문에 들어선 자와 학문이 성숙된 자의 수준은 다르지만 유학에서 학문을 통하여 인간완성으로 나가는 데는 지와 행을 병진하며 함께 공부하지 않으면 안 된다. 지와 행의 목표는 당연히 도와 선과 중용이다. 도와 선과 중용이 무엇인지를 알고 꾸준하게 실천하여 선에 대한 인식과 실천을 심화시키며 이를 自得하는 것이 지와 행의 학문인 유학의 핵심이다.

그런데《중용》에서는 도와 지선과 중용의 인식에 대한 여러 가지 다른 표현들이 구사되고 있지만 오히려 실천에 대해서는 '篤行'이라고만 말하고 있다.《대학》에서는 "앎을 지극하게 하는 것은 사물에 나가서 도리를 궁구함에 있다〔致知在格物〕"라고만 하고 誠意와 正心과 修身이라는 행의 과정을 자세하게 설명하고 있어,《중용》과《대학》의 강조점이 다른 것을 알 수 있다. 明善·誠身과 관련이 있는《대학》과《중용》의 내용을 비교하며 살펴보면 유학이 어떤 학문인지 이해하는 데 상당한 도움이 된다.

(1)《대학》의 '格物致知'—'誠意·正心·修身'의 구조와
　　《중용》의 '明善'—'誠身' 또는 '擇善'—'固執'

《대학》에서 가장 어려운 주제는 격물치지이며,《중용》에서 가장 어려운 주제는 誠이다.《대학》에서 격물치지는 선을 밝히는 앎의 공부로 공부의 시작이면서 성의·정심·수신이라는 행의 공부의 전제가 되고 있다.《중용》은 誠을 주제로 하면서 한편 그 전제로 선에 대한 밝은 인식을 강조하고 있다.

《대학》의 三綱領에서는 '명덕을 밝히는 것', '백성을 새롭게 하는 것', '지선에 머무는

것'을 설명하고 八條目에서는 "명덕을 천하에 밝히려는 자는 먼저 그 나라를 다스리고, 그 나라를 다스리려는 자는 그 집안을 먼저 가지런하게 하고, 그 집안을 가지런하게 하려는 자는 먼저 자기 몸을 닦고, 몸을 닦으려는 자는 먼저 자신의 뜻을 진실하게 하고, 뜻을 진실하게 하려는 자는 자신의 지혜를 극진하게 해야 하며 지혜를 극진하게 하는 것은 사물과 접하며 선을 밝힘에 있다.〔古之欲明明德於天下者 先治其國 欲治其國者 先齊其家 欲齊其家者 先修其身 欲修其身者 先正其心 欲正其心者 先誠其意 欲誠其意者 先致其知 致知在格物〕"라고 한다. 유학의 물음은 어떤 사실을 사실로 파악하는 데 머물지 않는다. 사실세계를 수용하여 자신의 삶과의 관계 속에서 어떻게 하는 것이 자신의 진실한 마음을 실천하는 마땅한 삶의 길인가를 묻는 물음에서 유학은 시작된다. 바로 선에 대한 물음과 답을 얻어 이를 실천하는 것이 유학이라는 것이다. 《중용》에서도 선을 밝히는 것이 誠의 대전제로 제시되고 있는데 이는 자칫하면 놓치기 쉽다.

"어버이에게 사랑을 받음에 방법이 있으니 자신에게 돌이켜보아 성실하지 않으면 어버이에게 사랑을 받지 못할 것이다. 자신을 성실하게 함에 방법이 있으니 善에 밝지 않으면 자신에게 성실하게 하지 못할 것이다.〔順乎親 有道 反諸身不誠 不順乎親矣 誠身 有道 不明乎善 不誠乎身矣〕"

위의 문장을 통하여 《중용》도 《대학》과 마찬가지로 자신의 진실한 삶의 대전제로 선을 먼저 밝히지 않으면 안 된다고 말하고 있다.

"誠은 하늘의 道요, 성에 이르려고 노력하는 것은 사람의 道이다. 〈천생적으로〉 誠에 이른 자는 힘쓰지 않고서도 맞으며, 생각하지 않고서도 할 수 있어서 자연스럽게 道에 맞으니, 聖人이다. 誠에 이르려고 노력하는 자는 善을 선택하여 굳게 잡아 지키는 자이다.〔誠者 天之道也 誠之者 人之道也 誠者 不勉而中 不思而得 從容中道 聖人也 誠之者 擇善而固執之者也〕"

여기서는 수양을 통하여 자신의 진실한 삶을 성취함으로써 자연과의 合一을 추구하는 학문은 선을 잘 선택하여 굳게 잡아 실천하는 데 달려 있다는 것을 설명하고 있다. 擇善은 明善과 같고 固執은 誠身과 같다. 택선과 고집, 즉 명선과 성신을 아우르는 공부를 '誠之'라는 용어로 표현하는 것에 주의할 필요가 있다. 지와 행을 나누어 설명하는 경우가 많지만 지와 행의 노력이 우리의 총체적 삶을 성실하게 하는 공부라는 것이다.

(2) 《대학》의 '格物致知'—'誠意 · 正心 · 修身'의 구조와
    《중용》의 '博學 · 審問 · 愼思 · 明辨'—'篤行'

《대학》은 격물치지를 知의 공부로 삼고, 성의·정심·수신을 行의 공부로 삼고 있다. 그러나 《중용》의 "널리 배우며, 자세하게 물으며, 신중하게 생각하며, 분명하게 변별하며, 철저하게 행해야 한다.〔博學之 審問之 愼思之 明辨之 篤行之〕"에서는 '박학·심문·신사·명변'을 지의 공부로, 독행을 행의 공부로 나누고 있다. 《대학》에서는 행의 공부가 자세한데 《중용》에는 지의 공부가 자세하다.

"有弗學이언정 學之인댄 弗能을 弗措也하며 有弗問이언정 問之인댄 弗知를 弗措也하며 有弗思언정 思之인댄 弗得을 弗措也하며 有弗辨이언정 辨之인댄 弗明을 弗措也하며 有弗行이언정 行之인댄 弗篤을 弗措也하여 人一能之어든 己百之하며 人十能之어든 己千之니라"

"배우지 않음이 있을지언정 배우려 든다면 능숙하지 못한 것을 그대로 내버려두지 않으며, 묻지 않음이 있을지언정 물으려 든다면 모르는 것을 그대로 내버려두지 않으며, 생각하지 않음이 있을지언정 생각하려 든다면 터득하지 못한 것을 그대로 내버려두지 않으며, 변별하지 않음이 있을지언정 변별하려 든다면 분명하지 못한 것을 그대로 내버려두지 않으며, 행하지 않음이 있을지언정 행하려 든다면 철저하지 못한 것을 그대로 내버려두지 않아, 남이 한 번에 능숙하면 자기는 백 배를 〈노력하며,〉 남이 열 번에 능숙하면 자기는 천 배를 〈노력해야〉 한다."

위 인용문에서 學은 能을 목표로 삼고, 問은 知를 목표로 삼고, 思는 得을 목표로 삼고, 辨은 明을 목표로 삼고, 行은 篤을 목표로 삼는다는 것도 매우 흥미 있는 일이다. 이

렇게 공부해야만 '아무리 어리석더라도 반드시 〈지혜가〉 밝아지며, 아무리 나약하더라도 반드시 〈의지가〉 강해지는' 경지에 도달하게 될 것이다. 學은 能을 목표로 삼는다는 것은 學이 지행을 포괄하는 개념이라는 것을 보여준다고 생각한다.

(3) 《대학》의 '知'—'行'과
    《중용》의 "生而知之·學而知之·困而知之"—"安而行之·利而行之·勉强而行之"

《대학》에서는 지와 행이 격물치지와 성의·정심·수신으로 설명되고 있지만, 《중용》에서는 지와 행을 각각 세 단계로 나누어 설명하고 있다.

"태어나면서 〈저절로〉 알기도 하며, 배워서 알기도 하며, 애써 노력하여 알기도 한다. 그러나 그 앎에 미쳐서는 한가지이다. 편안하게 행하기도 하며, 이롭게 여겨 행하기도 하며, 힘써 노력하여 행하기도 한다. 그러나 그 功을 이룸에 미쳐서는 한가지이다.〔或生而知之 或學而知之 或困而知之 及其知之 一也 或安而行之 或利而行之 或勉强而行之 及其成功 一也〕"

도달되는 경지가 하나라는 것은 무엇을 의미하는가? 도와 선과 중용을 알게 되고 실천하게 된다는 것이다. 도와 선과 중용은 본성에 대한 온전한 앎과 실현을 의미할 것이다.

(4) 《대학》의 "知止·有定·能靜·能安·能慮·能得"과
    《중용》의 "致曲·誠·形·著·明·動·化"

《대학》에서는 "머물 곳을 안 뒤에 〈방향이〉 정해지고, 정해진 뒤에야 〈마음이〉 차분할 수 있으며, 차분해진 뒤에야 〈처한 곳에〉 편안할 수 있으며, 편안해진 뒤에야 〈일의 처리를〉 생각할 수 있으며, 생각한 뒤에야 〈머물 곳을〉 얻을 수 있다.〔知止而后 有定 定而后 能靜 靜而后에 能安 安而后 能慮 慮而后 能得〕"고 한다. 지선을 알고부터 지선을 자득하여 행하기까지의 과정에 대한 설명이다.

《중용》 23장에서는 "그 다음 사람은 한쪽 구석을 극진하게 한다. 한쪽 구석을 극진하

게 하면 성실해질 수 있다. 성실해지면 내면에 쌓인 것이 겉으로 나타나고, 나타나면 뚜렷하게 드러나고, 드러나면 밝게 퍼져 나가고, 밝게 퍼져 나가면〈相對를〉감동시키고,〈상대가〉감동하면 달라지고, 달라지면 바뀐다. 오직 천하의 지극히 성실한 사람만이〈상대를〉바뀌게 할 수 있다.〔其次 致曲 曲能有誠 誠則形 形則著 著則明 明則動 動則變 變則化 唯天下至誠 爲能化〕"라고 한다.《중용》의 이 구절 역시 자신의 선한 마음을 밝혀나가는 과정이므로《대학》의 윗구절과 대응하여 이해하면 도움이 될 것이다.

(5)《대학》의 '明明德'—'格物致知'와《중용》의 '尊德性'—'道問學'

《대학》에서는 삼강령에서 '明明德'을 말하고 팔조목의 시작에서 格物致知를 말하고 있다. 격물치지는 명명덕을 이루는 공부의 단초를 이룬다. 그러나《중용》에서는 덕성을 함양하는 尊德性 공부와 道問學 공부가 서로 대대적인 관계를 이루고 있다. "그러므로 君子는 德性을 높이되 學問을 따른다. 광대함을 이루되 정미함을 다하며, 高明을 극진하게 하되 中庸을 따르며, 옛것을 익히되 새로운 것을 알며, 질박하고 성실함〔厚〕을 돈독하게 하여 禮를 높인다.〔故 君子 尊德性而道問學 致廣大而盡精微 極高明而道中庸 溫故而知新 敦厚以崇禮〕"

《대학》의 공부는 삶과 학문에서 시작되어 마음이 未發인 상태의 공부방법에 대한 설명은 없다. 미발일 때의 공부는《중용》에서 시작된다고 할 수 있다. "喜怒哀樂이 발현되기 이전을 中이라 한다."라고 말하고, "중은 천하 모든 일의 大本이다."라는 설명은《중용》에서 처음으로 등장한다. 여기서 말하는 덕성을 높인다는 것은 未發과 已發을 포괄하여 인간의 본성을 함양한다는 의미로 읽힌다.

(6) 性 중심으로 敎學을 설명하는〈大學章句序〉와
    心 중심으로 道學을 설명하는〈中庸章句序〉

주희는 道統의 관점에서 공자-증자-자사-맹자로 이어지는 道脈을 세우고 그들이 저술한 책을 함께 편집하여 四書의 체계를 세웠다. 그리고 도학을 공부하는 차례는《대학〉-《논어》-《맹자》-《중용》의 순으로 나열하였다. 주희는 사서를 모두 주해하여 《논어》의 주해서는 《논어집주》라고 하고 《맹자》의 주해서는 《맹자집주》라고 이름 지은 것과는 달리 《대학》과 《중용》의 주해서에는 《大學章句》와 《中庸章句》라는 이름을 붙여 스스로 章과 句를 나눈 다음 주해하였다는 의미를 담았다. 두 책의 장구도 중요하지만 〈대학장구서〉와 〈중용장구서〉는 주자의 道學을 이해하는 데 특히 중요한 글이다. 이 두 책의 서문을 비교하며 자세하게 읽으면 주희의 도학을 분명하게 이해할 수 있다.

《대학》의 본문에는 心에 대한 설명은 있어도 性에 관한 언급이 없는데 〈대학장구서〉는 性을 중심으로 先王의 教學을 설명하고 있다. 이와는 달리 《중용》의 본문에는 性에 대한 설명은 있어도 心에 대한 언급이 없는데 〈중용장구서〉는 오히려 心을 중심으로 道學을 설명하고 있다. 두 서문을 함께 읽으면 주희가 《대학》과 《중용》의 관계를 어떻게 보는지, 그리고 심과 성의 관계를 어떻게 이해하고 있는지도 저절로 드러난다.

〈대학장구서〉부터 먼저 보자.

> "대체로 하늘이 사람을 낼 때부터 그들에게 仁義禮智의 性을 부여하지 않음이 없다. 그러나 그 稟賦받은 氣質이 간혹 고르지 못하다. 이 때문에 모두 자신의 性이 갖추고 있는 것(인의예지)을 알아 온전히 하지 못하는 것이다. 그들 사이에서 똑똑하고 슬기로워 '자신의 性을 다 발휘할 수 있는 어느 한 사람'이 나오면 하늘이 반드시 그에게 명하여 億兆 백성의 임금과 스승이 되게 하여 그들을 다스리고 가르쳐 그들의 性을 회복하게 한다."

하늘이 사람을 낼 때 모든 사람에게 인의예지의 성을 부여하였다는 것이 교학의 대전제이다. 그러나 품부받은 기질 때문에 대부분의 사람들이 '자신의 性이 갖추고 있는 것을 알아' 그것을 '온전히 하지' 못하지만, 혹 '자신의 性을 다 발휘할 수 있는 사람'도 나온다. 그런 사람이 나오면 그 사람을 백성의 임금과 스승으로 삼아 그들을 다스리고 가르쳐 '性을 회복하게 한다'는 것이 유학의 教學 사상의 출발로 〈대학장구서〉의 大義이다. 이때 '자신의 性이 갖추고 있는 것을 안다는 것'은 知에 속하니 이것이 窮理이고 이것이 格物致知이다. '온전히 하는 것'은 行이니 이것이 誠意, 正心, 修身이다. 임금과 스승은 知行이 이루어져 性을 알아 온전하게 하지 못하는 일반 백성들을 다스리고 가르쳐 본성을 알고 행하도록 한다. 지와 행, 그리고 격물치지와 성의, 정심, 수신 일체가 인의예지신이라는 성을 중심으로 설명되고 있는 것을 알 수 있다. 이렇게 보면 성리학이 탄생한 이래 갑론을박으로 점철된 격물치지를 이해하는 데도 아무런 어려움이 있을 수 없다. 일을 처리하고 대인관계를 맺으며 살아가는 가운데 자신의 본성인 인의예지를 밝히는 것이 바로 궁리이고 격물치지이며, 밝힌 성을 실천하는 것이 성의와 정심과 수신이다.

〈중용장구서〉를 보자.

"《중용》은 무엇 때문에 지었는가. 子思 선생이 '道學이 전하지 않을까' 걱정하여 지었다. 대체로 上古時代의 聖神이 하늘의 뜻을 이어 표준을 세움으로부터 道統의 전승이 비로소 내려오게 되었다. 그것이 經書에 나타난 것으로 '允執厥中(진실하게 그 중의 道를 지켜라.)'은 堯임금이 舜에게 전수한 것이요, '人心惟危 道心惟微 惟精惟一 允執厥中(人心은 위태롭고 道心은 은미하니 정밀하게 살피고 한결같이 지켜야 진실하게 그 중의 도를 지킬 수 있을 것이다.)'은 舜임금이 禹에게 전수한 것이다. 요임금의 〈允執厥中〉 한 마디 말이 지극하고 〈할 말을〉 다하였지만 순임금이 다시 〈人心惟危 道心惟微 惟精惟一〉 세 마디 말을 보탠 것은 저 요임금의 한 마디 말이 반드시 이와 같이 한 뒤에야 거의 행할 수 있음을 밝힌 것이다."

주희는 '《중용》은 자사가 도학이 전하지 않을까 걱정하여 지은 것'이라고 생각하였다. 道統의 전승은 요가 순에게 전한 '允執厥中'이라는 4글자로부터 시작되며, 이를 자세하게 설명한 '人心惟危 道心惟微 惟精惟一 允執厥中'이라는 16글자가 도학을 열게 된다. 주희는 도학의 요체를 이렇게 설명하고 있다.

"마음의 虛靈知覺은 하나일 뿐이다. 그러나 人心·道心의 차이가 있다고 생각한 것은, 어떤 것은 形氣의 私心에서 생기고 어떤 것은 性命의 正心(公心)에 근원하여 〈인심과 도심은〉 知覺하게 되는 까닭이 같지 않기 때문이다. 이 때문에 어떤 마음(인심)은 위태로워 편안하지 않고 어떤 마음(도심)은 미묘하여 보기 어렵다.……'精'은 저 〈천리와 인욕〉 두 가지의 사이를 살펴 뒤섞이지 않게 하는 것이요, '一'은 그 本心의 바름을 지켜 떠나지 않게 하는 것이다. 여기(惟精惟一)에 마음과 힘을 다하여〔從事〕 잠깐의 중단함이 없어, 반드시 도심은 항상 한 몸의 주인이 되게 하고 인심은 언제나 〈도심의〉 명령을 따르게 한다면 위태로운 것은 편안해지고 은미한 것은 드러나게 되어 動靜과 言行이 저절로 지나치거나 못 미치는 잘못이 없게 될 것이다."

마음은 하나일 뿐이지만 현상으로 드러나는 마음은 인심과 도심으로 나누어진다. 형기에서 발하는 인심과 성명에서 발하는 도심을 정밀하게 구별하여 인심이 도심의 명령을 항상 따르게 한다면 유학의 도인 중용을 항상 실천할 수 있다는 것이다. 〈중용장구서〉는 중용의 실천이라는 도학의 문제를 인심과 도심의 구별과 도심의 主宰라고 해석하고 있다. 도학이 후세에 사라질 것을 염려하여 자사가 지은 《중용》의 내용은 요와 순과 우가 서로 전한 '人心惟危 道心惟微 惟精惟一 允執厥中'이라는 16글자와 일치한다고 해석하고 있다.

"《중용》의 '天命'과 '率性'은 '道心'을 이르고, 《중용》의 '擇善固執'은 '精一'을 이르고, 《중용》의 '君子時中'은 '執中'을 이른다."

요·순·우와 자사는 시대가 천 년 이상 떨어지지만 하는 말의 내용은 부절을 합한 것처럼 동일하다고 한다. 이 말은 孟子가 한 말을 연상시킨다. '순은 東夷의 사람이고, 문왕은 西夷의 사람이다. 땅이 천 리 이상 떨어지고, 시대가 천 년 이상 떨어졌지만 뜻을 얻어 천하를 다스리게 되면 그 도가 부절을 합한 것처럼 똑같다. 앞선 성인과 뒤에 태어난 성인의 생각은 하나이다.'[3] 현상의 세계는 모든 것이 다른 세계이지만 도의 세계는 절대의 세계여서 나와 너를 넘어설 뿐 아니라 시간과 공간의 제약도 넘어선다는 것이다. 도학을

---

3 순은……하나이다 : 《孟子》〈離婁 下〉 1장을 축약하여 번역하였다.

지향하는 유학과 현대의 과학이 얼마나 다른가를 단적으로 보여주는 장면이다.

〈대학장구서〉는 性을 중심으로 삼고, 〈중용장구서〉는 人心과 道心 가운데 道心을 축으로 삼는다. 性이 하늘이 부여한 仁義禮智이며, 도심은 性命에 근원한 마음이니, 《대학》과 《중용》은 하늘이 인간에게 부여한 天命, 곧 인의예지를 알고 온전하게 실천하는 책이라는 점에서 그 내용이 상통한다. 이렇게 보면 두 책이 그토록 중시하는 明善과 擇善 곧 격물치지는 인의예지의 본성을 아는 것이며, 誠身과 固執 곧 성의와 정심과 수신은 인의예지를 삶에서 실천하는 것이다.

5. 맺는말

《대학》은 四書의 시작을 이루고, 《중용》은 사서의 끝을 장식하고 있다. 인격완성의 학문인 사서의 처음과 끝을 각기 이루고 있다. 나는 이 두 책을 함께 이해하려는 노력을 해왔다. 자본주의와 물질문명의 홍수 속에서 현대인이 심각하게 상실한 善의 문제에 대한 각성을 위하여 '明善'과 '誠身'이라는 유학의 가장 중요한 키워드를 중심으로 두 책의 내용을 비교하였다. 주희는 〈중용장구서〉에서 《중용》의 '擇善'과 '固執'을 《書經》〈大禹謨〉의 '惟精'과 '惟一'로 연결시키고, 《중용》의 '時中'을 《서경》〈대우모〉의 '允執厥中'과 연결 짓고 있다. 유학의 이상인 중용을 실천하는 성인의 경지에 도달하는 방법은 결국 명선과 성신이라는 설명이다.

善을 밝힌다는 것은 무엇을 의미할까? 인간에게는 본성이 있어 대부분의 인간이 확실하게는 몰라도 선을 어렴풋하게는 알고 있다. 선을 좋아하고 악을 미워하는 마음을 어렴풋하게 누구나 지니고 있다는 것이다. 교육과 문화와 정치를 통하여 이러한 마음을 얼마나 귀하게 여기느냐는 것이 중요한데, 우리가 사는 시대는 선의 인식과 교육을 위하여 힘쓰는 시대가 아닌 것으로 보인다.

과학의 발달에 힘입어 살고 있지만, 한편 과학의 반작용을 우려하지 않을 수 없는 시대를 사는 우리는 《대학》과 《중용》에 대한 相輔的 이해를 통하여 과학과는 매우 다른 학문의 세계가 있음을 알 수 있다. 선한 삶, 도덕적 삶을 통하여 인간의 자기완성을 성취하고 이를 바탕으로 인간과 자연에 대한 심화된 인식에 도달하여 모든 생명의 化育을 돕는 것이 《대학》과 《중용》이 지향하는 학문과 삶의 세계이다. 선에 대한 인식과 실천은 물질적 세계와는 反面을 이루는 마음의 세계와 주체의 세계에 대한 무한한 이해의 길을 열어준다. 자연의 진리와 주인은 보이는 물질세계가 아니라 보이지 않는 마음의 세계이며, 보이는 법칙의 세계가 아니라 보이지 않는 창조적 理法의 세계라는 것이 과거 賢人과 哲人들의 가르침이다.

  자연과의 調和와 和解를 지향하는 유학을 좀 더 철저하게 인식하고 체득하는 것이 과학이 파생하는 위기를 돌파하고 희망적 인류사회의 삶의 길을 여는 단초가 될 수 있다고 생각한다. 과학적 인식의 세계와 과학이 성취한 문화가 너무나 위대한 힘을 발휘하기 때문에 객관세계를 중심으로 삼는 것이 아니라 주체를 중심으로 삼는 학문이 미약하게 느껴질 것이다. 그러나 명선과 성신이라는 지와 행을 통하여 도달하는 인간 덕성의 세계는 깊고 넓은 무한의 세계라는 것을 《대학》과 《중용》, 더 나아가 모든 유학의 경전이 설명하고 있다. 《중용》에서는 이를 "고요하고 깊어 연못 같은 모습이며〔淵淵其淵〕", "넓고 커 하늘 같은 모습이다.〔浩浩其天〕"라고 표현하고 있다. 《대학》과 《중용》을 읽고 보다 많은 현대인들이 마음을 되찾고 마음속의 선한 본성에 대한 느낌을 회복할 수 있기 바랄 뿐이다.

《大學》·《中庸》 강의 동영상

본회 고전연수원에서 강의한 이광호 선생님의 강의 동영상입니다. QR코드를 스캔하면 강의 내용을 확인할 수 있습니다.

1. 《대학》

2. 《중용》

사이버서원 회원가입 후 아래 쿠폰을 등록하면 1개월 동안 전과목을 무료로 시청할 수 있습니다.

|역자 소개|

李光虎

경북 문경 출생
서울대학교 철학과 졸업, 同대학원 철학박사
민족문화추진회 국역연수원 수료
한국고등교육재단 태동고전연구소 한학연수과정 수료
태동고전연구소 연구교수, 同연구소 소장
한림대학교 철학과 교수
연세대학교 철학과 교수
연세대학교 국학연구원부원장, 철학과 학과장
뉴욕주립대학교(SUNY) Stony Brook 방문교수
중국 절강대학교 한국연구소 초빙교수
문화재청 문화재위원
한국동양철학회 회장
현송문화재단 朱子學賞 수상
도산서원, 퇴계학연구원 공동 퇴계학술상 수상
국제퇴계학회 회장(現)

《李退溪 學問의 體用的 構造에 관한 研究》(博士論文, 1993) 〈李退溪의 哲學이 丁茶山의 經學 形成에 미친 영향에 관한 고찰〉 〈孔子의 學問觀〉 〈星湖 李瀷의 西學 수용의 經學的 기초〉 〈退溪 李滉의 聖學에 대한 현대적 성찰〉 외 30여 편의 논문 발표.
《聖學十圖》《近思錄集解》《李子粹語》《退溪와 栗谷 생각을 다투다》 등 譯註
《心經註解總覽》《譯註 禮記正義-中庸·大學》《大學公議·大學講義·小學枝言·心經密驗》共譯
《근원과 풍경에 대한 사유》《인문학 명강》《마음과 철학, 유학편》《중국 문명의 다원성과 보편성》 共著

田炳秀

충남 예산 출생
연세대학교 철학과 졸업, 同대학원 석사과정 수료
민족문화추진회 부설 국역연수원 수료
유도회 부설 한문연수원 수료
태동고전연구소 한학연수과정 수료
성균관대학교 한문고전번역협동과정 수료
전통문화연구회 선임연구원(現)

《譯註 禮記正義-中庸·大學》(공역), 《古文尙書辨僞》

오서오경독본
懸吐完譯 大學·中庸集註

2018년 11월 20일 초판 인쇄
2020년 03월 31일 초판 2쇄

집주 주희
역주 이광호 전병수

자문 오규근
윤문교정 박승주 남현희 곽성용

출판 김주현
관리 함명숙
보급 서원영

발행인 이계황
발행처 (사)전통문화연구회
   서울시 종로구 삼일대로 428 낙원빌딩 411호
   전화 : (02)762-8401 전송 : (02)747-0083
   홈페이지 : juntong.or.kr
등록 1989. 7. 3. 제1-936호

인쇄처 한국법령정보주식회사(02-462-3860)
총판 한국출판협동조합(070-7119-1750)

ISBN 979-11-5794-205-3 (04140)
   979-11-5794-202-2 (세트)

정가 15,000원